战略领导力

中国企业运作的理念、过程与效果

张志学　张三保　易希薇　著

Strategic Leadership

The Concept, Process and Consequence of Chinese Enterprise Operation

图书在版编目(CIP)数据

战略领导力：中国企业运作的理念、过程与效果/张志学，张三保，易希薇著.—北京：北京大学出版社，2023.6

(光华思想力书系·教材领航)

ISBN 978-7-301-34094-3

Ⅰ.①战… Ⅱ.①张… ②张… ③易… Ⅲ.①企业领导学—研究 Ⅳ.①F272.91

中国国家版本馆CIP数据核字(2023)第110291号

书　　名　战略领导力：中国企业运作的理念、过程与效果
　　　　　ZHANLÜE LINGDAOLI: ZHONGGUO QIYE YUNZUO DE LINIAN、GUOCHENG YU XIAOGUO
著作责任者　张志学　张三保　易希薇　著
责任编辑　李沁珂　李　娟
标准书号　ISBN 978-7-301-34094-3
出版发行　北京大学出版社
地　　址　北京市海淀区成府路205号　100871
网　　址　http://www.pup.cn
微信公众号　北京大学经管书苑(pupembook)
电子邮箱　编辑部em@pup.cn　　总编室zpup@pup.cn
电　　话　邮购部010-62752015　　发行部010-62750672
　　　　　编辑部010-62752926
印 刷 者　北京圣夫亚美印刷有限公司
经 销 者　新华书店
　　　　　720毫米×1020毫米　16开本　23.75印张　380千字
　　　　　2023年6月第1版　2024年4月第2次印刷
定　　价　65.00元

前 言

撰写本书的计划可谓由来已久！我于2000年6月加入北京大学光华管理学院，从一个纯粹的社会心理学研究者转变为在管理学院从事组织管理的研究者。在第一年迅速适应了最具挑战的MBA项目的教学后，接踵而来的挑战在于如何在学术研究上完成从心理学到组织管理的转型。

我到管理学院后从事的第一个学术研究项目是2001年由教育部留学回国人员科研启动基金资助的“领导者对不确定环境的认知与调适”。当时我对战略领导力的研究毫无了解，但对工业组织心理学中关于领导力的研究还算熟悉，加上社会心理学强调人与情境互动的范式，很自然就选择了这个题目。要将想法变成可以执行而且可以确保产出国际高水平的研究成果，作为管理领域的门外汉，我自知颇有难度，因此便开始阅读文献。我在阅读了悉尼·芬克尔斯坦（Sydney Finkelstein）和唐纳德·C. 汉布里克（Donald C. Hambrick）于1996年出版的*Strategic Leadership: Top Executives and Their Effects on Organizations*一书后，大有茅塞顿开之感。该书前半部分的内容涉及企业领导者对环境的认知和加工，并受到个人诸多特征的影响。那时，我为了给MBA学员上课，已阅读了不少国内企业领导者接受访谈的报道，对该书所体现的思想颇有同感。不过，在阅读该书后半部分综述的大量涉及CEO的人口统计特征、高管团队的薪酬等内容时，我感觉这与我希望做的研究有较大的差距。后来，我先后到西北大学凯洛格商学院和伊利诺伊大学香槟分校访问，逐渐将兴趣转移到谈判、冲突处理、团队以及文化心理学领域，其间我也与多位海外同行合作，在国际权威期刊上发表了几篇有关领导力的文章，但却没有涉及领导者对环境的认知以及战略决策方面的内容。

我到光华管理学院后不久便开始为高管培训(Executive Development Programs, EDP),即后来的高管教育(Executive Education)项目讲授“中国企业的领导艺术”课程,后来又开始给 EMBA 学员讲授相同的课程。虽然教学颇受学员好评,但我深知我只是将组织行为学的研究与中国企业相结合而已,教学内容仍偏微观。通过学院这一平台,我接触了越来越多的企业家,体会到他们对企业的作用是战略层面的。所以,我后来将给 EMBA 学员讲授的课程改为“领导力与组织建设”,以彰显领导者对组织能力的建设以及引领企业应对环境变化的能力。这就回到了自己的初衷,也与领导者应对变革的思想高度吻合。

后来,张三保完成了悉尼·芬克尔斯坦等于 2009 年出版的 *Strategic Leadership: Theory and Research on Executives, Top Management Teams and Boards* 一书的翻译工作,我在审校译稿的过程中,又回想起当年阅读该书 1996 年版时的看法:该书对战略领导力进行阐述的视角非常好,不过注重的是文献的整理,却没有提供足够的企业战略决策实例,更没有适合当前中国政策背景的参考。然而,我们在给企业高管讲授领导力时,不大可能像给博士生上研讨课那样注重战略领导领域的丰富文献,高管学员希望了解的是最新的政策指引以及企业领导者进行战略决策和战略执行的过程。党的二十大报告提出,完善中国特色现代企业制度,弘扬企业家精神,加快建设世界一流企业。支持中小微企业发展。深化简政放权、放管结合、优化服务改革。因此,在未来的经济发展中,领导者的重要作用更加凸显,如何才能更好地适应新时代和新的发展趋势,在国家的利好政策之下充分发挥战略领导者的作用至关重要。于是,我们基于对最新政策的解读以及对中国企业高管的了解和主流的战略领导力框架,撰写了本书。

鉴于领导力对于企业战略、能力建设、组织变革和整体业绩的重要影响,而主流的领导力课程偏重领导者在企业内部对下属的影响力,越来越多的商学院教员开始讲授与“战略领导力”相关的课程,本书不仅可以作为教材,还可以为企业管理者理解战略领导者的作用提供帮助,同时,本书所归纳的有关战略领导力的研究文献可以为管理研究者提供有价值的学术参考。

产生撰写本书的想法后,我邀请张三保、易希薇与我一起写作。我们三人反复讨论大纲后分工写作,我撰写了第 1、2、3、4、9、12 章,其中第 12 章的综合案例是由我和梁宇畅专门为本书编写的,张三保撰写了第 5、10、11 章,易希薇撰写了第6、7、8章。

感谢在市场经济中带领企业成长的诸多优秀企业家们，本书包含了大量关于他们战略领导力的案例，除第12章外，每一章开头都有“引导案例”，结尾都有“中国实践”，这些案例有一部分是由我亲自撰写的，另外的一部分则是基于公开的资料整理而成的。衷心感谢为我们撰写案例提供一手资料并接受访谈的企业高管和工作人员，由于人员众多，这里不再一一列举。北京大学光华管理学院的博士生汤明月、李涵、梁宇畅、高雅琪为本书相关篇章改写案例、制作图表、校对部分内容，对她们高效而专业的工作表示感谢。北京大学光华管理学院的王延婷、王可昕、吴昀珂，以及武汉大学经济与管理学院的马振芳、林芳菲等同学，帮助编写了部分篇章中的案例，在此一并致谢。感谢北京大学出版社的贾米娜、李沁珂编辑为本书的出版所做的专业工作。

由于战略领导力方兴未艾，目前的架构和内容还不全面，也未必准确。三位作者在写作风格上存在明显差异，也可能会影响到读者的阅读体验。还需要说明的是，我们是基于自己研究过的企业或者便于获取资料的企业而撰写的案例，这些企业并不代表中国企业的全貌。最后，本书的叙述只是探讨战略领导力的方式之一，希望本书能够开启人们对中国企业的战略领导力的兴趣和探索，并引发更多的学者开展能够揭示战略领导力真实运作过程的研究。鉴于存在诸多不足，我们会虚心接受来自各方的建议和批评，并通过研究和教学不断完善本书的体系和内容。

张志学

2023年6月

目 录

第1篇 战略领导力概述

第2篇 领导者的经历与个性

第3篇 环境认知与战略决策

第4篇 战略领导力的发展

第5篇 综合案例

第1篇

战略领导力概述

第1章

战略领导力的本质和范畴

教学目标

1. 领悟战略领导力的重要性
2. 理解几种主要的领导力概念
3. 掌握战略领导力的定义
4. 认识战略领导力的本质与特征
5. 熟悉战略领导力的内容

引导案例

“剩”中取胜：“过剩论”者的坚持与创新

“任何具有制造属性的产业，或者任何通过人的双手能够制造的东西，必然会从短缺走向过剩。”这是隆基绿能科技股份有限公司（以下简称“隆基”）总裁李振国对光伏产业发展的认知。

判时趋，备锦囊

1986年，李振国、钟宝申、李文学等进入兰州大学物理系学习，毕业后被分配到不同企业从事半导体相关工作。毕业前，他们同聚在兰州大学校长江隆基先生的塑像下，立誓将来如果创业，必将冠以“隆基”之名。两年后，钟宝申创建抚顺隆基磁电设备有限公司（现称沈阳隆基）。

李振国先到山西创办了一家小企业，随后又出任陕西机械学院单晶炉实验基地的主任。2000年，李振国创立了以半导体材料以及半导体设备的开发、制造和销售为主要业务的公司。1997年，《京都议定书》提倡使用清洁能源，发达国家纷纷响应，世界光伏产量急速增长。此时的李振国了解到了光伏这一清洁能源的魅力。同时，国内光伏产业的致富奇迹吸引了众多企业和投资者迅速进入光伏产业下游，而光伏产业越往上游技术要求和成本越高，例如单晶硅的制造。

2007 年，李振国与钟宝申在西安成立了隆基硅材料有限公司，并对公司未来的发展方向、主营业务和发展策略进行了深入研讨。当时，单晶硅电池光电转化效率最高在 25%左右，多晶硅电池的最大转化效率大约为 18%。但单晶硅片制备成本高达 200 元/片左右，多晶硅片则为 80 元/片左右。李振国和钟宝申坚信未来单晶硅的制造成本会和多晶硅一样低。科班出身的他们选择攻克较为冷门的单晶硅技术。

他们准备了四条竞争策略。策略一，集中一点形成突破。隆基立志以技术和成本优势成为全球无可匹敌的单晶硅棒、单晶硅片制造商，力求大幅降低单晶硅片单价。策略二，认定未来行业会出现产能过剩的现象，拒绝向上游多晶硅料制造商长期采购，遵循市场当期价格进行现货交易。策略三，产线选址一定要布局在电价低廉的区域。因为当多晶硅锭的价格降低到过去的 1/44 左右时，电力成本的重要性便会凸显出来。策略四，为技术升级留下窗口。购置新设备成本太高，因此隆基在技术规格满足产线制备的基础上预留了工艺提升空间。

聚精才，耕科创

李文学毕业后进入了一家军工国企从事技术管理工作，2008 年成为企业一把手。2008—2010 年，隆基先后成立了多家太阳能级硅片制造公司，但面临产能管理的瓶颈。在钟宝申的反复邀请下，李文学正式加入隆基并成为宁夏隆基的总经理，他裁撤不合格的管理人员，增补有相应管理经验的管理人员。李文学入驻三个月后，宁夏隆基实现了满产满销。

科班出身的李振国、钟申宝和李文学不仅对技术敏感，而且深信技术是企业发展的基石。早在 2011 年隆基就成立了技术研发中心，坚持每年将营业收入的 5%—7%投入在技术研发上，并拥有超过 1 000 人的研发团队。隆基在行业中最早引进改造金刚线切割技术，以提高切割精度、减少污水产生和原料损耗。在电池组件业务方面，隆基的产品开启了高效单晶钝化发射极和背面电池（PERC）双面发电技术新时代。2020 年，隆基的 PERC 双面组件正面转化效率提升至 22.38%，再一次刷新世界纪录。

通内外，勤筹谋

在政策鼓励下，2009 年起中国光伏企业进入第二轮扩张。隆基旗下的生产企业扩展到八家，2012 年在上海证券交易所挂牌上市。

随后全球光伏产业供应过剩，硅片价格断崖式下跌，大量光伏企业处于半停产或停产状态。隆基是少数仍处在满产状态的硅片制造商之一。2008 年后欧美等国对中国光伏产品发起反垄断、反倾销的“双反”调查，当时隆基的境外收入已占总营业收入的大半。2013 年李振国出席欧盟发起的“双反”调查听证会，指出欧洲没有硅片生产商，提高硅片税收将使欧洲的下游企业无法生存。他事后总结道：“当企业强大到对手也离不开你的时候，你的核心竞争力才算基本形成。”

2013 年，国内光伏市场需求崛起，隆基迅速调整产能，并将目标定为 20 个吉瓦的年生产能力。有感于欧美“双反”的压力，隆基从 2016 年开始在全球多国和地区投资设厂或设立销售公司。

放光热，守初心

产业产能过剩和欧美“双反”使众多缺乏技术和成本优势的硅片企业遭受重创，而隆基抓住机会逆势而上。2013 年 10 月，隆基成为全球最大的单晶硅片供应商。但 2012 年以来单晶硅片整体市场占有率逐渐降低。李振国认为，这是由于电池组件商提高了单晶硅片电池组件的价格。因此，向产业下游延伸是解决单晶硅光伏终端市场占有率问题的关键。

2014 年，隆基宣告公司第一阶段的战略目标已经达成，下一步将继续向产业下游的电池组件和电站系统发展。2014 年 10 月，隆基正式向光伏电池组件的研发、制造和销售拓展，一年内组建了四个单晶电池组件生产基地。

隆基的创立始于清洁能源的魅力。如今的隆基开始关注全人类的福祉和未来。2018 年 12 月，李振国在第 24 届联合国气候变化大会上发布了以光伏发电驱动光伏产品制造的“Solar for Solar ”（使用太阳能光伏发电制造太阳能光伏产品，即“负碳地球”理念）。他设想通过光伏创造廉价电力，再通过电力淡化海水，并将海水输送到沙漠中，以此改善全球生态环境。在中国向全世界做出碳达峰、碳中和承诺的今天，隆基承诺最晚于 2028 年在全球范围内的生产及运营中 100%使用可再生能源。

资料来源：改编自张志学、王路，《“过剩论”者的坚持与创新》，载张志学、马力主编，《中国智造：领先制造业企业模式创新》，北京：北京大学出版社，2022 年。

思考题：

1. 在你看来，隆基的核心竞争优势是什么？
2. 隆基成为世界光伏产业领导者最重要的原因是什么？
3. 你认为影响隆基未来发展前景的因素有哪些？

战略的制定和执行是决定企业发展最重要的因素，而领导者又是决定企业战略的核心，所以战略领导力便成为当今企业研究者探讨的重要课题。那么，为什么如此重要的话题只是近年来才受到青睐呢？本章首先简要回顾领导力的理论发展历程，随后介绍战略管理的起源和本质，让读者体会到战略领导力的兴起恰好弥补了领导力和战略管理留下的巨大空白。在给出战略领导力的定义和范畴之后，本章将介绍本书的篇章安排和主要内容。

1.1 领导力的定义及理论

领导力就是带领一群人实现组织目标的过程和能力。首先，领导力是一种影响过程，即一个人或少数人影响大多数人的过程；其次，领导力是目标导向的，即引领或感召他人达成组织的目标；最后，领导力事关在追求目标过程中激励人们承担有助于达成目标的任务，为此需要保持组织的凝聚力和文化。

在实践者甚至普通人士看来，领导者对企业发展的重要作用是不言而喻的。商学院的领导力课程中也有大量的案例，表明了领导者对企业发展和变革的重要作用。

在管理学的历史上，法国的亨利·法约尔（Henri Fayol）是关注整个企业组织的先驱者，他长期担任矿业冶炼公司的总经理，并取得远高于同行的业绩。他在1916年出版的《工业管理与一般管理》一书中指出，企业中的活动包括技术、商业、财务、安全、会计和管理六个方面，其中，管理是最需要研究的。他将管理分为计划、组织、指挥、协调和控制五大职能，贯穿于企业的所有活动当中。在法约尔看来，要成功地进行管理，企业需要执行14条原则，即劳动分工、权责对等、纪律严明、统一指挥、统一领导、个人利益服从组织利益、报酬合理、集权程度、等级制度、秩序、公平、人员稳定、主动性和团队精神。虽然在法约尔的年代领导者的概念还不流行，但他认为企业的总经理应该通过发挥管理职能确保企业的高效运行，而由于总经理个人不可能有时间和精力管好所有的活动，因此他提出的 14 条法则就建立了一套组织系统确保管理职能的发挥。不言而喻，这些法则也是他作为总经理在企业一线实践中总结出来的。今天来看，法约尔不仅清晰地勾勒出企业组织的目标和任务，而且能够通过制度来确保企业达成所计划的目标，可谓是从全局出发思考企业组织。

在管理的潮流由古典管理向人际关系运动转型之后，工业组织心理学家开始探讨企业中人的行为及其后果，大量学者开始探讨企业中的领导力的特征和效果。学者们对领导力的研究先后关注了领导者的个人特征、领导者的行为风格、领导者的行为与环境的交互作用，到了 20 世纪 80 年代后开始聚焦于变革环境下的转型式领导或者魅力式领导。然而，这些研究所揭示的领导者的作用过多地集中于其对下属个人或者团队后果的影响，很少涉及领导者对企业的影响。探讨个体和团队层面的领导力对企业的微观管理虽然具有重要的指导作用，但与人们探讨领导力的初衷甚至与公众对领导力研究的期待存在一定的落差。

基于对以往大量的领导力概念、理论和知识的回顾，这里简要总结几个对实践者产生指导作用的领导力概念。每个领导力概念用三个主要特征进行概括，而每个特征可以由具体的行为指标来体现或表达。第一个是交易式领导，也被称为常规性领导，包括搭建结构（设定组织的目标，明确需要达到的规格，清晰界定责任）、控制（测量行为和结果，对偏离目标的行为予以纠正）和奖惩（基于绩效和行为表现给予奖励或惩罚）三个特征。第二个是转型式领导，也被称为变革性领导，包括愿景规划（提出美好的愿景，对成员表达自己的期望，为达成愿景以身作则）、激活（展示追求愿景的热情，对组织成员表达信心，对取得的局部成功表示庆祝以鼓舞士气）和鼓励（对成员给予个性化的支持，感受并理解下属的处境，表达对组织成员的信任）三个特征。第三个是参与式领导，包括授权（减少组织层级，与别人分享决策的过程和权力，在进行决策或解决问题的过程中向他人咨询或者与他人商讨）、沟通（尊重下属的自主性和专长，积极倾听他人的观点，进行充分的讨论以获得对问题的准确认知）和赋能（让组织成员产生心理所有权、愿意承担责任，提升组织成员的工作自主性，提高组织成员或者团队的工作效能）三个特征。第四个是共享式领导，包括分权（成员通过优秀的表现自然获得相应的决策权，关键决策由多个拥有专长的人共同完成，多个甚至所有成员对组织的结果负责）、协作（成员在工作中彼此支持，成员基于各自的专长相互指导，个人在完成任务过程中的角色可以灵活转换）和解惑（每个人基于自己的专长解决问题中的某一部分，在完成任务过程中持续研讨和交流，通过密集的沟通和协商制订出解决问题的方案）三个特征。

上述四种领导方式在不同情境和不同条件下适用，不过总体来看都偏向于组织内部的运作，可以看作组织内的领导力（leadership in organizations）。即便是转型式领导，虽然领导者基于外部环境的变化而提出令人向往的目标，但这种领导方式也更多地强调调动组织内部成员的积极性，为达成愿景目标而努力。这些流行的领导方式大多是由组织行为学领域的学者提出的，虽然意识到领导者对组织外部环境的认识和解读也很重要，但囿于学术视角或者学者的专长，基本上都指向组织内部，一般不涉及战略层面的领导力，而后者是一种能够放眼组织外部、洞察机遇，并调动组织资源或打造组织能力，以达成组织目标的领导力，是在更高层次发挥引领作用的组织领导力（leadership of organizations）。

意识到领导者在认知外部环境、确定组织目标、指引组织方向以及执行企业战略等重大问题上的重要作用后，极少数组织行为学者在所编写的教科书中设立了战略领导力的章节，指出战略领导力包括采取高级认知行为、获取指定战略的信息、预见并创造未来、具有创新思维以及创造愿景几个方面（如杜伯林，2006）。但这类教科书往往从微观视角进行讨论之后，很快就开始阐述战略教材中的 SWOT（优势、劣势、机会、威胁）分析等内容，并没有深入讨论战略领导力所发挥的作用。我们需要了解，一家企业的领导者是如何全方位地运营和掌控整个企业组织的。

有学者从新颖的视角揭示了领导者对企业的重要作用（Meindl et al., 1985）。主流研究者探讨的是领导者的品质或行为对下属的态度、行为和绩效的影响，但这些具有新颖视角的学者认为领导力是下属用于解释企业业绩变化和应对不确定性的一种组织要素。人们赋予企业领导力传奇的色彩，在思考企业的成败时，如果缺乏可以用于理性判断因果关系的直接且准确的信息，人们就认为是企业的领导力造成了某种后果。有学者对《华尔街日报》1972—1982 年间报道的 34 家公司进行了分析，发现当行业或者公司绩效非常好与非常差时，文章标题更可能出现“领导力”或“高级管理者”的字眼；有学者又让大学生阅读描述领导者及其企业业绩的故事，发现业绩增长或下滑的幅度越大，人们就越倾向于推断领导者是造成企业业绩状况的主要因素。

企业的领导力不仅仅体现在对下属的激励上，更体现在更高的企业业绩上（Waldman et al., 2001）。学者们让“《财富》500 强”中的 48 家企业的高管评估企业 CEO 的魅力式领导（表述愿景和使命、表达决心、让下属获得信心、赢得下属尊重等）和交易式领导（在既有系统和文化中运营企业，通过奖励下属、纠正错误行动等促进企业业绩提高）。他们发现两种领导力与企业的净利润之间都没有关系。不过，两种领导力与企业的外部不确定性都有显著的交互作用，表明在企业外部不确定性程度高的情况下，领导力与企业业绩有显著的关系。而同时考虑两种领导力与环境不确定性的交互作用时，只有魅力式领导与环境不确定性的关系是显著的。这项研究之所以被广泛引用，一则是因为考察了领导力与企业业绩之间的关系，二则是因为学者们明确表示要从战略层面探讨企业领导力的作用。而学者们发现在企业外部环境不确定性程度高的情况下，魅力式领导对企业的影响超过了交易式领导。这个研究发现涉及领导力的本质。

领导力就是在变动的环境下影响一批人达成某种目标的过程和能力。当环境发生变化，多数人不知道往何处去并不知所措的时候，有人能够指出一个前进的方向，这个人往往就会成为领导者。而当企业外部环境稳定、按照常规方式开展工作就可以达成企业目标时，是不需要领导者的。还有，如果员工高度职业化、任务高度结构化、企业具有深厚的文化，那么这些组织因素也能够起到领导者的作用。中国在过去四十多年，之所以出现了一批又一批知名企业领导者，就是因为中国的经济环境出现了很大的变化，变动的时代所造就的机会也造就了企业领导者，印证了“时势造英雄”的道理。

领导者与管理者所从事的工作有所不同，根本区别在于领导者需要推动变革，而管理者需要处理复杂的事务（Kotter, 1990）。管理者需要做计划和预算，通过组织和配备人员来形成完成计划的能力，并通过控制和纠偏确保计划的完成。领导者则负责确定企业的愿景，之后说服、团结和调动员工去努力实现愿景，并在这个过程中不断激励和鼓舞员工。管理者是为应对复杂的现代工业生产而产生的，是在目标和任务确定的情况下去执行，做计划，做预算，调动人力、物力、财力。在执行计划和为达成目标而工作的过程中，有些人犯了一些错误，要及时纠正；为了保证目标能够按时达成，对参与者实行绩效考核、采取惩罚措施等。管理者需要在既定的程序下保证任务完成，因此管理是应对复杂性的。管理者需要具有执行力，能够按照目标在既定的预算约束下按时完成任务，并利用自己职位的行政权力，给予下属奖励或者惩罚。与管理者不同，领导者有时没有行政权力，但往往具有创新精神。举一个例子来说明管理者和领导者的区别：某个地方发生了火灾，消防队到达现场，根据过去的演练和经验积累，调度人员使用灭火设备，顺利地将火扑灭。消防队长在了解火灾程度的情况下按照常规的方法把火扑灭了，是一个合格的管理者。然而，如果到达火灾现场后发现火灾的严重程度比接到通知时提升了几个级别，且消防队员发现现有的人力和设备根本无法应对如此严重的火灾，此时可能连消防队长都不知道应该如何应对。但若有人能够审时度势、临危不惧，说服并指挥大家有序地应对现场复杂多变的状况，最终将超出预想的火势控制了，这个人就是领导者，因为他面对的是变化的情形。简单地说，领导职能主要是应对组织内外的变化，从而确保组织适应变化；管理职能主要是处理组织内部的复杂性，从而确保组织达成既定的目标（张志学，2004）。

企业既要面对外部环境的变化，又要处理内部复杂的组织体系。这就意味着，企业需要同时具备领导职能和管理职能，两者缺一不可。按照科特（Kotter，1990）的看法，成功的企业不仅必须持续地满足顾客、股东、雇员和其他相关人员的当前需要，还必须确定并适应这些主要对象不断变化的需求。为此，企业不仅需要以合理的方式制定计划和预算、组织和配备人员、控制和解决问题，以达成预期的日常目标，还必须确定合适的未来发展方向，必要时对这一方向进行调整，并联合组织成员朝此方向不懈努力，即使付出代价，也要激励员工进行变革。

1.2 战略管理关注的问题

战略管理这门学科一产生就与企业实践密切相关，旨在探讨影响企业业绩的重要因素（张志学等，2023）。伊戈尔·安索夫（Igor Ansoff）在 1965 年出版的《公司战略》(*Corporate Strategy*)、艾尔弗雷德·钱德勒（Alfred Chandler）在 1970 年出版的《战略与结构》(*Strategy and Structure*)，以及肯尼思·安德鲁斯（Kenneth Andrews）在 1971 年出版的《公司战略的概念》(*The Concept of Corporate Strategy*）为战略管理奠定了基础。此后，众多学者开始对企业战略及其对企业业绩的影响进行系统的研究，产生了若干研究群体和著名的学者（马浩，2018）。战略管理研究在很大程度上借用了经济学和组织理论的观点解释企业业绩的差异。

战略管理学者关心的核心问题是企业的竞争优势及其来源，主要从探讨企业外部环境因素、企业内部因素和企业决策者三个大的方面入手。在有关企业外部环境因素对企业业绩影响的研究上，出现了聚焦行业结构的结构—行为—业绩模型，并在此基础上发展出著名的五力模型（Porter，1980）；交易成本理论从市场结构的角度分析纵向整合、多元化以及并购等企业层面的战略决策（Williamson，1975）；资源依赖理论强调外部资源对企业发展的重要性（Pfeffer and Salancik，1978）；新制度理论则侧重外部环境中正式和非正式社会规范对企业的影响（DiMaggio and Powell，1983）。

有关企业内部因素对企业的影响的研究主要基于演化经济学（Nelson and Winter，1982；Penrose，1959）和社会网络理论。资源基础理论强调企业内部资源和能力的重要性，并认为与资源相比，企业的能力对企业业绩的影响更为深远，由此提出了核心竞争力的概念，认为这是企业获得可持续竞争优势的关键。此外，组织学习理论强调企业需要通过不断学习提升能力，从而应对外部环境的变化。基于社会网络理论，学者们提出企业可以利用自身的社会网络来获取关键资源和信息，促进产品研发和组织创新。

关于企业决策者的研究主要受到代理理论的影响。代理理论认为企业的首席执行官（CEO）在战略决策中会寻求个人利益而不是股东利益，当企业的股权非常分散时尤其如此。因此，企业的董事会需要采取内部监控和激励机制，以确保经理人的决策能够将股东利益最大化。基于代理理论的战略管理研究关注股权结构、董事会和薪酬设计对经理人决策和企业价值的影响。

1.3 战略领导的缺位与回归

早期的战略学者认为高管是决定企业发展方向的核心人物，并指出战略涉及人的主观诠释，因而高管的个人偏好对企业的战略决策影响深远（Andrews，1971）。Andrews在出版自己的战略著作时表明，自己之所以从企业管理者的视角而非经济学的视角对战略进行构想，是因为经济学家没有考虑企业管理者描绘企业未来时需要面对的各种各样的问题，包括与社会需求、环境和管理者个人价值观相关的战略，以及“组织过程和行为”推动“目标达成”的逻辑。他说，“经济学家一直在曲解我对竞争战略概念的想法，因为他们在很大程度上忽略了人本身、道德和伦理对竞争战略的影响。迈克尔·波特和他的团队一直在这个概念框架下进行研究，却因为兴趣导向不同而越来越远离人文、道德和伦理的元素”（基希勒三世，2018：159）。

显然，自从战略管理研究借用经济学和组织理论的观点解释企业业绩的差异，便不再关心人甚至组织的作用。自20世纪70年代末80年代初起，战略管理研究者开始以机械化的模型代替有关战略形成和组织过程的分析，并认为环境、技术和规模等决定了组织的设计（Hage and Aiken，1969）。人口生态学认为组织变迁根植于历史，很难刻意促成（Hannan and Freeman，1977）。该视角强调环境对组织的选择，认为组织受到强大的惯性压力的限制。内部限制包括：在工厂、设备和专业技术人员方面的投资，领导者获得内部信息的局限，既得利益者的内部政治关系，以及阻碍考虑替代战略的组织历史。外部限制包括：进入新领域的法律和经济障碍，领导者获得外部信息的局限，合法性的考虑，以及集体合理的行动和整体均衡的问题。受到内外部的限制，社会更加偏爱那些绩效稳定并能为其行为提供合理理由的组织形式，组织变革将降低企业业绩的可依赖性和解释其行为合理性的能力，进而降低其存活率。新制度理论（DiMaggio and Powell，1983）认为，强制的、模仿的和规范的三种主要力量是导致组织符合环境要求并且趋同的机制。强制的力量来自国家，模仿源于组织之间在环境不确定情况下的相互学习，而规范的要求则来自专业组织和机构以及更广泛的社会层面的压力。在外部的巨大压力下，组织只能遵从常规与传统。Scott（2001）提出制度中的管制、规范和文化三个认知要素共同对镶嵌在制度系统中的组织产生影响，导致组织被迫与制度协调一致。

受到上述理论启发的研究将企业战略相关的要素加以概念化，并能够运用已有的二手数据建立模型，然而却无法揭示企业高管对环境的解读和机会的洞察这些真实的过程。在这些学者看来，企业的领导者在环境面前是无能为力的，高管仅仅是管理组织中持续进行整合活动的角色。另外，由于战略管理的研究深受产业经济学的影响，而后者更关注行业层面的差异，因此这些学者也对企业和业务层面的差异对于企业战略和业绩的影响存有疑虑（McGahan and Porter，1997）。虽然一些学者认识到高管对企业的战略具有重要影响，但很难通过学界能够接受的方法提供系统的证据。因此，战略管理不再关注领导者或者高管的作用，学者们开始采用可量化及精确建模的方法，关注产品生命周期、证券投资组合模型、行业和竞争对手分析、市场份额、经验曲线以及通用战略等。由于领导者的行为难以观测和量化，因此被从各种模型中剔除了出去（Hambrick and Chen，2008）。

Child（1972）将“战略选择”引入组织理论中时，意识到决策者的能动性影响了企业所受到的限制和所拥有的机会。他认为，战略选择包括信息获取—评估—学习—选择—行动—结果反馈这一动态过程，特别涉及以企业高层领导者为代表的组织行动者对环境的解释、应对以及对外部资源的利用。制度论者也意识到，组织并非完全无力、消极和被动（Scott，2001），并呼吁应当关注个人和组织在面对制度要求时所展现的的力量与能动性（DiMaggio，1988）。Oliver（1991）归纳了组织面对制度要求或压力时可能采取的五种潜在应对策略：默认或遵守、妥协、回避、反抗以及操纵。

组织理论的先驱们指出，主流的企业理论从市场层面关注价格和整体的企业状况，但却无法揭示企业内部资源分配和定价的过程，更无法预测微观企业未来的状况（Cyert and March，1963）。卡耐基学派的有限理想观点指出，由于人的知识和能够掌握的信息都是有限的，在决策中不可能做到完全理性，因此需要理解组织的决策者实际的决策过程而非仅仅依赖经济理论中的理性模型。基于已有行为学理论以及有限理性的思想，Hambrick 和 Mason（1984）提出了高层梯队理论，认为企业高管在决策过程中对信息进行收集、解读和利用时会受到其认知水平和价值观的影响，而他们的家庭成长环境、教育背景、职能背景和工作经历等人口统计特征则会影响他们的认知水平和价值观。因此，企业决策者，包括 CEO、高管团队和董事会在人口统计特征上的差异可以解释和预测企业在战略决策和业绩上的差异，组织也由此成为其高管的反映。此外，Hambrick 和 Finkelstein（1987）提出管理自主权（managerial discretion）的概念，并解释了高管个人或者高管团队对企业战略和业绩具有显著的影响。此后，数以百计关于高管及其组织的学术或应用文章、书籍和专论在过去的 20 年间相继完成（芬克尔斯坦等，2023）。正如芬克尔斯坦等（2023）所说，“组织理论和战略领域重新关注高管应该是不可避免的，因为只有这些位居企业高层的少数人士对企业形式与命运具有主要影响——无论他们是果敢抉择还是优柔寡断、是勇于担当还是胆小懦弱。如果学者们希望理解组织的行为目标及其运作方式，那么高管就必然成为任何解释性理论的核心”（第 7 页）。特别是近年来战略学者的研究，通过实证的方法证明企业的领导者是最能解释企业业绩之间差异的因素，而且在 1950—2009 年间领导者对企业业绩差异的解释力总体上来说是越来越大的（Quigley and Hambrick，2015）。

近年来，战略管理学者开始更多地借鉴心理学和组织行为学中关于人格特质、政治理念、风险决策、多团队系统的理论和研究成果来加深对企业高管和董事会战略决策的理解。这些研究开始重视人类行为在战略决策中的影响。大量的研究考察高管的年龄、性别、教育背景、职业专长、行业经验、国际背景、性格特征、政治理念、从军经历、人大和政协委员身份等，对高管战略决策以及企业业绩的影响。张燕（2021）分析了 2000—2019 年间发表在《美国管理学会学报》（*Academy of Management Journal*，AMJ）和《战略管理杂志》（*Strategic Management Journal*，SMJ）上有关战略领导力的 407 篇论文，发现有关战略领导力的论文数量呈逐年上升趋势，而且在 2009 年之后发表在 SMJ 上的相关论文比 AMJ 多，这表明了战略管理学者对领导力研究的重视。这些论文中涉及最多的一个变量就是 CEO（包括高管团队或董事会），而且这方面论文的数量总体呈上升趋势，这表明学者们对企业高层决策者及其作用的重视。这些论文关注最多的是战略领导者的人口统计特征，其次是战略领导者的社会/心理特性。在 2010—2019 年间发表的文章中，就解释变量而言，对于战略领导者的社会/心理特性的关注已经上升到第二位，这表明学者们正努力打开战略领导者互动及决策的“黑箱”，并开始运用社会心理学理论而非人口统计特征数据来解释战略领导者的行为和决策过程及其效果。就被解释变量而言，两个时期的战略领导力论文都最关注企业业绩，2010—2019 年发表的论文已经将战略领导的行为/过程作为排名第二位的被解释变量。因此，张燕（2021）认为，过去 20 年的战略领导力文献采用的研究方法已经从人口统计学方法向微观基础方法转变，并开始运用社会心理学理论去解释战略领导者的互动过程和战略决策过程。

针对张燕（2021）发现关注 CEO 和董事会的研究越来越多，而关注高管团队（top management team，TMT）的研究却越来越少的现象，朱洪泉（2021）认为其原因在于获得 TMT 的深度数据太难，也太慢，导致追求“短平快”论文发表的学者便舍弃了这方面的研究。在他看来，目前关于 TMT 的绝大多数研究只关注 TMT 在几个特征上的多样性或平均值，在理论上也基本围绕着发现新的特征和不同类型的多样性，很少有研究关注 TMT 的决策过程。他进一步认为，学者们只有更好地理解 TMT 的形成过程、决策过程、冲突解决机制以及对企业核心能力的影响机制等一系列问题，才能充分理解战略领导力。为此，学者们需要接触、了解和询问高管，打开他们进行企业重要决策的“黑箱”。在“象牙塔”中分析上市公司二手数据所得出的结论、所探讨的问题以及所获得的相关研究发现往往无法让企业高管信服。多开展一些定性的案例研究，揭示企业领导者在面对重大问题时所做的考虑和权衡，以及最终做出的决定和采取的执行措施，对实践者更有帮助。

近些年来学者们已经采用新的范式探讨战略领导力。例如，本书作者之一的易希薇探讨了 CEO 早期解聘风险及其控制这一重要问题。她和合作者（Yi et al., 2020）首次使用自然语言处理等文本分析的方法测量CEO是否采用逢迎（ingratiation）和自我推销（self-promotion）两种社会影响策略，研究发现当新任CEO面对留任董事长的前任CEO时，可以采取逢迎的手段来管理与前任CEO的人际关系，降低自己在早期被解聘的风险；但当新任CEO面对股票市场的负面反应时，则应采取自我推销的手段向资本市场强调自己的能力。他们还揭示了这两种社会影响策略的副作用：逢迎会降低股票市场对新任CEO的认可度，而自我推销则可能影响新任CEO和前任CEO的关系。这项研究揭示了当新任CEO面对前任CEO和股票市场负面反应这两种不利继任因素时，如何主动运用社会影响策略来引导企业中关键利益相关者对自己的态度问题。两种社会影响策略都可以帮助影响者提高社会认同，获取目标受众的支持，逢迎主要帮助个人获得基于"人际好感"的认可；而自我推销帮助个人获得基于"能力上优秀"的认可。同样，张志学、易希薇和董韫韬（Zhang et al., forthcoming）通过对某企业创始人进行深度访谈，并研究该企业提供的丰富文档资料，揭示了该企业创始人为解决中国医疗健康不均衡的巨大难题，是如何通过战略决策和行动实现企业的社会使命与经济目标二者的平衡的。近期，学者们还通过访问企业的创始人，总结了中美科技竞争态势下中国高科技企业的回应方式（Zhang et al., 2022）。这类战略领导力的研究借助极其丰富的数据或者与决策者及其企业的近距离接触，生动地揭示了战略领导力的运作过程及其效果。

当然，战略学者在采用社会心理学的视角后，需要避免过于随意地引进不同的心理学概念，否则会导致实证研究很多却无助于解释战略领导力对企业发展的作用这一核心问题。为此，基于微观视角的战略领导力需要回归战略管理的本源，揭示影响企业竞争力或者业绩的最重要的领导力因素。有学者综合动态能力以及心理学的研究成果指出，在战略形成和执行过程中，领导者及高管团队通过感知、捕捉和配置三个过程，构建了企业的能力（Helfat and Peteraf, 2015; Teece, 2007）。本书第2章将进行详细的阐述，并用中国企业的实践予以说明。

1.4 战略领导力的本质

已有的著作和文章很少给战略领导力下一个定义，芬克尔斯坦等（2023）在解释战略领导力[①]的本质时指出，战略领导力是从战略选择视角对高层领导的研究，聚焦于对一个组织负有完全责任的高管们——他们的个性特征，他们做了什么，他们怎么做，以及最重要的，他们如何影响组织的产出。在他们看来，战略领导力的研究对象可以是个人（例如 CEO 或部门总经理）、群组（高管团队），也可以是其他的治理主体（如董事会）。他们认为战略领导力意味着对整个企业而非一个个小的业务部门的管理，除了通常与领导相关联的人际或社会关系面，它还包含了实质性的决策责任，即关注为什么高管做出某种战略选择，也就是揭示战略选择和组织绩效中的人为因素。在芬克尔斯坦等（2023）看来，战略领导力的研究可以从多个分析层次展开，尽管在现代组织中，领导者特指 CEO 和业务部门负责人，但战略领导者也可以被视为高管团队，而诸如董事会等治理主体，也包含在战略领导者的范畴内。

我们总体接受芬克尔斯坦等（2023）对战略领导力的看法。战略领导力与当前主流的组织行为学所研究的领导力的最大区别在于，战略领导力的影响力涉及组织的全局而非部门或团队。在多年的研究中，我们访问过很多企业的创始人或者领导者，他们阐述了企业发展的理念以及自己在重大问题上做出某种决策或选择的原因，从而使我们了解到企业最高领导者对企业发展的引领作用。企业的领导者会分析企业外部的一般环境和具体环境，从而形成企业的战略定位，此后还需要组织企业的资源或者打造企业的组织能力，以便保证战略目标的达成。企业家在环境面前并非是被动的，成功地运营企业也意味着力图塑造甚至改变环境，至少在认清环境后尽量抵消其对企业自主行为造成的约束和限制。

企业的领导者需要通过带领企业完成外部适应和内部整合两大任务来确

---

① 该书将 strategic leadership 译为“战略领导”，但国内较为普遍的称谓是“战略领导力”，故本书采用“战略领导力”的说法。

保企业的顺利运营。所谓外部适应，就是关注外部的环境，分析市场、技术、政策的变化，从而进行战略调整；所谓内部整合，就是对企业的关键任务、组织结构、控制系统、企业文化进行协调和搭配，支持战略的落地和目标的达成（Nadler and Tushman，1980）。由于外部环境在不断变化，企业需要持续不断地检测变化，并持续地进行内部资源的调配和整合。企业领导者的视野、思维、决策等认知能力是决定企业成败的关键因素，他们如何感知、解释和预测环境的变化，进而重新配置组织资源、进行组织学习，对于提升企业竞争力至关重要。有学者认为企业高管团队通过感知、捕捉和配置三个过程，构建了企业的动态能力（Helfat and Peteraf，2015；Teece，2007），表明领导者能够创造企业的动态能力（Eisenhardt and Martin，2000），即在机会变得明显之前就充分感知到机会的存在，在感知到机会的基础上有选择地聚焦于特定的业务并制定商业模式，重新配置组织资源，打破企业已有的惯例、规则和员工的惰性，完成从战略到组织的创新变革。从这个角度来看，企业的任务包括“感知与抓取”和“重构与执行”两个方面，这与外部适应和内部整合的表述是一致的。企业领导者必须带领企业完成对外和对内两大任务，对外就是“适应与调整”，即监控变化、发现机会、制定战略、明确模式，对内就是“整合与编排”，即搭建组织、调动资源、消除惰性、营造文化。企业可以借助先进的信息系统和管理体制来完成如此复杂和动态的任务，但在面临重大的变化时，任何管理体系和工具都只能起到辅助的作用，只有领导者及其团队才能够认知环境，做出合适的战略选择，并塑造组织能力以确保战略的执行。人的认知是有边界的，能力也是有限的，而外部的挑战是不断变化的，只有保持认知开放、具有广阔的视野、掌握科学系统的方法论、具有相关领域的专业知识和能力的领导者，才可能驾驭复杂的变化。而且，只有居安思危、不断学习、不满足个人和企业现状的领导者，才能够保持思维敏捷、与时俱进，从而有效应对经常变化的外部环境和内部组织给企业带来的挑战。

我们将战略领导力界定为领导者认知、解读和预测环境，基于企业的核心能力确定企业的定位，并重组企业的结构、资源和人员，达成企业的战略目标。战略领导力既是领导者完成环境解读—战略制定—战略执行—目标达成的一系列过程，也反映了其驾驭这一过程所需要的能力。在我们对战略领导力的定义中，力图将主流的战略管理和组织管理贯穿起来，分别对应战略形成和战略执行，也就是前面提及的外部适应与内部整合，或者“感知与抓取”和“重构与执行”。当回归企业运营本身而非纯粹以学科的视野看问题时，认为战略领导力包括战略和组织两方面是合理的。例如，麦肯锡的两位战略顾问汤姆·彼得斯和罗伯特·沃特曼不断强调人的因素对公司成功的关键作用，沃特曼在 2002 年的采访中强调战略其实就是组织。虽然麦肯锡在战略咨询上非常成功，但他觉得公司对组织业务的重视不够（基希勒三世，2018：188—189）。与之相似，贝恩公司的克里斯·祖克认为，组织和战略“更高层次的融合”将会扑面而来，“我不知道是组织成就新的战略，还是战略成就新的组织，但应该就是类似形式的产物”（基希勒三世，2018：385）。同样，杰克·韦尔奇在《赢》中提及，在实际工作中，战略非常直白，只需要选择一个大方向，然后拼命执行就可以了。任正非认为，在方向大致正确的前提下，组织充满活力非常重要，这更加说明了战略与组织的有机融合是确保企业成功的根本。

不同于组织行为学领域所探讨的组织内的领导力，战略领导力本质上是一种组织整体的领导力，反映了领导者对整个企业组织的驾驭能力和过程。与前面将四种主要的组织内的领导力用三个主要特征进行概括类似，这里也用三个特征对战略领导力进行概括，相应地，每个特征也由不同的行为指标来体现或表达。战略领导力有三个特征，一是**明察**，通过不同的方法及时掌握与企业相关的外部环境的各类变化，包括宏观政策和环境的变化、行业政策和状况的变化、与企业相关的技术和产品发展的新趋势、消费者表现出的新特征和潮流等；二是**顺势**，全面而系统地分析外部环境的变化给企业带来的机会和威胁，结合企业已有的资源和优势，选择恰当的业务方向和模式，确保企业在与同行竞争中展现出自己的优势；三是**组织**，领导者在战略定位的基础上以简洁的方式表达出企业发展的美好愿景，感召组织成员朝达成愿景目标而努力，制定有效的激励策略让组织成员能够公平地分享到成功达成目标后的收获，在暂时遇到困难和不利时上下一心、同舟共济，鼓励组织成员不断探索和尝试并向企业高层提供反馈，以企业的战略意识和愿景激活并维持全体成员的工作热情。

1.5 战略领导力的内容

本书基于我们多年来对中国企业战略领导力的认识，在总结中外学者从事的相关研究的基础上，省略了已有文献中过于细微的研究发现，注重介绍、分析和总结战略领导力的具体含义和运作过程。各章内容既避免堆砌学术文献中的琐碎知识，又避免因过于强调学术观点的论证而弱化了对战略领导力本质运作的洞见，力求以尽可能少的专业术语介绍战略领导力对组织发展的影响。本书各章都有来自中国企业的实际案例，力求生动展现在波澜壮阔的中国经济发展过程中的中国企业的战略领导力和企业家精神。

全书为分 5 篇，共计 12 章。**第 1 篇“战略领导力概述”**共有 2 章。**第 1 章“战略领导力的本质和范畴”**以原创的引导案例让学员思考战略领导力的本质。该章首先回顾了组织行为学和领导学领域关于领导力的研究，并总结出领导力概念的四个主要特征，指出这些有关领导力的研究总体而言偏向于解释企业内部的运作，并没有充分体现领导者对企业外部环境的认知和对整体组织的把握。随后在简要介绍战略管理的起源、关注的主要问题以及研究范式后，分析了战略领导力曾经缺位的原因，并介绍了近年来学界对这一话题的重视和研究现状。基于已有的战略领导力文献以及作者对中国企业高层领导者的研究，阐释了战略领导力的定义和本质，之后介绍了本书各章的安排。**第 2 章“驾驭战略和组织”**旨在进一步说明战略领导力的职能。该章以原创的引导案例说明企业领导者对外部环境的感知、解读以及为企业做出的战略选择，并变革组织内部的结构、人员和文化，提升企业的核心能力，最终使其成为行业的标杆。在已有文献的基础上，该章阐述了领导者对环境的解读并在此基础上识别出企业的机会，通过两个中国企业的案例说明成功应对环境变化对最高领导者的能力要求。随后讨论了领导者对组织内部资源的整合和调配。最后阐述了领导者引领企业变革的步骤，并以某国有企业领导者成功推动变革的案例，说明领导者对企业变革的驾驭。

第 2 篇“领导者的经历与个性”共有 2 章。**第 3 章“战略领导者的经历”**以雷军在产业领域的求索为引导案例，启发人们思考创业者和企业家的经历对其事业选择和发展的影响。该章介绍了有关个人经历影响个人性格特征、价值观和行为的理论，之后总结了中国学者关于企业高管经历以及高管团队的异质性对企业运营影响方面的研究发现，还特别介绍了从军的经历和艰难的生活经历对高管成员的影响，既提供了实证的研究发现又给出了具体的案例。该章最后分析了个人在成长时期的社会环境和人生经历对其成为高管后的管理理念的影响，并报告了学者在这方面的研究发现。**第 4 章“战略领导者的个人特征”**综合了大量关于企业高管的个人特征及其对企业影响的研究文献，尽管组织行为领域也有类似大量的研究，但该章聚焦于有关企业高管的研究发现。在介绍了价值观的定义和分类之后，该章报告了中国 CEO 的价值观及其相关的研究发现，介绍了近代一位著名实业家运营企业所秉持的实业报国的价值观，还阐述了当代中国企业高管在克服外部困难过程中所形成的“认命变运”的信念及其对企业的影响。在高管人格特征部分，该章回顾了近年来主流文献中的重要研究，特别介绍了有关高管的自恋和傲慢特征对企业战略决策的影响，此外还总结了近年来有关领导者的谦卑和完美主义方面的研究。该章最后总结了高管的认知能力、认知风格以及情绪对企业的影响。该章选择了被称为“时代楷模”的企业家的案例，思考个人的经历、性格特征和价值观在运营企业中的表现。

第 3 篇“环境认知与战略决策”共有 4 章。**第 5 章“环境认知、解读与行动”**包括外部环境的界定、外部环境对战略领导者的影响、外部环境与战略领导者的协同作用、企业高管的管理自主权四部分。该章首先介绍了外部环境的定义，并将其划分为市场和非市场环境。随后，阐释两种外部环境分别对战略领导者的影响；之后，归纳两种外部环境分别与战略领导者的协同作用；该章最后从管理自主权的视角，系统考察战略领导者对环境的认知、解读与行动，比较了中国不同地域的管理自主权差异，并分别从微观和宏观两个层面，公司治理方案、企业战略选择、制度环境建设三个方面，就中国情境下的管理自主权运用提出了建议。**第 6 章“公司创业投资”**通过小米创业投资的案例引导学员思考战略领导力对公司创业投资的影响。该章首先回顾了公司创业投资的前因、组织管理和结果，随后分别介绍了战略领导力对公司创业投资发起、组织管理及其结果的影响。基于现有文献及作者对中国企业高管的研究，该章依次分析了高管的心理和背景特征及其领导行为如何影响公司的创业投资选择；母公司、创业投资单元以及被投资企业的高管特征及行为如何影响公司创业投资的组织管理模式；母公司及被投资企业高管的特征及行为如何最终塑造公司创业投资结果，主要表现在对母公司机会获取和价值提升的影响，以及对被投资企业创新产出和成长绩效的影响两个方面。**第7章“企业并购与整合”**关注战略领导力在企业并购中的重要作用。并购是企业实现规模扩张和外延式成长的重要途径，既可能为企业带来“1+1>2”的协同效应，也可能让企业陷入“入不敷出”的财务困境。该章首先介绍了并购的过程以及战略领导者在这一过程的不同阶段所要扮演的角色，指出并购前目标的选择与估值、并购中的谈判以及并购后的整合均有较高的风险和不确定性，需要战略领导者做出一系列复杂的战略决策。随后，基于相关学术研究和近年来中国企业的并购实践，该章重点介绍了并购双方企业战略领导者的个人特征和领导行为会如何影响企业并购倾向以及并购溢价、高管留任等并购过程中的重要决策，讨论战略领导力如何实现通过并购为企业创造价值。**第8章“战略变革与实施”**通过美的数字化转型的案例引导学员思考战略领导力对战略变革的影响。该章首先回顾了战略变革的一般过程，即发起、实施和结果，随后分别介绍了战略领导力对战略变革发起、实施和结果三个方面的影响。基于现有文献及作者对中国企业高管的研究，该章依次分析了高管的心理及背景特征如何影响战略变革发起与否、变革程度、变革方式等决策；高管的意义赋予行为、多种领导风格以及对中国传统文化下“势”的应用如何推动战略变革的落实；高管的特征及行为如何最终塑造战略变革的结果，主要表现在对变革接受者情绪、态度和行为的影响，以及对企业绩效的影响两个方面。

第4篇“战略领导力的发展”共有3章。**第9章“不同时代的企业领导力”**以纵向的视角总结了改革开放以来中国企业战略领导力的变迁，从而认识中国企业战略领导力的时代特征及其对企业发展和变革的作用。该章在简要地介绍了中国企业家成长的环境之后，总结出了政治智慧型、业务专精型、国际运营型和市场洞察型四类企业家，并结合大量案例描述了他们的特征。接下来分析了社会环境、企业运营以及企业领导力之间的关系，揭示出战略领导力影响企业成败的逻辑，并在综合已有文献的基础上，以中国企业为案例分析驱动企业持续发展的领导力的重要特征。该章开篇和结尾分别以一家超大型企业和中小企业为案例，旨在揭示带领企业跨越不同时期的领导者所具备的素养。**第 10 章“中国的企业家精神”**包括企业家与企业家精神、制度企业家、弘扬和培育企业家精神三部分。该章首先介绍了企业家及企业家精神的定义，改革开放以来企业家精神的历史演进，新时代中国企业家精神的内涵、核心及重要性；之后阐释了什么是制度企业家，分析了制度企业家推动制度创新的两条路径；最后从文化环境与文化基因、优化营商制度保障、强化创新内核、坚持教育为本等四个方面，探索了如何弘扬和培育企业家精神。**第 11 章“战略领导力的培养”**包括中国战略领导力的文化根基、战略领导力的自我修炼和组织培养三部分。该章首先介绍了根植于儒家、道家和心学传统文化与哲学思想中的中国特色战略领导力，之后从调适、韧性和能力三个视角探讨了个人自我修炼战略领导力的方法和要点。该章最后立足新时代、新征程、新任务、新目标，分析当代中国组织应该培养什么样的战略领导者，以及如何从选、育、用、管、留等方面进行全过程培养，尤其是国有企业应该如何培养战略领导者。

第 5 篇“综合案例”包含第 12 章**“创业时代的草根企业家”**，并以此为题采用了这个企业创始人从事创业创新的案例，旨在为全书各个篇章提供研讨和思考的素材。牛电科技在识别中国广大市民日常出行需求的基础上，将互联网思维应用于传统电动车，力图以极致的产品体验打造城市生活品牌，被称为“电动两轮车中的特斯拉”。创始人胡依林仅有初中学历，从县城辍学少年到上市公司创始人，其“向上流动”的传奇背后是悲喜交织、充满张力的人生经历。从网吧到微软，从设计到制造，从皮鞋到电动车，“草根”胡依林在多个领域不断转型、不断受挫，又不断出发。面对职场的人际冲突、职业生涯的选择以及影响团队的重大战略决策，他在反复失败与反思中培养出了独具风格的战略视野。背后一以贯之的不竭动力，是由创新驱动的激情和不忘初心的热爱。在 21 世纪以来中国第二次互联网大潮、创新创业浪潮涌现的时代背景下，该案例以胡依林真实的个人成长史为材料，展现其少年、青年、中年三个阶段跌宕起伏的创新与创业经历，以及他在此过程中表现出的战略认知与企业家激情。该案例期待为读者思考企业创始人如何认知环境、选择企业的产品和模式，以及创业者如何战胜困境、激发创新提供启示。

本章小结

领导力就是带领一群人实现组织目标的过程和能力。首先，领导力是一种影响过程，即一个人或少数人影响大多数人的过程；其次，领导力是目标导向的，即引领或感召他人达成组织的目标；最后，领导力事关在追求目标的过程中激励人们承担有助于达成目标的任务，为此需要保持组织的凝聚力和文化。

已有的重要领导力概念包括交易式领导、转型式领导、参与式领导和共享式领导。这些领导力概念本质上偏向于组织内部的运作，可以看作组织内的领导力。与这些领导力概念相关的研究关注领导行为对下属个体行为的影响，而对于领导行为对企业层面效果的关注则相对不足。

领导者与管理者所从事的工作有所不同，根本区别在于领导者需要推动变革，而管理者需要处理复杂的事务。管理者需要做计划和预算，通过组织和配备人员来形成完成计划的能力，并通过控制和纠偏确保计划的完成。领导者则负责确定企业的愿景，之后说服、团结和调动员工去努力实现愿景，并在这个过程中不断激励和鼓舞员工。

早期的战略学者认为高管是决定企业发展方向的核心人物，并指出战略涉及人的主观诠释，因而高管的个人偏好对企业的战略决策影响深远。然而，当学者们开始采用可量化及精确建模的方法研究战略决策中的问题时，由于领导者的行为难以观测和量化，因此被从各种模型中剔除了出去，导致战略管理研究中不再涉及领导者。

学者们认为企业外部的环境、流行的技术、企业的历史、组织惯性等内外约束导致企业只能趋同，企业领导者能够做的选择和决策非常有限。

战略选择包括信息获取—评估—学习—选择—行动—结果反馈这一动态过程，特别涉及以企业高层领导者为代表的组织行动者对环境的解释、应对以及对外部资源的利用。

高层梯队理论认为企业高管在决策过程中对信息进行收集、解读和利用时会受到其认知水平和价值观的影响，而他们的家庭成长环境、教育背景、职能背景和工作经历等人口统计特征则会影响他们的认知水平和价值观。因此，企业决策者，包括 CEO、高管团队和董事会在人口统计特征上的差异可以解释和预测企业在战略决策和业绩上的差异，组织也由此成为其高管的反映。

近年来，战略管理学者开始更多地借鉴心理学和组织行为学中关于人格特质、政治理念、风险决策、多团队系统的理论和研究成果来加深对企业高管和董事会战略决策的理解。这些研究开始重视人类行为在战略决策中的影响。

过去 20 年的战略领导力文献采用的研究方法已经从人口统计学方法向微观基础方法转变，并开始运用社会心理学理论去解释战略领导者的互动过程和战略决策过程。

战略领导力与当前主流的组织行为学所研究的领导力的最大区别在于，战略领导力的影响力涉及组织的全局而非部门或团队。

战略领导力界定为领导者认知、解读和预测环境，基于企业的核心能力确定企业的定位，并重组企业的结构、资源和人员，达成企业的战略目标。战略领导力既是领导者完成环境解读—战略制定—战略执行—目标达成的一系列过程，也反映了其驾驭这一过程所需要的能力。

战略领导力本质上是一种组织整体的领导力，反映了领导者对整个企业组织的驾驭能力和过程。战略领导力具有明察、顺势和组织三个主要特征。

本书基于对中国企业战略领导力的认识，注重介绍、分析和总结战略领导力的具体含义和运作过程，介绍战略领导力对组织发展的影响，生动展现在波澜壮阔的中国经济发展过程中的中国企业的战略领导力和企业家精神。

重要术语

环境不确定性	环境扫描	动态能力
动态管理能力	资源基础理论	业务领导力模型
企业变革	变革的步骤	

复习思考题

1. 领导力的本质是什么？领导者与管理者的区别有哪些？
2. 战略领导力与组织行为学中的领导力有哪些异同？
3. 为什么以往主流的战略研究者的研究中不涉及领导力的作用？
4. 你认为通过什么方法才能更好地了解企业的战略领导力？
5. 领导力在企业的成功运营中起到哪些重要作用？
6. 战略领导力与企业的动态能力之间是什么关系？

中国实践

万物云的变革之路

1992 年，万科地产成立万科物业管理公司；2009 年，万科物业独立于万科地产；2020 年，万科物业正式更名为万物云空间科技服务股份有限公司（以下简称“万物云”）。2022 年 9 月 29 日，万物云登陆香港交易所，从劳动密集型企业成功实现了数字化转型。这一转型得益于现任 CEO 朱保全的战略眼光与变革决心。1999 年，朱保全入职万科，先后担任人力资源部经理、客户服务中心经理、南京地产公司总经理、集团总经办主任等，2010 年掌管万科物业。

打造立体人才结构

朱保全加入前，万科物业员工的学历普遍偏低。集团领导始终认为，物业员工只需要踏实做好服务，因此招聘没念过书的苦孩子就够了。朱保全却认为，驱动企业做大做强的动力一定是高端人才。因此，他掌管万科物业后，开启了面向名校的招聘计划。万科物业初期的招聘与人才留存状况并不理想，但朱保全尝试多种方式（如依附于万科地产品牌招人，入职万科物业每月的工资高于万科地产 1 000 元，将应届毕业生安排到有带教经验的管理者所在的部门等），最终提高了万科物业名校毕业生的应聘率与留存率。如今的万物云已拥有自身独立的招聘体系——“万物生”。

朱保全始终强调基层员工是基石，只有基层员工稳定了，万物云的客户关系才稳定；客户关系稳定了，招聘的高端人才才会有用武之地。万物云尊重每位员工，关注每位员工的成长。为了让基层员工有长远的发展，万物云让司龄满两年的保安转岗到管家、技术员以及二手房经纪人这三个岗位中的一个。万物云定期组织保安学习相关技能，每掌握一项技能，每月工资会涨50元。此外，为了让员工更加明晰自身的发展路径与机会，万物云还针对不同职位的晋升方向及能力要求，将职位分成三大序列、九大岗位标签，形成了其独有的人才发展九宫格。

扩宽业务边界

在重人才的基础上，朱保全将美国FirstService公司作为学习标杆，并且发现美国物业行业市场份额相对集中，而中国物业管理市场较为分散，未来将趋于集中，存在出现较大体量企业的机会。2015年，万科集团同意并支持万科物业进行市场化转型。

万科物业不再仅仅局限于住宅物业管理，同时也将其“安心、参与、信任、共生”的核心价值观应用于商企物业管理（包括商用写字楼物业管理和政企物业设施管理）。2014—2018年间，万科物业商企业务从1.4亿元增长到18.2亿元，增长超12倍；年饱和收入从2.1亿元增长到27.5亿元，增长超11倍。2018年3月1日，万科物业成为国际建筑业主与管理者协会的白金会员，同年7月，购买戴德梁行4.9%的股份，2019年12月，与戴德梁行成立合资公司，2020年1月7日，万物梁行投入运营。至此，万科物业完成了住宅商企两翼齐飞的战略规划。

朱保全将城市公共空间业务视为未来物业发展的“更大机会”，业务范围包括市政和城管两部分。2018年5月，万科物业与珠海大横琴投资有限公司（现珠海大横琴集团有限公司）携手打造了中国首个“物业城市”治理模式。2019年9月9日，万科物业与中国雄安集团城市发展投资有限公司共同出资成立合资公司，使“城市空间整合服务”向前迈进了一大步。2020年5月，万物云城市空间业务进驻厦门鼓浪屿。在城市物业领域，万物云先后进入10个城市，12个项目探索落地。

至此，万物云空间服务“三驾马车”，即社区空间、商企空间、城市空间模型完成搭建。

开启数字化转型

万科物业从2015年开始全面推动数字化转型，每年至少拿出营业收入的1.5%投入科技研发。在朱保全看来，物业行业必须进行数字化转型。

在朱保全的带领下，万科物业从最基础的人、房、物的系统梳理和编码，到持续不断的技术与应用研发，构建起了物与人的数据记录、互联互通的能力。例如，借助信息技术与数字化应用，开发了分别针对业主和员工的App（应用程序），全面覆盖业主社区生活的各个场景。通过与所管辖区派出所、社区、街道办和交警建立联动机制，实现网格化精准管理，助力智慧城市建设。万科物业实现了物与人的数据记录以及物与人的连接，确保通过开放、共生的生态系统实现与外部企业的数字化合作。

万科集团主席郁亮在公开场合肯定朱保全的成绩时说："时代的企业还是要有时代的英雄。"在万物云员工眼中，朱保全就是一位变革大师，他比行业中的许多人都要看得远、看得深。同时，朱保全对业务、物业本质的理解非常深刻。尽管他没有从物业基层做起，但他具有很强的学习能力。员工还认为，朱保全不但具有很强的领导能力，还具有很强的创新精神，一直在引领整个行业的创新。

资料来源：改编自侯楠、张志学，《化茧为蝶——万物云的成长之路》，载张志学、井润田、沈伟主编，《组织管理学：数智时代的中国企业视角》，北京：北京大学出版社，2023年。

思考题：

1. 万物云进行组织变革存在的困难有哪些？
2. 万物云变革成功的关键点有哪些？
3. 朱保全的战略领导力体现在哪些方面？
4. 万物云变革的经验是否具有可复制性？为什么？
5. 数字化转型对万物云的发展有何影响？

参考文献

杜伯林，安德鲁·J.，2006，《领导力》，王垒译，北京：中国市场出版社。

芬克尔斯坦，悉尼；汉布里克，唐纳德·C.；小坎内拉，阿尔伯特·A.，2023，《战略领导：高管、高管团队和董事会的理论与研究》，张三保译，北京：北京大学出版社。

基希勒三世，沃尔特，2018，《战略简史：引领企业竞争的思想进化论》，慎思行译，北京：社科文献出版社。

马浩，2018，《战略管理学说史：英雄榜与里程碑》，北京：北京大学出版社。

张燕，2021，《战略领导力研究：最近 20 年的进展与未来研究方向》，《管理学季刊》，1：1—15。

张志学，2004，《管理应对复杂，领导应对变化》，《北大商业评论》，10：120—125。

张志学、井润田、沈伟主编，2023，《组织管理学：数智时代的中国企业视角》，北京：北京大学出版社。

张志学、王路，2022，《“过剩论”者的坚持与创新》，载张志学，马力主编，《中国智造：领先制造业企业模式创新》（第 122—158 页），北京：北京大学出版社。

朱洪泉，2021，《继往开来：评〈战略领导力研究：最近 20 年的进展和未来研究方向〉》，《管理学季刊》，1：16—25。

Andrews, K. R. 1971. *The Concept of Corporate Strategy*. Homewood, IL: Dow Jones-Irwin.

Child, J. 1972. Organizational structure, environment and performance: The role of strategic choice. *Sociology*, 6 (1): 1-22.

Cyert, R., and March, J. 1963. *A Behavioral Theory of the Firm*. Englewood Cliffs, NY: Prentice Hall.

DiMaggio, P. J., and Powell, W. W. 1983. The iron cage revisited: Institutional isomorphism and collective rationality in organizational fields. *American Sociological Review*, 48 (2): 147-160.

DiMaggio, P. J. 1988. Interest and agency in institutional theory. In L. G. Zucker (Ed.), *Institutional Patterns and Organization* (pp. 3-21). Cambridge, MA: Ballinger.

Eisenhardt, K. M., and Martin, J. A. 2000. Dynamic capabilities: What are they? *Strategic Management Journal*, 21 (10-11): 1105-1121.

Gavetti, G. 2011. The new psychology of strategic leadership. *Harvard Business Review*, 89 (7-8): 118-125+166.

Hage, J., and Aiken M. 1969. Routine technology, social structure, and organizational goals. *Administrative Science Quarterly*, 14 (3): 366-376.

Hambrick, D. C., and Chen, M. J. 2008. New academic fields as admittance-seeking social movements: The case of strategic management. *Academy of Management Review*, 33 (1): 32-54.

Hambrick, D. C., and Finkelstein, S. 1987. Managerial discretion: A bridge between polar views of organizational outcomes. *Research in Organizational Behavior*, 9: 369-406.

Hambrick, D. C., and Mason, P. 1984. Upper echelons: The organization as a reflection of its top managers. *Academy of Management Review*, 9 (2): 193-206.

Hannan, M. T., and Freeman, J. 1977. The population ecology of organizations. *The American Journal of Sociology*, 82 (5): 929-964.

Helfat, C. E., and Peteraf, M. A. 2015. Managerial cognitive capabilities and the microfoundations of dynamic capabilities. *Strategic Management Journal*, 36 (6): 831-850.

Kotter, J. P. 1990. What leaders really do. *Harvard Business Review*, 68 (3): 103-111.

McGahan, A. M., and Porter, M. E. 1997. How much does industry matter, really? *Strategic Management Journal*, 18: 15-30.

Meindl, J. R., Ehrlich, S. B. and Dukerich, J. M. 1985. The romance of leadership. *Administrative Science Quarterly*, 30 (1): 78-102.

Nadler, D. A., and Tushman, M. L. 1980. A model for diagnosing organizational behavior. *Organizational Dynamics*, 9 (2): 35-51.

Nelson, R. R., and Winter, S. G. 1982. The Schumpeterian tradeoff revisited. *The American Economic Review*, 72 (1): 114-132.

Oliver, C. 1991. Strategic responses to institutional processes. *Academy of Management Review*, 16 (1): 145-179.

Penrose, E. T. 1959. *The Theory of the Growth of the Firm*. New York: John Wiley.

Pfeffer, J. and Salancik, G. 1978. *The External Control of Organizations: A Resource Dependence Perspective*. New York: Harper & Row.

Porter, M. E. 1980. *Competitive Strategy*. New York: Free Press.

Quigley, T. J., and Hambrick, D. C. 2015. Has the "CEO effect" increased in recent decades? A new explanation for the great rise in America' s attention to corporate leaders. *Strategic Management Journal*, 36 (6): 821-830.

Scott, W. R. 2001. *Institutions and Organizations: Ideas, Interests, and Identities.* Thousand Oaks, CA : SAGE Publications, Inc.

Teece, D. J. 2007. Explicating dynamic capabilities: the nature and microfoundations of (sustainable) enterprise performance. *Strategic Management Journal*, 28 (13): 1319-1350.

Waldman, D. A., Ramirez, G. G., House, R. J. and Puranam, P. 2001. Does leadership matter? CEO leadership attributes and profitability under conditions of perceived environmental uncertainty. *Academy of Management Journal*, 44 (1): 134-143.

Williamson, O. E. 1975. *Markets and hierarchies: Analysis and antitrust implications*. New York: Free Press.

Yi, X., Zhang, Y. A., and Windsor, D. 2020. You are great and I am great (too): Examining new CEOs' social influence behaviors during leadership transition. *Academy of Management Journal*, 63 (5): 1508-1534.

Zhang, L. E., Zhao, S., Kern, P., Edwards, T., and Zhang, Z. X. 2022. The pursuit of indigenous innovation amid the Tech Cold War: The case of a Chinese high-tech firm. *International Business Review*. https://doi.org/10.1016/j.ibusrev.2022.102079.

Zhang, Z. X., Yi, X., and Dong, Y. forthcoming. Taking the path less traveled: How responsible leadership addresses a grand challenge in public health, a case study from China. *Management and Organization Review*.

第2章

驾驭战略和组织

教学目标

1. 了解战略领导力的职能
2. 认识企业动态能力的形成
3. 掌握动态管理能力
4. 理解战略的微观基础
5. 熟悉业务领导力模型
6. 思考领导力与企业变革的关系

引导案例

印建安：启动并掌控陕鼓的变革

陕西鼓风机厂1975年建成投产，1996年改制为陕西鼓风机（集团）有限公司（以下简称“陕鼓”）。陕鼓共有三大业务板块：能量转换设备制造、工业服务和能源基础设施运营。陕鼓从2001年开始，经过二十多年的实践，成功实现了企业升级的战略和组织运营目标。

陕鼓坚持“两个转变”的发展战略，围绕自身核心能力的“同心圆”打造差异化运营模式，最终从一家传统的国有制造业企业成功实现了战略转型。

与时俱进的战略选择

印建安是工学博士，教授级高级工程师。1982年，25岁的印建安从西安交通大学毕业进入陕鼓，先后在设计科、产品试验室、总工程师办公室工作，之后做了10年的市场营销工作。2001年，44岁的印建安出任陕鼓集团党委书记、董事长和总经理。

印建安任董事长之时，陕鼓90%以上的收入来自单机销售，利润非常微薄。他在对同行进行调研时发现，国内装备制造业厂家动辄投资数十亿元上马大项目。他判断行业将会出现产能过剩的现象，于是明确提出“两个转变”

的差异化发展战略，即“从单一产品制造商向能量转换领域系统解决方案商和系统服务商转变；从产品经营向品牌经营、资本运营转变”。

在业务模式上，陕鼓提出“同心圆放大”的理念，即围绕核心制造能力外扩产业链。陕鼓从 2003 年启动远程在线监测系统的研发，通过互联网将大型机组的运行技术数据回传到陕鼓远程监测与故障诊断中心，全天 24 小时为客户提供在线技术支持和故障分析诊断，在不需要停机的情况下，为客户量身定制检修计划和方案，并提供更换备件的建议。陕鼓推出“透平设备全生命周期系统服务”，解决大型动力装备全生命周期的健康管理问题，为客户提供全托式保运、再制造、检修维修，以及合同能源管理等服务。

“同心圆放大”理念紧密围绕核心业务，不断垂直拓展业务半径。当业务半径垂直拓展到一定范围时，2015 年陕鼓再次调整战略，横向拓展业务半径：从原来以产品设备为核心，到聚焦分布式能源，以此为“圆心”提供设备、服务、EPC（工程总承包模式之一）、金融、运营等服务。陕鼓开展了工程总承包+金融服务，组建了陕鼓工程公司、工程设计研究院，支持工程总承包服务。陕鼓与金融机构合作，对产业资源与金融资源进行整合，为客户提供创新性融资服务，解决其发展过程中的资金不足困难，同时为金融机构配置优质合作项目，降低投资风险。这种模式使陕鼓、金融机构和客户企业形成了三方共赢的良好局面。

重塑并激活组织

战略变革需要企业具备新的心智模式和组织能力。深知变革的艰难与复杂，印建安上任后并没有立即全面推动组织变革，而是选择从陕鼓的子弟学校开始改革。子弟学校既与员工利益休戚相关，又不是直接的业务部门，适合作为改革试验田。通过公开选聘新校长、处理老员工诬告新校长事件、解除煽动诬告的相关管理者的职务等，表达他坚定改革的决心。随后，印建安开始改革财务系统，说服并聘任当地大学的一位教授担任财务总监，建立新的财务管理体系并培养了一支专业的金融财务管理队伍等。印建安用了一年多的时间理顺了陕鼓的内部管控体系。印建安上任四年之后，陕鼓的主要经济指标年均增长率均超过 70%，销售收入、利润和上缴利税均达到历史新高。此后，即便外部发生市场波动和政策变化，陕鼓的运营发展也一直保持稳定。

印建安将重塑企业文化作为变革的重要一环。他认为陕鼓需要从为市场提供单一产品的“民工”转变为提供系统解决方案的“包工头”，为此必须要有前瞻的视野，能够及时发现市场上的机会，还要有相应的专业技能和组织能力，这样才能形成战略决策和事务处理的具体方案并满足客户的需求。通过成功地为宝钢集团上海第一钢铁有限公司提供首套工程总承包服务，陕鼓实现了从“以产品为中心”向“以用户为中心”的转变。陕鼓人观念转变了，企业满足客户需求的能力提升了。

在组织架构上，陕鼓以业务为核心整合组建事业部制和后台服务体系，将辅助业务交由外部组织进行专业化协作。从2002年开始，16年间，陕鼓的生产车间从原来的11个减少到2个，取消、弱化了设备维修、铸造等18个非核心业务环节；聚焦核心业务新增并强化研发、服务、工程、智能制造、投融资、系统方案中心、金融方案中心等18个新兴业务部门。在陕鼓内部进行资源整合，合并重叠业务，搭建统一的公共资源服务平台，实现1+1>2的协同效应。通过组织变革，陕鼓“制造端”减员近1 400人，“服务端”和“运营端”增加员工2 000多名。通过部门和资源重组以持续调整组织架构，推进企业聚焦核心，逐步契合“两个转变”战略。

陕鼓业务整合之后，印建安提出在企业内部实施“去行政化”“归零赛马”。打破行政级别制，实施岗位适应市场变化的“归零赛马”机制；所有员工重新竞聘上岗，不同岗位和职责收入不同、具备条件的任何人都可以竞选相应职位，充分尊重员工的选择。通过竞聘上岗，激活了大部分员工的工作与学习动力，形成了自我重塑和优胜劣汰的工作文化。此外，印建安还建立了“陕鼓情基金”用于妥善安排曾有历史贡献但被淘汰的员工，让他们也能分享到企业快速发展带来的红利。陕鼓还建立了全员普惠体系，包括建立员工业绩档案、企业年金、陕鼓情互助会，提供商业保险，构建员工健康管理及紧急救助体系，实施员工辅助发展计划等，确保企业与员工共享企业发展成果。利用这些配套措施不仅能够消减企业变革的阻力，而且能够凝聚员工支持变革的动力。此外，陕鼓大胆进行体制再造，通过引进战略投资者实现陕鼓动力上市，77个自然人成为陕鼓上市公司的股东，将企业管理层和技术骨干的个人利益与企业的持续长远发展紧密地捆绑在一起。

领导是变革的要因

印建安通过“两个转变”和“同心圆放大”的战略，塑造匹配的企业文化并打造强大的组织能力，使得陕鼓成为中国工业界转型创新的标杆性企业。截至2017年印建安退休那一年，陕鼓销售额同比增长65.21%，海外销售额同比增长76.67%，均创历史新高；2001—2017年的17年间，陕鼓总资产增长了189亿元。2018年，陕鼓的服务和运营收入占营业收入的比重约为59%。2018年，陕鼓的销售额同比增长86.30%，其中海外销售额同比增长111.38%，均创历史新高，部分主要经营指标已经接近或超过国际先进企业。截至2018年年底，服务+运营板块订货金额占销售额的比重达到75%以上。

陕鼓成功实现“转变增长的方式”“突破行业的边界”和“提升组合资源的能力”。一家处于西部地区的传统国企，为什么能够做到不断调整适应环境、获得持续的发展？在很大程度上是因为曾任陕鼓党委书记、董事长的印建安的专长和前瞻性。

陕鼓所经历的变革期，历经中国改革开放最深入的时期，国民经济进入高速发展期，呼唤经济结构的日趋合理，在此期间看准大势、持续变革的企业，都将享受到改革开放的巨大红利。印建安带领的陕鼓就抓住了这一时期的发展机遇。

当然，良好的外部环境和发展机遇也会带来许多机会和诱惑，企业最终能否获得竞争优势并实现可持续发展，取决于领导者是否具有战略定力。一方面，领导者必须有专长，且经历过市场的历练，这些特征会使得领导者具有广阔的行业视野和深度的市场洞察力，能够随着宏观经济、行业状况以及客户需求的变化而动态调整企业的运行方向。另一方面，领导者也需要一旦看准大方向就坚定不移地推行政策、克服各种困难，具备不达目标誓不罢休的战略定力。

优秀的领导者既能够不断坚持正确的方向，又能够持续激发组织的活力。作为专家型的领导，印建安往往能够突破自我，具有战略和组织管理的素养，通过分析行业和竞争对手的状况以及客户需求等，清晰企业的战略定位，并打造相应的组织能力，再通过配置资源和运行有效的管理系统确保战略落地。

印建安意识到自己作为董事长，很容易失去理智和客观的判断力，他深知决策者的自满和膨胀往往是导致企业衰败的重要原因。印建安认为，做好企业需要秉持“心怀梦想、心存敬畏、心无旁骛、心系员工”的理念，为此，领导者应不计个人名利追求，而是坚持“使命是天、员工是天”。这种理念的背后是企业家具有的身份认同，以做好企业为荣，专注地做企业家该做的事情。

中国的很多国有企业，具有人才、技术和资金上的优势，完全具备创新的能力，但为什么很多企业并没有做到呢？有些人觉得企业不是自己的，思考更多的是怎么能够将企业变成自己的。有些人没有将精力和才华用于专业领域，最终虽获得了丰厚的个人利益和响亮的名号，企业却没有多少技术积累。笔者曾问印建安，“回过头来看，如果再让你选一次，明明知道有两条道路，一是自己出来创业，二是走你在陕鼓这条路，你选哪一个呢”？他明确地回答，“我肯定还是会选我在陕鼓的这条路”。他觉得陕鼓让他体会到为企业员工和社会做出贡献而带来的获得感和幸福感。

资料来源：改编自张志学，《陕鼓变革十六载》，载张志学、马力主编，《中国智造：领先制造业企业模式创新》，北京：北京大学出版社，2022 年。

思考题：

1. 请根据案例的描述，勾画出陕鼓变革的完整路线图。其中最关键的节点有哪些？

2. 你认为陕鼓的变革最容易和最难的地方分别在哪里？

3. 陕鼓变革成功的经验有哪些？

4. 印建安的战略领导力体现在哪些方面？

5. 印建安所展现出的领导力是否具有普遍性？为什么？

6. 你从印建安在案例最后说的那句话中体会到什么？它与企业的经营具有什么样的联系？

任何企业都需要不断地应对外部变化和调整内部组织。相应地，领导者需要带领企业完成外部适应和内部整合两大任务。由于外部环境在不断变化，企业需要持续监测变化，并持续进行内部资源的调配和整合。

一些深入研究企业实际运作的管理学者意识到高管对企业战略方向的塑造。科特对15位总经理进行考察后发现，总经理面临着六个方面的挑战，包括：在诸多不稳定因素中决定企业的目标和经营策略，针对企业多个部门的需求对稀有资源进行合理分配，站在生产经营活动的制高点上发现问题并解决问题，获得上级的支持与合作，与企业内外人士密切协作达成经营目标，控制并激励员工和下属、解决部门间的矛盾与冲突等（Kotter，1982）。科特关于总经理的实际工作的研究表明，企业领导者既要面对外部不确定的环境，又要协调好企业内部的复杂问题，从而达成企业的目标。由于企业所处的环境总是不断变化的，领导者需要从战略的视角去分析环境的变化，形成新的愿景或战略目标，并调动组织资源去实施企业的战略。

不过，战略学者在讨论企业的竞争优势时，受到规范分析范式的影响，较少讨论高管在其中的作用。近年来学者们意识到，管理者的动态管理能力，即管理者在建立、整合和重构组织资源和能力等方面的才能，很大程度上影响了企业的战略决策和业绩（Adner and Helfat，2003；Teece et al.，1997）。企业高管的视野、思维、决策等认知能力是决定企业成败的关键因素。企业高管如何预测和解释环境的变化，进而重新配置组织资源、进行市场定位和组织学习，对提升企业竞争力至关重要。

领导力的本质是在变动的环境下影响人们达成某种目标的过程和能力。当外界环境发生变化时，组织需要通过改变去适应环境。为此，领导者需要带领企业实现三个变化：一是在解读环境变化的基础上做出战略的调整；二是重构组织结构和资源以保证新的战略可以落地和执行；三是在组织的动态调整过程中，通过组织动员和沟通促进成员思维观念的转变和能力的提升。要实现这些变化，首先要求企业领导者能够敏锐地观察到环境的变化，识别环境中的机会和威胁。其次，领导者在新的环境下，要知道如何利用企业的资源制定何种新的战略或者采取什么样的业务模式。最后，领导者要在企业内部实现结构改变、流程改造、人员重新任命，影响组织成员改变观念并采取与新战略一致的行动。所以，领导力不仅仅涉及领导者个人的品质，也包括领导者觉察变化并带领组织成功适应变化的过程。

那么，企业领导者究竟在战略形成和执行过程中起着什么样的作用呢？

战略学者们认为，企业高管团队通过感知、捕捉和配置三个过程，构建了企业的动态能力（Helfat and Peteraf，2014；Teece，2007）。具体而言，就是在机会变得明显之前就充分感知到机会的存在，在感知到机会的基础上有选择地聚焦于特定业务并制定商业模式，重新配置组织资源，改变企业已有的惯例、规则和员工的惰性，完成从战略到组织的创新变革。从这个角度来看，企业的任务包括“感知与抓取”和“重构与执行”两个方面，与前面提及的外部适应和内部整合是一致的。多数企业是通过企业领导者及其所带领的高管团队来完成上述任务的。所以，企业的领导力体现在对外和对内两大任务上，对外就是“适应与调整”，即监控变化、发现机会、制定战略、明确模式，对内就是“整合与编排”，即搭建组织、调动资源、消除惰性、营造文化。

下面的内容将比较详细地阐述战略领导力的理论研究，并引用若干中国企业高管的实践予以说明。

2.1 领导者对于环境的解读与机会获取

企业需要通过制定合适的战略去适应外部环境的变化。不过，在战略形成或者进行战略决策的过程中，“决策者扮演什么角色”却是一个存有争议的问题。制度论者强调，环境变迁、可获得的资源、政府的管制、技术的升级等因素决定了企业的战略。无论谁处在领导者的岗位上，都逃脱不了上述因素的影响，这也意味着他们很难有所作为，因此决策者并不重要。然而，高层梯队理论却强调决策者在企业制定战略决策时的作用。原因在于，环境的复杂程度经常超出决策者所能理解和处理的范围，决策者要善于对相关信息进行取舍。在稳定环境中，关键战略因素之间的关系清晰明确、变化缓慢，大量的结构化问题可以通过程序、制度和流程来解决，决策者对决策的影响不大。在高度不确定的环境中，组织面临的问题是非结构化的，各变量之间的因果关系不明，组织无法模仿或延续以往的方法，需要根据决策者对环境的解释和判断来制定相应的战略。因此，企业的领导者会对企业的决策结果产生重要的影响（Hambrick and Mason，1984）。

虽然企业所处行业、企业的核心能力、组织结构、企业的规划与控制体系等诸多因素都会影响企业的业绩或盈利能力，但这些因素总体而言是稳定的，如何解释企业的业绩会发生大的变动以及同一行业中的企业可能出现较大的差异？事实上，除了企业的外部因素出现变化，领导者的决策也非常关键。在多数企业中，领导者拥有决策的自主权。例如，企业领导者决定对什么业务或者部门进行大的投入，就会影响企业的经营结果。在战略领域，学者们讨论了影响企业适应变化的组织因素，但忽视了企业的领导者对企业能否适应环境变化的关键作用。于是，有学者通过研究发现，面对石油价格波动的相同外部环境，企业领导者是否决定精简企业架构在很大程度上解释了石油企业之间盈利水平的差别（Adner and Helfat，2003）。领导者通过教育训练和学习积累的人力资本、以形成的社会关系为代表的社会资本以及由个人信念和心智模式等构成的认知都会影响他们在建立、整合和重构组织资源等方面的动态管理能力（Ander and Helfat，2003）。有学者发现企业 CEO 的差别能够解释企业之间业绩差异比例的不断上升，即从 1950—1969 年间的 12.7%增长到 1990—2009 年间的 25%（Quigley and Hambrick，2015）。

企业的能力分为普通能力和动态能力。普通能力包括企业的运营、管理和治理能力，确保企业以高效率达成既定的目标。这种能力作为企业的最佳实践，容易被模仿。相反，企业的动态能力包括企业觉察环境变化、抓取机会与重构资源的能力，确保企业能够适应外部的变化，做出正确的选择（Teece，2007）。但是，企业的动态能力是如何形成的呢？后续研究认为，动态能力部分存在于企业领导者和高管团队身上。企业领导者和高管团队了解行业的发展趋势，并带领或指导企业采取相应措施，是企业动态能力最为显著的特征（Teece，2007）。企业动态能力中的资产编排或资产配置功能，是由企业中的协调整合、学习和重构这些组织过程（Teece et al.，1997）支撑的。意识到企业动态能力的重要性后，有学者开始思考是否存在一些影响组织创造和运营动态能力的元能力（meta-capabilities）？正如人的智力决定其很多思考和行动一样，组织也有类似的智力，而只有理解在复杂的组织环境中运营组织的行动者的特征，才能够找到组织能力发展背后的智力（Gavetti et al.，2007）。动态能力是组织惯例和具有企业家精神的领导力的结合（Teece，2014）。考虑到很多组织惯例在很大程度上仍然是由企业领导者和高管团队塑造的，企业的动态能力与具有企业家精神和创造力的领导者及其团队密不可分。企业的管理者能够刻意地创造企业的动态能力（Eisenhardt and Martin，2000）。正是企业的高层领导者识别环境、发现机会并推动企业的变革。因此，有学者认为，动态能力并不仅仅是组织机器的变速器和传动系统，它既包括人的觉察、创造、抓取和转化等行动，也包括人的创新意识和想象力（Di Stefano et al.，2014）。

企业的竞争优势主要在于使用一整套有价值的有形或无形资源（Wernerfelt，1984）。根据资源基础观，企业是资源的捆绑，其优势体现在拥有什么资源以及如何组合这些资源上。企业的资源包括流程、功能、资产、信息和知识等有形或无形的东西，它们使得企业能够开展相关的活动。但是，并非企业的所有资源都具有同等重要的战略意义。那些能够给企业带来竞争优势的资源，往往具有 VRIN（value，rare，inimitable，non-substitutable）四个特性，即可以带来价值性、稀有性、难以模仿性以及不可替代性。VRIN 框架后来演变为 VRIO（value，rare，inimitable，organization），即价值性、稀有性、难以模仿性以及组织。强调了“组织”利用资源或能力的潜力，企业必须准备好并且能够利用资源来实现其价值（Barney，1991）。但是资源基础观将企业的异质资源看作给定的，却没有考虑到利用资源为企业创造竞争优势背后的因素。虽然动态能力学者为了解决这个问题，探讨了诸如创新和共创、资源是如何被创造的以及资源应该怎样被利用等过程的微观基础，却仍落脚于企业分配资源的战略以及促进资源利用的组织结构和过程（Teece，2014），再次回避了对战略和组织背后的深层因素的讨论。事实上，企业本身并不能合理地编排资源，组织中的人才能对资源进行协调和整合。

众所周知，企业所拥有的独特资源及其所形成的组织过程，在一段时间内的确能给企业带来巨大的领先优势，但这些优势最终仍然可能被竞争对手通过各种途径获取或模仿。例如，丰田的精益生产系统作为一套从产品设计到客户关系高度整合的完整价值链系统，最终扩散到了其他企业乃至整个行业。这意味着，企业曾经的独特资源或者动态能力，最终会不再独特或者变为同行都具备的普通能力。真正能够确保企业不断更新自己的能力、保证领先同行的，还是具有战略领导力的高管在把握行业变化和竞争对手的动态之后，推动企业的高管、关键人物采取行动，不断更新组织系统、产品研发和供应链系统等。

有些企业能够具有预见性地发现新的市场机会，这样的关键动态能力涉及评估、测定和判断等难以模仿的能力。这也是富有智慧的领导者能够为企业带来强大的动态能力的原因（Teece，2014）。因此，从企业的领导者或者创始人以及其所领导的高管团队去理解企业的动态能力，可以彰显领导者在形成和执行企业战略过程中的作用。后来学者们明确提出，企业高管的动态管理能力可以分解为感知、抓取和重构三个方面（Helfat and Peteraf，2014）。图 2.1 将管理者的认知能力、动态管理能力、对战略变革的潜在影响及最终的企业业绩联系到一起。

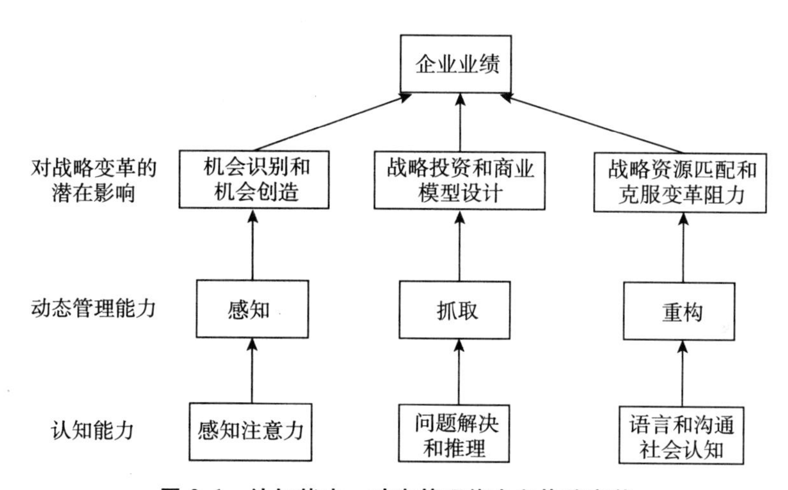

图 2.1 认知能力、动态管理能力和战略变革

企业的最高领导者通过环境扫描和解读环境感知到商业机会。这里涉及人的知觉和注意力。知觉能力表现为个人识别模式的能力，而个人的经验和专长则影响到该能力。有些人能够从环境中看出模式和规律，并识别出机会，也能够发现潜在的威胁并及时做出应对。与知觉相关的是注意力，即个人能否关注相关的信息从而促进环境扫描、机会识别。人们在知觉和注意力方面存在较大的差别，也使得他们从复杂的环境中发现机会的能力存在巨大差别。认知心理学家提出非注意盲视（inattentional blindness）的概念，表达个体在处理复杂任务时，没有觉察到背景中出现的醒目且伴有意外刺激的现象。这是由于繁重的注意任务占用了人的认知资源，从而使得其无法觉察到背景刺激或者其他的事物。在著名的“看不见的大猩猩”实验中，参与者观看了一段分别身穿黑、白运动服的两队人传球的视频，并被要求统计穿白色运动服的队员之间传球的次数，其间一只黑猩猩走到人群中并停留了几秒，还拍打自己的胸脯。但是看完视频之后统计发现，只有三分之一的参与者看到了那只大猩猩。同样的道理，企业经营者在知觉能力上的差别导致了他们从环境中识别模式和发现机会的差异。

经营者克服障碍达成目标这一解决问题的能力和进行逻辑推理的能力，对于他们做出正确的投资决策、发展恰当的商业模式，以及评估投入的回报等都会产生重要的影响。经营者抓取商业机会的能力取决于其推理和解决问题的能力。

战略领导者的重要任务是在竞争环境中发现机会。Porter（1980）的五力模型认为公司不仅要与对手竞争，而且需要与客户和供应商等所有能够创造价值的各方竞争。为此，企业领导者需要关注整个经济活动的链条。行为战略学者从战略家中心的角度指出，发现好的战略机会并执行战略是非常困难的。由于竞争同行往往具有相似的知识背景，接受过相似的商业训练，大多具有相似的理念和认知，因此他们对机会的识别非常相似，从而一窝蜂地在某些领域展开超级竞争。真正能够发现机会的领导者往往能够比其他同行用更为独特的眼光解释和分析环境，从而发现别人看不到的机会，并且能够克服企业内部成员对组织变革的抵制，成功地实现企业的转型。战略领导者需要完成三件事：其一是分析环境后发现机会，其二是通过调动组织成员参与并采取行动去实施战略，其三是通过获得诸如金融分析师、媒体以及潜在客户等外部利益相关者的支持来实现机会的合法化（Gavetti，2011）。那些具有想象力、能够超越既有的知识和经验，而且愿意开放地吸收其他行业经验的人，往往更有可能发现独特的机会。

2.2 解读环境与获取机会需要领导者的专长

在改革开放后的相当长时间内，中国企业的增长在很大程度上受巨大的国内市场需求的驱动，这种巨大的需求很轻易使得很多行业得以爆炸式增长。此外，由于政府围绕基础设施和重大民生工程进行了巨大的投入，也给企业创造了高速发展的机会。在经济快速发展的年代，很多人对商业机会的看法颇为相似，那些快速行动、善于利用社会资源的人，往往就会获得成功，并进一步形成在位优势。因此，不少成功的经营者都具有雷厉风行、长袖善舞的特点。在他们看来，比别人更早获知政策规划，抓住关键的资源分配者，比经营企业更重要，机会驱动或者资源驱动的商业模式，在当今激烈的市场竞争中逐渐丧失竞争优势。

我们发现，一批具有技术专业背景的企业家，更加注重通过技术和产品赢得竞争优势，他们也更倾向于以市场化的思路去经营企业。他们在解读外部环境时，能够看到同行看不到的机会。

本章开篇案例的主人公印建安就非常善于从分析环境中发现新的业务模式，从而建立企业的竞争力。21 世纪初期，伴随着中国工业化进程的加快，所有国内装备制造业厂家都上马大项目，动辄投资数十亿元。印建安意识到，同质化竞争将会导致产能过剩，因此他决心让陕鼓走不同的业务模式。他明确提出将陕鼓从以产品为核心的运营模式转变为“市场+技术+管理”的运营模式，也让陕鼓一步步地形成“同心圆放大”的产业链战略。

1999 年，时任陕鼓营销副总的印建安在北京出差期间，从一家 IT（信息技术）公司的工程师那里得知，IBM 正在研究通过计算机系统进行远程控制的业务。他想到陕鼓每一台机器内部都有信号系统，借助日益发达的互联网，陕鼓也能够将信号整理、打包和回传。印建安担任一把手后，陕鼓立即开始全面启动研发远程在线监测系统，2003 年在业界率先做到将大型机组的运行数据回传到陕鼓的远程监测与故障诊断中心，使得公司能全天候为客户提供在线技术支持和故障分析诊断，在不停机的情况下为客户量身定制检修计划和方案，并提供更换备件的建议，既大大降低了客户检修的成本，也更好地保证了机组的安全运行。采用远程在线监测及故障诊断系统后，陕鼓既实现了“备件零库存”，又可以及时获取客户设备运行的信息，从而快速响应客户的需求。印建安在与国内某医院的健康管理中心专家交流时，能够举一反三，发现高端人群的健康管理与关键设备的保修和管理，在方法、途径和技术方案的设计上颇有相似之处。他意识到能量转换设备全生命周期的健康管理服务，将是未来制造业重要的增长点。于是他带领陕鼓推出“透平设备全生命周期系统服务”，解决大型动力装备全生命周期的健康管理问题，为客户提供全托式保运、再制造、检修维修，以及合同能源管理等服务。

本书第一章“引导案例”所介绍的隆基，之所以能够成为行业中的国际领先者，也得益于其创始团队的专长和独立思考。

“任何具有制造属性的产业，或者任何通过人的双手能够制造的东西，必然会从短缺走向过剩。而过剩才是常态。”这是隆基绿能科技股份有限公司总裁李振国于 2006 年正式进军光伏产业前，对光伏产业发展的基本假设和认知。在 2005—2008 年间，中国众多光伏企业和市场投资者扩产扩能、跑步进入光伏产业，并力求获得上游的硅材料，“拥硅为王”，致使硅材料价格一路猛涨。当时几乎所有的企业都将发展重点放在下游的电池组件上，几乎没有企业从事科技含量更高的晶硅制造，因为其技术要求和工艺难度令人生畏。

半导体专业出身的李振国和钟宝申决定制造晶硅，并选择当时较为冷门的单晶硅技术。由于制造成本和技术门槛较高，国内的光伏制造企业很少采用单晶硅技术。而单晶硅电池光电转化效率当时最高在 25%左右，多晶硅电池的最大转化效率在 18%左右，而他们认为度电成本的不断降低将会是光伏行业的发展趋势。受硅片切割技术和单晶制造成本的影响，单晶硅片制造成本高昂，2006 年的市场价格达到 200 元/片左右，而多晶硅片的市场价格则为 80 元/片。李振国他们坚信单晶硅的制造成本会随着技术的提升变得和多晶硅一样低。他们坚信凡是人能造出来的东西，短缺一定是阶段性的，过剩才是常态。他们的专长和不随波逐流的独立思考精神使其做出了战略选择，并在单晶硅制造的道路上专注地创新。在隆基的带领下，单晶硅片的单价从 2007 年的 200 元左右，下跌至 2019 年的 3. 47 元/片左右。十多年间，硅片价格下跌了 98%左右。

2.3 领导者对于组织的整合和资源的调配

企业领导者带领企业觉察和抓住商业机会后，能否重新配置企业的资源对于企业能否发展和盈利至关重要。资源重新配置或编排涉及选择、布局、调整和修正有形资源和无形资产，通过配置战略资源适应外部环境的变化，完成组织变革。在整合、重新组合以及重新配置资源的过程中，需要确保组织的资源在环境变化过程中保持战略适配，从而保持竞争优势。由于企业内部必然出现对变革的抵制，企业最高领导者必须减少组织惰性和协调部门利益冲突，从而保证企业成功。为此，领导者需要说服企业管理者和员工，促进他们与企业目标保持对齐。促进变革的领导者往往善于通过富有影响力的语言描述企业未来的愿景，并以自己的行动表达对于愿景的信心和坚定不移的决心。这样的领导者往往具有个人魅力，而且具有很高的社会认知能力，即能够敏锐地觉察他人的观点和想法，从而影响他人促进资源的整合，获得企业上下的信任、支持与合作。社会认知能力也能够帮助领导者洞察企业成员对变革的态度和想法，从而更有效地减少他们对变革的抵制。

更早的时候，有学者（Nadler and Tushman，1980）提出了企业协和模型（congruence model），将企业组织看成是一个复杂系统，系统将外部的环境和资源作为输入信息，通过有效的组织转化为个人、团队和组织的业绩输出。为了达成这个目标，企业不仅需要与外部不断变化的环境保持密切的互动，而且需要调适组织内部各个要素之间的关系。组织的要素包括目标、任务、结构、控制系统和企业文化。企业需要确保各个要素之间的协调，并协同起来实现组织的目标。在两位学者研究的基础上，IBM 公司开发出“业务领导力模型”（business leadership model，BLM）。该模型认为企业的战略和执行共同影响企业的业绩，战略包括人才洞察、战略意图、业务设计和创新焦点，执行则包括人才、关键任务、正式组织和文化氛围，领导力和企业的价值观两个因素共同支撑着战略和执行这两个方面（Harreld et al.，2007）。正如学者所评价的，在这个模型当中，领导力起着引领企业战略和执行的关键作用（武亚军、郭珍，2020），甚至领导力还会影响企业价值观的形成。以上两个模型都强调在企业运营过程中，组织各个要素之间的协和或适配。但这并不是自动完成的，若让企业自然进化不仅无法达到协和的状态，反而会因花费过长的时间而让企业错失战略机会。为此，企业的领导者需要像工程师那样调配组织这部机器。

每个组织都有一个明确而特殊的目标。例如，如何使得企业中所有的领导层、管理层和员工认同其目标，并且使其目标和战略能够深入人心？在通过集体协作去达成组织目标的过程中，达成目标的人在知识背景、个人技能、教育训练、人格能力以及价值观等方面都可能不一样。这些具有多样性的人如果都按照自己的自由意志去做事，组织的目标就无法达成。目标的共享性要求与人员的多样性存在矛盾，这是所有组织永远都要面对的一个难题。为此，组织必须建立起一套控制体系。通过设计良好的组织结构、制度和流程，兼之各种奖惩手段，使得员工放弃小我而服从组织的大目标，并且为实现组织目标而付出努力。然而，过分依赖制度和流程会限制组织成员的工作自由度，尤其在当今组织强调开放、授权和员工参与的氛围下，刚性的制度体系不仅会抑制人们的创新动力，而且还无法适应快速变化的环境给组织提出的前所未有的难题。随着管理实践界出现的学习型组织、扁平化组织等潮流，学者提出可以让被管理者讨论和决定应当通过什么手段才能更好地达成企业的目标。在目标明确的前提下，员工对什么样的行为才能帮助他们更好地完成任务进行讨论和互动，逐渐形成某种共识或默契——这就是价值观。价值观慢慢变成了一种规范，要求所有的成员都必须遵循，形成了一种更有效的协和控制（Barker，1993）。协和控制是“无形”的，依赖的是企业的价值观和企业文化。由于企业文化是企业总结长期以来的优秀经验而积淀下来的不成文的行为方式和基本认识，企业员工会自觉地按照它去行动。从这个意义上讲，文化就像一只“无形的手”，对人具有极大的控制力，它驱使员工在变革中自主而自动地去填补工作中出现的空白和漏洞。正如学者们所分析的，华为公司的成功就在于很好地解决了组织内部各个要素的协同问题（张志学等，2006）。

总之，调适组织和配置资源去执行战略，要求企业的领导者能够登上组织的瞭望塔，保持足够的敏锐和机警，随时发现组织内部存在的问题，并快速予以解决。只有那些具有前瞻性、危机意识而且通过各种方式了解组织运作的领导者，才可能将组织这部复杂的机器调适得当，确保战略的落地。

然而，企业领导者在觉察、抓取和重构三方面的能力经常是不平衡的。有人善于发现和抓取机会，从而很快获得领先优势，但由于在重构组织人员、结构和资源上能力不够，最终导致企业在变革中人心涣散、分崩离析，甚至创始人在资本的压力下出局。而那些善于重构组织资源的领导者更可能做出精准的投资，设计出更好的商业模式，从而使得企业获得长久的竞争优势。

2.4 领导者与企业变革

企业变革是一个重要的战略管理问题。科特基于对很多经历变革的企业的研究，认为是企业的领导者驱动了变革，因为管理的职能在于确保组织顺利运转，管理者是无法推动变革的。而领导者能够带领组织适应环境的变化，提出企业的愿景，并动员、激励人们克服困难，达成企业的目标。科特深入了解了组织内部抵制变革的因素，发现成功的变革基本都是在优秀的领导者的推动下，积累了足够的势能、克服组织原有的惯性，既有效实施了变革，又维持了良好的内部关系和组织氛围。他总结出成功推动变革的企业，基本上都遵循了环环相扣的八个步骤（科特，2003）：①营造紧迫感。领导者自己或者要求下属走进市场，倾听客户和供应商的想法；再比较本企业与领先的竞争对手在满足市场和客户需求方面的差距，让组织成员意识到危机来临，消除组织成员的自满情绪，激发变革的动力。②组建领导团队，将拥有职权、专长、良好信誉和丰富经验的人组织起来，他们各自发挥作用，减少变革的阻碍，做出正确的决策，影响和说服犹豫不决的成员，推进改革进程。确保领导团队的成员相互信任，并共享一个变革目标。③设计愿景。创立具有吸引力而且切实可行的愿景，并制定达成愿景的战略。④沟通变革愿景。领导者持续与组织成员沟通愿景和战略，获得他们的理解和认同，并以实际行动表示自己对愿景的承诺。⑤授权赋能。减少变革阻碍，改变阻碍变革的制度和结构，鼓励创新的观念和行动。⑥积累短期胜利。制订计划，快速实现业绩改进，不断获得成功，并公开嘉奖获得成功的人，让人们意识到愿景是可行的，努力是有效的，从而影响更多的人参与变革。⑦促进变革深入。更大范围地改变与变革方向不一致的流程、制度和结构，任命那些勇于实施变革的人。⑧将变革成果融入文化。让变革成为一种企业文化，让变革被普遍接受并被看作企业发展的机会，从而确保新的战略计划易于执行。

企业无论是应对环境变化还是打破既有惯性，都需要实施变革。早在21世纪开始时，中国电信行业就经历了巨大的调整，拥有较大惰性的国有企业面临变革的压力。有学者揭示了青岛网通在其领导者的周密部署下成功实施变革的过程（张志学、王辉，2006），从中可以看出领导者在解读外部环境的基础上形成新的业务模式，并改组企业内部的人员、制度和文化，从而成功地实现业务领先的经历（见本章“中国实践”部分）。

本章小结

面对外部环境的不断变化，企业领导者需要带领企业掌握外部变化和调整内部组织，既要持续检测变化发现机会，又要持续进行内部组织的调配和整合。

企业高管团队通过感知、捕捉和配置三个过程，构建了企业的动态能力。企业从环境中感知到机会，有选择地聚焦于特定业务并制定商业模式，重新配置组织资源。从这个角度来看，企业的任务包括“感知与抓取”和“重构与执行”两个方面。

高层梯队理论强调决策者在企业制定战略决策时的作用。环境的复杂程度经常超出决策者所能理解和处理的范围，决策者要善于对相关信息进行取舍，因此，企业的领导者会对企业的决策结果产生重要的影响。

企业的动态能力是组织惯例和具有企业家精神的领导力的结合。很多组织惯例在很大程度上仍然是由企业领导者和高管团队塑造的，企业的动态能力与具有企业家精神和创造力的领导者及其团队密不可分。

根据资源基础观，企业是资源的捆绑，其优势体现在拥有什么资源以及如何组合这些资源上。那些能够给企业带来竞争优势的资源，往往具有VRIN四个特性，即可以带来价值性、稀有性、难以模仿性以及不可替代性。

有些企业能够具有预见性地发现新的市场机会，这样的关键动态能力涉及评估、测定和判断等难以模仿的能力。这也是富有智慧的领导者能够为企业带来强大的动态能力的原因。

战略领导者需要完成三件事：其一是分析环境后发现机会，其二是通过调动组织成员参与并采取行动去实施战略，其三是通过获得诸如金融分析师、媒体以及潜在客户等外部利益相关者的支持来实现机会的合法化。

企业的协和模型认为，企业为了达成目标，需要调适组织内部各个要素之间的关系。组织的要素包括目标、任务、结构、控制系统和企业文化。企业需要确保各个要素之间的协调，并协同起来实现组织的目标。

“业务领导力模型”（BLM）认为，企业的战略和执行共同影响企业的业绩，战略包括人才洞察、战略意图、业务设计和创新焦点，执行则包括人才、关键任务、正式组织和文化氛围，领导力和企业的价值观两个因素共同支撑着战略和执行这两个方面。

企业变革的八个步骤包括：营造紧迫感、组建领导团队、设计愿景、沟通变革愿景、授权赋能、积累短期胜利、促进变革深入、将变革成果融入文化。

重要术语

环境不确定性	环境扫描	动态能力
动态管理能力	资源基础理论	业务领导力模型
企业变革	变革的步骤	

复习思考题

1. 你认为通过什么方法才能够更好地了解企业的战略领导力？
2. 在 IBM 的企业领导力模型中，领导力起到哪些作用？
3. 战略领导力在什么样的企业中作用更加显著？
4. 你觉得具有战略领导力的企业家应该具备哪些素质？
5. 列举三位你认为最具战略领导力的中国企业家，他们的共同特征有哪些？

中国实践

青岛网通的组织变革

青岛网通（其前身分别为青岛邮电局、青岛电信局、青岛电信公司、青岛通信公司）曾是中国网通集团有限公司下属的一家分公司。自 2002 年以来，面对新进入通信领域的电信、移动、联通、铁通、卫通等竞争对手，青岛网通在电信服务市场上的占有率不降反升，收入大于青岛11家电信运营企业中其余10家的总和。2003—2005年，青岛网通业务平均递增率达到10%，利润年均递增率达到64.2%，总成本逐年下降，成为中国网通集团下属分公司中业绩最为突出的企业。

变革之前，青岛网通层级复杂，管理、工作和技术流程不畅通，员工服务和营销意识淡薄，存在等客上门的坐商作风。电信服务业自20世纪末开始经历大的震荡。1998年10月，邮电合一的体制被打破，原青岛邮电局分营，青岛电信局正式挂牌。9个月后，移动通信业务被从电信局剥离出去。2000年7月，中国电信集团山东电信公司成立，青岛电信更名为青岛电信公司，原有的通信行业管理职能被剥离出去。2002年5月，原中国电信集团重组为南北两大电信集团。中国网络通信集团公司成立，青岛电信并入网通并更名为青岛网通。

重塑企业价值观

为适应企业外部环境的变化，青岛网通的高层领导早在1998年就分析了当时的行业、企业和经济形势，查找自身不足。自移动分营以及多家运营商进入市场后，激烈的竞争打破了原青岛电信一家"独大"、员工坐享优厚待遇和福利的格局。青岛网通高层意识到，如果企业没有好的发展前景，就很难获得员工的热爱和认同，企业也不可能具有凝聚力。而对于电信服务企业而言，客户满意度和市场占有率是其竞争力的体现。基于这种认识，青岛网通发动全体员工充分讨论，最终确立了"团队合作，服务为先"的新的企业核心价值观。

"团队合作"是为了保证企业对客户的需求做出快速响应并提供满意的解决方案。过去青岛网通内的各单位把工作职责和服务标准局限于本部门，绩效的好坏要看各部门是否达成了自己的工作目标，而不注重部门之间的相互协作。电信服务的特点是全程全网、联合作业，以往部门化的目标导向导致各部门达成了目标，但却没有满足客户的需求。为此，青岛网通通过提倡"团队合作"来促进部门之间顺畅地沟通，弥补服务客户链条上各个环节可能产生的脱节和错位。只有"服务为先"才能赢得客户的满意甚至忠诚。青岛网通的领导者认识到只有高质量的服务才能获得客户的认同，也才能使企业在激烈的市场竞争中提升实力。

价值观的改变增强了员工的服务意识，提高了企业的服务质量，使得青岛网通赢得了客户的赞誉和认同。2002 年上半年的一项调查发现，4 000 多个客户对青岛网通 11 项服务的满意度都在 97%以上。新的价值观也给青岛网通带来了活力。在与竞争对手的争夺中，青岛网通成功地获得了海尔、海信、青岛啤酒等大型公司的项目。青岛网通的通信能力、业务能力和客户数量，在中国网通集团 14 个沿海开放城市的分公司中仅次于上海、天津和广州分公司，在中国网通集团所辖分公司中名列前茅。

组织并鼓励员工参与

价值观的改变来源于企业领导层对环境变化的敏锐觉察。在 1998 年邮电分营后，青岛网通总经理王智礼就意识到企业要面临严峻的形势和激烈的市场竞争，他以提高服务质量为核心改革现有体制。他经常将自己的想法发表在报纸上，让员工了解企业面临的环境，唤起大家的危机意识，青岛网通也启动了价值观重塑工程。

青岛网通的高管们有组织地发动员工参与到价值观的重塑活动中，他们让员工首先提炼其所在班组的精神，然后再提炼班组之上的部门精神，最后各部门提出五条以上的企业精神，即企业的价值观，并要明确每条价值观的具体内涵。在历时近四个月的活动中，有 29 个部门提出共 353 条企业精神、192 条部门精神和 231 条班组精神。青岛网通将员工提出的价值观内涵在内部报纸上刊登出来，号召员工投票评选。有 870 人投票评选了自己认为最适合青岛网通发展的企业精神。青岛网通高管综合员工的意见，最终确立了“团队合作，服务为先”的企业价值观。

为充分体现“服务为先”，青岛网通于 2001 年 5 月在国家商标局注册了中国通信运营业首个服务商标“情传万家”，突出员工与客户在业务联系基础上的情感交流，让客户在各个服务环节上体会到被尊重、被关怀。例如，话务员虽然不直接面对客户，但能够以“声音传情”，为客户提供“不见面的微笑”。在注册服务商标之前，青岛网通向全体员工征集评选品牌的命名，并在内部报纸上开展广泛的讨论。一个月内收到了 600 多张选票和员工提出的 100

多个服务品牌。最终通过员工投票选定“情传万家”作为注册商标。青岛网通从众多职工建议的四个字中选定并稍做修改后形成最终的商标形象。“情传万家”的服务品牌后来升级为全省的品牌、全国的品牌。在成功打造“情传万家”服务品牌后，青岛网通于2003年为所属的客户服务中心策划了10060“一拨就灵”服务品牌。这个品牌的内涵是只要打一个电话，所有的问题都能解决（一拨：只要拨一个电话；就：马上，很快；灵：问题解决了）。10060“一拨就灵”被青岛市认定为青岛名牌服务，并在全国网通集团内被推广使用。

新的企业文化获得了员工的高度认同，并在工作当中表现了出来。围绕服务品牌的核心内容“情”字，各岗位员工勤于实践。一线窗口单位的员工自查服务问题、明察暗访不足、征询客户意见、选择先进典型等，服务水平明显提高。除话务员的“声音传情”外，还有营业员的“形象传情”、安装移动话机员的“行为传情”、支撑部门的“保障传情”等。客户在每个环节都能体会到员工的真情实意。一对老夫妇到营业厅申请来电显示业务，恰好青岛网通开始收取电话月租费，老先生便将带的钱全部交了电话费，离开时他随口告诉老伴钱都交了电话费车钱没有了，一会儿只能走回家。细心的营业员马上退给了老先生两元钱，并表示由自己垫付。而老先生怎么也不肯收且马上就要离开，营业员一直追到门口把钱硬塞到他手中。有位老人向测量台申告他家电话经常掉线，值班员测试电话线路后没发现问题，她判断很可能是客户家的话机连线出了问题，按规程客户话机应由客户自己维修，但老人表示自己实在无法解决这个问题。值班员就通过电话问清了老人话机的颜色是红色，并利用自己休班的机会购买了红色话机线，亲自去客户家更换了接触不良的话机线，使通话恢复了正常。

深化并巩固变革成果

垄断格局的打破、新兴电信服务业的准入、客户挑剔程度的提高、电信服务资费的下调等构成了青岛网通极不确定的外部环境。这样的不确定对其发展造成了前所未有的压力。员工对企业危机的感知促进了青岛网通新价值观的形成。全员参与是青岛网通价值观能在不同单位和岗位得以落实的重要原因。在企业的号召下，青岛网通的员工自主地查找工作中的差距，制定了更严格的服务标准。许多员工撰写文章，发表自己对提升企业竞争力的见解。

青岛网通从2003年开始开设了名为“观海听涛”的BBS内部论坛，每个员工凭账号和密码进入，用网名在论坛上畅所欲言。两年多来，该论坛的总点击量超过3 500万人次。员工在论坛上向企业提出建议，对领导、职能部门和服务流程中的各个环节提出批评，对企业的决策提出不同见解，指出企业管理方面的漏洞，提请有关部门和人员注意竞争者的某些新动向并研究对策等。青岛网通每周汇总那些讨论得最热烈的帖子呈送总经理阅批，对批示意见及时转相关部门处理、回复，并追踪落实情况。

青岛网通的高管相信员工能够提出有积极作用的意见和建议，从而发动员工积极参与。员工的参与大大丰富了企业价值观的内涵。最后，高管对员工提出的建议进行概括和归纳，形成企业的价值观。这一过程既拉近了管理层和员工的距离，又推广了新的价值观，还使价值观真正成为员工的行动准则。

随后，青岛网通调整组织架构、设计新的管理体系、建立新的服务规范和流程等，使得新建立的“团队合作，服务为先”的价值观得以落实、保持和强化。为方便客户，青岛网通很早就成立了重点客户服务部，由该部门牵头负责客户从方案设计、业务受理、开通使用到终身服务的全流程工作。该部门为客户提供无微不至的服务。青岛网通还特别成立了客服中心1000台，集电信业务咨询、投诉受理、障碍申告、跟踪回访等多种功能于一体。这几个数字的含义是“业绩创一流，服务零缺陷，沟通零距离，用户零投诉”。青岛网通还修订完善了一系列规章制度以保证价值观的实现。青岛网通理顺并完善内部业务、服务流程，建立起一条前台为客户服务、后台为前台支撑、前后贯通的满足客户需求的服务链。过去的业务流程大多是按照适应内部工作环节设立的，没有考虑市场和客户需求。根据服务为先的价值观，青岛网通专门清理业务流程，修改各类数据近万个，还推出了客户前台选号、资费争议先退后查、先装话机后交费等方便客户的举措。青岛网通还修改了原有的服务标准和服务规范，以此来保证“情传万家”和10060“一拨就灵”的服务品牌。例如，每月召开由总经理参加的服务质量分析会，通报检查情况，提出处理意见。对检查中发现的服务问题、客户的投诉等均要落实到每月的责任制考核当中。为保证客户在咨询时获得满意的答复，青岛网通出台“首问负责制”，即无论哪个岗位的员工，只要接到客户有关业务咨询、服务投诉的需求都必须认真受理，立即答复或亲自转到有关部门落实后答复客户直至客户满意为止，一旦发现推诿扯皮，即按客户投诉处理办法处理。

为了保证用户“一拨就灵”，青岛网通为客户中心增加了人员，扩大了场地，优化了业务流程，加强了后台支撑力度，提高了各项服务指标水平，严格了各类考核，使客服中心的服务工作整体上了一个台阶。目前，青岛网通的300万客户只要打一个免费电话10060，足不出户就可以办理诸如新装电话、增加或取消电话业务、查询电话费等50多项业务。该中心是全省网通客户服务系统中首家通过ISO9001（2000）版国际质量认证的。客户满意度由2004年的91.82%提高到2005年的93.24%。2004年的万户投诉率为0.82，2006年前两个月平均为0.4。2004年9月，为了配合中国网通集团11月在纽约上市，集团公司下属的多家分公司需要进行机构改革和人员重组。在这场重大的机构改革和人员重组过程中，有人需要离开原来的岗位，有人需要从事低于原来岗位的工作。青岛网通中层正职减少了32%，中层副职减少了一半。面对如此重大的人事变革，青岛网通没有一人写申告信，没有一人越级上访，其组织的网上无记名调查问卷结果显示，员工对改革基本满意和满意的达到92.3%。改革期间，青岛网通的运行秩序井然。进行人员和机构调整当月的业务收入比2003年9月增长了9.8%。这在网通集团的分公司中是罕见的。在青岛市历年评选的共11个服务名牌中，青岛网通的“情传万家”、10060“一拨就灵”榜上有名。

资料来源：改编自张志学、王辉，《通过塑造企业价值观启动组织学习——对青岛网通的研究》，载中国企业调查系统编著，《企业家个人学习、组织学习与企业创新：2006中国企业家成长与发展报告》（第402—412页），北京：机械工业出版社，2006年。

思考题：

1. 青岛网通进行组织变革存在的最大困难是什么？

2. 青岛网通变革成功的关键有哪些？

3. 青岛网通的领导者具有哪些特点？哪些有助于他推动变革？哪些对于他推动变革可能不利？

4. 你认为青岛网通的变革与科特所提出的变革步骤是否存在不同？

5. 青岛网通变革的经验是否具有可复制性？为什么？

参考文献

科特，约翰；科恩，丹・S.，2003，《变革之心》，北京：机械工业出版社。

武亚军、郭珍，2020，《转型发展经济中的业务领先模型——HW-BLM 框架及应用前瞻》，《经济科学》，42（2）：116—129。

张志学、王辉，2006，《通过塑造企业价值观启动组织学习——对青岛网通的研究》，载中国企业调查系统编著《企业家个人学习、组织学习与企业创新：2006 中国企业家成长与发展报告》（第 402—412 页），北京：机械工业出版社。

张志学、张建君、梁钧平，2006，《企业制度和企业文化的功效：组织控制的观点》，《经济科学》，28（1）：117—128。

Adner, R., and Helfat, C. E. 2003. Corporate effects and dynamic managerial capabilities. *Strategic Management Journal*, 24 (10): 1011-1025.

Barker, J. R. 1993. Tightening the iron cage: Concertive control in self-managing teams. *Administrative Science Quarterly*, 38 (3): 408-437.

Barney, J. 1991. Firm resources and sustained competitive advantage. *Journal of Management*, 17 (1): 99-120.

Di Stefano, G., Peteraf, M., and Verona, G. 2014. The organizational drivetrain: A road to integration of dynamic capabilities research. *Academy of Management Perspectives*, 28 (4): 307-327.

Eisenhardt, K. M. and Martin, J. A. 2000. Dynamic capabilities: What are they? *Strategic Management Journal*, 21 (10-11): 1105-1121.

Gavetti, G., Levinthal, D., and Ocasio, W. 2007. Neo-Carnegie: The Carnegie School's past, present, and reconstructing for the future. *Organization Science*, 18 (3): 523-536.

Gavetti, G. 2011. The new psychology of strategic leadership. *Harvard Business Review*, 89 (7-8): 118-125+166.

Hambrick, D. C., and Mason, P. A. 1984. Upper echelons: The organization as a reflection of its top managers. *Academy of Management Review*, 9 (2): 193-206.

Harreld, J. B., O'Reilly III, C. A., and Tushman, M. L. 2007. Dynamic capabilities at IBM: Driving strategy into action. *California Management Review*, 49 (4): 21-43.

Helfat, C. E., and Peteraf, M. A. 2014. Managerial cognitive capabilities and the microfoundations of dynamic capabilities. *Strategic Management Journal*, 36 (6): 831-850.

Kotter, J. P. 1982. *The General Managers*. New York: Free Press.

Nadler, D. A., and Tushman, M. L. 1980. A model for diagnosing organizational behavior. *Organizational Dynamics*, 9 (2): 35-51.

Porter, M. E. 1980. *Competitive Strategy*. New York: Free Press.

Quigley, T. J., and Hambrick, D. C. 2015. Has the "CEO effect" increased in recent decades? A new explanation for the great rise in America's attention to corporate leaders. *Strategic Management Journal*, 36 (6): 821–830.

Teece, D. J. 2007. Explicating dynamic capabilities: The nature and microfoundations of (sustainable) enterprise performance. *Strategic Management Journal*, 28 (13): 1319–1350.

Teece, D. J., Pisano, G., and Shuen, A. 1997. Dynamic capabilities and strategic management. *Strategic Management Journal*, 18 (7): 509–533.

Teece, D. J. 2014. The foundations of enterprise performance: Dynamic and ordinary capabilities in an (economic) theory of firm. *Academy of Management Perspectives*, 28 (4): 328–352.

Wernerfelt, B. 1984. A resource-based view of the firm. *Strategic Management Journal*, 5 (2): 171–180.

第2篇
领导者的经历与个性

第3章

战略领导者的经历

教学目标

1. 生命历程理论
2. 心理传记学
3. 印刻效应
4. 领导者的工作背景
5. 领导者的从军经历
6. 个人困难的生活经历
7. 人生经历的影响

引导案例

再出发：雷军与小米的十年求索

> 下一个十年，创新之火将会照亮每个疯狂的想法，小米将成为工程师向往的圣地。下一个十年，智能生活将彻底影响我们每个人，小米将成为未来生活方式的引领者。下一个十年，智能制造将进一步助力中国品牌的崛起，小米将成为中国制造业不可忽视的新兴力量。
>
> ——雷军（小米集团成立十周年的公开演讲）

2020年8月11日，小米科技园，小米集团董事长雷军像往常一样身着标志性的蓝色牛仔裤和白色T恤，发表小米成立十周年的公开演讲。除了期待小米即将推出的新品，观众们也想听听这家最年轻的世界500强企业在短短十年内做了些什么，又会有怎样的未来。雷军的三句“下一个十年”，点明了小米现阶段和未来的关键词，也概括了他28年的职业生涯始终围绕着“创新”“工程师”“智能生活”“智能制造”而展开。雷军，中国第一代中关村创业者之一，亲历了中国科技互联网时代的跌宕起伏。从管理金山软件公司到投资UC浏览器再到创立小米，一次次创业重新出发，雷军身上始终涌动着创业者的激情与倔强。

酝酿："想做一件我喜欢干也能干的事情"

1987年，雷军考入武汉大学计算机专业，并在两年时间内修完学分，其设计的程序广受师生推崇，是一名天才程序员和工程师。大学的学习让他具备了日后在互联网领域大展身手的专业技能，结交了一群对互联网充满想象和热血的专业人才，更重要的是唤醒了他内心的创业者激情。读大一时的雷军翻开了《硅谷之火》，了解到PC（个人计算机）时代伟大创业者尤其是乔布斯的故事，从此种下梦想，想创建一家世界一流的公司。大四的时候他第一次尝试创业，创办了三色公司但以失败而告终。那次惨败革新了他的创业理念，让他意识到创业必须要考虑国情和时势。

1992年，雷军加盟金山软件公司，带领金山和微软展开了一场长期博弈，但最终金山溃败，微软在1996年拿下中国市场。那年雷军27岁，他把这一刻定义为自己创业人生的至暗时刻，他开始用理性精神而不是纯粹的豪情壮志来看待商业世界。2007年10月9日，金山在香港上市，雷军为此刻等待了8年、经历了5次IPO（首次公开募股）的准备。但同年12月20日，雷军宣布离任金山软件公司CEO。他想做更多有创造性的事，他要去找到下一个改变世界的"大势"。这一年，苹果的iOS系统和iPhone手机横空出世，谷歌也推出了安卓系统，而中国市场还充斥着各类山寨机，制造业低效的生产链也给行业贴上了廉价的标签。雷军开始思考未来的手机行业会是怎样的格局、如何在中国的制造业领域开展一场效率革命、怎样实现他18岁时创建一家伟大企业的梦想。这些逐渐清晰的想法让他决定再次创业，做一个有影响力的中国手机和操作系统品牌，用高效的方法解决中国制造业的核心问题。

起航："为发烧而生"

2009年，雷军40岁，他决定重新出发，完成18岁时未竟的梦想。要创办一家世界一流的公司，需要找到一批有同样热情且足够专业的人。他先是找到了做操作系统的谷歌全球技术总监林斌，又拉到了老部下、懂用户界面交互设计的黎万强，以及微软的工程总监黄江吉。2010年4月6日，创始团队每个人喝了一碗小米粥，小米公司就此诞生。当年，小米发布了首款为中国人深度定制的安卓系统 MIUI。第一次内测的时候，MIUI 只有 100 个用户，到 2015 年，其用户数突破 1 亿。

MIUI 打开了小米的软件市场，但当时的国产手机大多搭载的是自己品牌的系统，只做软件必定会受制于人，于是小米开始布局硬件市场。进军硬件的头号挑战就是供应链，小米必须获得和顶尖供应商合作的机会。但当时山寨机横行，新品牌备受抵触，小米和供应商谈判了好几轮，创始人甚至在日本震后顶着核泄漏的风险坚持去和夏普谈合作。这种冒险的精神打动了夏普，从此小米的整个供应链也因为夏普的背书效应而逐渐打通。

2011 年 4 月 20 日中午，小米第一款手机的硬件通路设计完成，“叮铃铃”的电话声在这块绿色板上成功响起。这款手机当时从内到外都是顶尖配置，再加上一个合理的定价，必定会冲击整个市场。2011 年 8 月 16 日，小米把这款竞品售价 4 000 元左右的手机定价 1 999 元发布，这个价格比成本正好低 1 块钱。从线上的用户论坛到发布会的所有观众都兴奋了，小米用极致、专注的产品主义精神赢得了用户。软件、硬件都有了，第一次产品发布也大获成功，雷军开始思考怎么把产品更快、更高效地送到用户手上。因为小米主打极致的性价比策略，传统的销售和供应模式必须被颠覆。顺应高歌猛进的互联网时代，雷军决定采用电商直销的方式。“做全球最好的手机，只卖一半的价钱，让每个人都能买得起”是小米做手机的初心，2011 年小米出现供应链危机的时候，全国各地的米粉都在社区为小米加油。这种与用户之间不可思议的联结感，让小米在竞争激烈的手机市场上显得很特别。后来小米 2 的发布也大获成功，到 2014 年，小米的销量在国内手机市场上第一次登顶。

破浪：“危机是你想不到的机会”

2015 年，华为、魅族、锤子、乐视等竞争对手在快速成长，身负“低价”标签的小米急需一款旗舰产品来实现品牌进阶，且前期的超高速成长让许多潜在问题终于爆发了出来。适逢供应链难题和“发热”的质量争议，旗舰机小米 5 也推迟了发布。在激烈的市场竞争下，雷军意识到小米接连出现的供应商倒闭、质量问题并非偶然，而是因为小米的基础技术不足以支撑如此大规模的业务增长。此外，小米在创立之初以工程师、程序员为创业队伍主体，采取扁平化的组织管理模式，注重极客般的简洁高效，但公司的快速成长暴露出这种组织架构在规范化管理和业务能力整合方面的不足。此外，2015年，小米在国内的销量出现下滑，原本引以为傲的小米4在印度市场也因价位较高而出现了惊人的10亿元的库存。内外交困让雷军冷静下来，反思小米该何去何从。这家在手机行业风口下诞生的公司，重新开始判断新的趋势，也在危机下启动了全球供应与销售网络的新布局。

首先，小米从“电商主义”转变为线上线下结合的“新零售”模式，开始注重线下“小米之家”的用户体验和销售功能，并积极布局小米商城和有品App的线上零售。其次，2016年，雷军做出重大人事调整，撤换创始人，亲自管理手机部。小米开始解决供应链中的资源浪费现象，并任命首席科学家探索前沿技术。2016年10月，小米发布全球第一款全面屏手机小米MIX，让市场和用户重新看到小米“为发烧而生”的勇气，小米的销量开始恢复高速增长。从危机中逆势而上，2018年，小米成功上市，但承诺硬件综合净利率永远不会超过5%。上市之后的小米在7个月内经历了3次组织架构调整，从扁平化迈向层级化，对核心业务部门做出了多次人事和结构性调整。一系列举措下，2019年，小米成为最年轻的世界500强企业。2019年，雷军持股的金山办公登陆科创板。

远方：“让每个人享受科技的乐趣”

2020年8月11日，小米十周年，小米10至尊纪念版以及全球首款透明电视等新品发布。雷军在演讲中回顾了小米的创业故事，指明未来要做“制造的制造”。过去十年小米手机占据着这家公司的主要舞台，而未来小米生态链将彰显其商业模式给制造行业带来的效率革命。在2013年雷军决定用投资方式孵化生产智能硬件的公司时，小米的生态链在其他手机厂商面前只不过是一桩不起眼的小生意。从最开始做移动电源等手机周边硬件，发展到如今几乎遍布各类智能制造产品，小米生态链的建设贯彻了其极致、专注的产品主义精神以及万物互联的思维，带动了一批科创型制造企业的发展，把智能生活的理念带给了更多中国家庭。雷军“改变中国制造业”的梦想在小米生态链的发展下逐步实现。

资料来源：汤明月根据公开资料整理。

思考题：

1. 从雷军的成长与职业经历中，你认为他的哪些特征有助于他及其企业的创新？

2. 小米在短短十年内实现了高速发展。请分析在十年创业历程中，雷军的哪些领导行为及领导力特征发挥了积极作用。

3. 国内智能手机市场上，小米相较于其他企业有何竞争优势？这些竞争优势与创始人雷军的职业生涯经历有何关联？

4. 雷军在创业之初受到了乔布斯的启发，甚至一度被奉为中国的“雷布斯”。2021 年，小米正式宣布全面对标苹果，向苹果学习。请分析雷军所带领的小米与乔布斯时期的苹果在创新特点上有何不同。

5. 结合组织结构相关的知识，分析小米为何在上市后从扁平化迈向层级化管理。

正如本章开篇的引导案例和本章结尾的“中国实践”案例所显示的，个人的经历对企业家或者创业家日后的经营行为影响巨大，而国际学术界已经揭示了领导者的教育、任期和工作经历对其战略选择和经营行为的显著影响。中国的商业管理研究起步较晚，学者针对领导者经历开展的研究还没有积累为体系化的知识和理论。然而，无论学者还是实践者都从直觉上认为，领导者个人的经历将对其战略决策和企业运营行为产生巨大的影响。因此，本章尝试分析中国企业家的经历对他们在企业战略和组织行动上的作用，以便启迪同行们开展这方面的相关研究，并逐渐形成系统的理论体系。

3.1 生命历程理论、心理传记学和印刻效应

很多学科都关注个人经历对其性格特征、价值观和行为的影响。精神分析的创始人弗洛伊德的理论非常流行，但因过于依赖对人的本能和无意识的分析而不被实证科学研究者所接受。以下介绍的几个影响力比较大的理论，将从不同的视角揭示个人成长经历的影响。

生命历程理论（life course theory）起源于发展心理学，旨在揭示人们生

活的转换以及家庭、教育和工作构成的生活轨迹对其人生价值观和行为的影响。该理论认为，个人受到其所生活的历史时代和地点的塑造，生活转换或事件对个人发展的影响取决于这些转换和事件发生在个人生活的时段，社会环境会通过影响与个人相互依赖和相互联系的其他人而进一步影响个体，个人在特定的历史和社会环境中做出选择、采取行动进而构建了自己的生命历程（Elder，1998）。早在 20 世纪 20 年代，加州大学伯克利分校的学者们就探讨了大萧条期间经济环境恶化对个人的影响。学者们对 214 个出生于 1928—1929 年的孩子进行追踪研究，调查他们的家庭人口信息、在大萧条期间的经济损失、教师对他们学业和社会行为的评估，并基于观察和访问对这些孩子进行测评，了解他们在多种心理社会能力上的表现，每年还对这些孩子及其母亲开展访谈。在这些孩子 40 岁时，还有 182 人继续提供上述信息。这种系统的追踪研究，便于了解个人的经历对其日后发展的影响。

这些孩子出生于大萧条时期，成长过程中体会到了生活的艰难。有些人在高中毕业时，由于家庭经济困难、学业不良，以及缺乏目标和自信等，选择在 1949 年及此后的几年相继入伍。将高中毕业后就入伍的人和从未入伍的同龄人相比，前者在目标导向和社会能力上明显弱于后者，也比后者更加顺从和不自信。这表明，选择高中毕业后就入伍的这些年轻人在成长的过程中，家庭的经济状况非常艰难。但通过追踪这些人多年后的状况发现，这些早期从军的人比起没有从军经历的人，尽管更晚取得最高学历、更晚开始工作、更晚结婚成家、更晚有第一个孩子，但是成年之后有了更加稳定的婚姻，在社交能力和自信方面取得了更大的进步。原因在于，从军经历为这些曾经处于不利状况的青年人创造了新的人生，也使得他们找到了人生的意义，并从军事训练和团队工作中获得了大量有助于个人成长的经验。不少人从军队退役后获得了政府提供的上大学的机会以及住房和工作上的优待。从军经历为这些大萧条期间出生的、处于经济社会不利地位的人提供了发展的拐点，使得他们到中年时变得更加有志向、自信和独立（Elder，1998）。不过，对于那些三十多岁才入伍的人而言，他们正常的工作和生活节奏被打乱，这对其后来的发展产生了持久的不利影响。

另一种探讨个人经历的方法是心理传记学（psychobiography）。采用这种方法的学者认为，人物历史资料提供了分析个人性格或特征及其影响的最佳实验室，其效果要远远好于纵向研究。因为恰当地选择前人积累的资料或者相关学科积累的资料能够让学者们考虑到各种社会历史背景，避免实验室研究的“知情同意”等给研究对象造成的不便，采用剧本理论方式对完整而丰富的人物历史资料进行分析，至少可以对某些理论进行澄清。若能够辅以实验研究，还可以进一步揭示定性分析中所揭示的影响个人构建的场景因素，提升研究的科学性（Carlson，1988）。这种分析方法的对象主要是政治人物和文学家。由于很多研究者采用精神分析理论时，存在证据单一、虚构历史以及过度强调心理解释等问题，心理传记学案例研究引来了很多批评。为此，有学者采用实证的范式，注重客观和可靠的证据，在强调心理解释的同时，考虑到社会、历史、文化因素的影响（Runyan，1982）。心理传记学者基于有关人物的翔实描述和事实，通过主观或客观的方法做出相对合理的推理和解释（Schultz and Lawrence，2017）。国内学者采用定量方法对传记主人公的人格进行评估和分析，并采用定性方法确定和分析悬念性问题。不过，目前针对企业家的心理传记学研究并没有形成一个特定的研究领域（郑剑虹、黄希庭，2013）。

与个体经历相关的一个重要概念是印刻效应（imprinting）。早在 1873 年，英国生物学家道格拉斯·斯波尔丁（Douglas Spalding）就报告了刚出生的家禽会跟随第一眼看到的东西这一现象。1911 年，德国行为学家奥斯卡·海因洛特（Oskar Heinroth）也报告了相似的现象：刚刚破壳而出的小鹅会本能地跟随在它第一眼看到的母亲后面。但是，如果第一眼看到的是其他活动物体，小鹅也会自动地跟随其后。而且，一旦小鹅形成了对某个物体的跟随后，就不可能再跟随其他物体了，也就是说，小鹅的跟随行为是不可逆的。海因洛特的学生康拉德·洛伦茨在对小鸭的研究中也发现了相同的现象，并提出印刻效应表示早期经验对后来行为的决定性作用（Lorenz，1937）。洛伦茨所说的印刻，有铭刻和铸造的意思。印刻效应是一种由本能驱动的行为的获得过程。引发印刻效应的既可以是诸如小鸭的母亲这样的活物，也可以是其他的生物体甚至无生命的物体。

印刻效应是生物体在关键期形成的固定行为模式，形成后就很难消除或改变，不容易受到奖赏或惩罚的影响，甚至抵抗环境的干扰。对于人类而言，儿童在某些时期更容易获得某些技能，一旦错过了这个时期就很难再习得，早期的教育研究者也因此提醒人们注重儿童成长过程中的关键期。

社会学者们以组织印刻的概念来解释组织之间的差别。在他们看来，组织之间的差别并不在于它们对环境的适应，而是由于组织在诞生之初创立者所运用的特定的技术、经济、政治和文化资源影响了它们的特征，并形成特定的结构、传统和惯性而一直延续下来（Stinchcombe，1965）。这个过程涉及创始人的主动性和创造力与环境造成的约束或机会之间的互动和冲突。为此，新制度学者提出文化企业家精神（cultural entrepreneurship）的概念，说明在创业的过程中创业者的能动性，即创业者主动地将其所处社会环境中可获得的要素融入其所创建的新组织中，并在组织中继续复制这些要素，通过主动地创造和改变组织的行动产生组织印刻。在这个过程中，利益相关者发挥着很重要的作用，会阻碍或者促进创业者的计划和努力（Johnson，2007）。印刻包括三个方面的含义：其一是所关注的实体在特定的敏感期内非常容易受到外部的影响，其二是该实体在敏感期通过某个过程反映了环境中的某些成分，其三是印刻在经历环境变化后仍可保持（Marquis and Tilcsik，2013）。

西方的研究发现，生物医疗科学家在博士后期间一般会找与自己研究方向契合的导师合作，但他们与合作导师在其他更多特征方面并不相似，尤其与合作导师在科学商业化导向上并没有一致性。然而，他们后来的研究生涯中的重要决策却受到合作导师科学商业化导向的影响，因此他们在工作中会采取更多的与获得专利有关的行为（Azoulay et al.，2017）。

3.2 企业高管的经历与企业运营

企业领导者的个人经历会塑造他们的认知、思维方式和价值观，也会在他们运营企业的过程中反映出来。主流文献讨论的企业领导者的个人经历主要包括任期、职能背景（营销、财务等）、正式教育和国际化经历四个方面，并就个人经历或者背景特征对高管的视野、选择性感知等的影响提出了大量的命题（芬克尔斯坦等，2023）。中国学者针对企业高管的经历与企业运营模式及结果之间的关系，开展了丰富的研究。这方面的工作不仅仅来自战略管理或组织管理学者的研究，很多金融学者和会计学者也开展了相关的研究。

有些研究基于已有的文献并结合中国高管任职的特点，讨论了领导者任期与其支持企业从事研发的创新战略之间的关系。中国最早的上市公司大多是在国有企业基础上改制而成的，其高管由主管部门任命，他们虽然薪酬不高但可以享受到由职位带来的控制权收益。他们会根据是否有助于保持现有职位或者被提升来进行决策。高管能否准确评估研发支出带给企业的收益，在很大程度上取决于他们获取的相关信息是否充足。任期较长的企业高管，其知识水平不断提高、经验和经营阅历都不断增长，也掌握企业更多的内外部信息，熟知研发投资对企业的长远发展是有利的。如果判断研发有利于企业的发展，也会给自己带来收益、声誉和成就感，便会增加研发投入。因此，高管任期越长，其管理能力越强，高管越能预期到研发能为其自身带来的好处，就会越倾向于投资研发。此外，与年轻的高管相比，年长的高管更加保守，他们投资研发的可能性更小，因为研发支出会减少企业的当期收益。对即将退休的年长高管而言，增加研发投入将影响他们的短期报酬和红利。年轻的高管对职业和财务的安全性考虑有更长远的预期，更愿意投资研发。另外，年长高管的体力和精力都有限，在学习新思想和新行为上有更大的困难。同时，国有企业的高管一般 60 岁退休，临近 60 岁的国有企业高管没有动力进行具有战略意义的研发投资。接近离任的高管由于预期无法继续享受未来的“在职消费”，并预期得不到现在的研发投入可能带来的好处，因此会削减研发支出。大多数国有企业的高管为了完成考核和再融资任务，会倾向于追求短期业绩最大化，这种情况在高管上任当年和其接近离任时会更为明显。从沪深 A 股上市公司 2001—2004 年年度财务报告中筛选出的披露了研发费用而且有比较完整数据的上市公司样本显示，随着任期的延长，高管会越倾向于投资研发。高管在离任前一年会削减研发支出。年轻的总经理会投入较多的研发费用，但同样会在离任前一年削减研发费用（刘运国、刘雯，2007）。

中国学者探讨了高管团队的特征（诸如性别和年龄等人口统计特征、职能背景、价值观、认知方式和专长等）对企业业绩的影响。不同的理论对高管团队异质性效果的预测是不同的。社会类别化理论（social categorization theory）认为，个体基于人的属性将人归类，认同与自己相似的内群体成员，对他们赋予正面评价，但排斥或歧视与自己不相似的外群体成员。在多样化的群体中，社会类别化会导致成员之间产生偏见，降低团队凝聚力，甚至产生冲突，最终不利于企业绩效。相反，信息决策理论（information and decision-making theory）认为，异质化程度高的团队拥有多样化的资源和信息，会带来多元的观点和视角，有助于促进团队做出高质量和富有创造性的决策，并采取更有效的解决问题的方案，从而提升企业绩效。两种理论的观点相互对立，而实证的研究发现也不一致，有的研究发现高管团队的异质性与企业绩效是正向关系，有的研究却发现了负向关系，还有研究发现二者之间并没有显著的关系。

要搞清楚高管团队的异质性与企业绩效的关系，需要明确界定高管团队的异质性这一概念。Hambrick 和 Mason（1984）在提出高层梯队理论时，根据职能部门的功能和目的等将职能背景概括为产出型、生产型和外围型三类。“产出型”职能包括市场营销、销售、产品研发等部门的工作，旨在扩大市场份额、开发新产品以满足顾客需求；“生产型”职能的目的在于借助过程管理、设备管理和会计等工作提升生产效率；“外围型”职能是指不涉及企业核心活动的支持性工作，如法律、融资等。有学者研究了 2004—2010 年间 105 家中国信息技术行业上市公司的数据，将企业绩效指标细化为短期的会计财务绩效、长期的市场价值、以专利申请数量为代表的创新绩效和以国外市场营业收入所占比例为代表的海外绩效四类。这项研究发现，中国信息技术企业中高管团队职能背景异质性不利于企业四种绩效的提升，高管团队职能背景的异质性与企业的短期绩效和创新之间呈显著的负向关系。更具体来看，“生产型”职能背景高管占比对企业的四类绩效都具有显著的影响，其影响也高于“产出型”和“外围型”职能背景占比。这个发现表明，高管团队中具有生产、流程开发和财务等“生产型”职能背景的高管越多，就会越重视产品质量、技术水平、生产效率、成本控制等内部生产问题，就能够使企业的各种绩效得到全面提升。这项研究有一个重要的发现，就是那些先后拥有了多种职能背景的高管所占比例与企业海外绩效呈现显著的正相关关系，但与短期绩效和长期绩效没有显著的关系，与企业的创新绩效之间还呈现显著的负向关系。这些结果或许表明，以“多职能”背景为主的高管团队思维开阔，有助于海外绩效提升。但在其他绩效上，以“多职能”背景为主的高管团队并没有表现出西方学者发现的积极作用，而且与企业的创新绩效之间呈负相关关系。此外，高管团队中具有海外背景的高管比例与企业的短期绩效、长期绩效、创新绩效和海外绩效都呈显著的正相关关系，证实了海外背景人才对信息技术企业发展的显著作用。外部空降高管占比与企业创新绩效显著负相关，表明社会类别化理论比信息决策理论更能揭示中国信息技术企业中的空降兵的作用（王雪莉等，2013）。

企业领导者的任期与企业的投资之间也有关系。有学者分析指出，在中国经理人市场还不成熟以及中国通过扩大投资规模拉动经济增长的时期，国有企业的高管任免是由上级做出的，因而迎合政府目标进行投资扩张更容易获得良好的声誉，甚至能够获得个人利益。相反，非国有企业的领导者由于不存在任免的政治性，较长的任期会使他们掌握更多的知识技能，也更容易根据有利于企业发展的这一标准进行投资。因此，与非国有企业相比，国有企业的领导者任期越长，企业投资规模越大，过度投资的可能性越大。由于资本投资的收益周期往往较长，即将离任的领导者从投资中获得个人收益的机会将会减少，而且上市公司注重短期的业绩考核，当企业领导者预期任期较短时，便会降低投资。由于国有上市公司普遍存在过度投资现象，高管预期任期的缩短将会缓解这一现象。当然，在约束不到位的情况下，国有企业的高管在临近退休时也会通过最大限度地投资实现权力寻租，因此预期任期越短反而越可能过度投资。研究者分析了中国上市公司 1999—2008 年的财务数据以及上市公司总经理任期和年龄数据，结果发现，无论是国有企业还是非国有企业，CEO 任期越长，其投资扩张的倾向越明显，导致企业的投资越多；CEO 预期任期越短，其投资行为越趋于保守，企业的投资越少。非国有企业的过度投资程度与 CEO 的既有任期和预期任期没有关系；国有企业 CEO 的既有任期越长，越倾向于过度投资。而国有企业 CEO 的预期任期越短，过度投资现象越容易得到缓解。这一结果没有支持国有企业的 CEO 在即将离任前通过过度投资进行权力寻租的现象（李培功、肖珉，2012）。

近些年来，随着国际社会提倡企业通过将技术创新与生态保护相结合实现绿色技术创新，中国企业也开始优化能源利用结构，减少生产浪费，提高资源利用效率和生产效率。在当今环境下，绿色创新还可以提高企业的声誉，促进企业的可持续发展。然而，由于选择绿色创新的发展战略需要企业投入大量资源，短期内还可能对企业的经济效益产生负面影响，削弱企业选择绿色创新战略的意愿。在这种情况下，企业的领导者如果具有较强的环保意识，就会驱使企业注重与生态相关的管理、通过改进工艺和技术降低环境污染，并在生产和销售过程中注重环保。有学者获得了140多份问卷调查的数据，探究企业运营中所在地政府、服务客户和竞争对手的三种环保导向与企业生态管理创新、生态工艺创新、生态产品创新之间的关系，以及分析企业高管的环保风险意识和环保收益意识的调节作用。学者们提供的描述性统计表明，高管的两种环保意识与企业的三种生态创新行为之间都存在显著的相关关系（彭雪蓉、魏江，2015）。

高管的任期长短决定了他们对企业绿色创新的态度和决策。学者们依据委托代理理论指出，高管代理企业股东经营企业，需要获得股东的认可。高管在任期之初，通常具有较高的工作热情，快速通过创新且有效的经营策略获得较好的成绩，体现自己的价值。由于宏观环境对中国企业的影响巨大，高管在上任之初，一般会在解读宏观经济形势、国家政策方向以及行业发展状况的基础上开展创新的经营活动。在国家鼓励企业转型升级和提倡绿色创新的情况下，他们通常会选择绿色创新作为企业的发展策略，从而得到上级主管和社会公众的支持。由于政府在政策上支持企业的绿色创新，做出这种战略选择可以减少成本、降低企业的风险，也能够获得消费者和社会公众的信任。然而，任期较长的高管的地位已经稳固，在企业中拥有更大的掌控力和自由裁量权，一般而言对企业创新的兴趣不大，因为创新意味着风险和更多的投入，此外由于前期政府对绿色创新的补贴较大，后续的补贴也会逐渐减少，这些变化都会导致任期长的高管进行绿色创新的动力减弱。基于上述的推理，有学者提出高管任期对企业绿色创新具有倒“U”形影响。结合2010—2019年间中国上市公司中除金融业和ST（连续两年亏损，特别处理）及*ST（连续三年亏损，退市预警）上市公司之外的企业数据，以及从国家知识产权局和企业那里获得的与绿色创新相关的专利数据分析发现，当高管任期较短时，高管任期会促进企业进行绿色创新；而当高管任期较长时，高管任期会抑制企业进行绿色创新（崔秀梅等，2021）。

3.3 企业高管团队的异质性与企业运营

有关领导者经历的研究还涉及高管团队的成员构成对企业运营的影响。学者们用高管团队的异质性来刻画团队成员在人口统计特征以及价值观和认知层面的差异（Finkelstein and Hambrick，1990）。由于企业高管团队所面临的问题通常是复杂的，具有不同知识、技能、专长甚至思维方式的高管团队成员在进行环境分析和做出战略选择时，能够从不同角度收集和分析信息，也会从不同的视角讨论所面临的问题，并提出不同的解决方案，高管团队整合这些差异性的认知和方案就可能产生更优的解决方案。而且，多元化的高管团队拥有不同的社会网络和资源，从而能给企业带来更大的优势。当然，高管团队的多样化也可能会造成个人坚持维护自己的利益和立场，导致成员之间产生冲突，或者由于成员在理念或观点上的多元化而无法达成战略共识，进而损害企业的战略选择和业绩。

高管团队的异质性对企业的决策和业绩产生影响的条件和机制比较复杂，国内学者的研究发现有助于我们理解这个问题。有学者指出，在关注高管团队异质性的作用时，需要考虑高管团队的权力结构和成员之间的互动。他们认为企业的高管和其他团队成员之间存在权力差距可以减少潜在的权力斗争、维护团队秩序。许多组织之所以受到权力冲突和公司政治斗争的困扰，是因为高管相对于其他团队成员缺乏足够的权威，导致团队成员之间分庭抗礼。因此，高管和其他团队成员之间的权力差距有助于维护组织秩序和有效性。此外，高管团队成员之间相对长期的共事经历，有助于他们形成融洽的关系，充分发挥团队成员各自的优势，从而有助于减少盲从权威和忽略弱势者声音等事件，最终提高决策质量和组织绩效。研究者特别关注中国企业高管团队中拥有最核心决策权力的董事长和总经理，他们分析 1996—2009 年间在上海和深圳证券交易所上市的所有公司的数据发现，董事长与总经理在包括教育、职能背景和年龄上存在的人力资本异质性与组织绩效呈正相关关系，董事长与总经理在任期、学历、创始人地位和政治地位等方面构成的权力差距与企业绩效呈正相关关系，而董事长和总经理共事的经历长短与企业绩效呈正相关关系（张建君、张闫龙，2016）。

例如，国内学者指出，首先，已有的关于高管背景的研究只考察了董事长、CEO 或 CFO（首席财务官）这些核心高管的背景差异，并没有考察高管团队所有成员的背景差异。其次，以往的研究并没有区分高管特征的不同属性，不同属性的差异性对企业的影响应该有所差别。研究者考察了中国创业板企业中所有高管在社会背景和职能背景两方面的异质性对企业创新效率（单位研发支出转化的专利授权数量）的影响。社会背景异质性是指高管团队成员在性别、年龄、国籍、籍贯、民族等特征上的差异，职能背景异质性则指他们在工作经历、学位类别等有关知识经验等方面的差别。研究发现，高管团队成员的年龄和性别差异对企业创新会产生不利影响，表明年龄和性别差异会导致高管团队成员在思考问题的方式上出现不同，导致内部沟通成本增加，降低了团队在决策过程中的协调和知识整合效率；相反，高管团队成员职能背景的多元化与企业创新效率之间存在正相关关系，说明职能背景的多元化能够为团队决策提供更加丰富的信息资源、知识和经验，从而拓展团队的决策视野和创造性（王性玉、邢韵，2020）。

有关高管团队异质性的研究还涉及团队中拥有海外背景的成员影响。显然，具有海外背景的成员可以带来新的知识、视角和理念，但能否影响企业的决策还取决于具有海外背景的成员与董事会其他成员的默契。有几位学者提出了一个新颖的观点，海归董事由于对国内情况不够熟悉，且没有长期沉浸于国内情境中，尽管他们的某些观点是新颖的，但由于在董事会中处在边缘或外部人的地位，因此很难以他们在海外工作所形成的观点影响中国企业的决策；相反，如果海归董事既有在其他制度和文化环境中形成的观点，又能获得所在董事会中其他决策者的信任，他们的新颖观点就可能被采纳并予以实施。研究者分析了 2000—2012 年间中国上市公司的数据发现，公司董事会中的海归董事能够显著增加公司通过企业捐赠的形式履行企业社会责任。

当海归董事或他们的董事会联盟有更多接触海外的经历并在中国情境下有更深的嵌入性时，海归董事的上述效应更强（Luo et al., 2021）。

3.4 高管成员从军和生活艰难经历的影响

从军经历对个人的影响不仅符合常识，也被学者的研究所证实。如前文所述，社会学家通过追踪个人成长发现，美国大萧条时期出生的人在家庭经济受损的情况下，成长过程中经历了经济困难，个人学业和心理发展都处于劣势。然而，高中之后的从军经历在很大程度上弥补了其青少年时期的劣势和不足（Elder, 1986）。

中国每年有几十万退伍军人，针对退伍的军人，政府主要采取转业、复员和自主择业三种安置方式。根据人力资源和社会保障部公布的资料，2014 年国家共安置了 4 万名军官，其中 9 000 人选择了自主择业，其余的人由国家分配转业到地方单位，他们绝大部分进入机关和事业单位，有 1.9%进入国有企业工作。考虑到 9 000 人选择了自主择业，部分转业到机关事业单位的退伍军官后来也有一些到了企业工作，还有更多的没有纳入统计的退伍军人也在企业工作，企业中具有从军经历的人数量并不少。

根据《中华人民共和国兵役法》，“年满十八周岁的男性公民，应当被征集服现役；当年未被征集的，在二十二周岁以前仍可以被征集服现役。普通高等学校毕业生的征集年龄可以放宽至二十四周岁，研究生的征集年龄可以放宽至二十六周岁。”与同龄人相比，入伍的青年人每天接受高强度的军事训练，了解国家的各种政策，这种经历对他们的体能、精神和价值观都具有显著的影响。总体而言，有从军经历的人具有吃苦耐劳、坚忍不拔、服从组织、纪律严明、生活自律、做事雷厉风行的特点。2018 年中央统战部和全国工商联公布的“改革开放 40 年百名杰出民营企业家”当中，有 11 位复员退伍军人，包括双汇集团的万隆、联想集团的柳传志、华为公司的任正非等。

从任正非 2001 年写的《我的父亲母亲》、2011 年年末写的《一江春水向东流》以及 2019 年 5 月接受德国电视台的采访等资料中，可以看出艰苦的生活对他领导华为的影响。任正非虽然出生于高级知识分子家庭，但是家庭生活非常艰苦。他作为家中七个孩子的老大，在高中毕业前从没有穿过衬衣，家中两三个人共用一床被子，睡在铺了被单的稻草上。家中每餐实行严格的分餐制，保证每个人都能活下来。任正非说，“我真正能理解活下去这句话的含义”。从小到大他都没有零花钱的概念，高三时母亲答应每天给他五分钱的零花钱，他都觉得十分自由。在家里为高考复习功课时饥饿难忍，他就用米糠和菜和起来烙着吃，从不敢去瓦缸里拿保障全家活命的口粮。大学五年使用的被单，是母亲捡了学校毕业生丢弃的破旧被单做成的。任正非从重庆建筑工程学院毕业后，成为基建工程兵，也就是穿着军服的建设施工者，四海为家，风餐露宿。1973 年，任正非随着部队到了辽阳石油化纤厂，施工建设国家斥巨资引进的国外先进设备。他说，这期间他接触了世界最先进的技术，也吃了最多的苦。由于工作需要，他发明了空气压力天平，被报纸广泛报道为填补了仪表工业的空白。由于家庭出身不好，在“文革”中无论他怎么努力，都得不到立功、受奖的机会，但也因此习惯了不应得奖的平静生活，这也培养了他不争荣誉的心理素质。

1982 年，随着中国裁军，他作为基建工程兵被调到深圳并就地转业，被分配到国企上班，因在生意上被骗而被迫离开企业，从此走上了艰难的创业之路。当时创办公司的注册资本要 2 万元，而他所有转业费加起来只有 3 000 元，因此只能找人集资。刚开始公司就一两个人，租不起车运送货物，只有自己将一包包货物搬到公共汽车上，到了南山蛇口时自己再把货物卸下来，一包包搬到楼上去。创建华为的前几年他过得非常艰苦，他与父母、侄子住在一间十几平方米的小房子里，在阳台上做饭。华为有了些规模后，又面临管理的压力，他不仅照顾不了父母，自己也累垮了。他说：“我也因此理解了要奋斗就会有牺牲，华为的成功，使我失去了孝敬父母的机会与责任，也销蚀了自己的健康。”

在 2003 年之前的几年时间里，IT 泡沫的破灭使公司出现巨大危机，内外交困而濒临崩溃。就外部的客户而言，在 IT 泡沫时期，大公司把好的零部件都买光了，华为只能买一些差的零部件做成产品后卖给客户。就公司内部而言，2002 年时，知识产权被偷走、公司员工被挖走。内忧外患时，他召开了 400 人的高级干部大会，学习克劳塞维茨的《战争论》，其中说道：“什么叫领袖？要在茫茫的黑暗中，把自己的心拿出来燃烧，发出生命的微光，带领队伍走向胜利。战争打得一塌糊涂的时候，将领的作用是什么？就是用自己发出的微光，带领队伍前进。”他决心把心拿出来，照亮队伍前进，于是他整顿了思想，巩固了队伍信心，让留下来的人继续好好干。他做的第一件事，是把卖给客户的价值十几亿元人民币的烂设备全部换回来，赢得了客户的信任。第二件事，是选择光传输业务，并最终做到世界第一。但他因操劳过度而患上多种疾病，动过两次癌症手术。在此后华为的发展中，他意识到自己已跟不上飞速发展的技术，必须与员工分担责任、共享利益，调动集体智慧，发挥团结合作的力量；同时也要学会接纳优秀人才，向他们学习，并大胆地开放输出。他认为是众多优秀的员工和制度推动了华为走上了喜马拉雅山顶。

在极端艰苦的时候，任正非的父母为了养活七个孩子，克己勤劳，他说：“我的不自私也是从父母身上学到的，华为今天这么成功，与我不自私有一点关系。”他后来回顾道：“物质的艰苦以及心灵的磨难，是我们后来人生的一种成熟的机会。”艰难的经历反而让他日后感到自豪，他说：“回顾我自己已走过的路，扪心自问，我一生无愧于祖国，无愧于人民，无愧于事业与员工，无愧于朋友，唯一有愧的是父母，没条件时没有照顾他们，有条件时也没有照顾他们。”任正非在接受德国记者访问时提到，在“文革”中他读到《解放军报》登载的解放军代表团考察西点军校后的连载报道，对西点军校的作风印象深刻。他说自己在早期建设公司时学习过西点军校的风格进行管理。在女儿孟晚舟于加拿大被捕之后的第三天，他继续坚持冒险飞到阿根廷去开会。因为他认为华为阿根廷代表处的改革很成功，带动了公司的全面改革。他认为必须去现场才能了解实际的情况。他表示，自己万一被抓到美国，就在监狱里读美国二百年发展的历史，然后写一本书讲中国未来二百年应该怎么崛起，应该怎么向美国学习。他认为华为是为了人类社会的发展，不把利益和金钱看得很重。所以，华为才会去非洲落后和困难的地方提供服务，才会去喜马拉雅山安装基站，以便登山遇险的人能够使用通信设备联络到救助人员。这些工作都是无利可图的。华为以这种理想驱动公司的文化建设，每个员工也不会斤斤计较，不会在个人收入上和公司讨价还价，但是公司却重视提升员工的待遇和利益。

除了以上通过企业家自己的陈述表明个人经历对企业发展的影响，还有一些学者开展了定量研究。

有学者研究了2007—2014年间的中国A股上市公司，发现有军队背景的董事长和总经理对公司的融资方式、债务成本、现金持有和经营业绩方面都有影响。他们假定从军经历使得管理者偏好高风险，决策也更为激进。前些年中国企业在运营过程中制度约束力还不够强，市场约束力也不够，企业高管个人对企业的影响力很大。如果公司被大股东控制，强势的“一把手”会大大弱化外部资本市场、监事会和独立董事等的监督和制衡，高管的个人特征在企业决策过程中被放大。通过分析上市公司的数据发现，有从军经历的管理者，其公司的财务杠杆更高、短期借款更多、债务成本更高，这类公司的现金持有更少、经营业绩更差。当然，由于国有企业的管理者受到的约束更强，研究发现具有从军经历的管理者的高风险投资和决策偏好在国有企业中被削弱（赖黎等，2016）。

与上述研究有些不同的是，近期研究者考察了从军经历对企业战略决策的影响。他们通过多种途径了解到企业董事长和总经理的部队服役和任职经历或者在军事院校学习或任职的背景，发现公开披露的高管简历中有从军经历的高管占高管总数的1.095%。研究者人工收集信息并予以补充后，发现有从军经历的高管样本占高管总数的3.120%。最终研究样本中有从军经历的高管的企业占比为5.178%。战略差异度衡量了企业战略偏离行业常规战略的程度，包括企业在广告和宣传投入（以销售费用做近似代替）、研发投入（以无形资产净值做近似代替）、资本密集度、固定资产更新程度、管理费用投入和财务杠杆六个方面与行业平均水平的差异。虽然有从军经历的高管所在企业的战略差异度高于无从军经历的高管所在的企业，而且高管从军经历与战略差异度呈正相关关系，不过无论是差异还是相关性在统计上都并不显著。全样本回归发现，高管的从军经历与战略差异度呈显著的正相关关系。将样本分为董事长和总经理分别进行回归发现，董事长的从军经历与战略差异度的回归系数显著，但总经理的从军经历与战略差异度的正向关系并不显著。此外，该项研究发现，由于国有企业高管的决策自主权受到更多的限制，其高管从军经历对企业战略差异度的影响被削弱。而且，由于随着任期的延长，高管的学习动机下降并在决策中趋于保守，其从军经历对战略差异度的影响也随着他们任期的延长而减弱（傅超等，2021）。

学者分析了2006—2014年上市公司的数据，发现出生于592个贫困县的CEO占到总体的10.62%，而在0—14岁间（出生于1947—1961年间）经历过“三年严重困难”时期的CEO占总体的37.20%。进一步研究发现，来自贫困县的CEO所任职的企业在慈善捐赠上显著高于来自非贫困县的CEO所任职的企业，而且经历过“三年严重困难”时期的CEO所任职的企业的慈善捐赠水平也比未经历过“三年严重困难”时期的CEO所任职的企业更高。在慈善捐赠总额占企业营业收入的比例和慈善捐赠总额占总资产的比例两项指标上，经历过“三年严重困难”时期的CEO所任职的企业比未经历过“三年严重困难”时期的CEO所任职的企业分别高出4.92%和5.32%个标准差。而且CEO出生地所经历“三年严重困难”时期的严重程度与他们的企业的慈善捐赠之间具有正向关系。这表明，CEO早年所经历或者见闻的贫困环境，使其更了解社会捐赠的意义，当其拥有企业财务决策权时，这种经历将促使其所在企业更主动地履行社会责任。经历过“三年严重困难”时期的CEO的企业在汶川地震发生之后做出了更多的慈善捐赠。表明经历过贫困的高管对遭遇地震灾难的人具有更强烈的情感共鸣。作为对比，那些出生于中国经济百强县的CEO所在的企业并未做出更多的慈善捐赠，在汶川地震前后的慈善捐赠也没有差别。此外，有贫困经历的CEO所在的企业的在职消费水平更低，这些CEO自己的生活更为节俭，或许贫困经历修炼了他们自律的生活习惯，但却使他们能够对需要帮助的群体具有同理心并加以帮扶，说明其所在企业的慈善行为具有“利他”的动机。此外，该研究发现，成长于贫困环境且受过高等教育的CEO做出了更多的慈善捐赠，而且与CEO的政治关联没有显著关系，这表明他们所在的企业做出的慈善捐赠并非出于经济动机或获取政治资源等“利己”的动机（许年行、李哲，2016）。

3.5 成长时期的社会环境和人生经历

中国社会经历了巨大的变革，每个时期所发生的重大事件都会影响到人们的价值观和思维观念。基于个人在年轻时期所经历的物质短缺和接受的社会化对人的发展产生持久影响的理论（Inglehart，1997），学者根据出生年代将中国人区分为改革前（1961—1977年）、改革期间（1978—1989年）和改革后（1990—1998年）三代，并考察他们在价值观上的区别（Tang et al.，2017）。改革前出生的人在成长过程中经历了新中国成立后的建设热情、艰难的物质条件和生活、“文革”的动荡、对分配均等的强调、对追求个人财富的禁止。那个时代强调专业人才又红又专，为人民服务，他们往往见证了比自己年长的人上山下乡。在改革期间出生的人经历了国家的改革开放，那时，国家走向市场经济，推崇自由竞争和多种所有制共存，国家政策允许一部分人先富起来。那个年代，西方的思想和文化通过教育、影视等多种途径进入中国。后改革时期，中国社会进一步开放，深圳、上海证券交易所建立，社会主义市场经济体制确立，互联网兴起改变了人们获取信息的方式。研究者调查了不同地区的16家企业中2 000多名员工的价值观发现，在对变化持有的开放性上，改革后出生的人高于改革期间出生的人，而改革期间出生的人高于改革前出生的人；在保守性上，改革前和改革后出生的人都高于改革期间出生的人，而改革前和改革后出生的人没有差别。在自我增进上，改革后出生的人低于改革期间出生的人，而改革期间与改革前出生的人没有区别；在自我超越上，改革后出生的人高于改革期间和改革前出生的人，后两者没有区别。这些结果表明，个人成长过程中经历的社会变革，的确会对其价值观产生影响。正如我们将在第四章中看到的，企业领导者的价值观对他们的经营行为会产生直接影响。

有学者在研究中国35家企业一把手的管理理念的过程中，揭示了企业高管的个人经历对其理念形成和企业管理实践的影响（张志学、许怀镕，2005；Zhang et al.，2008）。在2002年接受访谈时，这些人的平均年龄为42.84岁，平均受教育年限为16.7年，担任企业一把手的平均任期为6.73年，国有企业和民营企业各一半，企业平均有员工 1 380 人，平均年销售额约为 11 亿元。在访谈过程中，研究者请这些人讲述其在管理上是否有一些自己的管理理念或经营理念，并请他们以实际管理和运营过程中的事例说明所提及的理念。之后请他们阐述这些管理理念是怎样形成的，并列举对他们产生影响的书籍、人物、工商管理教育或培训、工作生活经历等。35 位一把手提及的管理理念按照所提及的人次（括号中的数字）列示如下：以诚为本（23）、追求卓越（21）、社会责任（16）、和为贵（13）、中庸之道（11）、专业化（11）和科学管理（11）。

与本章所讨论的问题有关的是被访者所提及的影响其管理理念形成的因素。被访者提及小时候的生活状况、父母及家庭影响、从小学到大学的老师、“文革”或者插队的经历等对他们管理理念的影响。在这 35 位被访者中，有 15 位表示其理念的来源是生活经历，其中有六位谈到是受父母或家庭的影响。例如，一位民营企业家在谈到其坚持注重诚信的理念时说，他的父母在浙江当地有很好的口碑，这让他养成了从小到大特别注重讲信用的习惯。他的企业在成立第一年赚了六万元时，他就拿出了三分之一为村里修路，第二年又拿出更多的钱支持村里的基础设施建设。而由于他本人和企业讲信用，在企业资金紧张无法偿还银行贷款的情况下，有朋友主动借钱助其解决燃眉之急。另一位民营企业家说，自己极为注重企业的长期发展。他的父亲领导一家国有企业近三十年，他反思自己的工作后认为自己在控制资产收益率和树立企业品牌上做得不够。这位企业家从父亲的反思中意识到企业持续发展的重要性。

被访者大多经历过“文革”，他们日后的管理理念也受到了这一经历的影响。其中有一位被访者说，在插队时他亲眼看见许多青年为了获得好一点的待遇或者回城的机会，失去了人格和尊严。这段经历使他深刻体会到维护个人尊严的重要性，因此他在管理企业时非常尊重下属和员工。当企业培养的技术骨干不断被竞争对手挖走时，有人劝他采取严厉的手段制止这种行为。但他意识到这种做法对员工和企业都没有好处，于是与企业骨干坦诚沟通，修改企业的激励机制，最终稳定了企业的骨干队伍。另一位民营企业家收购一家国有宾馆时，按照协议只需保留七成的员工，但他却一个也没有辞退，而是为他们提供培训，提高他们的素质。他说，“一两百万元对我没有影响，但对一个家庭就不一样了。”另一位大型国有企业的总经理理解下属，希望他们能够愉快地工作和生活。他设计了一张调查表发给主要下属，上面写道：“如果你信任我，请将真实情况告诉我。①你对现在的工作满意吗？②哪种职务、哪种岗位最能发挥你的特长，实现你的价值？③你认为工作中的当务之急是什么？④你如果遇到困难，需要团队帮助吗？⑤你还有要补充的吗？”通过这种调查，这位总经理帮助下属解决了问题，也赢得了下属的信任。当该企业的上级集团赴美上市时，各分公司因部门重组和管理人员大幅缩减出现了人员上访告状和业绩下滑的情况，而该分公司不但无一人上访，业绩反而继续保持增长，在全国各分公司中名列前茅。

有四位被访者提及了西方或者海外的生活经历对自己的影响。一位被访者留学欧洲，20 世纪 80 年代末回国后从事餐饮行业，在接受访谈时已经在北京拥有二十多家连锁店。他的餐厅同时提供西餐和中餐。他指出传统中餐制作过程难以精确量化，菜的质量取决于厨师的水平。顾客经常抱怨同一家餐厅的菜的口味不稳定。老板为了激励厨师不得不付给他们很高的工资。而监管部门对于中餐厅的营业面积和厨房面积有明确的要求，这些因素导致运营中餐厅的成本很高，中餐因缺乏标准也很难做成连锁店。在他之前的几家中餐连锁店都倒闭了。被访者学习麦当劳的经验，提出了中央厨房的概念，将中餐的制作流程标准化，从而能够进行连锁扩张。他认为在欧洲的学习和生活经历使他想到了更加科学化地管理企业。过去求学的经历使得这位企业家善于思考和总结。他坚持每天晚上撰写工作或学习心得，随时留意并记录同行的优秀经验，并与下属研讨，促进公司的产品研发。另一位被访者谈到他在香港工作的经历。他曾经在香港负责撤销一家下属公司，内地的员工一听说公司要撤销，早早就不管公司的工作了。而香港的一位员工虽然已经递交了辞职信，但仍然坚持做好本职工作。一天，为其公司提供上市辅导的咨询公司的一位香港员工向他道别，说自己一个月前已向公司提出辞职，那天是最后一天。作为中资公司高管的被访者非常惊讶，这位员工在离职之前工作没有丝毫懈怠。他回到内地任国企的总经理后一直非常敬业，并注重培训员工的职业化。他认为“专业人干专业事”的理念对一家公司的成长很重要，可以事半功倍，同时也能提高公司的竞争层次。因此，该公司在进行市场分析、品牌管理、人力资源管理时都请了专业的顾问公司。

一位企业家讲述了自身管理理念的转变过程。他从小就喜欢阅读西方的书籍，接受了很多西方的价值观，也感受到西方人较高的生活质量，因此希望通过自己企业的产品提高中国人的生活质量。他的企业从事中央空调的生产，接受访谈时已经成为世界上最大的燃气空调生产商之一，产品销往 30 多个国家和地区，拥有超过 70 项专利技术。该企业的燃气空调产品不会释放造成温室效应的溴化物，深受西方消费者欢迎。他在管理上更倾向于采用西方的管理风格，企业的管理制度近乎苛刻，导致许多中层管理者因无法忍受这种“苛政”而纷纷离开。他意识到需要做出改变，因此修订了企业的制度，不再过分强调制度的严密性，而是强调可操作性。

本章小结

企业领导者的个人经历会塑造他们的认知、思维方式和价值观，也会在他们运营企业的过程中反映出来。

生命历程理论起源于发展心理学，旨在揭示人们生活的转换以及家庭、教育和工作构成的生活轨迹对其人生价值观和行为的影响。

心理传记学基于人物历史资料分析个人的性格或特征，对于思考企业领导者的经历及其经营和管理行为具有一定的帮助。

印刻效应是生物体在关键期形成的固定行为模式，形成后就很难消除或改变，不容易受到奖赏或惩罚的影响，甚至抵抗环境的干扰。近年来，管理学者开始用印刻效应来解释企业的行动。

社会类别化理论认为，个体基于人的属性将人归类，认同与自己相似的内群体成员，对他们赋予正面评价，但排斥或歧视与自己不相似的外群体成员。在多样化的群体中，社会类别化会导致成员之间产生偏见，降低团队凝聚力，甚至产生冲突，最终不利于企业绩效。

信息决策理论认为，异质化程度高的团队拥有多样化的资源和信息，会带来多元的观点和视角，有助于促进团队做出高质量和富有创造性的决策，并采取更有效的解决问题的方案，从而提升企业绩效。

可以根据职能部门的功能和目的等将职能背景概括为产出型、生产型和外围型三类，每一类职能背景对应的不同类型高管对企业的发展起到不同的作用。

高管个人经历与企业经营行为之间的关系通常会受到国有企业性质的削弱，因为国有企业高管受到的约束比民营企业的创始人要大。

企业高管成员从军的经历和早年经历的贫困生活对他们进行企业决策和运营具有明显的影响。

个人生活的不同时期所发生的重大事件会影响到其价值观和思维观念，从而可能会对其企业运营产生影响。

企业领导者个人的生活经历成为其管理理念的来源之一。

重要术语

生命历程理论　　印刻效应　　高管团队的异质性

管理理念

复习思考题

1. 在思考领导者个人经历对其经营行为的影响时，你认为哪些理论可以借鉴？

2. 社会类别化理论和信息决策理论的主要观点是什么？两个理论对于高管团队的构成对企业业绩影响的预测有何不同？

3. 产出型、生产型和外围型三类职能的具体含义是什么？你觉得三类不同职能的高管对企业运营分别起什么作用？

4. 高管任期长短与他们进行战略决策之间有什么关系？背后的机制是什么？你认为不同性质的企业会影响高管任期与战略决策之间的关系吗？

5. 你认为中国企业中的董事长与总经理之间的权力差距和共事经历对企业绩效具有什么样的影响？为什么？

6. 企业领导者的从军经历对企业运营可能会产生哪些影响？

7. 早期有贫困生活的经历会对企业领导者产生哪些影响？又会对企业的决策和运营产生哪些影响？

8. 你认为出生于不同年代的中国企业家是否具有不同的特点？如果没有不同，为什么？如果存在不同，表现在哪些方面？

中国实践

从李想到理想：创业不停，成长不止

很多成功的创业者，要么拥有显赫的家庭背景，能为创业带来资源特权；要么接受过良好的教育，能为创业提供充足的知识积累。然而，在“2020 胡润 80 后白手起家富豪榜”中，有一位创业者虽然仅具有高中学历，但已拥有 240 亿元的财富，位列榜单前十。他就是理想汽车的创始人：李想。

从高中辍学创办泡泡网，将其打造为中文 IT 专业网站的佼佼者，到 23 岁创办汽车之家并使之成为流量第一的汽车网站，再到 34 岁创办理想汽车、操盘百亿美元市值的新造车业务，李想在连续创业中不断提升自己的能力，刷新着一部分理念，却也坚守着另一部分信仰。

18 岁：“我在整个高中用了这么一招，就超越了其他竞争对手”

1981 年，李想出生于河北石家庄的一个艺术家庭。尽管父亲是戏剧导演，母亲是艺术学院的老师，李想却并没有继承他们的艺术特质，而是一个电脑发烧友。在家中能够负担电脑的费用之前，李想将零花钱悉数用于购买市面上所有电脑类的报纸杂志，以满足他对电脑知识的强烈渴望。

1996 年，父母斥“巨资”8 000 元为李想购买了一台奔腾 133 电脑。彼时的 8 000 元抵得过一个普通家庭大半年的工资，而李想的父母却愿意将这笔钱用于支持儿子对电脑的兴趣，就是因为他们看到了李想对电脑的痴迷与向往，也希望他“活得更像自己”。在父母开明的支持下，李想开启了与同龄人截然不同的高中生活。

在真正接触电脑后，李想发现之前视若珍宝的报纸杂志写的东西 90% 什么都不是。于是，他开始按照市面上最流行的文风，自己撰写关于如何挑选电脑、显卡的文章。幸运的是，李想的第一篇文章就被《电脑商情报》全文刊发了，他还拿到了 600 块钱的稿费。在不停写稿的同时，李想的创业精神开始展现出来：他自学编程，在高二时便申请了个人网站“显卡之家”。当时

同类型的网站也有很多，“显卡之家”的定位并不独特。但它之所以能成为当时信息港排名第一的个人网站，并带来每个月超过1万元的广告收入，离不开李想坚信的一个理念：用户永远是最重要的。

1998年，网络条件并不似如今发达。李想发现，多数中国网民为了便宜的网费和较快的网速而选择早上上网，但当时却没有一家网站早上进行更新。从网民真实的需求出发，李想开始每天早上5点钟起床更新网站，6点半之前就更新完毕。“显卡之家”独特的更新时段在网民之间口口相传，很快“就超越了信息港里同类的个人网站”。18岁的李想在用户思维方面的“内卷”，让他获得了人生的第一桶金，也为他第一次真正意义上的创业打下了基础。

泡泡网：“我们当时并不在乎时机的把握，就是自己喜欢”

1999年，正在读高三的李想意识到，个人网站唯有转型成商业网站，才能在激烈的竞争环境中赢得一席之地。于是，他决定放弃高考、正式创业。尽管李想的父母一直尊重他的想法，但在他们看来，放弃高考还是一个有风险的决定。然而，想到李想通过实践所证明的眼光和能力，再听完他对互联网市场的认知与预测后，父母最终选择支持他弃学创业的做法。

2000年，李想不再单打独斗，而是邀请了竞争对手樊铮作为合伙人。李想以他的自信果敢说服樊铮将二人的网站合并，从而成立了专业的电子产品测评网站：泡泡网（PCPOP. com）。在泡泡网的发展过程中，李想要求他的员工即便少睡10分钟，也要让测评文章先于其他媒体发布。“如果做一件事比别人多付出5%的努力，就可能拿到别人200%的回报”，这句话被媒体称为“李想定律”，也体现了李想在用户思维方面的持续“内卷”。到2004年，泡泡网的年收入增长到2 000多万元，22岁的李想成为白手起家创业者的代表人物。

然而，2003年的电脑市场已经度过爆发期、进入平缓期，“圈地变成了抢地”。泡泡网的员工即便每天工作14个小时以上，也无法超越竞争对手太平洋电脑网和中关村在线。李想意识到，对电脑硬件的兴趣并不足以支撑自己将泡泡网做到行业第一，而常年排名第三的现状又使得泡泡网不得不被头部公司的潜规则绑架。自此，李想开始放下对电脑硬件的执念，转而寻找能成为第一的领域。

汽车之家：“整个汽车广告行业都应该感谢我们”

趁着泡泡网还有利润，李想和合伙人商量着要开发新的领域。他们筛选了三个领域：旅游、房地产和汽车。在经过分析后他们发现，2004 年的汽车市场与 2000 年的电脑市场非常相似，都是卖方掌握着话语权。而基于泡泡网的经验，李想坚信“任何一个市场的爆发，都是从卖方市场向买方市场转换的过程”。因此在 2005 年，李想正式开始了他的第二次创业：汽车之家。

汽车网站本应是为潜在汽车消费者提供真实信息的平台，但当时的汽车网站几乎用的都是厂商的官方图片，修图的痕迹非常明显。李想则在汽车之家延续了以往的用户思维，将消费者利益作为企业文化的第一条。为了满足消费者“要看到真实的图片”的需求，李想与员工带着数码相机去 4S 店里对着车拍照，包括外形、内饰、座椅等各种细节，搭建了非常严谨的数据库结构。凭借真实的图片，汽车之家用了不到一年的时间就在上百个汽车网站中进入前五名。

从前五到第一，李想还是用了高中时期的那一招——在更新频率上“内卷”。当时所有的汽车网站周末都不更新，而周末正是消费者看车的高峰期，于是汽车之家就在周六、周日推送两部分内容。此外，为了让消费者每天早上上班、晚上下班时有新内容看，李想又设定在早上 8 点、晚上 8 点更新内容。最重要的是，在汽车厂商的试驾会后，所有厂商都会在一周以后更新文章，但李想让汽车之家做到了当天更新，使消费者在第一时间得到最新的信息。

将汽车之家做到流量第一后，李想又做了一件整个行业都想做却又不敢做的事情。当时在汽车行业，广告商投 200 万元但拿 100 万元回扣的事已经成为潜规则。然而，汽车之家拒绝提供任何形式的回扣，而是将更多的时间省下来变成业绩，并摆正了汽车行业的风气。“做正确的事，不做容易的事”也成了汽车之家的企业文化之一。

随着汽车之家从不被认可到变成流量第一，李想的创业思维也不断地进行迭代。泡泡网时期的李想是一位“技术专家”，并不懂什么叫管理、什么叫团队协作，也不懂如何与员工沟通、如何调动他们的积极性，“基本上一家公司能犯的所有的错误，都在泡泡网淋漓尽致地全部犯了”。而在汽车之家，李想开始转型为一位“企业家”，开始注重人的管理。为了弥补管理上的短版，李想引入了毕业于哈佛商学院的海归秦致作为CEO，为公司重新搭建管理结构、梳理企业文化。也正是由于秦致大刀阔斧的改革，汽车之家才能不停地打胜仗。

理想汽车：“李想的理想是再造一个丰田”

2013年，李想带领汽车之家登陆纽交所；2015年，汽车之家的市值达到50亿美元以上。而就在公司蒸蒸日上时，李想却选择离开汽车之家，开始实现“再造一个丰田”的野心：创立理想汽车。

与出行都带司机的成功人士不同，李想爱开车，也爱研究车。作为一名经验丰富的司机，李想对电动车的里程焦虑和燃油车的行驶自由都有切身的感受，也发现周围买了电动车的朋友总是难以找到充足的充电桩的痛点。这便促使他在理想汽车的设计中做了一项关键决策：不做纯电动车，而做增程式电动车。

这一决定对理想汽车的融资产生了很大的影响。由于增程式电动车无法享受纯电动车的诸多政策优惠，且纯电动车是目前极为主流的汽车方案，李想的理想汽车曾一度被超过100位投资人拒绝。尽管如此，李想还是坚定地相信，从消费者里程焦虑的角度出发，增程式电动车是最佳的解决方案。在经历了艰难的融资过程后，“非主流”的理想汽车用高强度的成本控制、超高速的迭代流程，在三年后推出了首款也是当时唯一一款车型：理想ONE。这款新能源SUV（运动型多用途汽车）很快取得了市场销量冠军，并创下新造车势力最快交付纪录。

相比汽车之家时期，李想在理想汽车里更看重“系统和方法论”，思维更贴近一位成熟的企业家。除推行四步法、OKR（目标与关键成果法）等多种工作方法以外，李想还要求理想汽车的员工必读《高效能人士的七个习惯》《原则》等书籍，希望员工培养高效能的习惯并坚守独立思考的原则。李想认为，自己在创业的道路上能独立思考、为自己负责，都要归功于父母从小给予他的主动权与自由。

资料来源：李涵根据公开资料整理。

思考题：

1. 李想的家庭教育对他产生了哪些方面的影响？

2. 办网站属于红海事业，李想的哪些做法使得他的网站能够脱颖而出？

3. “如果做一件事比别人多付出 5%的努力，就可能拿到别人 200%的回报。”怎样理解这个“李想定律”？其在什么条件下适用？

4. 李想是怎样实现从“技术专家”转变为“企业家”的？

5. 在如今新能源汽车的新赛道上，理想汽车的优点有哪些？未来面临哪些挑战？你认为李想要在新的赛道上保持成功，需要做哪些工作？

6. 仅获高中学历却成功创业，李想的经历对你有哪些启示？

参考文献

崔秀梅、王敬勇、徐国宇，2021，《环境不确定性、高管任期与企业绿色创新》，《科学决策》，10：20—39。

芬克尔斯坦，悉尼；汉布里克，唐纳德·C.；小坎内拉，阿尔伯特·A.，2023，《战略领导：高管、高管团队和董事会的理论与研究》，张三保译，北京：北京大学出版社。

傅超、王文姣、傅代国，2021，《高管从军经历与企业战略定位——来自战略差异度的证据》，《管理学报》，34（1）：66—81。

赖黎、巩亚林、马永强，2016，《管理者从军经历、融资偏好与经营业绩》，《管理世界》，32（8）：126—136。

李培功、肖珉，2012，《CEO 任期与企业资本投资》，《金融研究》，38（2）：127—141。

刘运国、刘雯，2007，《我国上市公司的高管任期与 R&D 支出》，《管理世界》，1：128—136。

彭雪蓉、魏江，2015，《利益相关者环保导向与企业生态创新——高管环保意识的调节作用》，《科学学研究》，33（7）：1109—1120。

王性玉、邢韵，2020，《高管团队多元化影响企业创新能力的双维分析——基于创业板数据的实证检验》，《管理评论》，32（12）：101—111。

王雪莉、马琳，王艳丽，2013，《高管团队职能背景对企业绩效的影响：以中国信息技术行业上市公司为例》，《南开管理评论》，16（4）：80—93。

许年行、李哲，2016，《高管贫困经历与企业慈善捐赠》，《经济研究》，12：133—146。

张建君、张闫龙，2016，《董事长—总经理的异质性、权力差距和融洽关系与组织绩效——来自上市公司的证据》，《管理世界》，1：110—120。

张志学、许怀镕，2005，《治理企业，以何为本》，《北大商业评论》，7：28—37。

张志学、张建君，梁钧平，2006，《企业制度和企业文化的功效：组织控制的观点》，《经济科学》，1：117—128。

郑剑虹、黄希庭，2013，《国际心理传记学研究述评》，《心理科学》，36（6）：1491—1497。

Adner, R., and Helfat, C. E. 2003. Corporate effects and dynamic managerial capabilities. *Strategic Management Journal*, 24 (10): 1011-1025.

Azoulay, P., Liu, C. C., and Stuart, T. E. 2017. Social influence given (partially) deliberate matching: Career imprints in the creation of academic entrepreneurs. *American Journal of Sociology*, 122 (4): 1223-1271.

Carlson, R. 1988. Exemplary lives: The uses of psychobiography for theory development. *Journal of Personality*, 56 (1): 105-138.

DiMaggio, P. J., and Powell, W. W. 1983. The iron cage revisited: Institutional isomorphism and collective rationality in organizational fields. *American Sociological Review*, 48 (2): 147-160.

DiMaggio, P. J. 1988. Interest and agency in institutional theory. In L. G. Zucker (Ed.), *Institutional Patterns and Organization* (pp. 3-21). Cambridge, MA: Ballinger.

DiStefano, G., Peteraf, M., and Verona, G. 2014. The organizational drivetrain: A road to integration of dynamic capabilities research. *Academy of Management Perspectives*, 28 (4): 307-327.

Eisenhardt, K. M., and Martin, J. A. 2000. Dynamic capabilities: What are they? *Strategic Management Journal*, 21 (10-11): 1105-1121.

Elder, G. H. 1986. Military times and turning points in men's lives. *Developmental Psychology*, 22 (2): 233-245.

Elder, G. H. 1998. The life course as developmental theory. *Child Development*, 69 (1): 1-12.

Finkelstein, S., and Hambrick, D. C. 1990. Top-management-team tenure and organizational outcomes: The moderating role of managerial discretion. *Administrative Science Quarterly*, 35 (3): 484-503.

Gavetti, G., Levinthal, D., and Ocasio, W. 2007. Neo-Carnegie: The Carnegie School's past, present, and reconstructing for the future. *Organization Science*, 18 (3): 523-536.

Hambrick, D. C., and Mason, P. A. 1984. Upper echelons: The organization as a reflection of its top managers. *Academy of Management Review*, 9 (2): 193-206.

Inglehart, R. 1997. *Modernization and postmodernization: Cultural, economic, and political changes in 43 societies*. Princeton, NJ: Princeton University Press.

Johnson, V. 2007. What is organizational imprinting? Cultural entrepreneurship in the founding of the Paris Opera. *American Journal of Sociology*, 113 (1): 97-127.

Lorenz, K. 1937. Über die Bildung des Instinktbegriffes. *Naturwissenschaften*, 25: 307-318.

Luo, J., Chen, J., and Chen, D. 2021. Coming back and giving back: Transposition, institutional actors, and the paradox of peripheral influence. *Administrative Science Quarterly*, 66 (1): 133–176.

Marquis, C., and Tilcsik, A. 2013. Imprinting: Toward a multilevel theory. *Academy of Management Annals*, 7 (1): 195–245.

Runyan, W. M. 1982. *Life Histories and Psychobiography*. New York: Oxford University Press.

Schultz, W. T., and Lawrence, S. 2017. Psychobiography: Theory and method. *American Psychologist*, 72 (5): 434–445.

Stinchcombe, A. L. 1965. Social Structure and Organizations. James G. March (Ed.), *Handbook of Organizations* (pp. 142–93). New York: Rand McNally.

Tang, N., Wang, Y., and Zhang, K. 2017. Values of Chinese generation cohorts: Do they matter in the workplace? *Organizational Behavior and Human Decision Processes*, 143: 8–22.

Zhang, Z. X., Chen, C. C., Liu, L. A., and Liu, X. F. 2008. Chinese traditions and Western theories: Influence on business leaders in China. In C. C. Chen & Y. T. Lee (Eds.), *Leadership Management in China: Philosophies, Theories, and Practices* (pp. 239–271). London: Cambridge University Press.

第 4 章

战略领导者的个人特征

教学目标

1. 领导者的主要价值观种类
2. 领导者的信念及其作用
3. 领导者认命变运信念的来源及其对企业的影响
4. 领导者的大五人格对企业的影响
5. 高管的自恋与自谦对企业战略决策的作用
6. 高管认知和管理注意力的重要效果
7. 高管情绪对企业行为的影响

引导案例

董明珠：传奇从 36 岁开始

董明珠是现任珠海格力电器股份有限公司董事长、总裁。她于 20 世纪 90 年代辞去在南京的干部工作，从基层业务员做起，业绩不断突破业界的营销纪录，创造了多个营销神话，后逐步升任格力总裁。竞争对手用“董姐走过的路不长草”来形容其作风强硬果断。

36 岁再从基层业务员做起

董明珠原有一份在当年看来稳定的工作——在南京一家化工研究所做行政管理工作，有干部身份。丈夫因病去世之后，董明珠独自带着儿子生活，1990 年，她毅然辞去工作，将儿子留给孩子奶奶照顾，自己则南下打工。36 岁从格力（当时还叫“海利”）的一名基层业务员做起，不知营销为何物的董明珠却凭借坚毅执着和“死缠烂打”，用 40 天的时间追讨回前任留下的 42 万元债款，令当时格力的总经理朱江洪刮目相看，成就了营销界茶余饭后的一段经典故事。

靠着勤奋和诚恳，董明珠不断创造着格力的销售神话，她的个人销售额曾上升至3 650万元。

从不认错的领导者

董明珠是一个直截了当的人，她不会考虑对方的感受，不管任何场合、任何地点、任何时间，她都会很直率地说出自己的想法。

她曾说："我从来就没有失误过，我从不认错，我永远是对的。"这份自信与霸气，源自她的每一项决策都是从公司利益出发，都是为了公司的发展，经过充分论证后才做出的决定。"六亲不认"，是董明珠的一贯作风。

外界把董明珠形容成"钢铁侠"，说一不二，决定了就是对的。但董明珠觉得，自己并不是盲目做决定，那都是经过充分论证后才做出的，所以一定要坚持正确的东西。也因此，她坚持"水至清亦有鱼"的规则。

带领格力不断闯关

1994年，刚刚走上稳健发展之路的格力就遭遇了一次重大挑战。在诱惑面前，骨干销售队伍集体出走，格力的销售体系陷入崩溃的边缘。刚刚出任经营部部长的董明珠力排众议，整顿销售队伍，重新构建新的销售体系，改组销售模式，并将提升产品质量作为一项制度在格力推广，一系列大刀阔斧的改革让格力销售队伍的面貌焕然一新。通过选择建立自主规范的销售体系，格力赢得了市场青睐，当年销售额从4亿元增长到28亿元，实现了创办以来的首次盈利，开启了全新的征程。

2004年，一家世界500强企业提出收购格力，收购计划还得到了珠海市有关部门的支持。这家企业对格力志在必得，甚至提出以8 000万元的年薪挖走董明珠。董明珠态度坚决，不仅强硬拒绝，还积极奔走成功阻止了这次跨国收购，保护了格力的独立发展。面对压力，董明珠信心满满：格力选择走自主品牌的发展道路，虽然格力还不是世界500强，但是我们坚信，我们有能力，通过我们的创新，用我们自己的力量，一定能够成为未来的世界500强！

2016年11月，前海人寿接连增持格力，股比由第三季度末的0.99%升至4.13%。这意味着，格力有可能成为"第二个万科"。为此，董明珠公开宣称，格力作为一家制造企业，不会因为别人的资本变化而影响到自己，未来将持续专注于打造创造性企业。很快，前海人寿发布公告称，未来将不再增持格力股票，并会根据市场情况和投资策略逐步择机退出。

“只要我在，一定要干，要干我就干成功。为什么要干？掌握我自己的命运。”在格力电器召开的股东大会上，董明珠“任性”宣布，格力要造芯片。2018年8月14日，珠海零边界集成电路有限公司注册成立，标志着格力在半导体、集成电路、芯片等领域正式开启创新之旅。这是格力进入新时代的又一次闯关。

坚持自主创新，用高科技打造优质产品，在全世界重新定义中国制造，这是董明珠的初心。她无数次强调，关键核心技术是买不来的，一定要把它掌握在自己手中。多年来，格力坚持走自主创新之路，每一项技术、每一个产品都是格力自主创新的结果。

自董明珠出任总经理后，她和时任董事长朱江洪一道创造了我国商界独一无二的奇迹。在她的领导下，格力电器从1995年至2005年连续11年空调产销量、销售收入、市场占有率均居全国首位。2003年以后，销售额每年均以30%的速度增长，净利润保持15%以上的增幅！

资料来源：作者根据相关资料整理得到。

思考题：

1. 根据这个案例以及相关资料，你觉得董明珠具有哪些个性特征？
2. 在格力的发展中，董明珠的个性特征对格力的发展具有什么样的影响？
3. 结合格力的创业过程，你认为格力自主创新的来源有哪些？如何看待董明珠力主的企业创新活动？
4. 你认为面向未来，格力面临的最大挑战有哪些？这些挑战对于格力的战略领导力有哪些要求？

企业的战略决策和总体运营模式在很大程度上取决于领导者及其高管团队的选择。企业要在激烈的市场竞争中获得相对优势，就需要对企业外部环境具有深刻的洞察，并基于企业内部的组织能力和资源，做出与竞争对手不大相同的选择和举动。战略选择和组织行动基本上都不会是规定动作，而是领导者的自选动作。由于企业的领导者往往拥有较大的自主权，因此领导者更容易展现自己的个性，从而对企业的战略决策和业绩产生重要影响。战略领导力与组织行为中讨论的领导力之间的重大差别在于，战略领导者的个人特征会影响企业的战略选择和全局发展。

企业高管的个人特征普遍较难测量，美国学者更多地考察的是一些人口统计变量与企业战略和运营表现之间的关系。但是，由于对人口统计指标究竟代表什么并不清楚，因此很难从已获得的在统计上显著的关系中得出有意义的结论。例如，企业高管的教育背景，可能反映了这个人的社会经济背景、动机、思维模式、对研究开发的态度，以及对企业外部环境的重视程度，如果发现具有理工科学位的 CEO 所在公司的新产品销售比率比具有非理工科学位的 CEO 所在公司的新产品销售比率更高，则说明了什么问题呢？

出于制度和文化上的原因，中国企业领导者对企业的发展影响更大。过去这些年，伴随着中国企业的发展，有大量关于企业领导者对本企业发展的影响的访谈资料，同时华人学者也对中国企业领导者的个人特征进行了一手的测量。本章将在这些文档资料和实证研究的基础上，阐明领导者的个人特征与企业战略和运营之间的关联。

4.1 价值观与信念

4.1.1 价值观的定义与种类

价值观代表了个人对“什么重要”的一种持久的看法。价值观表现出个人所期望和理想的目标，涉及好与坏、正确与错误等判断。价值观中的个人维度涉及个人最希望得到哪些东西（例如，财富、权力、名声、智慧等），价值观中的社会维度涉及个人从别人或者社会的角度认为最值得推崇的东西（例如，诚实、合作、友善等）。一个成年人，既有一定的生活和事业目标，又要确定通过什么方法达成其所确定的目标。因此，价值观可以是关于终极结果的（例如，平等、自尊），也可以是工具性或者方法性的（例如，勇气、诚实）。

米尔顿·罗克奇（Milton Rokeach）于1973年编制的价值观调查表（如表4.1所示），提出了两类价值观系统：其一是终极性价值观（terminal values），指的是个人价值观和社会价值观，表示个人希望达到或拥有的理想化终极状态和结果；其二是工具性价值观（instrumental values），指的是个人为了达到理想化终极状态所采用的行为方式或手段，涉及个人对道德或能力的看法。价值观调查表中包含18项终极性价值观和18项工具性价值观，每种价值观后都有一段简短的描述。要了解企业高管的价值观，需要让他们根据每种价值观对自己的重要性对两类价值观系统分别排序，将最重要的排在第1位，次重要的排在第2位，依此类推，最不重要的排在第18位。该量表可测得不同价值观在个人心目中所处的相对位置或相对重要程度。

表4.1　罗克奇的价值观调查表

终极性价值观	工具性价值观
舒适的生活（富足的生活）	雄心勃勃（辛勤工作、奋发向上）
振奋的生活（刺激的、积极的生活）	心胸开阔（开放）
成就感（持续的贡献）	能干（有能力、有效率）
和平的世界（没有冲突和战争）	欢乐（轻松愉快）
美丽的世界（艺术和自然的美）	清洁（卫生、整洁）
平等（兄弟情谊、机会均等）	勇敢（坚持自己的信仰）
家庭安全（照顾自己所爱的人）	宽容（谅解他人）
自由（独立、自主的选择）	助人为乐（为他人的福利工作）
幸福（满足）	正直（真挚、诚实）
内在和谐（没有内心冲突）	富于想象（大胆、有创造性）
成熟的爱（性和精神上的亲密）	独立（自力更生、自给自足）
国家安全（免遭攻击）	智慧（有知识、善思考）
快乐（快乐的、休闲的生活）	符合逻辑（理性的）
救世（救世的、永恒的生活）	博爱（温情的、温柔的）
自尊（自重）	顺从（有责任感、尊重的）
社会承认（尊重、赞赏）	礼貌（有礼节、性格好）

（续表）

终极性价值观	工具性价值观
真挚的友谊（亲密关系）	负责（可靠的）
睿智（对生活有成熟的理解）	自我控制（自律的、约束的）

资料来源：Rokeach, M. *The nature of human values*. New York: Free Press. 1973。

在罗克奇的价值观分类基础上，谢洛姆·施瓦茨（Shalom Schwartz）等人从三个角度对价值观进行了分类：一是“理想的最终状态或行为”，对应罗克奇的“终极性价值观”和“工具性价值观”。二是“利益”，对应“个人主义价值观”“集体主义价值观”和“个人主义-集体主义的混合价值观”。三是“动机”，施瓦茨认为人类的动机有三类：满足个体生物需要的动机、协调社会互动的动机，以及使群体得以生存并维护群体利益的动机。他根据三类动机将价值观分为八个具有普遍性且各自独立的价值区。施瓦茨提出了对基本价值观进行划分的两个维度：开放对保守、自我超越对自我提升。经过进一步的修订，最终形成了表 4.2 中的 19 种基本价值观和图 4.1 的结构（李玲、金盛华，2016）。

价值观的另一种分类方式就是分为自我超越（self-transcendent）与自我提升（self-enhancement）价值观。自我超越价值观注重提升他人的幸福，超越个人的私利，从内心接纳他人并平等对待他人。自我提升价值观则注重追求个人的成功、幸福以及对他人的控制。

表 4.2 施瓦茨价值观理论中的 19 种基本价值观定义

价值观名称	与动机关联的定义
思想自主（Self-Direction-Thought）	产生自我想法和发展自我才能的自由
行动自主（Self-Direction-Action）	自由地决定个体自己的行动
刺激（Stimulation）	激动、新奇、变化
享乐主义（Hedonism）	愉悦和感官满足
成就（Achievement）	根据社会标准获得成功
支配权力（Power-Dominance）	通过对人的权力获得力量感
资源权力（Power-Resources）	通过对物质和社会资源的权力获得力量感

（续表）

价值观名称	与动机关联的定义
面子（Face）	通过维护个体的公众形象、避免丢人而获得安全感和力量感
个人安全（Security-Personal）	在个体当下所处的环境中保持安全
社会安全（Security-Societal）	广泛的社会安全和稳定
传统（Tradition）	坚持和保护文化的、家族的或宗教的各种传统
规则遵从（Conformity-Rules）	服从规则、法律和履行规定的各种义务
人际遵从（Conformity-Interpersonal）	避免使他人难过或受到伤害
谦逊（Humility）	认识到在事情的大框架中个体的渺小
友善-关怀（Benevolence-Caring）	为自己圈子中的成员的幸福而效力
友善-可依赖（Benevolence-Dependability）	成为自己圈子中可靠的、值得信赖的成员
博爱-关注（Universalism-Concern）	致力于全人类的平等、公正，保护全人类
博爱-大自然（Universalism-Nature）	保护自然环境
博爱-宽容（Universalism-Tolerance）	接受并理解不同于自己的人

资料来源：Schwartz, S. H. et al. Refining the theory of basic individual values. *Journal of Personality and Social Psychology*, 2012, 103 (4), 663-688。

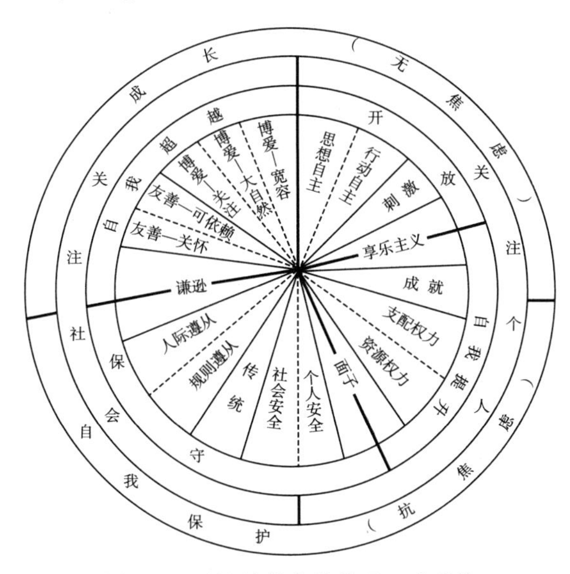

图 4.1　重构的基本价值观理论结构

资料来源：Schwartz, S. H. et al. Refining the theory of basic individual values. *Journal of Personality and Social Psychology*, 2012, 103 (4), 663-688。

4.1.2 企业领导者价值观的作用

价值观是领导力的重要基础。不能脱离领导者的价值观去讨论他们的领导风格。例如，针对领导者的变革型领导（transformational leadership），学者们认为，只有那些具备道德价值观的领导者，或者关心人们的共同利益而非只追求自己利益的领导者，才能够真正激励下属采取超出预期的行为并能够为集体的目标而努力。企业的最高领导者的一个重要任务在于，能够为下属勾画出企业未来美好的前景，从而激励下属为之奋斗。要能够做到这一点，领导者本人必须将企业而非个人放在重要位置上，这样才能够让下属真正投入于组织愿景。一个领导者若只想到自己的名利，员工完全可以从其行为表现中看出来，这样的领导者不可能激发员工的集体奋斗精神。中国传统文化非常重视领导者的德行。例如，老子在《道德经》中说："上善若水。水善利万物而不争，处众人之所恶，故几于道。"有道德的人就像水一样滋润万物而不与万物争利，表面上看很弱小，其实是真正的强大。在现代企业中，员工对于领导者的德行和利他精神仍然具有很高的期待，也会从领导者说出的话、表现出的行为以及其他线索中推测他们的品德。因此，企业最高领导者的价值观会影响到企业的价值体系和文化，进而影响到企业的商业运营模式，以及对待员工、客户和供应商的方式。

上述理论的推测要通过实证检验非常困难，因为很难让企业高管接受价值观调查。截至目前，直接测量高管价值观并衡量其效果的研究多数是在中国展开的。例如，有学者（Ling et al., 2007）测量了 92 家中国企业的创始人对于集体主义和新颖性价值观，结果发现创始人的集体主义价值观对相对较老而且规模较大的企业业绩具有更大的积极影响；而创始人的新颖性价值观则对相对年轻和规模较小的企业业绩具有更大的积极影响。

不过，富萍萍和徐淑英等学者（Fu et al., 2010）却得到了中国企业高管的配合。研究者基于施瓦茨早期版本的价值观测量，在中国企业的中层经理帮助下，首先开发出利用卡片测量价值观的 Q 分类法，随后请 CEO 花 25—35 分钟对这些价值观卡片进行分类，获得他们的价值观数据，并对他们进行了 45—90 分钟的访谈，了解他们的背景、如何升任当前的职位、对企业领导力目的的认识以及对人生最重要事情的看法。为了进一步验证通过让 CEO 对卡片进行分类测量其价值观的准确性，两年之后研究者又电话访问了 CEO 的下属，以了解他们心目中 CEO 的价值观。通过这一系列的方式，最终可靠地测量出 27 位中国 CEO 的自我超越和自我提升价值观。徐淑英教授在一次演讲中透露，从 CEO 价值观排序的结果看，有 75%的 CEO 对自我超越价值观的排序较高，而 25%的 CEO 对自我提升价值观的排序较高。他们团队还对参加排序的 CEO 们进行了访谈，对自我超越价值观排序较高的 CEO 大多会谈到对社会、企业、员工负责，平衡员工成功与企业成功之间的关系，强调正直、社会公平，照顾他人，回报社会等；而对自我提升价值观排序较高的 CEO 则更多地谈及公司要提供最好的产品和服务，发展最新的技术，追求成功、幸福，照顾家庭，光宗耀祖等。他们还让 CEO 的四位下属报告 CEO 激励下属的行为，这是变革型领导的一个重要维度，结合中层经理们报告的情感承诺的数据，他们得出了如下主要发现：CEO 激励下属的行为与下属的情感承诺之间的关系强弱取决于 CEO 的价值观，CEO 的自我提升价值观会减弱其激励行为对下属工作承诺的影响，而 CEO 的自我超越价值观则会加强其激励行为对下属工作承诺的影响。

变革型领导有四个重要方面的行为：一是通过创造美好的愿景来激励下属，二是用更高的目标来刺激下属，三是激发下属的智力思考，四是关注员工的发展并为他们提供个性化的支持。这些行为本质上是要求员工改变思想观念，从而共同努力改变企业的现状。富萍萍和徐淑英等的研究表明，变革型领导行为意味着自我牺牲的价值观，即放弃个人的利益为团队做事。与很多主流研究的不同之处在于，这项研究表明领导者的个人价值观会对其变革型行为产生影响。领导者只有拥有自我超越的价值观，才会真正推动变革。对于那些虽然号召员工改变自我但自己却追求个人幸福和成就的领导者，员工会觉察到他们是虚伪的，也不可能响应变革的号召。

这项研究启示我们，在西方个体主义文化中，追求自我提升、自我成就和自我利益是社会认可和推崇的价值观，所以企业领导者只要确保企业不断发展，给股东和利益相关者带来更多的收益，人们并不在乎他们追求个人利益的行为。然而，中国文化要求领导者具有“修身齐家治国平天下”的情怀，以德服人。中国的一些优秀企业家意识到，在实现自我价值之外，还要超越自我，为他人谋福利，这样才能感召人、凝聚人，并获得员工的认同。领导者仅仅要求别人努力工作，而自己没有克制私欲、不能为他人谋利益，就很难调动下属的积极性。因此，中国企业的领导者，要做到“内圣外王”，既要管理好自己、修炼自我又要影响他人（张志学等，2021）。

4.1.3 卢作孚的使命担当

中国近代一位杰出的企业家卢作孚，以“实业报国，使命担当”的精神，于1925年创办了从事航运的民生公司（张志学，2019）。在中国抗日战争最艰难的岁月，1938年秋天，素有“长江咽喉、入川门户”之称的湖北宜昌上演了一场中国版的“敦刻尔克”——民生公司总经理卢作孚指挥船队，冒着日军的炮火和飞机的轰炸，抢运了大量工业设备、物资和人员到四川，从而保存了中国民族工业的命脉。民生公司累计帮助国家抢运人员150余万、物资100余万吨。在这次悲壮的大撤退中，民生公司被炸沉和炸毁的船只多达16艘，牺牲的员工多达117名，还有76名员工伤残。然而，在此次大抢运中遭受巨大损失的民生公司，却只收取了平时运价1/10的运费，而且针对许多难民基本上是免费运输。

卢作孚在创业之初就明确了公司的使命定位：服务社会、便利人群、开发产业、富强国家。他说：“我们做生产事业的目的，不是纯为赚钱，更不是分赃式地把赚来的钱分掉，乃是要将其运用到社会上去，扩大帮助社会的范围。”1933年，民生公司运送的乘客累计达到几十万人。卢作孚认为，假如公司很好地帮助了几十万人，而几十万人当中有许多人在做帮助别人的工作，那么公司就间接地帮助了社会。他不计算公司的利润是多少，而是计算总共服务了多少乘客，乘客再服务于社会，最终这个社会就会越来越好。他说，“吾人做好人，需使周围都好，只有兼善，没有独善”。

4.1.4 企业高管的信念及其影响

除价值观之外，领导者的信念对企业的发展也很重要。信念指个人在某些领域形成的对事物的认识，往往涉及个人对真假的判断。信念表达的是个人坚信某种观点，并以此支配自己行动的倾向。罗曼·罗兰（Romain Rolland）说过："最可怕的敌人，就是没有坚强的信念。"仅仅对事物表现出兴趣是不够的，更重要的是在信念的驱使下采取行动、克服困难，直至达成目标。

信念的力量很强大，相信一件事会发生时往往就会引发自我实现预言。教育心理学领域著名的"皮格马利翁效应"（Pygmalion effect），讲的是教师如果相信学生具有潜力，最终学生的学业表现就会比其他人更好。这个效应揭示的是人们的信念会影响到对某些人、某些事的期待，进一步影响人们采取某些行为，从而影响被期待的个体。

在管理领域，有一个故事充分说明了信念的力量。该故事最早来自匈牙利生物化学家、1937年诺贝尔生理学或医学奖获得者阿尔伯特·森特-哲尔吉（Albert Szent-Györgyi），后来被组织理论家、心理学家卡尔·韦克（Karl Weick）广泛传播。在第一次世界大战期间，一支匈牙利部队驻扎在阿尔卑斯山上。他们的长官是位年轻的中尉，他决定派一组人去执行侦察任务。侦察队出发不久，当地就连下了两天暴雪，侦察队因此没有按时返回营地。年轻的中尉因自己让士兵去送死而感到内疚。他痛苦地责问自己的决策、战争本身，以及自己的角色。不过，第三天，侦察队意外地返回了营地。年轻的中尉急切地问下属："你们在哪里？是怎么活下来的？是怎么发现回来的路的？"带领侦察队的中士回答道："我们在大雪中迷了路，放弃了希望，认为自己一定会死。但其中一名士兵发现口袋里有张地图，在那张地图的帮助下，我们知道自己有可能找到回来的路。我们建了临时避难所，等大雪一停，就走回来了。"中尉要求看看那张神奇的地图，结果发现那其实是张比利牛斯山脉而不是阿尔卑斯山的地图。

一张错误的地图竟然让在暴风雪中迷路的士兵们回到了营地。因为地图重新点燃了士兵们的信心，激发他们采取了行动。为免受暴风雪侵袭，他们建起了临时避难所，并等待采取行动的最佳时机。地图也为士兵们提供了动力，让他们行动起来并对周围环境更加敏锐，这种状态让士兵们搜寻、思考、判断和试错，最终找到正确的方向，大大提高了生存的概率。

企业总会受到环境的约束，企业领导者需要处理外部环境发生的变化给企业带来的诸多麻烦和挑战。人类的进步就是在人与自然不断地互动中取得的。受不同文化和环境因素的影响，世界上不同地区的人对于命运形成了不同的认识和观念。按照个人掌控程度的大小，命运观大致可分为三种：听天由命、人定胜天和认命变运。听天由命命运观等同于宿命论的观点，认为命运是由外在力量决定的，并且是注定的和不可改变的。中国有些人持有这种命运观，谚语“人算不如天算”“万事分已定，浮生空自忙”“命里有时终须有，命里无时莫强求”无不体现了类似的思想。

第二种命运观则强调个人对命运的掌控，认为通过努力可以将命运掌握在自己手中。这种个人能动论在西方更为流行，不过为了鼓励人们通过自己的努力取得成就，中国也有一些谚语表达出这种命运观。例如，“富贵本无根，尽从勤里得”表达了勤劳可以改变和创造命运的朴素道理。民间流行的“双手改变命运”“爱拼才会赢”表达的也是类似的信念。

西方人认为听天由命和人定胜天两种命运观是对立的，如果一个人相信听天由命，就不大可能相信人定胜天。但中国学者却认为，人可以与命运讨价还价，即相信人可以“认命变运”。持有这种命运观的个体既承认和相信命运无法完全掌控，又认为自己可以通过与命运讨价还价来争取更好的结果。这一观点在中国传统智慧中亦可以找到对应之处，即人们常说的“谋事在人，成事在天”“尽人事以听天命”。

亚洲国家的人持有认命变运命运观的比例显著高于欧美国家，可能的原因在于这些国家的人在经济与社会生活中所受的约束较大。从计划经济模式转向市场经济模式之后，中国企业和企业家们面临的外部环境与西方企业的外部环境有较大的差别，典型特征包括法制不够健全、政策不够连贯和信息不够透明。这样的外部环境对当时的企业经营管理者而言是不可改变的现实。在偏离最佳条件的区间，企业家们抱怨自己生不逢时、命运多舛解决不了任何问题。相反，在不顺意的转型经济环境中，很多创业者没有被动屈服，而是“接受不能改变的，改变能够改变的”，带领企业艰难前行并最终走向成功。这就是由认命变运的信念驱动的企业家精神。

研究者们（Au et al.，2017）对中国企业管理者所秉持的认命变运的信念、战略决策及绩效之间的关系进行了探讨。企业领导者的认命变运信念是否促进了企业的创业导向（创新、超前行动和风险承担）和企业绩效（财务绩效和创新绩效）呢？研究者们调查了中国企业高管的认命变运信念，并收集了企业的相关数据，最终发现中国企业高管的认命变运信念与企业的创业导向、财务绩效和创新绩效都存在显著的正向关系。并且，在环境动态程度高的情况下，其积极促进作用更加明显。需要特别指出的是，研究者们在两项研究中，分别控制了企业高管的控制点（locus of control）和核心自我评价（core self-evaluation）两项最常研究的高管个人特征，表明认命变运信念作为刻画中国企业高管的个人特征，对企业战略导向和业绩具有独特的解释力。

认命变运信念会对企业战略行为和结果产生影响，其背后的逻辑非常类似于创业学领域中的效果论（effectuation）。效果论的逻辑是，在充满不确定性并难以预测的环境下，具体任务目标无法明确，但创业者具备的资源或拥有的手段是已知的，他们只能通过现有手段的组合创造可能的结果，并开创新的事业。效果论的逻辑与传统的因果逻辑迥然不同。因果逻辑从给定的目标出发，重在从现有手段中筛选出最优方案来实现目标；而效果论的逻辑则是从给定的一组手段开始，重在从该组手段中发现可能的结果，这里的结果不是预知的。因此，效果论的逻辑与认命变运信念的作用原理是相通的。相信认命变运的高管会坦然接受“成事在天”的结果，但他们却以“谋事在人”的积极态度充分运用可获得的资源，创造机会去改变企业的现状，促成更强的创业导向，从而提升企业绩效。在动态多变的环境下，企业高管的认命变运信念所产生的积极促进作用更加明显。

一般人认为，相信命运存在，意味着一切都是前世注定的，人的主观能动性没有作用。但中国人所说的“知天命”，并没有否认个人的努力，而是为个人指明了努力的正确方向。持有认命变运信念的管理者，在面对挫折和厄运时，虽然承认面临的局限和约束，但并不放弃主观能动性，依然坚持不懈地追求目标。所以，处于动态环境下的企业，应该甄选出持有认命变运信念的人来领导企业，或是通过培训让现有的管理者认识到自己的努力和命运在合力创造结果，从而有助于推动企业在战略行动上的创新和绩效，提高领导的有效性。

4.2 个人特征

领导力教科书或者大众读物中有很多关于领导者个人特征的论述。战略领导者也是一种领导者，已有文献中基于严谨的研究得到的领导力特征值得借鉴。不过，本章这一部分将不再重复已有的知识。这里仅介绍与中国的战略领导力紧密相关的个人特征。

4.2.1 高管的人格特征及其战略影响

高管大多不情愿参加心理测试，对于大公司的 CEO 而言更是如此。因此，已有对高管心理特征的研究大多以中小企业或者刚刚开始创业的公司的高管为对象。此外，即便收集到高管的心理特征数据，作为战略领导力的研究关注的是高管对企业战略选择或整体运作的影响，而这些指标和数据往往需要等待较长时间才能够获得。最后，一个在理论上具有争议的问题是，应用于不同人甚至中底层人员的心理指标，是否适用于企业高管。高管所处的位置和环境以及面临的压力不同于普通人，他们可能发展出一些独有的特性，或者一些心理特征在他们身上发生作用的条件和机制有所不同。基于以上的原因，有关企业高管个人特征的研究与组织行为学关于个人特征的研究呈现出不同的特点。关于高管特征及其对企业战略选择与行动的研究，在过去二十多年取得了巨大的进展。

人格是个人特征中被研究得最多的一个领域。人格代表个人所拥有的相对持久的、根深蒂固的特点。心理学家利用“大五人格”模型从五个维度描述人的个性，即开放性（openness）、责任心（conscientiousness）、外倾性（extraversion）、宜人性（agreeableness）和神经质（neuroticism）（也称“情绪稳定性”）。在过去三十多年中，利用大五人格预测个人行为及后果的研究文献十分浩瀚，组织行为领域也积累了大量文献。不过，由于难以直接测量企业 CEO 的大五人格，这方面的研究相对较少。

两位学者（Nadkarni and Herrmann, 2010）通过印度的中小微企业联合会获得了 195 家公司 CEO 的大五人格测量数据。由于当时离岸业务流程外包产业在印度高速发展，他们探讨了公司 CEO 的人格与公司的战略灵活性以及业绩之间的关系。研究发现责任心与战略灵活性之间呈负向关系，而情绪稳定性、宜人性、外倾性和开放性都与战略灵活性具有显著的正向关系。这项研究揭示了 CEO 的人格会影响公司战略灵活性，进而影响公司的业绩，为高层梯队理论提供了非常直接的证据。后来，这两位学者（Herrmann and Nadkarni，2014）又到厄瓜多尔收集服务业领域 120 家中小企业 CEO 的人格测量数据，得到这些公司战略变革启动和执行的测量数据，以及公司的业绩数据。他们的主要结论是，CEO 的责任心和宜人性与战略变革启动呈负向关系，但开放性、外倾性和情绪稳定性与战略变革启动呈正向关系。他们的研究还发现 CEO 的人格特征调节了战略变革执行的效果：CEO 的责任心和情绪稳定性促进了战略变革执行与公司业绩之间的关系，但 CEO 的宜人性则抑制了战略变革执行与公司业绩之间的关系。

近年来，技术的进步使得研究者能够通过 CEO 的讲话获得他们的大五人格特征数据，从而为科学地考察 CEO 的特征对企业战略的影响开辟了广阔的前景。

有学者（Malhotra et al.，2018）希望探讨外向型人格如何影响 CEO 的决策以及由此而产生的公司战略行为。在无法直接测量 CEO 的外倾性的情况下，他们采用新颖的语言技术，对十多年中 2 381 位来自标普综合 1500 指数公司的 CEO 的即兴讲话文本进行分析，从而获得他们的人格特征数据。他们发现外向型 CEO 对公司并购行为的影响远远超出其他的人格特征的影响。这是因为外向型人格具有积极情感、决断行为、果断思考和渴望社会参与等特征。该研究发现外向型 CEO 更可能从事并购，并且并购规模更大，这种效应可以部分解释为他们在其他公司的董事会上具有较高代表性。而且，外向型 CEO 在享受了更大的裁决权的情况下，更喜欢并购，因为他们这时能够按照自己的人格特征行动，这更加验证了 CEO 人格特征对公司战略行为的作用。

另一批研究者（Harrison et al.，2019）收集了 207 位 CEO 的录像资料，让专业的心理学博士生观看录像来评估这些 CEO 的大五人格。之后，他们又获得了每位 CEO 平均 35 篇的演讲资料，然后通过公开的数据库建立了标普综合 1500 指数公司的 3 573 位 CEO 的演讲文本。采用机器学习的方法，再基于 207 位 CEO 的人格测验分数，就能够从丰富的演讲文本中建立测量 CEO 大五人格特征的文本词典。研究者不仅证明了新的测验的效度和信度，而且发现用这种方式测量出的 CEO 人格特征影响了公司的战略变革和近期的业绩。

4.2.2 高管的自恋及其作用

在战略领导力领域，另一个研究得比较多的个人特征就是领导者的自恋。自恋作为一种人格特征，表现为个人对自己具有非常不合理的积极看法，过分地自我欣赏，并夸大自己的优点。自恋的人往往很看重个人应得的权益，争取获得权威，显示自己比别人优越，并且喜欢自我欣赏。自恋的人会通过一些决策和行为持续强化这种膨胀的自我观点。他们一旦受到批评就会产生强烈的情绪反应，表现出愤怒或者做出攻击行为。自恋的人通常会对自己的智力、创造力、能力以及领导力做出过高的评价。

自恋的 CEO 虽然在运营企业的过程中受到企业惯性、外部要求以及行业规范的约束，但由于他们在企业经营中拥有较大的自主权，因此这种自恋仍然会影响到企业的发展。自恋的 CEO 往往会过于乐观和自信，倾向于做出大胆而且可见度高的战略决策，从而导致极端的业绩或者使企业的业绩变动很大。

在很难让 CEO 直接填写调查问卷的情况下，有学者（Chatterjee and Hambrick, 2007）采用间接的方式测量 CEO 的自恋程度。在针对计算机硬件和软件产业 CEO 的研究中，他们从多个来源中选择了五个指标表达 CEO 的自恋倾向：CEO 的照片在公司年度报告中的突出程度；CEO 的名字出现在公司出版物中的普遍性；CEO 在采访中，相对于第一人称复数代词来说，对第一人称单数代词的使用（I，me，my，mine，myself）；工资最高的 CEO 与工资第二高的公司高管成员的现金收入比、非现金收入比。由于这五个指标在统计上是相关的，因此可以将它们整合成对每个 CEO 自恋程度的测量分值。研究者检测了基于 CEO 早年任期数据的自恋得分与随后公司战略和绩效特点之间的关系，发现 CEO 的自恋与战略动态性和宏大性呈正相关关系，并且与极端的和不稳定的组织绩效相关联。自恋者喜欢在舞台上表现自己，一旦没有表演的机会，就会自己折腾公司创造机会来获得外界的赞扬和关注。虽然有时可能很成功，但也可能非常糟糕，因此造成公司绩效起伏过大。

上述测量自恋的新颖方式，使得战略学者能够就 CEO 的自恋与企业的战略行为之间的关系进行推理和验证。主要的发现包括，自恋的 CEO 在采用突破性技术上更为激进，尤其当他们预期到这样做会在社会上获得广泛赞誉时。此外，他们会限制董事会成员对企业的影响力，进而不利于自己的学习。还有研究发现，CEO 的自恋可能会提升企业的创业导向，但是却减弱了创业导向与企业业绩之间的正向关系。

4.2.3　高管的傲慢对于企业战略的影响

CEO 的另一个特点是傲慢（hubris），即对自己做出的偏离客观标准的判断过度自信和乐观。傲慢的人过于相信自己的能力，并认为自己比别人更优秀。傲慢者与自恋者最大的不同在于，傲慢者不需要获得外部的肯定和认可，而自恋的人则需要持续获得外部的赞赏和肯定。傲慢的 CEO 往往在并购中支付更高的溢价，企业的财务业绩更差，在拥有较大管理自主权的情况下更冒险。傲慢的 CEO 在决策中往往会高估自己解决问题的能力，低估面临的资源约束以及企业面临的不确定性，他们认为面临的决策情境没有什么风险，从而做出冒险的决定。有学者（Li and Tang，2010）利用中国企业家调查系统中的五千多家企业的数据，检验了 CEO 的傲慢程度与企业冒险行为之间的关系。研究者这样来衡量 CEO 的傲慢程度：让 CEO 估计其所在企业前半年的业绩，而该调查同时收集了企业在同一时期的客观业绩数据，考虑到行业的影响，都采用标准分数。将 CEO 对企业业绩的主观估计标准分减去企业客观业绩的标准分，二者的差值越大，表明 CEO 越傲慢。调查发现 58%的 CEO 对企业业绩的估计高于实际业绩，即表现出了过分自信和傲慢的特征。研究者在调查中询问 CEO 所在的企业是否投资新技术或者高科技技术，用来衡量企业的冒险水平。研究者从其他统计数据中获得了市场丰裕度、市场复杂性、市场不确定性等指标。最终的主要发现包括：CEO 的傲慢程度显著地影响了企业的冒险程度。而且，诸如市场丰裕度、市场复杂性、企业的研发强度、董事长总经理集于一身等因素，使 CEO 被赋予更大的自主权，从而强化了 CEO

的傲慢程度与企业冒险行为之间的关系。而企业的司龄以及 CEO 有政治头衔等因素，由于限制了 CEO 的管理自主权，弱化了 CEO 的傲慢程度与企业冒险行为之间的关系。

唐翌等（Tang et al., 2015）进一步揭示了 CEO 的傲慢程度与企业社会责任之间的关系。那些傲慢的 CEO 由于高估自己解决问题的能力并高估企业的实力，而低估企业在资源和支持上对利益相关者的依赖，会更少地采取社会责任行为，而更多地进行不负责任的活动。对于规模大和有闲散资源的企业，由于更少地依赖利益相关者，CEO 的傲慢程度与社会责任行为之间的关系更强；而对于小企业、闲散资源更少的企业以及面临市场不确定性程度高或者竞争激烈的企业来说，由于更需要利益相关者的资源支持，CEO 的傲慢程度与社会责任行为之间的关系就变弱了。研究者们测量 CEO 傲慢程度的方法如下：收集主流媒体对美国标普综合 1500 指数公司 CEO 的报道，计算报道中描述 CEO“自信”“乐观”的词频，以及形成 CEO“可靠”“谨慎”“务实”“保守”“节俭”“不自信”和“不乐观”等保守特征的词频，二者相减形成 CEO 傲慢的连续值，分值最高的五分之一的 CEO 就是傲慢的，分值最低的五分之一的 CEO 是不傲慢者，分值位于中间的 CEO 都是中性的。

CEO 的自恋和傲慢对企业的战略选择和后果所产生的作用似乎很相似，例如二者都导致企业从事冒险的业务、涉入大规模的并购、进行激进的研发投入和企业创新。但是，二者之间存在明显的区别。自恋的 CEO 渴求外界的关注和赞赏，但傲慢的 CEO 并没有这个特点。学者们（Tang et al., 2018）通过探讨自恋和傲慢对企业从事社会责任活动影响的不同，显示了两个概念的差别。具体而言，由于企业从事社会责任活动能使外界对 CEO 产生更积极的看法，因此自恋的 CEO 会让企业从事更多的社会责任活动；傲慢的 CEO 会低估自己和企业对利益相关者的依赖，因此不会从事社会责任活动。我们知道，企业的董事会成员往往也会在其他企业担任董事，这样就能够了解其他企业的情况。通过交叉担任董事的人，同行企业就能够了解彼此从事社会责任活动的多少。学者们就利用这样的场景检验 CEO 的自恋和傲慢的区别。如果了解到其他同行企业从事了更多的社会责任活动，自恋的 CEO 会从事更少的社会责任活动，通过与同行不一样来突显自己并吸引公众的关注。但对于傲慢的 CEO 而言，同行企业的行为只会强化自己的判断，因此当得知同行企业的社会责任活动情况后，他们不大可能做出与同行不同的行为。通过分析标普综合 1500 指数公司的数据发现，在同行企业社会责任活动比本企业更多的情况下，CEO 的自恋程度与企业社会责任活动之间的正向关系会减弱；而在同行企业社会责任活动比本企业更少的情况下，CEO 的自恋程度与企业社会责任活动之间的正向关系会加强。相反，同行企业比本企业从事的社会责任活动的数量越少，CEO 的傲慢程度与企业社会责任之间的负向关系会越强。如果得知同行企业比本企业从事更多的社会责任活动，傲慢的 CEO 会忽视这些信息，依然坚持自己的信念，不会增加企业的社会责任活动，导致 CEO 的傲慢程度与企业社会责任活动之间的关系没有变化。

4.2.4 领导者的自谦与完美主义

或许由于看到人的自大导致了很多负面的结果，哲学、心理学和管理学界的学者意识到领导者谦卑品质的重要性，人们倾向于认为谦卑在概念上与保持善良、有道德、遵守伦理、允许下属参与、愿意授权和甘于服务等领导行为有联系。在中国文化中，领导者与下属之间的等级比西方更为分明，较大的权力距离往往使得领导者更容易自我膨胀，因此传统的儒家和道家文化教导领导者要学会谦虚低调。

在管理学界，欧怡和徐淑英等人（Ou et al., 2014）率先开展了对谦卑的领导者的实证研究。在他们看来，谦卑与谦虚有所不同，谦卑包括自知局限、追求进步、欣赏他人、行事低调、超越自我、追求崇高使命这六个方面。领导者的谦卑行为包含强调整体利益、支持参与决策、信任下属能力以及给予自主权力。由于谦卑的领导者愿意向下属授权，因此高管团队成员更愿意合作、分享信息、一起做决策，他们有非常强的使命感，有共同的目标和愿景，彼此之间也很团结。高管团队成员的行为会让企业中层经理感知到一种授权的组织氛围，对他们的工作投入、情感承诺和工作业绩产生积极的影响，并进一步影响到广大员工，最终使企业获得更好的业绩。进一步，欧怡等人（Ou et al., 2018）收集了美国计算机软件和硬件行业中的 105 家中小企业的数据，发现在谦卑的 CEO 以及受其影响的高管团队成员的领导下，这些美国企业会采取更加灵活敏捷的战略导向，从而获得更好的业绩。他们的发现表明，在崇尚自我的美国社会中，CEO的谦卑特征同样对企业发展产生了积极的影响。

谦卑和自恋看似相互矛盾，并且以往学者只是就其中一种特征开展研究。人们不禁会问，一个领导者如果同时具有两种特征，那么将会对企业产生什么影响呢？张宏宇等人（Zhang et al., 2017）开展的研究正是要回答这个有趣的问题。他们从矛盾（paradox）的视角研究了两个看似相反的CEO个人特征——谦卑（humility）和自恋（narcissism）——对企业创新的影响。在研究一当中，63名CEO报告自己的自恋情况，他们的高管团队成员报告CEO的谦卑、社会性魅力（socialized charisma）和公司业绩（在不同时间报告）情况，公司的中层管理者报告企业的创新文化情况。在研究二中，143名CEO报告自己的谦卑和自恋情况，高管团队成员报告CEO的社会性魅力、公司创新业绩和一般业绩情况。两项研究一致地发现，CEO的谦卑与公司高管们感受到CEO的社会性魅力以及创新业绩之间的关系，在CEO自恋程度高的情况下更强，这表明谦卑和自恋不仅可能在CEO身上共存，而且这种共存更容易让下属感觉到其社会性魅力，进而更可能实现创新绩效。

鉴于很多企业的最高领导者同时具有谦卑和自恋特征，上述研究可以帮助我们理解一些现象。由于谦卑的CEO更愿意进行有利于创新氛围的组织实践，比如授权给有创新精神的人并通过绩效薪酬政策认可他们的成绩，因而更容易促进企业创新。然而，谦卑的CEO可能过于低调，不擅长在企业里推广自己的想法，从而无法让员工充分理解这些实践的意义。如果他们同时拥有自恋的个性特征，或许能够弥补这一缺陷。再比如，自恋的CEO喜欢做博人眼球的事情，表现为积极与下属沟通愿景、鼓舞人心，让人感受到其魅力，但是他们这么做往往是为了维护自己膨胀的个人形象，并没有考虑集体利益，因此下属感受到的魅力并不是社会性魅力，而谦卑的个性特征则能够弥补这一点。因此，企业甄选CEO的时候，并不一定要选择那些个性极其突出的候选人，相反，那些拥有看似矛盾个性特征的候选人，或许能够更好地适应和面对复杂环境提出的各类要求。

正如前面所说，已有文献关于领导者特征、领导风格或者领导行为及其后果的讨论很多，以至于不少学者感慨领导力研究的范围太广。不过，近年来中国的研究者注重探讨领导者的某些特征及其作用机理。有学者通过对中外企业领导者行为的观察，用“完美主义”来描述这些领导者，并开展了相关的研究。

“领导者完美主义”是指领导者为员工设定了非常高的工作标准，持续要求员工达到此标准，并期望员工具有零缺陷的完美表现。很多成功的领导者都具有完美主义的特征。乔布斯在产品的设计和开发中将他的完美主义特征体现得淋漓尽致，他不会放过任何一个细节，也使得苹果公司被认为是最具有创造力的企业之一。在中国企业中，小米董事长雷军曾提到，“我们很用心地设计产品，甚至要求把产品打开以后也要是艺术品。很多你没注意到的东西，也要按最高标准去做，因为在互联网的今天，产品有任何瑕疵，只要有一个人发现，通过互联网一放大，就会引发一场灾难”。

徐琳娜等（Xu et al.，2022）探讨了领导者完美主义和下属创造力之间的关系。他们运用自我调节理论（self-regulation theory）来解释领导者的完美主义倾向与下属创造力之间的关系。根据自我调节理论，当个体发现自己的现状与要达成的目标之间存在差距时，便会调节自己的认知和行为来缩小差距。然而，当意识到无法缩小这种差距时，则会感到心力交瘁。他们通过实验和企业调查发现，员工的控制点（即是否相信自己可以控制自身的工作与生活）影响领导者完美主义对自己创造力的作用。当员工相信自己的行为可以对自身产生影响时（内控），他们会积极响应领导者的完美主义要求，更加投入工作从而表现出更高的创造力。相反，当员工不相信自己的行为可以改变环境时（外控），他们会抵触领导者完美主义的要求，导致更多的情绪损耗，表现出更低的创造力。

这一研究发现提醒领导者，追求完美不一定能够获得完美的结果。它会打击外控员工的积极性，且在过于极端时，也无法激发内控员工更高的创造力。领导者应当在员工追求创新的过程中感受到压力时，适时给予他们积极反馈和鼓励。具有完美主义倾向的领导者应该学会容忍错误，提升下属的心理安全感，这样才有可能获得更好的结果。

4.3 认知与情绪

战略制定或选择涉及个人对外部环境的判断，然而过去很长一段时间内，战略学者对个人认知在战略选择中的影响讨论得很少，而组织行为学者虽然探讨有关个人认知的特征，但却没有探讨这些特征对组织和战略层面后果的影响。鉴于这种情况，张志学及其合作者进行了关于认知动机和能力对战略形成影响的研究（张文慧等，2005）。在21世纪初始的几年，功能手机开始流行。该行业高速发展，既有巨大的利润诱惑，也因投入巨大、竞争激烈而有较大的风险。通过查询杂志和互联网上的大量信息，他们设计了一个家电巨头是否进入手机行业的决策案例，其中包括该家电企业本身、家电行业和手机行业以及宏观经济方面的大量信息。情境中决策者要考虑的所有正反方面的信息量比较平衡，参与者难以轻易得出明确的结论。他们让商学院的学生阅读该情境案例后回答三个问题：第一，假如你是该家电巨头的老板，你认为公司是否应该进入手机行业？为什么？第二，如果你决定进入手机行业，公司可能会遇到哪些问题？应该采取什么战略？第三，如果公司进入手机行业，是否可以模仿其他国产手机厂商的做法？为什么？在指出三个决策问题之后研究者测量了认知需要、分析定向、机会威胁等变量。在此之前的另一个场合，他们测量了这些学生的认知复杂性。

认知需要指个体在信息加工过程中是否愿意进行周密的思考，以及能否从深入的思考中获得满足感。认知需要反映的是人们认识事物的动机，认知需要高的人倾向于处理复杂的认知任务，乐于全面搜寻和详细分析有关的材料。认知需要低的人则倾向于回避深入的思考，在搜寻信息和决策过程中比认知需要高的人更可能扭曲或者忽略相关信息。在进行组织决策时，认知需要高的人会对信息付出更多的认知努力，也能够独立地进行思考和判断，并抓住问题的本质；相反，认知需要低的人在信息加工中更加依赖于规范性、常规性的信息，甚至容易受到外界环境和其他人看法的左右。

认知复杂性反映了个人的认知能力。高认知复杂性的人具有复杂化的思维能力和认知特征，能运用多种互补的方法和互斥的概念去理解周围的现象。

高认知复杂性的人比低认知复杂性的人更能容忍模糊性，并具有更准确的预测能力，在处理问题时拥有更多的行动方案。

分析定向是衡量人们在决策过程中分析和解决问题的全面程度的一个变量，描述的是个体在决策过程中搜寻和解释信息时的一种认知。机会判定即个人辨别环境是机会还是威胁，它会直接影响决策者做出战略选择，并采取相应的组织行动。当环境的不确定性有可能被克服时，多加工信息不但会使决策者发现机会及其伴随的风险，而且会促使决策者预先采取一些积极的措施去构建环境，促使环境朝着有利于自己的方向发展。

研究发现，认知复杂性和认知需要都显著地影响了个体在决策过程中搜寻和解释信息的认知取向，即分析定向；分析定向和认知需要对机会判定都具有显著的正向影响；机会判定对最终的战略选择具有显著的影响。该研究为理解和探索不确定性环境中决策者、认知过程和战略选择之间的联系提供了实证依据。如果不综合考虑个体因素—决策环节—战略选择的整个过程，就无法很好地揭示战略决策机制。

4.3.1　高管的认知

企业领导者的认知能力对企业的战略选择和行动起着十分关键的作用。一个行业如果已经比较成熟但还存在市场空间，企业经营者就可以模仿或学习行业中已经在位的企业，通过在某些方面比同行有更多优势而存活下来。如果市场规模很大，需求还很充分，甚至不需要运用独特的策略也能够发展。在这种情况下，就不需要企业领导者有非常高的认知能力。在过去几十年经济高速发展中，很多中国企业就像河流中的船只，顺着大潮走，领导者只要不逆流而上或者只需掌握好基本的大方向就能够使企业平稳发展。在这种充满机会的商业环境中，获得从事商业活动的许可甚至地方政府的支持，成为某些企业的竞争优势。因此，中国的一些企业家擅长建立紧密的政商关系，不在业务创新上花太多精力，最终企业也无法形成真正的创新能力（张志学、仲为国，2016）。

然而，当宏观经济增速放缓，市场竞争更为充分，甚至很多行业由于技术进步、消费转型等出现较大变动时，企业领导者的认知能力就决定了企业在巨变期间所采取的战略和行动。认知能力的高低或许决定了中国很多企业的兴衰。

尽管心理学家开发了测量人的认知能力的方法，但是 CEO 的认知能力却无法被直接测量。于是学者们就基于企业领导者或者高管团队的任职年限或者个人背景来了解他们驾驭环境或技术变革的能力。以往的研究发现，那些具有技术背景的 CEO 更能够理解新技术的价值，但任期越长的 CEO 越可能抵制新技术，因为他们已经习惯于传统的商业思维。不过，人们也发现这些人口统计指标并不足以反映 CEO 或高管成员的认知。为此，学者们只好通过案例研究，考察企业高管的认知在行业变迁过程中对企业战略行动的影响。例如，宝丽来公司因发明一次成像相机和专用胶卷而轰动世界，从 20 世纪 50 年代到 70 年代属于美国红极一时的企业。但自 80 年代开始，宝丽来在发展战略和重大经营上屡屡出现失误，最后导致破产。这是因为宝丽来在技术判断上出现了战略失误，没有跟上数字时代的步伐。在技术出现明显变化的数字时代，宝丽来其实发明了数字相机，却迟迟不推向市场，最终将数码相机的巨大市场让给了竞争对手。宝丽来在 2000 年卖出了历史销量最高的 1 310 万台一次成像相机，却忽视了全球市场上销售了 1 110 万台的数字相机。数字相机不仅具有宝丽来产品“即拍即得”的功能，而且能接入电脑。有学者（Tripsas and Gavetti，2000）发现，宝丽来虽然在数字技术上敢于投入，但却无法改变自己的商业模式。其在模拟影像技术向数字影像技术转换过程中之所以做出这种矛盾的应对，是因为高管的认知结构与数字世界并不匹配。

当外部环境发生变化时，企业高管首先需要注意到变化，之后要对感知到的变化进行解释，然后再基于解释采取合适的行动。鉴于决策者的行动在很大程度上取决于他们所关注的事项和答案，企业领导者的管理注意力（managerial attention）成为企业能否适应变革的关键。人的认知能力和注意力都是非常有限的，因此高管能否关注到与企业密切相关的信息，在很大程度上影响到企业能否顺利地适应环境的变化。有学者发现在放松管制的美国航空业中，CEO 对环境变化的关注影响了公司在新领域中的投资（Cho and Hambrick，2006）。他们假设并发现，航空业突然放松管制后，航空公司的高管需要对改变后的环境进行解读和应对，需要决定为乘客提供什么样的新产品以及如何赢得竞争对手的客户。而在放松航空管制之前，公司首要关注的是运营的效率、安全可靠和效果。所以，政策的变化导致公司必须从过去关注运营效率转变为关注新的机遇，包括发现新市场、满足客户需求、超越竞争对手以及选择新的运营地点。为此，公司董事会往往意识到需要引入新的 CEO，或者公司 CEO 意识到需要具备新技能和广阔视野的高管团队成员。研究者发现，高管团队会吸纳一些具备市场、销售和客户服务职能经验的高管，也会提升高管成员基于业绩的薪酬的比例。这些调整表明公司的注意力正在朝创业导向转移，从而使得公司高管能更有效地进行对环境的扫描，产生关于新领域更丰富的概念、模型和理解，进而能够更快速地做出新的选择，并顺利地应对环境的变化。由于词语的使用频率能够反映人们的所思所想，研究者对 30 家航空公司多年来发给股东的信件进行自动文本分析，找出每封信中包含的与公司关注机会和创业等相关的词语，获得公司高管的注意力数据。然后再从公开的文档中获得各家公司从事的相关战略活动，得出结论认为，高管成员的变化通过影响公司的注意力模式进而导致公司的战略变革，证明了管理注意力对于公司的重要性。

早在 20 世纪 80 年代，学界就开始认识到企业高管对组织的认知和解释的重要性，随后战略管理领域开始吸收这方面的知识。面对不确定和复杂的外部环境，企业高管首先需要对环境变化进行解释，之后再做出战略选择和行动。几位学者研究了苏格兰地区 17 家针织品制造商，它们都是将高端的衣服通过专业分销渠道卖给少量的高收入消费者。研究者访问了其中 6 家企业的管理者，再获得企业产品、制造、销售、信念等档案数据，发现企业管理者对其竞争对手拥有一种分层的认知分类，从“纺织品”，到“针织品”，到“时尚经典”，最后到“高品质”。这些管理者只将其他苏格兰针织品制造商看作竞争对手，却不将生产同样产品并以相似价格出售的其他国际企业当作竞争对手。管理者并不进行系统的市场调研，而是从有限的代理、设计顾问或者销售商那里获得信息。他们基于这些信息形成关于消费者、竞争对手、供应商和零售商的看法，进而针对所界定的竞争群体采取相应的策略。每个管理者都用这种方式界定自己的竞争者，使得这个竞争群体的领导者拥有了共享的心智模式，成为一种“认知寡头”（cognitive oligopolies）（Porac et al.,

1989）。这项研究清楚地将管理者的认知放在战略形成和战略后果的核心位置。

近几年，越来越多的战略研究者开始吸收心理学的理论，考察企业高管的认知特征对企业特征和发展的影响。例如，组织双元性（organizational ambidexterity）指企业能够同时进行探索性和利用性创新的能力。近些年的研究表明，具备组织双元性的企业在动态和不确定的技术变化环境下能够具有持续的竞争优势。企业的组织双元性与企业所拥有的资源、所处的行业以及企业自身的特点有关。那么，企业领导者的特征是否会影响到企业的组织双元性呢？一个有关的概念就是CEO的认知灵活性（cognitive flexibility），它指的是个人调整自己的思考和行为模式以适应不断变化的外部环境的倾向。一项针对企业高管的研究（Kiss et al., 2020）表明，他们的认知灵活性影响了他们花更多时间和精力从外部竞争对手、消费者、供应商、股东和利益相关者那里收集与企业创新相关的信息，进而影响到企业同时进行探索性和利用性创新的双元特征。

学者近期提出CEO的反思能力（reflective capacity）对企业可持续发展的重要性（Jia et al., 2021）。他们认为，CEO的反思能力是指通过收集、分析、理解、整合并应用通过多个来源获得的信息，以提升对企业当前和未来机会的意识的认知能力。反思能力强调CEO对企业外部环境的思考，包括理解哪些信息对企业有帮助，从哪里获得信息，如何分析信息，从信息中学习到了什么，以及在企业的战略决策中如何运用或整合新发现的知识。反思能力包括CEO从多种来源中获得多种信息并对信息进行分解以及在实施战略决策的过程中整合这些信息。对中小企业的CEO以及对应的企业高管进行调查后发现，CEO的反思能力影响了战略决策的完整性，进而影响到企业的可续性业绩。而通过企业高管评估的CEO的行为复杂性（履行多个相互冲突的角色和行为的能力）也对CEO的反思能力和企业的可续性业绩之间的关系产生了中介效应。

4.3.2 高管情绪的作用

人在遭遇有关自己的利益和利害的环境刺激时，总会产生各种情绪。企业的领导者既体验到成功的喜悦和兴奋，也会因各种困难而感到挫折、愤怒。

高管的情绪能够通过影响高管的价值判断和选择最终反映到企业的决策和行为上。姬俊抗等（Ji et al.，2021）通过探讨高管内疚情绪对企业社会慈善捐赠的影响，支持了高管情绪能够影响企业决策和行为这一观点。该研究建立在以下两个观察之上：首先，企业的决策和行为常常有意或者无意地给职工、当地社区、公众乃至自然环境带来伤害，例如英国石油公司为保持竞争力而采取的压缩运营成本的决策，导致其得克萨斯炼油厂爆炸和墨西哥湾原油泄漏，这给遇难职工的家庭、当地社区和墨西哥湾环境造成了严重的伤害；其次，心理学研究指出内疚是人类普遍存在的情绪之一，当个人行为给他人或社会造成伤害时人会产生内疚感，内疚感为人们进一步做出补偿行为提供了动力。跟普通人类似，当企业高管的决策或行为给他人或者社会造成伤害时，他们也会产生内疚情绪，可能使他们进一步做出慈善捐赠等补偿行为。

20 世纪 90 年代末及 21 世纪初中国国有企业进行了以“减员增效”为主题的改革，造成数千万原国有企业职工下岗，使他们从原来具有体面的社会地位沦为社会的底层，对他们和他们的家庭都造成了非常沉痛的伤害。学者们推测，改革中的大规模下岗（给下岗职工造成巨大伤害）会使得国有企业的高管产生内疚情绪，进而之后通过进行更多的慈善捐赠作为补偿。他们对二手数据进行定量分析，并开展了定性访谈和实验研究，得出一致结论，即当企业的战略决策或行为对他人或社会造成伤害时，决策者会产生内疚情绪，进而之后通过企业慈善捐赠的方式进行补偿。

极端的情绪体验不仅容易导致决策者的判断出现偏误，而且会损害人的身心健康。企业领导者的情绪表达还会影响到周围高管的情绪、下属的心理状态以及外部利益相关者对企业的信心。因此，企业领导者需要学会调节自己的情绪，还可以通过调控利益相关者的情绪达成企业的目标。有学者（Huy and Zott，2019）发现，当企业管理者因近期的成功或失败体验到特别高涨或者特别沮丧的情绪时，他们会提醒自己从长远的眼光看待企业的发展，或者从多个维度思考自己从事的事业的意义，从而恢复平静的情绪，积累更积极的心理能量进而看准并抓住商业机会。管理者往往通过保持沟通、克制自己的情绪表达并表示对他人的理解和支持，来有效地管理利益相关者的情绪，使得他们对企业做出有利的判断，从而获得他们的支持。

本章小结

高管在企业中往往拥有较大的自主权，从而使得他们的个人特征更容易展现出来，进而导致企业层面的后果。

企业的战略选择和组织行动基本上都不会是规定动作，而是领导者的自选动作，因此领导者的个人特征会对其产生重要影响。

近些年来，随着理论的发展和技术的进步，原本很难观测的高管的个人特征得以观测，进而可以彰显领导者个人特征对企业的影响。

领导者只有关心人们的共同利益而非只追求自己的利益，才能够真正激励下属采取超出预期的行为并能够为集体的目标而努力。

具有自我超越价值观的企业领导者更注重对社会、企业、员工负责，平衡员工成功与企业成功之间的关系，强调正直、社会公平，照顾他人，回报社会等；而具有自我提升价值观的领导者则更注重提供最好的产品和服务，发展最新的技术，追求成功、幸福、照顾家庭、光宗耀祖等。

企业领导者需要处理外部环境发生的变化给企业带来的诸多麻烦和挑战。世界上不同地区的人对于命运形成了听天由命、人定胜天和认命变运三种不同的观念。持有认命变运信念的人既承认和相信命运无法完全掌控，又认为自己可以通过与命运讨价还价来争取更好的结果。

中国企业的领导者具有"接受不能改变的，改变能够改变的"认命变运观。研究发现，这种信念与企业的创业导向、财务绩效和创新绩效都存在显著的正向关系。并且，在环境动态程度高的情况下，其积极促进作用更加明显。

企业领导者的大五人格特征对企业的战略选择、战略灵活性、战略变革、并购行为、企业业绩等都具有显著的影响。

高管的自恋表现为对自己具有非常不合理的积极看法，过分地自我欣赏，并夸大自己的优点。高管的自恋程度与战略动态性和宏大性呈正相关关系，并且与极端的和不稳定的组织绩效相关联。

高管的傲慢表现为对自己做出的偏离客观标准的判断过度自信和乐观，过于相信自己的能力，并认为自己比别人更优秀。高管的傲慢程度显著地影响了企业的冒险程度，而且拥有更大自主权的高管，其傲慢程度与企业冒险行为之间的关系更强。

由于企业从事社会责任活动能使外界对CEO产生更积极的看法，因此自恋的CEO会让企业从事更多的社会责任活动；傲慢的CEO会低估自己和企业对利益相关者的依赖，因此不会从事社会责任活动。

领导者的谦卑行为包含强调整体利益、支持参与决策、信任下属能力以及给予自主权力。由于谦卑的领导者愿意向下属授权，因此高管团队成员更愿意合作、分享信息、一起做决策，他们有非常强的使命感，有共同的目标和愿景，彼此之间也很团结。

很多成功的领导者都具有完美主义的特质。"领导者完美主义"是指领导者为员工设定了非常高的工作标准，持续要求员工达到此标准，并期望员工具有零缺陷的完美表现。

人的认知能力和注意力都是非常有限的，因此高管能否关注到与企业密切相关的信息，在很大程度上影响到企业能否顺利地适应环境的变化。

高管的情绪能够通过影响高管的价值判断和选择最终反映到企业的决策和行为上。

重要术语

价值观	自我超越	自我提升
认命变运	大五人格	自恋
自谦	完美主义	管理注意力

复习思考题

1. 个人价值观有哪些？你认为具有不同价值观的战略领导者是否会做出不同的战略决策？

2. 中国企业高管对于人与环境之间关系的看法与西方企业的高管有什么样的差别？是什么因素造成了这种差别？

3. 你认为大五人格当中哪些特征最可能影响领导者的战略决策？

4. 高管的自恋与自谦分别有哪些特点？自恋和自谦对企业的战略选择和后果造成的影响有哪些？

5. 要在复杂的环境中做出相对合适的战略选择，领导者需要具备什么样的认知特征？

6. 高管会有多种情绪状态，你认为对企业发展影响最大的情绪有哪些？

中国实践

留得清阴与后人：鲁南制药与赵志全

山东省鲁南制药集团原董事长、“时代楷模”赵志全的一生都围绕着“做放心药、良心药，振兴民族医药”的梦想而展开。他在27年间，把一家净资产不足20万元的校办小厂发展成为拥有60亿元净资产的现代化制药集团。他为鲁南献出了一生心血，他播下鲁南希望的种子，守着它萌发生机，陪着它扛过风雨，也为它强基固本。

救种：“药厂需要改革，改革需要献身”

1956年，赵志全出生在山东省临沂市费县的一个贫困农村家庭。作为家中长子，他担起了生活的重担，但做事从不循规蹈矩，也总愿意照顾和帮助别人。恢复高考后，他考入山东化工学院化工机械专业，毕业后被分配到郯南制药厂（原为郯南劳动大学校办企业），年纪轻轻的他在药厂搬迁工作中展现出极高的创造力和协调能力，甚至还主动无偿担任厂里的文化补习课老师。

1987年，郯南制药厂以竞标形式外包。拥有较强政治敏锐性的药厂科长赵志全，在招标会前主动给相关领导写信并大胆毛遂自荐。竞标会上，他提出要在当年扭亏为盈。别人眼里的破旧设备和简陋厂房，在他眼里却是改革的机会与希望。

首先，一家药厂的成败很大程度上依赖于核心产品的竞争力。他上任后主动与山东中医学院合作，研发出“银黄口服液”。其次，他提出“坚持业务首位意识”的理念，继而狠抓业务队伍建设，提出业务训导；他以身作则，亲自带领业务团队冲在各地的销售一线；他还创造性地开辟了电视广告投放模式。最后，他坚持全面提高产能。产品、市场和产能，三管齐下扭转局面。赵志全接手三年后，郯南制药厂正式更名为鲁南制药厂，提前一年达成了他曾经被认为“夸海口”的承包目标，救活了这家几近倒闭的小厂。

新芽：“把企业做强做优，为员工创造更加美好的生活”

在成功扭转存亡困境后，赵志全开始探索如何让企业获得进一步发展。他的深化改革举措首先指向了企业内部。第一步，企业需要更多的人才。1992 年起赵志全决定只招收应届学生。他要求学生必须深入车间工作，用人只看人品和能力。第二步，企业得想办法留住人才。为此，他采取了以下措施：一是乘着股份制改革的东风，将企业改组为山东鲁南制药股份有限公司；二是推行分配制度改革，实行按劳分配；三是对业务人员工资实行独立分配与奖励制度；四是给困难员工生活兜底。第三步，他亲自创作了厂歌，建立了全体员工对企业精神的认同。在鲁南人眼中，赵志全对中高层严格要求，对企业管理非常强势，大小事项几乎都是他做决策；但同时他对基层员工又充满关心和爱护。

在赵志全的管理下，公司内部员工积极性高涨，外部市场也开始扩张优化。正值改革开放，1991 年赵志全果断决定改革产品结构，进军西药市场。经过 10 年的发展，鲁南的中西药结构从 1∶9 转变为 3∶7，促成企业完成转型，让鲁南萌发出新的活力。

风雨：“一点小伤，吃片咱们自己生产的贝特就好啦”

1995 年年初，正值鲁南持续增长和扩张之际，中国经济却进入通货紧缩时期，鲁南的资金链立刻出现了问题。赵志全意识到鲁南的市场和业务必须优化。

他首先反省了鲁南当前的市场模式，迅速调整了过时的业务模式，要求全体业务员转变思路，严格按照要求巩固和开发市场。其次，他自己冲在一线巡视全国市场，在 9 天时间里辗转于东北 18 个城市。鲁南人同心齐力，当年销售收入比上年翻了一番，迈过了风雨难关。

固根：“等有了市场和人才有了再建设，不就晚了吗”

困境再次警醒了赵志全，他开始思考如何才能保障企业基业长青。

科研离不开人才支撑。2000 年，赵志全凭高薪招到了临沂企业有史以来的第一个博士，后来鲁南与多所大学、境外公司开展了人才合作。科研永远是一件投入产出不确定的事，但在鲁南，科研经费从不设上限。除经费支持外，赵志全还加快开发新药和引进国外先进生产技术。鲁南的品牌与知识产权保护也紧跟研发节奏，逐渐形成了“研发+产权”的创新优势。

他始终坚持办社会的企业。为避免污染，他毫不犹豫地叫停还在盈利的红霉素项目。到赵志全去世时，鲁南中高层管理者中都没有他的一个亲戚。这些都为鲁南在新时期的长远发展夯实了牢固根基。

归去：“我现在的每一天都过得非常艰难”

在20世纪90年代互联网刚兴起时，赵志全便觉察到生物制药才是企业未来的核心竞争力，于是他在20世纪初就谋划布局了可以支撑千亿元级别发展的空间规模，即鲁南新时代药业，而当时鲁南的产值还不到10亿元，且到2014年一直负债累累。而这12年既是鲁南迅速发展的时期，也是赵志全默默抗癌的12年。相比财务压力，他更操心自己身后的这家企业该如何传承。

2014年11月14日深夜，57岁的赵志全倒在了办公室里。他以遗嘱的形式指定了新的领导班子：一个没有自己任何亲属的领导班子，而这些决定连后来的继任者张贵民都毫不知情。2014年年底张贵民继任后，鲁南全年完成总产值63亿元，利润6.1亿元。这样的逆转离不开新一任领导班子的谋划与执行力，也植根于赵志全在全体鲁南人心中播撒下的进取拼搏、坚韧不屈的种子。

2014年赵志全去世后，临沂上万职工和干部群众自发前往悼念。按照他的遗嘱，他的骨灰埋葬在鲁南制药新时代药业的玉带山上。从这座园区内地势最高的山上望去，可以看到鲁南新时代药业的全貌，他付出了一辈子心血的地方。

资料来源：汤明月根据山东省鲁南制药集团内部资料整理而成。

思考题：

1. 赵志全是改革开放时期成长起来的一位极具代表性的企业家。请分析赵志全在承包药厂和改革的过程中所展现的领导特征与人物经历、时代背景的关系。

2. 赵志全身上有哪些有效的领导行为和特征值得后世借鉴学习？哪些特征更大程度上影响了他的领导有效性？

3. 结合鲁南制药当时的背景，请对以下问题做出分析：赵志全为何会以遗嘱形式指定继任者？这种形式有何利弊？你觉得还有哪些潜在的交接方式？

4. 赵志全身上显露出领导风格的两面性：一方面，他对基层员工爱护关怀；另一方面，他对中高层要求严格、强势决策。你对这两种看似截然相反的态度与行为有何看法？为何在当时这种领导风格能奏效？如果是在当今社会效果又会如何？

5. "时代楷模"赵志全的事迹充分展现了企业家精神与个人魅力，尤其他隐瞒病情和临终"托孤"的细节让人敬畏。请分析员工对领导者的"敬畏感"对组织、继任者等可能产生的影响。

参考文献

李玲、金盛华，2016，《Schwartz 价值观理论的发展历程与最新进展》，《心理科学》，39（1）：191—199。

张文慧、张志学、刘雪峰，2005，《决策者的认知特征对决策过程及企业战略选择的影响》，《心理学报》，37（3）：373—381。

张志学，2019，《实业报国 使命担当——卢作孚与民生公司》，《企业管理》，10：53—55。

张志学、赵曙明、连汇文、谢小云，2021，《数智时代的自我管理与自我领导：现状与未来》，《外国经济与管理》，43（11）：3—14。

张志学、仲为国，2016，《中国企业组织创造力的障碍》，载乐文睿等主编，张志学审校，《中国创新的挑战：跨越中等收入陷阱》（第 289—312 页），北京大学出版社。

Au, E. W. M., Qin, X., and Zhang, Z. X. 2017, Beyond personal control: When and how executives' beliefs in negotiable fate foster entrepreneurial orientation and firm performance. *Organizational Behavior and Human Decision Processes*, 143: 69-84.

Chatterjee, A., and Hambrick, D. C. 2007. It's all about me: Narcissistic chief executive officers and their effects on company strategy and performance. *Administrative Science Quarterly*, 52 (3): 351-386.

Cho, T. S., and Hambrick, D. C. 2006. Attention as the mediator between top management team characteristics and strategic change: The case of airline deregulation. *Organization Science*, 17 (4): 453-469.

Fu, P. P., Tsui, A. S., Liu, J., and Li, L. 2010, Pursuit of whose happiness? Executive leaders' transformational behaviors and personal values. *Administrative Science Quarterly*, 55 (2): 222-254.

Harrison, J. S., Thurgood, G. R., Boivie, S., and Pfarrer, M. D. 2019. Measuring CEO personality: Developing, validating, and testing a linguistic tool. *Strategic Management Journal*, 40 (8): 1316-1330.

Herrmann, P., and Nadkarni, S. 2014. Managing strategic change: The duality of CEO personality. *Strategic Management Journal*, 35 (9): 1318-1342.

Huy, G., and Zott, C. 2019. Exploring the affective underpinnings of dynamic managerial capabilities: How managers' emotion regulation behaviors mobilize resources for their firms. *Strategic Management Journal*, 40 (1): 28-54.

Jia, Y., Tsui, A. S., and Yu, X. 2021. Beyond bounded rationality: CEO reflective capacity and firm sustainability performance. *Management and Organization Review*, 17 (4): 777-814.

Ji, J., Huang, Z., and Li, Q. 2021. Guilt and corporate philanthropy: The case of the privatization in China. *Academy of Management Journal*, 64 (6): 1969-1995.

Kiss, A. N., Libaers, D., Barr, P. S., Wang, T., and Zachary, M. A. 2020. CEO cognitive flexibility, information search, and organizational ambidexterity. *Strategic Management Journal*, 41 (12): 2200-2233.

Li, J., and Tang, Y. 2010. CEO hubris and firm risk taking in China: The moderating role of managerial discretion. *Academy of Management Journal*, 53 (1): 45-68.

Ling, Y., Zhao, H., and Baron, R. A. 2007, Influence of founder—CEOs' personal values on firm performance: Moderating effects of firm age and size. *Journal of Management*, 33 (5): 673-696.

Malhotra, S., Reus, T. H., Zhu, P., and Roelofsen, E. M. 2018. The acquisitive nature of extraverted CEOs. *Administrative Science Quarterly*, 63 (2): 370-408.

Nadkarni, S., and Herrmann, P. 2010. CEO personality, strategic flexibility, and firm performance: The case of the Indian business process outsourcing industry. *Academy of Management Journal*, 53 (5): 1050-1073.

Ou, A. Y., Tsui, A. S., Kinicki, A. J., Waldman, D. A., Xiao, Z., and Song, L. J. 2014. Humble chief executive officers' connections to top management team integration and middle managers' responses. *Administrative Science Quarterly*, 59 (1): 34-72.

Ou, A. Y., Waldman, D. A., and Peterson, S. J. 2018. Do humble CEOs matter? An examination of CEO humility and firm outcomes. *Journal of Management*, 44 (3): 1147-1173.

Porac, J. F., Thomas, H. and Baden-Fuller, C. 1989. Competitive groups as cognitive communities: The case of Scottish knitwear manufacturers. *Journal of Management Studies*, 26 (4): 397-416.

Tang, Y., Mack, D. Z., and Chen, G. 2018. The differential effects of CEO narcissism and hubris on corporate social responsibility. *Strategic Management Journal*, 39 (5): 1370-1387.

Tang, Y., Qian, C., Chen, G., and Shen, R. 2015. How CEO hubris affects corporate social (ir) responsibility. *Strategic Management Journal*, 36 (9): 1338-1357.

Tripsas, M., and Gavetti, G. 2000. Capabilities, cognition, and inertia: Evidence from digital imaging. *Strategic Management Journal*, 21 (10-11): 1147-1161.

Xu, L., Liu, Z., Ji, M., Dong, Y., and Wu, C. -H. 2022. Leader perfectionism—friend or foe of employee creativity? Locus of control as a key contingency. *Academy of Management Journal*. 65 (6): 2092-2117.

Zhang, H., Ou, A. Y., Tsui, A. S., and Wang, H. 2017. CEO humility, narcissism and firm innovation: A paradox perspective on CEO traits. *The Leadership Quarterly*, 28 (5): 585-604.

第3篇

环境认知与战略决策

第5章

环境认知、解读与行动

教学目标

1. 理解外部环境的定义与分类
2. 明晰外部环境对战略领导者的协同作用
3. 掌握环境→战略领导者→行动的分析框架
4. 了解中国不同地区CEO管理自主权的差异
5. 领会中国情境下运用管理自主权的战略与政策启示

引导案例

曾毓群："赌性坚强"，溥博渊泉

宁德时代早期的一位投资人第一次去曾毓群办公室时，被墙上"赌性坚强"的字画所震惊，他问为什么不挂"爱拼才会赢"，曾毓群正色回答道，"光拼是不够的，那是体力活；赌，才是脑力活"。如今，在曾毓群的办公室中，"赌性坚强"的字画其实已经撤下，取而代之的是"溥博渊泉"，这四个字出自《中庸》，寓意是智慧像不断涌动的泉水。曾毓群凭借天赋与努力从宁德山村考入上海交通大学船舶工程系，从国企员工到站在新能源风口浪尖的优秀企业家，从"赌性坚强"走向中庸之道，但背后的实质一直都是以很大的耐性坚强地"赌"自己相信必然有所突破的大方向。

外企职业发展空间有限，曾毓群另谋出路

1989年大学毕业后，曾毓群被分配到了福州的一家国企，没多久，他就辞职去了东莞，加入外资企业新科磁电厂。在新科，由于工作出色、能力突出，曾毓群得到了新科的高层、曾毓群的直系领导陈棠华的赏识，陈棠华把他从基层解放出来，让他成为工厂的管理人员。在陈棠华的安排之下，曾毓群被送往国外深造。深入掌握电池的生产技术后，曾毓群在东莞新科磁电厂

（美国汽车工程师协会旗下制造基地）一干就是10年。因出色的专业能力，曾毓群在31岁便成了新科最年轻的工程总监，而且是第一位中国内地籍总监。然而，尽管年轻有为，曾毓群向上晋升的道路却阻力重重，新科毕竟是一家外资企业，有最终决定权的都是管理层中的外籍人士。

就在曾毓群迷茫的时候，他结识了新科的执行总裁梁少康。梁少康敏锐地意识到，电池技术在未来能赚大钱，电子产品的发展，少不了电池作为支撑，彼时，已经是技术总监的曾毓群在东莞新科磁电厂工作已10年，他决定创业，进入电池行业。

行业竞争激烈，技术突破“杀出重围”

1999年，曾毓群、梁少康、陈棠华等人在香港注册了新能源科技有限公司（Amperex Technology Limited，ATL），并在东莞建厂。ATL成立之初十分艰难，不仅缺少资金，外部行业竞争也异常激烈。小公司想要突出重围，光靠钱是不行的，只能靠技术突破。他们预测，手机将会成为市场主流。曾毓群从当时的索尼电池身上看到了电池技术的未来，他认为，聚合物锂电池小而轻薄，为手机厂商提供轻便安全的聚合物锂电池这项业务蕴藏着巨大商机，于是，他下了人生中的第一重注，赌上身家，押宝聚合物锂电池。

确定方向后，曾毓群飞往美国，从贝尔实验室手中购买聚合物锂电池的专利。但这项技术暗藏着一个致命的缺陷：反复充放电后，电池会鼓气变形，以至于无法继续使用。曾毓群苦苦思索电池为何会鼓气，他想到问题可能出在电解液成分上，于是联系电解液生产企业，弄出了七个新配方进行测试。两个星期后，新配方的测试成功了，接着，ATL的创业团队凭着一股干劲，重新设计了大部分的生产流程，终于实现了聚合物软包电池的产业化。

正在此时，国内手机产业爆发。ATL电池报价是竞争对手的一半，容量却增加了一倍。靠着高性价比，ATL一下子就打开了手机市场。2003年，正为iPod续航发愁的苹果找到了ATL，希望ATL为其定制一款能用于新一代iPod的高性能电池。在曾毓群的带领下，电池被完美定制出来，经此一役，ATL顺利打入苹果的供应链。

动力电池市场方兴未艾，抓住宝马勇攀高峰

彼时，比亚迪开始研发双模电动汽车，特斯拉刚刚创立，新能源汽车和动力电池的落地已经出现萌芽。2008年，中国政府借北京奥运会之机，开始用政策支持加财政补贴的方式推广新能源汽车，试图在汽车产业中换道超车，而新能源汽车无论是插电混动还是纯电动车，都需要用到大量的电池。

曾毓群和他的团队引起了宁德当地官员的注意，政府向曾毓群团队提供了很多帮助。曾毓群的乡土情结非常强烈，想为家乡做点事，但不愿只是捐钱捐物，他认为只有创造出一个产业，才能真正造福家乡。2008年3月，宁德新能源科技有限公司正式成立，并于三年后建成投产。曾毓群突破了“有什么就做什么”的思维局限，制定了“抓到什么就做什么”的战略，终于，他抓住了一个绝佳的机会。2010年，宝马打造华晨宝马之诺1E时，要在国内寻找电芯供应商，他们向宁德时代发出了采购邀请，并与其共同研发了之诺1E的动力电池包。宁德时代接下了华晨宝马抛过来的“烫手山芋”——为其纯电动汽车提供电池之后，宝马X1插电混合动力车型的电池组也向宁德时代采购。有了宝马的背书，再加上自身的努力，宁德时代的产品力和品牌力大增。经过长期刻苦攻关，宁德时代在技术上一举突破。借助宝马的“背书”，宁德时代一跃站上了国内动力电池的战略制高点。

曾毓群很早就开始思考动力电池的技术和市场，2011年，建立在宁德的主攻动力电池的宁德时代脱胎于宁德新能源的动力电池研发部门成立了。2015年6月，国家发展改革委、工业和信息化部颁发《新建纯电动乘用车企业管理规定》，要求只有被纳入《新能源汽车推广应用推荐车型目录》的车型，才能享受政府补贴，同时规定，使用外资企业的电池，将不能享受这些待遇。尽管宁德新能源的创始团队是曾毓群和他的同乡，但公司的大股东却是日资企业TDK。宁德时代必须要与具有外资背景的宁德新能源做切割。于是，后者将持有的宁德时代股权予以转让，一些在两家公司都任职的高管也必须选择只留在其中一家继续工作。2017年3月，曾毓群辞去了宁德新能源的所有职务，全身心投入于宁德时代的动力电池业务当中。

布局电池全产业链，锁定高成长可能性

宁德时代成立十年间，曾毓群主要做了四件大事：

一是确立低风险导向的扩张手段。曾毓群说，“没有钱的承诺，是不认真的”，宁德时代给车企供货，车企需要包生产线，宁德时代就掏钱把生产线买下来，而且不是买一年，是签五年甚至十年的产能合同。通过加强产业链合作及协同，取得规模效应，降低制造的边界成本，极大地稀释了企业产能扩张的风险。

二是打造全链条运作的产业布局。2017年以来，宁德时代对外投资超过40家企业，每年平均超过十家企业。如在2020年，宁德时代就投资了超过十家企业，涉及上游原材料、半导体芯片、出行共享、自动驾驶甚至保险金融等领域；通过一系列的资本运作，宁德时代在国内已经形成了比较完善的上下游布局。

三是构筑多元化发展的技术路线，不孤注一掷。用曾毓群的话说就是“三元和铁锂（注：锂动力电池的两大技术路线）全产业链都做”。就在2021年7月29日当天，他还宣布正式推出全新的、将与锂离子电池相互兼容互补的“钠离子电池”。

四是主导国际化产销的发展路线。德国是老牌制造强国，但本土最大的电池工厂却属于曾毓群。在宁德时代的5楼餐厅前台，同时悬挂着5个显示全球主要城市时间的时钟，提醒着人们宁德时代在走全球化路线。如今，宁德时代不仅是国内市场占有率最高的电池企业，也已连续四年位居动力电池装车量全球第一。

宁德时代逐渐发展成形后占据了重要的战略生态位，曾毓群布局整个产业链，宁德当地开始围绕宁德时代打造上下游的产业集群，积极招商引资，吸引了约70家配套企业。2018年，年产值超过300亿元的上汽集团乘用车项目落户宁德，该项目是福建省设计产能最大的新能源乘用车生产项目。曾毓群的“赌”，赌的是整个新能源产业的未来。与其说这是一个赌局，不如说是一场棋局。曾毓群追求是高瞻远瞩，脚踏实地且不偏不倚的布局。

新能源领域瞬息万变，宁德时代居安思危

在技术革新和产业趋势日益瞬息万变的新能源领域，即便已经抢占先机，也仍然面临着更加激烈的市场竞争和被淘汰的风险。曾毓群曾在2017年给公司员工群发了一封题为“猪真的会飞吗？当台风走了，猪的下场是什么？”的邮件，警告员工要居安思危。他在邮件中写道：“因为国家希望电动汽车上能有颗中国芯，因为中国政府提供了丰厚的补贴政策，因为中国是世界上最大的汽车市场，所以我们才是行业的佼佼者。当我们躺在政策的温床上睡大觉的时候，竞争对手正面临生死关头，在玩命地干，一进一退期间的差距可想而知。我们有没有想过，如果外国企业下半年就回来，我们还可以蒙着眼睛睡大觉吗？国家会保护没有竞争力的企业吗？答案不言自明。”

2019年6月，执行了四年的《汽车动力蓄电池行业规范条件》被正式废止，动力电池的“白名单”被取消了，国外技术雄厚的电池巨头已经被允许进入国内市场。此外，2020年3月底，比亚迪发布了刀片电池，并对刀片电池和三元锂电池进行了针刺试验，后者瞬间起火爆炸，这将三元锂易燃的争议推向高潮。随着补贴完全消失，国际电池巨头已将目光投向了中国市场，动力电池产业已然进入洗牌期。早先，新能源补贴对续航的要求，让三元锂电池受益颇多，但在补贴退潮后，磷酸铁锂电池的性价比优势则开始凸显，宁德时代也必须考虑磷酸铁锂电池在乘用车上的推广。

同时，宁德时代自身也有产能不足、产业结构单一等问题。宁德时代曾在招股说明书中直言，“产能不足是公司的竞争劣势之一”。不同于比亚迪拥有整车、储能、信息电子、云轨等多种业务，宁德时代仅有电池和储能两项业务支撑业绩。从业绩来看，在2020年一季度报告中，宁德时代也表达了自己的担忧：若未来市场竞争加剧或国家政策调整等因素使得公司产品售价及原材料采购价格发生不利变化，公司毛利率存在下降的风险。过去10年战绩傲人的曾毓群，或许需要再次将“赌性坚强”发扬光大，在接下来的电池市场厮杀中拼出一条血路来。

资料来源：林芳菲根据以下资料整理而成，陈弗也，《探访宁德时代总部：“首富”曾毓群和他的万亿电池帝国》，棱镜微信公众号，2021年5月27日，2023年4月23日读取；姜承雪、楚青舟，《他是比肩任正非的企业家，但我查遍全网，却找不到他的故事》，深瞳商业微信公众号，2021年8月3日，2023年4月23日读取；南方，《曾毓群，“赌性坚强”的电池大王，马斯克背后的男人》，环球YOLO精英微信公众号，2021年5月17日，2023年4月23日读取。

思考题：

1. 曾毓群的创业之路经历了哪些关键阶段？各阶段具有什么显著特征？
2. “赌性坚强”传达出曾毓群如何认识和解读外部环境？
3. 面对瞬息万变的新能源领域，曾毓群应如何引领宁德时代居安思危？

企业组织是一个开放系统，它与环境相互作用、相互依存。战略领导者只有合理认识和解读环境并采取行动，企业才能求生存、求发展，实现基业长青。上述案例中的曾毓群面对高度动态化的环境，以“赌性坚强”为座右铭和行事方式，实现了宁德时代的飞速发展。

自 Peng（2002）系统提出制度基础观（institution-based view）的分析框架以来，战略与组织管理领域的研究已将微观企业行为的前因，从产业环境特征和企业资源基础，拓展到宏观的正式与非正式制度环境。然而，既有基于制度基础观对微观企业行为的探讨，大多仅考察制度环境的直接影响，却忽略了高管对企业行为的重要作用（芬克尔斯坦等，2023），因而未能厘清宏观制度环境作用于微观企业行为的内在机理。

高层梯队理论认为，高管基于自身经历、信念与价值观所形成的对事物的认知解读而采取行动，进而影响组织行为与绩效。研究证实，战略领导者通过对环境的认知与解读，形成自身自主权的大小，进而采取行动、影响企业行为与结果（Hambrick and Mason，1984）。宏观环境影响微观组织战略与结果的路径，乃是通过赋予企业高管不同程度的管理自主权来实现的（张三保、张志学，2012），由此建立起“环境→领导→组织”的分析框架。正如许德音和周长辉（2004）所指出的，管理的精髓在于经理人的“管理自主权”，在于战略与内部资源和外部环境的匹配，而不仅仅是政策、制度与行业环境的问题。

本章关注战略领导者对环境的认知、解读与行动。首先，对外部环境进行界定与分类。其次，通过阐释外部环境对战略领导者的形塑，分析战略领导者的环境认知与解读。之后，通过归纳外部环境与战略领导者的协同作用，分析战略领导者认识、解读环境后的行动。最后，从管理自主权的视角，系统考察战略领导者对环境的认知、解读与行动，并比较中国不同地域的管理自主权差异。

5.1 外部环境的界定与分类

对外部环境的既有研究主要关注市场环境。早期的外部环境被定义为

“组织在决策过程中必须考虑的、组织边界之外的物质及社会因素”，强调环境的不确定性、复杂性和动态性不应被视为恒定特征，它们依赖于组织成员的感知，会因个人感知的不同而不同（Duncan，1972）。此后，Dess 和 Beard（1984）明确了评估组织环境的三个重要维度——动态性、复杂性、包容性。其中，动态性是指企业所处环境的变化速度和不稳定程度，复杂性是指环境变量中存在的异质性，包容性是指外部环境中的资源丰富程度和环境支持持续增长的能力。此外，环境不确定性也是评估行业环境的重要维度，组织理论家通常将环境不确定性定义为一种感知现象，并提出了环境不确定性的三种类型：影响不确定性——无法预测未来环境状态或环境变化对组织的影响的性质，反应不确定性——缺乏反应所需的知识或无法预测反应选择的可能后果，状态不确定性——管理者认为组织环境或环境的特定组件不可预测。

此后的研究扩展到了非市场环境。North（1990）将制度环境分为三类：规则——社会或国家正式编写、颁布和执行的准则，规范——专业机构、贸易协会或商业团体建立的标准和约定，认知——特定文化中人们期望的行为标准所形成的信念。Baron（2004）对于非市场环境的界定最具代表性——非市场环境包括外在于市场交易但与之紧密联系的社会、政治、法律等安排，企业与个人、利益团体、政府机构和公众之间等不是由市场来调节的作用关系就属于企业非市场环境的内容。此外，Jean（2003）认为非市场环境是指能够为市场、企业和其他类型的组织提供秩序的内外部因素，这些因素能够使它们有效地运转，并弥补它们失灵的缺陷，非市场环境并不指单一的政府、公共利益相关者或公共事务。

国内对非市场环境的研究也逐渐增多。比如，冯雷鸣等（1999）将其视为由公众、资产保管者、股东、政府、媒体和公共机构等协调的相互作用关系。卫武和陈正熙（2022）认为非市场环境包括社会、文化、政治、法律以及制度等因素，反映了企业与社会公众、媒体、政府、公共机构等利益相关者之间的相互作用、相互影响。战略管理理论将企业的外部环境解释为企业的各种利益相关者及其关系，但国内外学者对于企业的利益相关者及其划分标准尚未形成统一定论。

总体而言，以企业组织为边界，企业的利益相关者包括企业内部利益相关者和外部利益相关者；以市场为边界，外部利益相关者又包括市场利益相关者和非市场利益相关者。企业的非市场环境是相对于市场环境而言的，与市场环境共同组成了企业赖以生存的外部环境，对企业的生存和发展具有重要影响。

5.2 外部环境对战略领导者的影响

本节从市场环境和非市场环境两个维度，分别考察它们对三种战略领导者的影响。

5.2.1 市场环境对高管的影响

经理人职业生涯开始时期的经济环境，对其职业道路和管理风格具有持久的影响。在经济萧条时期开始职业生涯的经理人，往往更快成为 CEO，且这种现象在规模较小的公司更明显。同时，他们也有更保守的管理风格，比如更少进行资本支出和研发方面的投资、更多削减成本以及降低运营资本需求（Schoar and Zuo，2017）。此外，动态环境中，市场不稳定和可靠信息的缺乏扩大了 CEO 的选择范围。CEO 感知到不确定性，会倾向于调整他们的信息系统，使其更加开放，在这种情况下，CEO 更有可能寻求外部建议；而在稳定环境中，他们主要依赖自己的经验知识或者维持现有的战略选择（Heyden et al.，2013）。

在由相似公司组成的行业中，表现不佳的 CEO 更可能被识别出来，更换成本也更低。因此，随着行业的同质化，人员流动和被迫离职的可能性增加，CEO 被来自同一行业的其他公司高管取代的可能性也增加了。并且，高动态性、高复杂性、低包容性的环境是高管流动的关键原因。高管离开公司往往是因为他们在这些环境中经历了压力、权力受到威胁、观点过时、产生过冲突、成本削减或对更大自主权和挑战的渴望。此外，行业因素如行业文化、规范、历史、产业集中度、环境敌对性、动态性、异质性，可能单独或共同迫使高管进行欺诈，或者可能为那些希望进行这种欺诈的高管提供特别有吸引力的机会。最后，行业产品差异化水平越高，CEO 组织任期越短，CEO 继任者的教育水平越高；行业增长率越高，CEO 继任者的组织任期越短、年龄越小。

由于管理工作更加多样化和信息处理任务更加复杂，高管面临着更大的挑战。这种环境往往要求更具创造性和开放思想的领导者。变革型领导在危机情境和动态情境中更有效，因为他们能够唤起希望、梦想，激发组织成员不同寻常的努力；此外，他们还通过减少压力和焦虑为组织成员提供心理安慰，这可以鼓励中下层管理者产生更多改进的想法。

5.2.2　非市场环境对高管的影响

首先，政府管制会对高管薪酬产生直接影响，特定行业如银行、电力、航空业等的政府管制会限制 CEO 的薪酬水平和降低薪酬业绩敏感性。比如，2014 年《中央管理企业负责人薪酬制度改革方案》出台，“限薪令”降低了央企高管的货币薪酬，缩小了央企内部的薪酬差距（杨青等，2018）。其次，是否采用制度化的规则如 ISO9000，直接关系到 CEO 个人利益。因为高度制度化的环境为组织管理者提供了政治机会，使他们能够战略性地采取行动以获得个人利益（Yeung et al.，2011）。

高管更替方面，在制造业和房地产行业，地方主要官员更替会增加国企高管非正常变更的可能性，因为地方官员更替代表政治权力的转移，政企关系往往会随之重新洗牌（潘越等，2015）。高管腐败方面，薪酬管制与高管腐败发生的概率呈正相关关系（陈信元等，2009），市场化程度与高管腐败发生的概率呈负相关关系（徐细雄、刘星，2013）。环境治理意愿方面，《环境空气质量标准》（GB3095-2012）的颁布与实施，激发了地方官员的环境治理动机，促使那些高管具有公职经历的企业显著增强环境治理意愿，环保投资提升程度显著高于其他企业（张琦等，2019）。

案例

数字化转型背景下的领导者

如何让企业生产经营的质量和效率更高？如何让群众的生活更加便捷舒适？在万物互联的今天，数字化转型或许是一个答案。随着技术与市场的发展，人们要处理的信息越来越多，数字化转型不仅是产业环境的一大趋势，更是我国一大重要政策。在2021年3月5日发布的《中华人民共和国国民经济和社会发展第十四个五年规划和2035年远景目标纲要（草案）》中，"加快数字化发展，建设数字中国"作为独立篇章，将打造数字经济新优势、坚持新发展理念、营造良好数字生态列为"十四五"时期的目标任务之一。

而数字化转型不仅关乎流程再造、数字化平台搭建和商业智能的大规模应用，也不仅是员工数字化工作能力的提升，而且关乎领导者的领导力数字化转型，特别是在企业向数字化转型的过程中，情感挑战也随之产生，这对领导力的有效性和成功发挥构成了明显而现实的威胁。

长期以来，居理买房网所在的房产行业一直处于数字化的最后一环，在依靠人力经验、基于销售思维进行交易服务的模式下，房源与客源间的配错率高，客户体验不好。曾是一名电脑游戏资深玩家的王鹏在2014年创立居理买房网后，将早年电脑游戏经历中对数据和规则的洞察和思考创新性地应用到了企业团队构建、员工激励等企业管理实践以及房产服务行业的运营模式探索上，开创了"以客找房"的服务模式，自主研发、构建了大数据销售赋能中台及智能决策运营系统，通过数据挖掘、算法匹配以及专业咨询师答疑的标准化服务为用户精准匹配房源。在居理买房网创始人兼CEO王鹏眼中，房产交易服务的过程就是无数个房源产品标签和买房需求标签进行精准匹配、寻找"最优解"的过程。"就像游戏中角色、人员、技能的不同排列中有一个最优解一样，在满足用户购房需求的过程中，每个房产交易的服务动作也都有最优解，需要不断调试、计算、寻找，只有1%的玩家（企业）可以找到。"居理买房网自成立以来始终保持着帮每个家庭买好房的初心，通过全面、专业、可靠的决策，为用户提供一个个"最优解"。"最适合这位购房者的是哪位咨询师、需要为他准备哪些资料，推荐哪几个必看楼盘和对比楼盘，我们努力让每一个服务动作最优解的提供都可以提升买房者的服务体验和效率。"目前，居理买房网的服务人效为行业平均水平的3—5倍，用户成交周期为15天，NPS（净推荐值）超过70%。

资料来源：哈佛商学院中国领导力视频案例库。

5.3 外部环境与战略领导者的协同作用

本节考察市场和非市场环境分别与战略领导者的协同作用。

5.3.1 市场环境与高管的协同效应

环境不确定性正向调节 CEO 过度自信对企业战略变革的正向影响（韵江等，2022）。环境因素会影响 CEO 过度自信对公司 IT 投资与绩效关系的正向调节作用，在技术波动大、竞争强度高和信息强度高的环境中，这一调节效应更为积极，而在信息强度低或技术波动小的环境中，这一调节效应变得消极（王铁男等，2017）。

研究表明，拥有不常见名字的 CEO，一般会采取更多偏离同行企业的策略；而环境包容性增强了 CEO 名字罕见性与战略特殊性之间的正向关系（Kang et al., 2021）。此外，具有较高核心自我评价人格的 CEO 正向影响企业的创业导向，且这种影响在企业面临动态环境时尤为强烈（Simsek et al., 2010）。最后，在动态环境中，CEO 的高创业自我效能感与适度乐观情绪结合时对企业绩效的影响为正向，与高度乐观情绪结合时为负向（Hmieleski and Baron，2008）。

行业环境调节了 CEO 傲慢、魅力、自恋等特征与组织因素之间的关系。比如，CEO 傲慢会促使企业做出更有风险的决定，而市场复杂性和包容性使 CEO 具有更大的管理自主权，从而增强了 CEO 傲慢与企业风险承担之间的正向关系（Li and Tang，2010）。行业环境包容性和复杂性程度越高，CEO 傲慢与企业创新之间的关系越弱（Tang et al., 2015）。此外，当市场环境不明确时，激进倾向强的高管倾向于选择进攻型战略，保守倾向强的高管倾向于选择防御型战略，而亲和倾向强的高管则倾向于选择分析型战略（刘刚、于晓东，2015）。

在高度不确定的环境中，魅力型领导正向影响企业财务绩效；而在不太确定的环境中，魅力型领导负向影响企业财务绩效（Waldman et al., 2001）。环境不确定性程度越高，高管团队对 CEO 魅力的感知和组织绩效之间的正向关系越强。环境动态性程度越高，高管魅力型领导行为和自主技术创新之间的正向关系越强（刘子安、陈建勋，2009）。

变革型领导在动态环境中更能发挥出有效作用，交易型领导在稳定环境中更能发挥出有效作用（Ensley et al., 2006）。环境不确定性和竞争程度越高，变革型领导与组织创新之间的正相关关系越显著（Jung et al., 2008）。在动态性程度和竞争程度都高或都低的环境，以及动态性程度高但竞争程度低的环境中，变革型领导行为对组织绩效有积极影响（陈建勋，2011）。因此，企业应该谨慎地应用适当的领导风格，在动荡的环境中追求探索性和开拓性创新。

在动态环境中，CEO 增加对外部环境中的任务部门和与创新相关的职能部门的关注程度，更容易带来高绩效；而在稳定环境中，同时增加对外部环境中的一般部门和与效率相关的内部职能部门的关注，则更容易带来高绩效（Garg et al., 2003）。此外，环境动态性程度越高，CEO 晋升焦点（迫切关注取得的成果和成就）越会更加显著地正向影响企业广告和研发强度（Kashmiri et al., 2019）。

行业竞争强度越高，高管薪酬与公司治理绩效的正相关关系越强（徐向艺等，2007）。作为一种战略变革，企业重新聚焦会影响 CEO 薪酬：重新聚焦的强度与重新聚焦后的 CEO 总薪酬正相关，而动态环境会促使 CEO 获得更高的薪酬（Pathak et al., 2014）。又如，企业风险承受能力与高管薪酬正相关，其作用大小受限于外部情境因素，在更有效的经理人市场中，高管薪酬的风险补偿效应更强（周泽将等，2018）。再如，业绩波动性越大，国有企业高管在职消费契约被使用得越多，这一关系在保护性行业中更明显（梁上坤、陈冬华，2014）。并且，当公司属于竞争性行业或所处行业景气度较低时，高管薪酬攀比会显著增加高管薪酬操纵行为（罗宏等，2016）。当市场化水平和产品市场竞争程度较低时，卖空机制会更显著地提高高管薪酬业绩敏感性（马惠娴、佟爱琴，2019）。此外，竞争强度越高，CEO 股票期权对企业执行两种环境战略（绿色 IT 战略和 IT 驱动的绿色战略）的正向影响越强，而 CEO 固定薪酬和奖金对 IT 驱动的绿色战略的负向影响越弱（Chan and Ma, 2017）。当环境不确定性程度高时，薪酬激励导致诉讼行为的可能性较小（Shi et al., 2016）。

5.3.2　非市场环境与高管的协同效应

制度环境越好，CEO 金融背景对企业金融化的正向影响越大（杜勇等，2019），临时 CEO 继任对创新投入水平的负向影响越小（连燕玲等，2021），领导者自恋程度对国际模式的影响也越小（Huang et al.，2020）。此外，外部监管较弱时，CEO 职业经历丰富度对企业风险承受能力的正向影响更显著（何瑛等，2019）；强有力的执法机构显著改善了 CEO 离职与糟糕业绩之间的关系（Defond and Hung，2004）；市场化程度会削弱 CEO 职业经历与企业创新水平的正相关关系（何瑛等，2019）。

5.4　企业高管的管理自主权

如前所述，外部环境对组织行动与结果的作用，通过赋予企业高管不同程度的管理自主权来实现。本节从战略领导者的管理自主权入手，遵循“宏观环境→管理自主权→微观企业行为与结果”的框架，分别阐释战略领导者对环境的认知与解读及其运用管理自主权的行动效应，并比较中国不同地域的管理自主权差异。

5.4.1　环境、管理自主权与行动

管理自主权的影响因素涵盖了个体、群体、组织、行业和制度等五个层次。以下着重介绍其中的行业环境与制度环境。

对管理者自主权行业层次影响因素的相关研究，最初旨在识别不同行业的管理自主权大小。比如，丰腴性的行业环境能提供一种缓冲，因而增强了企业管理者应对问题的能力、提高了其自由度，即拥有更大的管理自主权；而对于资本密集型的行业，由于其依靠大量资本投入，往往造成资金周转缓慢，导致组织刚性，从而约束了管理自主权。随后的实证研究表明，受管制行业中，管理自主权也会受到限制。

对宏观制度层次前因的探讨，将会带来管理自主权理论的拓展。Crossland 和 Hambrick（2007）通过比较正式制度与非正式制度的国别差异，推断美国

企业的CEO比德国和日本企业的CEO更能影响企业绩效。随后，他们以15个市场经济体为分析层次，实证探讨了国家的正式与非正式制度对CEO管理自主权的影响：除权力距离相反外，如果一个国家的企业雇主灵活性越大，法律体系采用普通法系而非大陆法系，所有制结构分离程度越高，以及个人主义文化价值观更普遍、不确定性容忍度更高，以及文化宽松度越高，则该国CEO管理自主权越大，进而归因于CEO的企业绩效差异越大。

在一国内部，省份层次正式与非正式制度对CEO管理自主权的影响方面：除政府干预程度相反之外，更高的非国有经济发展水平、外商投资水平、金融发展水平、司法公正程度、劳动力灵活性、贸易保护程度以及社会信任水平，均与总部位于该省的企业CEO管理自主权呈正相关关系（张三保、张志学，2012）。而在城市层面，企业所感知的城市政府在用工、融资、司法等多方面的管制手段，均制约了其CEO的管理自主权（张三保、李晔，2018）。企业绩效方面，CEO管理自主权对企业绩效具有显著促进作用，但当自主权达到一定程度后，对企业绩效的作用将减弱（张三保，2012）。公司治理方面，CEO管理自主权越大，其年薪与企业绩效直接挂钩的可能性越小；然而，当企业绩效超过预定目标时，CEO管理自主权越大，其年薪的增幅越大；当企业绩效未达到预定目标时，其年薪降幅越小。地域多元化方面，一个省份的CEO管理自主权越大，则该省企业的国际化程度也相应越高（张三保、张志学，2012）；进一步研究发现：CEO管理自主权越大，企业在本市和本省其他城市的发展程度越低，而在国内其他省份和国外的发展程度越高（张三保、李晔，2018）。企业创新方面，CEO管理自主权与企业研发投入强度呈正相关关系，而与投入强度的波动呈负相关关系（张三保、刘沛，2017）。

5.4.2 中国不同地域的管理自主权及其变化

改革开放之后的很长一段时期，我国实行非均衡发展政策，由此既形成了人力资源跨省迁徙带来的人口红利、自然资源跨区整合带来的资源红利，以及集中投资带来的资本集聚效应，也造就了我国区域之间经济发展水平的巨大差异。

为了直观揭示地区制度差异对管理自主权影响的差异，张三保和张志学

(2012) 通过两轮问卷调查，获取了总部分别位于中国 30 个省、自治区、直辖市（不包括西藏以及港澳台地区，以下简称 30 个省区市）的企业 CEO 管理自主权。第一轮问卷调查于 2011 年开展，获取了 61 位学界专家和 84 位公司高管的评价数据；第二轮问卷调查于 2019 年开展，获取了 242 位公司高管的评价数据。

如表 5.1 所示的两轮调查结果，2011—2019 年间，中国 30 个省区市的 CEO 管理自主权有如下特征：①自主权最大的四个省市广东、浙江、上海和江苏排序没有变化，分列前四位；天津、重庆保持在前十位。②河北、云南、贵州和山西四省进步最快：云南前进了九位，山西前进了八位，贵州和河北均前进了六位。③海南和东三省退步最快：海南退后了 12 位、跌出前十位，辽宁和吉林退后了八位，黑龙江退后了六位。

表 5.1　中国 30 个省区市 CEO 管理自主权排序

省区市	均值		排序			省区市	均值		排序		
	2011	2019	2011	2019	波动		2011	2019	2011	2019	波动
广东	6.18	5.86	1	1	0	河北	3.79	4.47	16	10	6
浙江	6.05	5.70	2	2	0	河南	3.73	4.09	17	16	1
上海	5.75	5.64	3	3	0	黑龙江	3.72	3.61	18	24	-6
江苏	5.60	5.27	4	4	0	吉林	3.71	3.49	19	27	-8
福建	5.31	5.03	5	6	-1	内蒙古	3.71	3.81	20	21	-1
北京	5.00	5.26	6	5	1	江西	3.68	3.98	21	18	3
山东	4.87	4.32	7	11	-4	山西	3.56	4.14	22	14	8
海南	4.59	3.83	8	20	-12	广西	3.39	3.76	23	22	1
天津	4.53	4.52	9	9	0	陕西	3.21	3.6	24	25	-1
重庆	4.26	4.74	10	8	2	贵州	3.2	3.87	25	19	6
四川	4.05	4.80	11	7	4	云南	3.17	3.99	26	17	9
安徽	4.02	4.21	12	13	-1	新疆	2.96	3.32	27	29	-2
湖北	3.93	4.30	13	12	1	青海	2.83	3.35	28	28	0
湖南	3.90	4.13	14	15	-1	甘肃	2.76	3.25	29	30	-1
辽宁	3.84	3.72	15	23	-8	宁夏	2.74	3.54	30	26	4

5.4.3 中国情境下运用管理自主权的启示

就中国情境下管理自主权的运用，以下分别从公司治理方案、企业战略选择、制度环境建设等三个方面给出一些启示。

5.4.3.1 公司治理方案

1. 高管薪酬制定

在业绩较高的公司中，CEO管理自主权与其薪酬安排之间存在更为突出的不协调性（陈静，2007）。因而，中国上市公司的CEO薪酬机制设计有待进一步完善。在中国医药类上市公司中，国有控股企业的薪酬机制有待完善，而非国有控股企业则更应防范CEO运用其管理自主权为自身谋求更高薪酬（窦鹏，2011）。

具体方法上，用相对于市场或行业总体绩效衡量的企业绩效进行高管激励，可以在保护他们不受超出其控制的因素影响的同时，有效激励其增加股东的财富（井润田，2009）。并且，高管薪酬的制定者应该认识到管理自主权对高管薪酬的影响和制约关系，以及在较好的绩效下高管薪酬与管理自主权之间联系更为紧密的事实，制定出有竞争力的薪酬体系（高遐等，2009）。此外，张长征和蒋晓荣（2011）建议：①通过完善股东大会与董事会议事制度、优化股权结构、引进独立董事、建立健全董事会次级委员会设置等各种手段完善企业监督机制，抑制CEO管理自主权对其薪酬绩效敏感性的负向操纵效应；②适当进行多元化投资、健全企业风险预警与防范制度、提升企业内部控制流程质量，以降低企业经营风险；③借助科学而严谨的甄选程序与人才测评手段，选择风险偏好较低的CEO。

2. 权力分配机制

协调并匹配CEO管理自主权的激励与约束，是确保CEO有足够空间与内在动力去追求股东利益最大化的有效路径（袁春生，2009）。当CEO持股水平较低或不持股时，股东应严格限制其管理自主权；当CEO持股水平有所提高，但其持股水平无法抵消其私人收益水平时，股东应有所放权并进行一定的监督；当CEO持股水平所带来的绩效高于可能带来的私人收益时，股东应该对 CEO 完全放权（陈惠源，2005）。

关于集团总公司与分公司的分权，其一，总公司应在分公司的投资决策、产品销售以及人力资源管理自主权等方面适当放权，尤其从增加分公司投资方向、投资规模和产品研发等方面，重点强化投资决策自主权。其二，应完善放权后的配套机制建设，如：制度化应用并推广企业信息化系统；完善分公司诸如重大决策程序、规则等决策制度；适时推出对分公司资金运用的管控手段，实时监控分公司资金动态，积极推进财务负责人派驻制，并采取措施增强其工作的独立性。其三，总公司在对待分公司的方式上，应由传统的管理向治理转变，以建立起适应市场经济发展的新型总公司与分公司的关系（王世权、牛建波，2008）。

5.4.3.2　企业战略选择

1. 技术创新

一些研究将研发投入视为 CEO 利用管理自主权的自利行为或冒险倾向，因而主张对其加以约束。比如，中国企业国际竞争力的提升，有赖于研发经费投入强度的增大，但当前中国上市公司 CEO 管理自主权普遍偏大，导致了以 CEO 为首的内部人过度控制了企业，研发经费投入强度过大。因而，应进一步规范治理结构，实现既不伤害 CEO 努力程度，又能有效约束 CEO，以保障股东及其他利益相关者的利益（张长征等，2006）。

另一些研究则认为，研发投入对企业与宏观经济的长远发展至关重要，因而建议增大 CEO 管理自主权。比如，在确保有效监督 CEO 和制衡大股东的前提下，企业应稳步提升 CEO 管理自主权的配置水平和企业的股权集中度水平，从而有效增强技术创新活动的动力与有效性（张长征、蒋晓荣，2011）。有人指出，企业应通过实施股权激励计划，激励管理者和 CEO 投资获取长期收益的研发活动；此外，还应增加独立董事数量，教育和培训活跃且有长期导向的股市投资者，以增强上市公司的创新能力，对提升企业研发投资产生深远影响（Dong and Gou，2010）。

2. 地域多元化

企业地域多元化范围的选择，要综合考虑制度环境与自身所处生命周期的匹配程度：在初创阶段，企业可以进入制度发展相对落后的地区，把握后发优势，避免过热竞争、寻找立足之地；在成长与成熟阶段，则应适时考虑通过地域多元化战略，进入制度发展相对完善的区域开拓业务，形成梯度转移的良性循环。否则，随着企业生命周期的演进，制度后发优势将可能转化为后发劣势，影响企业的长期健康发展（张三保、李晔，2018）。

5.4.3.3 制度环境建设

1. 中央与地方关系的协调

鉴于 CEO 管理自主权的积极作用，政府应致力于建设稳定和谐的社区、改善政府治理、建设金融基础设施、完善司法体系建设、发挥媒体作用并引导消费者协会等中介组织的成长，以及提高社会信任的水平，以增加企业 CEO 管理自主权（张三保、张志学，2012）。

中央政府可从制度层面营造地区间协调有序的竞争关系，打破地区之间的贸易壁垒：一方面，进一步推进完善中央与地方财政分权制度改革，加快地区基本公共服务的均等化与转移支付的法制化进程，打破数量型增长的政绩观；另一方面，通过采用不同的政绩考核方法，或在相同的政绩考核方法下采取不同措施，以提高市场整合程度，进而促进全国统一大市场的形成（皮建才，2008）。地方政府则应进一步转变职能，多提供服务、少进行干涉，为企业经营活动创造良好条件。

此外，中国地区市场的分割界限存在于省份之间，而非省内城市之间。因此，新形势下国家政治、经济、社会与文化体制的改革重点和难点，在于突破省际的巨大差异。对此，中央政府可以一方面通过新的行政区划，削弱地方政府的强势地位；另一方面通过赋予省份发展自主权，实现省份之间的公平竞争，缩小省际发展差距。这种国内统一市场的建立，将促使企业在国内市场不再有必要将地域多元化战略作为风险减震器来加以实施，从而在客观上为企业利用国际、国内两个市场，提高国际竞争力创造机会。

2. 国家创新体系建设

就国家创新体系建设而言，其一，减少垄断型国有企业数量，增强企业的忧患意识，提高其自主研发活力。其二，加大政府资金扶持力度，扩大中小企业研发活动资金来源。其三，加大知识产权保护力度，努力创建公平竞争的市场环境。其四，建立研发中心平台，组建研发团队，研发项目紧密联系市场需求现状与未来走势，加速科技成果转化（彭倩，2011）。此外，政府还应从社会资本着手，引导提高民营企业的创新主体地位，提升民营企业家研发投资决策的能力；加快创新步伐，建立开放的创新系统，加强企业的市场微观主体地位，鼓励中国企业通过自主研发和参与全球研发网络进行产品与工艺创新，提高研发质量；促进“创新型城市”发展，集聚高素质人才，丰富知识网络，构建充满活力的企业和学习型组织，并使这些机构自由互动；通过政治、经济、法律和文化制度创新，营造激励创新的报酬结构，促使企业家更多地从事生产性的创新活动。

本章小结

企业组织是一个开放系统，它与环境相互作用、相互依存。战略领导者只有合理认识和解读环境并采取行动，企业才能求生存、求发展，实现基业长青。

早期的外部环境被定义为“组织在决策过程中必须考虑的、组织边界之外的物质及社会因素”。学者们明确了评估组织环境的重要维度有动态性、复杂性、包容性和不确定性。

对外部环境的既有研究主要关注市场环境。之后，越来越多的研究扩展到了非市场环境。企业的非市场环境是相对于市场环境而言的，与市场环境共同组成了企业赖以生存的外部环境，对企业的生存和发展具有重要影响。

外部环境对战略领导者的形塑，从另一个方向反映了战略领导者对环境的认知与解读。外部环境影响 CEO 的管理特征、任期特征、领导风格和薪酬等方面；影响高管团队的组成、认知与行为模式和薪酬等方面；影响董事会规模和组成、独立性与有效性、影响力和薪酬等方面。

外部环境与战略领导者的协同作用，也从另一个方向反映了战略领导者在认识、解读环境后的行动及其效应。两种外部环境（市场和非市场环境）在三种战略领导主体（高管、高管团队和董事会）和组织因素的关系之间发挥了调节作用。

本章第四小节基于“管理自主权”的视角和“宏观环境→管理自主权→微观企业行为与结果”的框架，阐释了战略领导者对环境的认知与解读及其运用管理自主权的行动效应，并比较了中国不同地域的管理自主权差异。

管理自主权的影响因素涵盖了个体、群体、组织、行业和制度等五个层次，本章着重介绍了其中的行业环境与制度环境。

对管理者自主权行业层次影响因素的相关研究，最初旨在识别不同行业的管理自主权大小；对宏观环境的探讨进一步拓展了管理自主权理论。正式制度与非正式制度对管理自主权和企业行为与结果的影响存在国别、省份、地域差异。

2011—2019 年间中国 30 个省区市中，CEO 管理自主权最大的四个省市广东、浙江、上海和江苏排序没有变化，天津和重庆保持在前十位；河北、云南、贵州和山西四省进步最快；海南和东三省退步最快。

重要术语

高层梯队理论	市场环境	非市场环境
战略领导主体	主效应	调节效应
协同作用	管理自主权	

复习思考题

1. 企业的外部环境是指什么？可以如何分类？评估维度有哪些？

2. 外部环境对三类战略领导主体的直接影响体现在哪些方面？

3. 除本章所述，你认为外部环境对企业 CEO、高管团队和董事会的直接影响还有哪些？

4. 外部环境对战略领导者的协同作用体现在哪些方面？

5. 除本章所述，你认为外部环境在战略领导者影响组织因素的过程中还会产生哪些调节作用？

6. 行业环境、制度环境如何影响管理自主权，进而影响微观企业？

7. 谈谈你对中国不同地域管理自主权特征与变化的理解。

8. 除本章所述案例，列举几个你知道的国内外典型的战略领导者认识、解读环境并成功行动的案例。

中国实践

汪滔：激极尽志，求真品诚

汪滔 20 世纪 80 年代出生于杭州，从小就对天空充满了想象。16 岁的时候，父母奖励了汪滔一架他梦寐以求的遥控直升机。在汪滔的想象中，遥控直升机应该像一个可以被随意操控的精灵，可以让它飞到任何位置，但实际上，这架操控难度很高的直升机起飞不久就掉落下来，飞速旋转的螺旋桨还在他手上留下了一道疤痕。汪滔想要自己造一架遥控直升机的梦想，在这时越发清晰，“直升机自动飞行”的种子，从此生根发芽。

2001—2006 年：苦研飞控系统，唯有热爱可抵岁月漫长

2001 年高中毕业后，汪滔考上了华东师范大学，并选择电子系就读。可能是想加速实现自己的梦想，也可能是学校课程设置偏向理论学习，缺少结合实践的机会。汪滔在大三的时候决定退学，进入香港科技大学电子计算机工程系。2005 年，汪滔把遥控直升机的飞行控制系统作为自己的毕业设计题目，废寝忘食 5 个月，但在毕业设计展示中，汪滔的直升机刚起飞不久就从半空中掉了下来，最后只得到一个“C”的成绩。

因为毕业设计成绩太差，汪滔甚至还失去了去欧洲名校继续深造的机会。但他遇到了李泽湘。李泽湘有多年赴美留学的经验，1992 年学成归来后，便担任香港科技大学电子计算机工程系的教授。汪滔当时进行毕业设计展示时，李泽湘就在现场，他一眼就看中了这个后生。于是，在李泽湘的推荐下，汪滔成了他门下的学生，继续在香港科技大学攻读研究生学位。汪滔没有放弃自己的梦想，不服气的他夜以继日地研究。有志者事竟成，2006 年 1 月，汪滔终于制造出了能成功控制直升机飞行的飞行控制系统原型。

2006—2010 年：从技术到市场，硬科技创业困难重重

为了更好地研发产品，提高飞行控制系统实用性，还在读书的汪滔决定创业，一向主张学以致用的李泽湘对此也非常支持。2006 年，研究生毕业的汪滔和几个同学，带着在宿舍中开发的无人机、飞行控制系统芯片原型和几千美元的奖学金来到了中国电子产业中心——深圳，成立了大疆公司。

汪滔将主要精力放在产品的开发和改进上，并利用闲暇时间通过一封封电子邮件向国外无人机爱好者推销芯片。一个月只要卖20套芯片，就能养活几个人的创业团队。但由于无人机整体飞行控制效果并不理想，即便是每月只有20套的销售目标，汪滔依然没能完成。最难的是前景不明，因为从理论到量产是一个较长的过程，对飞行控制系统来说亦是如此。苦熬一年以后，产品还没有影子，创业团队成员几乎全部离开。

焦头烂额的汪滔找李泽湘请教，李泽湘帮他分析了问题，还在人才和资金方面给了他一些帮助。李泽湘联合哈尔滨工业大学博士生导师朱晓蕊给大疆投资了100万元。在人才方面，朱晓蕊成为大疆的首席科学家，2007年哈尔滨工业大学深圳研究院第一批学生毕业，李泽湘动员了其中很多人加入的大疆核心技术队伍建立了起来。在大家的努力下，大疆当年就发布了直升机飞行控制系统XP2.0版本。大疆的飞行控制系统第一次实现超视距飞行，突破了原有的视野疆界。2008年，大疆在技术上再获突破，打磨出了XP3.1这款飞行控制系统。它可以让模型飞机在无人操作的情况下，自动在空中悬停。汪滔多年以来的梦想，在这一刻终于实现了！2010年，大疆推出新一代直升机飞行控制系统Ace one。Ace one的重量只有100克，是XP3.1的1/7，单价降到了1 000元左右。很快，Ace one每个月的销量就达上千台，成为大疆的主要产品，大疆在国内无人机行业声名鹊起。

2010—2012年：转型多旋翼飞控整机，在专业航拍市场站稳脚跟

在全球著名的航模爱好者论坛DIY Drones上，很多网友开始讨论多旋翼飞行控制系统。相比单旋翼的直升机，多旋翼中四旋翼的结构简单、制造难度低、飞行平稳、可靠性强太多、机械结构简单、生成成本低、产品一致性强。汪滔觉得这是个商机，于是研究起多旋翼飞行控制系统来，并且毅然决然地将整个公司的所有研发和产品方面的资源全部转向四旋翼。2010年起，大疆接连推出哪吒、悟空等几款性能优异的四旋翼飞行控制系统芯片。

2010年，航模玩家纷纷求购稳定性更好的四旋翼方案，市场需求开始激增。DIY Drones论坛的开源APM算法也宣布开始支持四旋翼。一场争夺市场的竞赛开始了。那时，大家在淘宝上购买各种零件，搭配各家的飞行控制系统芯片，自己动手组装四旋翼无人机，大疆的飞行控制系统效果最好，但芯片却是最贵的，APM的芯片很便宜，因此很多动手能力强的玩家倾向于使用

APM 的芯片。和开源芯片抢市场，大疆面临先天的价格劣势，大疆的压力超过以往，汪滔的工作重心由产品的研发全力转向产品的销售。

虽然 Ace one 卖得不错，但对于大疆来说，市场还不够大，利润也不够丰厚。2011 年，汪滔带着自己的四旋翼飞行控制系统芯片参加美国印第安纳州举办的无线电遥控飞机展销会。在这次展销会上，汪滔结识了一个名叫科林·奎恩的美国人。奎恩当时经营着一家从事航拍业务的创业公司，他问汪滔，大疆能否提供一种用无人机从空中拍摄稳定视频的办法。同时，大疆在新西兰的一家代理商也启发了汪滔，这家代理商告诉汪滔，他们每个月卖出 200 个云台，其中 90%是挂在多旋翼航模上的。只要开发出稳定云台，就能开辟无人机的一片广阔天地。

汪滔夜以继日地工作，只用了几个月就开发出了三款原型产品，并且实现了满意的稳定效果。在拥有飞行控制系统芯片和稳定云台两款核心产品之后，汪滔终于要实现他心中的产品计划——到手即飞的无人整机。2012 年 1 月，大疆在德国纽伦堡的玩具展览会上正式发布了禅思 Z15 云台，这是世界首款无刷直驱陀螺稳定增稳云台，更是全球首个民用高精度云台，禅思 Z15 一夜爆红。2012 年，靠着禅思 Z15 这一个产品，大疆的收入就达到上亿元。

2012—2016 年：开拓低端消费战场，在北美市场“攻城略地”

汪滔是个非常有危机意识的创始人，虽然大疆已经在专业级航拍市场中成了顶级供应商，但他又把目光瞄准了低端市场。彼时，大家都在专业无人机市场竞争，普通受众的消费市场还是一片空白。为了防止竞争对手偷袭这个市场，再加上各方面技术和供应链的成熟，汪滔决定研发一款消费级的无人机整机。

经过一年的研究和筹备，大疆在 2013 年 1 月正式推出具备划时代意义的大疆精灵 Phantom 1——全球首款消费级航拍一体无人机。2012 年年底，大疆发布了它的第一台无人机整机——大疆精灵，搭配外置的运动相机，开箱几分钟之内就可以起飞，将无人机的概念从之前仅局限于航模爱好者的专业市场推广到了所有有航拍摄影需求的大众消费市场。

凭借着精灵这款产品，大疆在美国市场无往不利，市场占有率迅速攀升至北美第一，年营业额突破 1 亿美元。与此同时，世界上最大的运动相机品牌

GoPro 希望和大疆达成战略合作，但汪滔拒绝了这个提议，原因是他认为世界第一的 GoPro 产品还不够好，大疆早晚要进入还不太熟悉的影像领域，可以自己做出更优秀的运动相机。这个决定彻底激怒了 GoPro，他们决定亲自打造无人机产品。

大疆、3DR、GoPro 无人机市场的三国大战一触即发。但实际上，这场仗根本没有打起来，3DR 于 2016 年推出的无人机 SOLO，一上市就遭遇了 GPS（全球定位系统）信号连接不上的尴尬处境，再加上消费者还要再单独购买一个非常昂贵的稳定云台，市场反馈非常不好，其创始人安德森宣布无限期退出无人机市场。同年，GoPro 推出了无人机 Karma，但一上市就出现了因电池故障而频频炸机的情况，整个公司也被无人机这个泥潭拖了进去，不复往日荣光。

这些硅谷明星公司的陨落，反衬出航拍无人机技术含量并不低。而大疆在短暂整顿北美市场之后，再度恢复到市场第一。不仅如此，大疆在无人机其他技术领域的研发道路上同样策马狂奔，一发不可收拾。

2016 年至今：轻取欧美、转战国内，创建民用无人机帝国

凭借成本控制和推出新产品的速度，大疆杀出重围，一骑绝尘。作为消费级无人机的开创者，大疆很快成了行业第一。2016 年，大疆迅速推出 Phantom 4，并将价格一降再降。紧随其后，大疆在同年又领先推出了掌上折叠无人机 Mavic，直接阻断了竞争对手打造小型自拍无人机的出路。大疆占据了消费无人机市场 70%的份额，成为行业绝对的龙头老大，并一直延续至今。

在业绩突飞猛进的同时，大疆在资本市场上也深受欢迎。从 2013 年 1 月到 2015 年 5 月，大疆一共完成了 5 次共 2 亿多美元的融资，到了 2018 年，大疆又发起了一次 10 亿美元的融资，拥有强势地位的大疆开启了新的融资计划：竞价融资。即使是这样，首轮竞价结束时，认购金额较大疆的计划融资额超出了 30 倍，大疆的估值也跃升至 200 多亿美元。

早在 2017 年，美国海陆空三军就联手封杀大疆无人机。尴尬的是，美国空军特种部队却悄悄采购了 35 架大疆无人机，原因是：大疆功能强大，性价比高，美国本土没有替代品。而到了 2019 年，在美国对华为宣布“出口禁令”几天后，又对大疆发布禁用警告，提高大疆的关税，限制其进口，想要迫使大疆撤离北美市场。可是大疆强势反击，涨关税就加价，最后，封杀之前，大疆在美国市场的占有率是72%，封杀之后，市场占有率最高达85%。

案例来源：林芳菲根据以下资料整理：王焕城，《汪滔和他的大疆》，创业资本汇微信公众号，2019年11月10日，2023年4月23日读取；J金红，《无人机江湖和汪滔的前半生》，左林右狸微信公众号，2018年7月27日，2023年4月23日读取；《41岁大疆创始人身家400亿：8年全球第一，力抗美国政府，他凭什么》，腾讯网，2021年10月23日，2023年4月23日读取。

思考题：

1. 上述案例中，大疆面对的市场环境发生了哪些重要变化？
2. 面对不同的环境，汪滔的应对策略发生了怎样的变化？
3. 在美国制裁的大背景下，汪滔应如何引领大疆续写辉煌？

参考文献

陈惠源，2005，《探讨经理自主权对上市公司绩效的影响——基于不同的经理持股水平》，浙江大学硕士学位论文。

陈建勋，2011，《高层变革型领导行为与组织绩效间关系的理论整合与实证检验》，《系统工程理论与实践》，31（9）：1696—1706。

陈静，2007，《经理自主度与CEO薪酬关系的实证研究》，重庆大学硕士学位论文。

陈信元、陈冬华、万华林、梁上坤，2009，《地区差异、薪酬管制与高管腐败》，《管理世界》，11：130—143。

窦鹏，2011，《经理自主权与高管薪酬差距的关系——以我国医药类上市公司为例》，南京师范大学硕士学位论文。

杜勇、谢瑾、陈建英，2019，《CEO金融背景与实体企业金融化》，《中国工业经济》，5：136—154。

芬克尔斯坦、悉尼；汉布里克，唐纳德·C.；小坎内拉，阿尔伯特·A.，2023，《战略领导：高管、高管团队和董事会的理论与研究》，张三保译，北京：北京大学出版社。

冯雷鸣、黄岩、邸杨，1999，《跨国经营中的市场与非市场战略》，《中国软科学》，4：43—44+49。

高遐、井润田、万媛媛，2009，《管理决断权、高管薪酬与企业绩效的实证研究》，《第四届（2009）中国管理学年会——组织与战略分会场论文集》，81—95。

何瑛、于文蕾、戴逸驰、王砚羽，2019，《高管职业经历与企业创新》，《管理世界》，11：174—192。

何瑛、于文蕾、杨棉之，2019，《CEO 复合型职业经历、企业风险承担与企业价值》，《中国工业经济》，9：155—173。

井润田，2009，《行业层面的管理决断权度量及其对高管薪酬的影响》，《系统工程与和谐管理——第十届全国青年系统科学与管理科学学术会议论文集》，313—318。

连燕玲、郑伟伟、刘依琳、况琳，2021，《临时 CEO 继任与企业创新投入水平——基于中国上市公司的实证分析》，《研究与发展管理》，33（6）：124—141。

梁上坤、陈冬华，2014，《业绩波动性与高管薪酬契约选择——来自中国上市公司的经验证据》，《金融研究》，1：167—179。

刘刚、于晓东，2015，《高管类型与企业战略选择的匹配——基于行业生命周期与企业能力生命周期协同的视角》，《中国工业经济》，10：115—130。

刘子安、陈建勋，2009，《魅力型领导行为对自主技术创新的影响——机制与情境因素研究》，《中国工业经济》，4：137—146。

罗宏、曾永良、宛玲羽，2016，《薪酬攀比、盈余管理与高管薪酬操纵》，《南开管理评论》，2：19—31。

马惠娴、佟爱琴，2019，《卖空机制对高管薪酬契约的治理效应——来自融资融券制度的准自然实验》，《南开管理评论》，2：61—74。

潘越、宁博、肖金利，2015，《地方政治权力转移与政企关系重建——来自地方官员更替与高管变更的证据》，《中国工业经济》，6：135—147。

彭倩，2011，《经理自主权及其与 R&D 投入关系的实证研究——来自中国上市公司制造业的经验证据》，浙江理工大学硕士学位论文。

皮建才，2008，《中国地方政府间竞争下的区域市场整合》，《经济研究》，3：115—124。

王世权、牛建波，2008，《国有大型总分公司式企业集团分公司总经理自主权评价及实证分析——基于省级分公司问卷调研的研究》，《第三届（2008）中国管理学年会——市场营销分会场论文集》，4085—4097。

王铁男、王宇、赵凤，2017，《环境因素、CEO 过度自信与 IT 投资绩效》，《管理世界》，9：116—128。

卫武、陈正熙，2022，《构建中国特色的企业管理理论体系》，《前线》，9：40—43。

徐细雄、刘星，2013，《放权改革、薪酬管制与企业高管腐败》，《管理世界》，3：119—132。

徐向艺、王俊韡、巩震，2007，《高管人员报酬激励与公司治理绩效研究——一项基于深、沪 A 股上市公司的实证分析》，《中国工业经济》，2：94—100。

许德音、周长辉，2004，《中国战略管理学研究现状评估》，《管理世界》，5：76—87。

杨青、王亚男、唐跃军，2018，《“限薪令”的政策效果：基于竞争与垄断性央企市场反应的评估》，《金融研究》，1：156—173。

袁春生，2009，《公司治理中经理自主权的壁垒效应解析》，《管理评论》，21（12）：

48—56。

韵江、宁鑫、暴莹，2022，《CEO 过度自信与战略变革——基于“韧性效应”和“创造效应”的研究》，《南开管理评论》，5：180—190。

张长征、蒋晓荣，2011，《股权集中度与经理自主权对技术型企业 R&D 投入的影响效应分析》，《中外企业家》，16：1—3。

张长征、李怀祖、赵西萍，2006，《企业规模、经理自主权与 R&D 投入关系研究——来自中国上市公司的经验证据》，《科学学研究》，24（3）：432—438。

张琦、郑瑶、孔东民，2019，《地区环境治理压力、高管经历与企业环保投资——一项基于〈环境空气质量标准（2012）〉的准自然实验》，《经济研究》，6：183—198。

张三保，2012，《地区制度差异、CEO 管理自主权与企业战略选择——转型中国 2002～2007 年的证据》，中山大学博士学位论文。

张三保、李晔，2018，《感知制度环境、CEO 管理自主权与企业地域多元化》，《珞珈管理评论》，2：14—31。

张三保、刘沛，2017，《外部制度环境、高管自主权与企业创新战略——中国 30 省 12 301 家企业的证据》，《创新与创业管理》，17：82—97。

张三保、张志学，2012，《区域制度差异，CEO 管理自主权与企业风险承担——中国 30 省高技术产业的证据》，《管理世界》，4：101—114。

周泽将、马静、胡刘芬，2018，《高管薪酬激励体系设计中的风险补偿效应研究》，《中国工业经济》，12：152—169。

Baron, D. P. 2004，《商务市场与非市场环境（第 4 版）》，北京：北京大学出版社。

Chan, R. Y. K., and Ma, K. H. Y. 2017. Impact of executive compensation on the execution of IT-based environmental strategies under competition. *European Journal of Information Systems*, 26 (5): 489-508.

Crossland, C., and Hambrick, D. C. 2007. How national systems differ in their constraints on corporate executives: A study of CEO effects in three countries. *Strategic Management Journal*, 28 (8): 767-789.

Defond, M. L., and Hung, M. 2004. Investor protection and corporate governance: Evidence from worldwide CEO turnover. *Journal of Accounting Research*, 42 (2): 269-312.

Dess, G. G., and Beard, D. W. 1984. Dimensions of organizational task environments. *Administrative Science Quarterly*, 29 (1): 52-73.

Dong, J., and Gou, Y. N. 2010. Corporate governance structure, managerial discretion, and the R&D investment in China. *International Review of Economics and Finance*, 19 (2): 180-188.

Duncan, R. B. 1972. Characteristics of organizational environments and perceived environmental uncertainty. *Administrative Science Quarterly*, 17 (3): 313-327.

Ensley, M. D., Pearce, C. L., and Hmieleski, K. M. 2006. The moderating effect of environmental dynamism on the relationship between entrepreneur leadership behavior and new venture performance. *Journal of Business Venturing*, 21 (2): 243-263.

Garg, V. K., Walters, B. A., and Priem, R. L. 2003. Chief executive scanning emphases, environmental dynamism, and manufacturing firm performance. *Strategic Management Journal*, 24 (8): 725-744.

Hambrick, D. C., and Mason, P. A. 1984. Upper echelons: The organization as a reflection of its top managers. *Academy of Management Review*, 9 (2): 193-206.

Heyden, M. L. M., Doorn, S. van, Reimer, M., Van Den Bosch, F. A. J., and Volberda, H. W. 2013. Perceived environmental dynamism, relative competitive performance, and top management team heterogeneity: Examining correlates of upper echelons' advice-seeking. *Organization Studies*, 34 (9): 1327-1356.

Hmieleski, K. M., and Baron, R. A. 2008. When does entrepreneurial self-efficacy enhance versus reduce firm performance? *Strategic Entrepreneurship Journal*, 2 (1): 57-72.

Huang, X., Chen, H., Wang, L., and Zeng, S. 2020. How does leader narcissism influence firm internationalization? *IEEE Transactions on Engineering Management*, 67 (3): 683-696.

Jean, J. B. 2003. Understanding and advancing the concept of "non-market". *Business and Society*, 42 (3): 297-327.

Jung, D. (Don), Wu, A., and Chow, C. W. 2008. Towards understanding the direct and indirect effects of CEOs' transformational leadership on firm innovation. *The Leadership Quarterly*, 19 (5): 582-594.

Kang, Y., Zhu, D. H., and Zhang, Y. A. 2021. Being extraordinary: How CEOs' uncommon names explain strategic distinctiveness. *Strategic Management Journal*, 42 (2): 462-488.

Kashmiri, S., Gala, P., and Nicol, C. D. 2019. Seeking pleasure or avoiding pain: Influence of CEO regulatory focus on firms' advertising, R&D, and marketing controversies. *Journal of Business Research*, 105: 227-242.

Li, J., and Tang, Y. 2010. CEO hubris and firm risk taking in China: The moderating role of managerial discretion. *Academy of Management Journal*, 53 (1): 45-68.

North, D. 1990. *Institutions, Institutional Change and Economic Performance*. Cambridge, UK: Cambridge University Press.

Pathak, S., Hoskisson, R. E., and Johnson, R. A. 2014. Settling up in CEO compensation: The impact of divestiture intensity and contextual factors in refocusing firms. *Strategic Management Journal*, 35 (8): 1124-1143.

Peng, M. W. 2002. Towards an institution-based view of business strategy. *Asia Pacific Journal of Management*, 19 (2-3): 251-267.

Schoar, A., and Zuo, L. 2017. Shaped by booms and busts: How the economy impacts CEO careers and management styles. *Review of Financial Studies*, 30 (5): 1425-1456.

Shi, W., Connelly, B. L., and Sanders, W. G. 2016. Buying bad behavior: Tournament incentives and securities class action lawsuits. *Strategic Management Journal*, 37 (7): 1354-1378.

Simsek, Z., Heavey, C., and Veiga, J. (Jack) F. 2010. The impact of CEO core self-evaluation on the firm's entrepreneurial orientation. *Strategic Management Journal*, 31 (1): 110-119.

Tang, Y., Li, J., and Yang, H. 2015. What I see, what I do: How executive hubris affects firm innovation. *Journal of Management*, 41 (6): 1698-1723.

Waldman, D. A., Ramírez, G. G., House, R. J., and Puranam, P. 2001. Does leadership matter? CEO leadership attributes and profitability under conditions of perceived environmental uncertainty. *Academy of Management Journal*, 44 (1): 134-143.

Yeung, A. C. L., Lo, C. K. Y., and Cheng, T. C. E. 2011. Behind the iron cage: An institutional perspective on ISO 9000 adoption and CEO compensation. *Organization Science*, 22 (6): 1600-1612.

第6章 公司创业投资

教学目标

1. 熟悉公司创业投资的过程
2. 了解战略领导力对公司创业投资前因的影响
3. 掌握战略领导力对公司创业投资组织管理的影响
4. 理解战略领导力对公司创业投资结果的影响

引导案例

小米创业投资：顺势而为

2010年4月成立的小米公司是一家专注于智能手机、智能硬件、电子产品和智能家居生态链建设的全球化移动互联网企业，由来自谷歌、微软、金山等公司的顶尖高手组建。2018年7月9日，小米于香港交易所上市，2019年成为最年轻的世界500强企业。

创业投资版图

21世纪以来，互联网平台型企业迅速崛起，成为全球公司创业投资活动的中坚力量。小米从2013年开始广泛进行公司创业投资活动，其投资理念受其“铁人三项”商业模式的影响：通过电商及新零售渠道，小米向用户出售各种高性价比智能硬件产品，为平台引流，然后持续为庞大的用户群体提供丰富的互联网增值服务，形成了独树一帜的“硬件获流，互联网服务获利”模式。

小米企业风险投资（corporate venture capital，CVC）主要是战略价值驱动型，从组织结构看，主要通过直接投资、成立全资投资子公司、作为执行合伙人和有限合伙人投资于创投基金进行企业风险投资活动。小米的主要投资机构（包括2013年成立的全资子公司天津金星创业投资有限公司）投资了绿米科技、飞米科技等；2014 年成立的天津金米投资合伙企业（有限合伙），参与投资了石头科技、润米科技等；2017 年成立的湖北小米长江产业投资基金管理有限公司，专门管理小米长江产业基金，同时，小米科技及天津金星创业投资均为该基金的有限合伙人。再加上小米科技直接投资，小米的创业投资活动涵盖 400 余家创业公司，主要专注于细分领域，涵盖其绝大部分的万物互联产品和生活消费产品。小米长江产业基金成立后，雷军亲自选定了先进制造、智能制造、工业机器人和无人工厂四大核心投资领域。

此外，2021 年中国证券投资基金业协会最新私募管理人备案公示信息显示，小米私募股权基金管理有限公司正式完成备案登记，这意味着小米私募股权基金有望以独立身份对外募资。

创业投资效益

可以从多个角度解释小米创业投资的效益。从战略角度看，公司的创业投资活动带来了业务协同，实现了海量用户导流，扩大了小米生态平台的边界，促进了商业生态系统内部的资源流动和价值共享。从财务角度看，公司的创业投资活动为其带来的财务价值是公司价值的重要组成部分，也为其基于平台孵化更多初创企业提供了资金支持，使得生态系统创造价值的能力不断增强。通过公司创业投资活动，小米在物联网（internet of things，IoT）和移动互联网服务领域持续发现、投资和孵化有发展前景的企业，实现了协同发展，获得了投资收益，构建了互惠互利的商业生态系统。

创业投资领导力

小米的创业投资布局与创始人雷军密不可分。投资人是雷军一直以来的身份。2011 年，雷军和许达来共同创建了独立的投资机构——顺为中国互联网基金（顺为资本），基金以财务回报为目的，致力于投资智能硬件价值链上游的世界一流组件及制造企业。同时，雷军的天使投资从个人投资开始转向机构化。雷军表示，“顺为基金的意思就是顺势而为。我需要专业的团队帮我管理我的投资，很多投资者也希望我来帮他们管钱，我所投的项目在成长的过程中也需要融资，顺为的一些有限合伙人直接、间接地投过我的项目，他们也一直希望我成立一支基金来帮他们管钱”。过去数年间，他已通过顺为资本、湖北小米长江产业基金、小米集团以及他本人，构建起一个庞大的投资帝国，收获了大量的 IPO 上市公司。

雷军曾分享自己的投资哲学，“有时候快就是慢，慢就是快，我们不是任何形式的投机主义者，只是命运更青睐有准备的人，仅此而已”。在《顺势而为：雷军传》这本书的扉页上，雷军写道：“我领悟到，人是不能推着石头往山上走的，这样会很累，而且会被山上随时滚落的石头给打下去。要做的是，先爬到山顶，随便踢块石头下去。”

事实上，雷军对投资始终抱有执念。他的微博简介中至今还写着：小米创办人，董事长兼 CEO；金山软件董事长；天使投资人。

资料来源：王可昕根据互联网相关报道整理得到。

思考题：

1. 小米进行创业投资的原因是什么？组织模式是怎样的？收获了哪些结果？

2. 创始人雷军在小米创业投资过程中扮演了怎样的角色？

公司创业投资（以下简称创投）是指大型产业公司对独立运作的创业企业进行的少数股权投资（Dushnitsky，2012）。企业不仅可以通过公司创投获取财务收益，还可以获取多种类型的战略收益。一般来说，公司创投具备三个典型特征：第一，相较于财务目标，战略目标通常是大公司开展公司创投的主要动机；第二，被投资的创业企业往往归创业者所有，独立于大公司而运作；第三，大公司投资之后，只获取创业企业的少数股权。

公司创投包括三个主体：大型产业公司（母公司）、公司创投单元以及被投资的创业企业。母公司是公司创投的发起者，在特定的环境和组织因素驱动下，母公司做出设立公司创投单元的决策，并输出资金、资源和管理能力，通过投资创业企业来获取战略效应。创业企业将公司创投视为重要的融资来源，试图借助母公司的互补资源来提升创新和成长效率，同时也为母公司带来新知识、新资源和新机会。公司创投单元则扮演着母公司与创业企业之间连接者的角色，既要结合母公司的产业知识和资源基础来筛选和培育创业企业，又要助力母公司获得战略回报。在开展公司创投的过程中，三个主体共同创造价值和分享价值。

高管在公司创投中扮演着重要的角色。对母公司的高管来说，一方面，他们需要具备帮助企业识别投资机会的知识和经验，并愿意承担风险；另一方面，他们需要帮助企业获得对创投活动至关重要的资源，确保创投活动获取收益。对公司创投单元的高管来说，他们既要对母公司的战略目标和战略资源有深刻的理解，又要具备专业的风险投资经验，从而确保公司创投的财务及战略回报。对创业公司的高管来说，他们需要帮助企业评估不同投资者的优劣势，并根据自身融资需求决定是否向公司创投机构寻求融资，以及融资时机和融资规模。

本章的内容将围绕战略领导力对公司创投的影响展开。其中，第一节介绍公司创投的主要过程。第二至第四节分别介绍战略领导力在公司创投前因、组织管理、结果中所扮演的重要角色。

6.1 公司创业投资：前因、组织管理、结果

环境因素和组织因素是企业开展公司创投的两类关键因素。通过开展公司创投，一方面，企业能够获得新知识和新机会，从而增加在环境变化中获利的可能性；另一方面，公司创投也能促进企业对新资源的开发，帮助企业克服自身发展上的不连续性。在不同产业环境和组织情境下，企业主动开发和获取这些收益的动机有所差异。具体来说，环境因素包括：①技术因素。技术创新是提升生产率的原动力，新技术的出现为企业带来新的成长机会，从而促进企业主动进行公司创投尽早获取新知识、促进企业内部技术创新。然而，技术的快速更迭也给大公司带来潜在威胁。当不连续技术出现时，大公司现有的资源优势会快速消失，从而面临被颠覆的风险。在这种情况下，企业通常被动地进行公司创投，以期获得未来可能存在价值的新资源。②市场环境。首先，处于高速成长行业中的企业通常会面临更丰富的市场机会和更少的资源束缚，大公司有动力投资创业企业，以实现对新细分市场中机会的开发。其次，当市场的不确定性程度较高时，公司创投允许母公司以少量资源投入新领域，形成实物期权，并在不确定性程度降低时追加投资。最后，

激烈的市场竞争会给企业带来压力，促使企业加大创新活动投入，改进生产率，提高对客户的服务能力。③社会环境。社会环境会影响管理者对公司创投的潜在收益以及实施公司创投紧迫性的感知，进而影响企业的公司创投决策。

影响公司创投的组织因素包括：①内部资源。对于内部技术资源、营销资源和财务资源充裕的大公司而言，其识别和开发外部创业机会的能力更强，开展公司创投的动力也更大。②社会资本。社会资本为企业获取和开发外部创业机会提供了有利条件。社会网络不仅是企业获取外部新资源和新知识的重要渠道，也能够提升企业在其他群体中的社会认可程度，从而降低开展公司创投的搜寻成本和交易成本。③企业绩效。绩效反馈为有限理性的管理者提供了最直接的决策依据。当企业绩效低于期望时，管理者有更强的动力采取冒险行为、探索式搜寻和组织变革，以修复绩效。而当绩效高于期望时，管理者则更倾向于维持现状。

总的来说，环境因素为企业开展公司创投提供了外部机会，而组织因素影响了企业从中获利的可能性，以及实施公司创投的紧迫性。两类因素相互交织，共同影响管理者的决策。

公司创投单元是母公司和创业企业之间的连接者，对公司创投单元的管理是促进母公司与创业企业共同创造价值和分享价值的重要机制。在管理公司创投单元的过程中，既需要对正式的组织要素进行设计，包括组织结构、决策安排、薪酬体系和员工构成等，又需要对非正式的组织关系进行维系，即维系公司创投单元与利益相关者之间的关系。

组织结构是公司创投单元的最主要特征之一，可以划分为四种不同类型：①战略投资部；②全资投资子公司；③母公司与独立风险投资机构合资的投资公司；④母公司作为有限合伙人投资于创投基金。这四类结构模式与母公司之间的关系从紧密到松散。公司创投单元的决策安排是指投资决策权在母公司高管与公司创投单元投资经理之间的分配机制。母公司可以通过多种方式对公司创投的决策进行管控，例如委派成员加入投资决策委员会、设置一票否决权和优先收购权，以及制定特定标准指引投资决策等。公司创投单元的具体决策安排可以分为三类：①母公司高管完全主导；②母公司高管施加影响，但决策由公司创投单元的投资经理做出；③投资决策完全由公司创投单元的投资经理做出。这三种决策安排中，投资经理的决策自由度由低到高。

薪酬体系的设计直接影响到投资经理的工作动力。根据激励导向的不同，公司创投单元的薪酬体系通常可以划分为三类：①固定工资体系；②与母公司绩效关联的绩效工资体系；③与创业企业绩效关联的绩效工资体系。人员构成是公司创投单元的第四个组织要素。一般情况下，公司创投单元的成员有两个重要来源，母公司（如高管成员或研发人员）和外部市场（如来自风险投资行业的专业投资经理或其他产业公司的员工）。一方面，由于公司创投对产业公司而言是一项新的实践，招聘具有专业风险投资经验的人员有助于提高公司创投的财务回报；另一方面，为确保公司创投的战略效应，从母公司内部选聘一些员工也同样重要，这些拥有母公司内部从业经历的员工往往对母公司的战略目标和战略资源有更深刻的理解。

最后，对公司创投单元的管理不仅涉及正式组织要素的设计，也需要维系公司创投单元与重要利益相关者之间的关系。公司创投单元的核心利益相关者包括四类：①母公司高管；②母公司业务部门；③独立风险投资机构；④被投资创业企业。

在公司创投的结果方面，首先，公司创投是大公司获取外部新技术及知识的重要手段。母公司通过与被投资企业互动和交流等来进行组织学习，进而获取创业企业的新技术知识，从而提升母公司自身的技术创新能力。公司创投也能够为母公司带来新的市场知识和开发创业机会的隐性知识，从而促进母公司的知识体系更新和组织能力重构。比如，母公司管理者可以通过公司创投与创业公司进行互动，认识到新机会的价值，从而早于竞争者对新市场进行布局。其次，公司创投还能够帮助母公司更有效地识别和评估外部有价值的新资源，使母公司后续能够更高效地开展并购活动。通过公司创投，母公司对标的公司的新技术和新资源更为熟悉，对技术和市场趋势有更深刻的理解，对新资源有更准确的评估，从而提升后续兼并收购的效率。最后，战略管理学者指出公司创投提高了大公司的组织学习能力，并带来了实物期权价值。公司创投可以被视为实物期权，因为它们构成了对新颖和不确定性技术的相对较小的投资。公司创投类似于看涨期权，给予母公司权利而不是义务，将更大的资源承诺推迟到未来。在母公司主营业务的相关领域内，存在一些有价值的新机会，与母公司主营业务有潜在的协同效应，但同时也存在较强的不确定性，不适合母公司自身投入全部资源来开发。通过公司创投，母公司能够识别有潜力的创业企业，通过提供互补资源的方式与创业企业形成战略联盟，共同开发这类新机会。公司创投还可以减少母公司面临的不确定性，进而通过战略联盟与被投资企业合作，或通过纵向收购“行使”实物期权。

公司创投除提升母公司价值外，也会对被投资企业的价值做出贡献。公司创投可以为被投资企业提供互补性资产，以加强新创企业技术的商业化。互补性资产（complementary assets）是指为获取与技术发展相关的利益所需的资源，包括制造、分销、服务和互补技术（Teece，1986）。公司创投母公司通常通过股权投资、参与企业决策与治理、合作研发、共享资源以及派驻管理和技术人员等渠道与形式，向被投资企业提供互补性资产，以支持和加快被投资企业的发展。受公司创投支持的企业获得的互补性资产远多于受一般财务风险投资机构支持的企业，公司创投比一般财务风险投资机构对被投资企业具有更长期的支持与包容性，公司创投母公司对新创企业技术创新的失败具有更强的承受力。Weber 等（2016）发现，当母公司与被投资企业之间的业务互补性越强时，母公司越有动力与被投资企业合作，被投资企业也更容易对母公司产生信任，并披露技术信息。在这种情形下，二者更有可能建立惯例性的合作机制，也更倾向于投资专用性互补资产。

6.2 战略领导力与公司创业投资前因

本书第 4 章已经涉及高管的个人特征对企业的影响。本节进一步探讨高管的个人特征及行为对公司创投发起决策的影响。高管的个人特征包含心理特征（例如，价值观、人格）和可观测的背景特征（例如，性别、工作经验）。这些特征为高管获取环境信息提供了基础，并引导他们做出特定的战略选择。高管的行为主要指高管特定的领导风格（例如，变革型领导风格），特定的领导风格会通过影响下属的行为而影响企业的战略决策。

6.2.1 高管特征的影响

自恋和过度自信是高管常见的两个人格特征。自恋反映了个体过度的自我钦佩、傲慢、对关注和钦佩的追求以及对批评的敌意。自恋的人通常会有六种基本的行为倾向：否认、焦虑、合理化、自我夸大、虚假归因和权力感。研究发现，自恋的高管追求新颖的创新和颠覆性的技术，这源于他们对获得持续关注、荣誉和赞美的追求。因此，自恋程度较高的高管比自恋程度较低的高管更有可能进行公司创投，通过创投，尤其是在新兴领域的创投，他们的自尊心可以得到满足及加强。过度自信（overconfidence）是指个体认为自身的知识、预测能力以及其他能力均高于同伴以及高估事情结果的倾向。过度自信的高管通常会高估自身解决问题的能力，并低估企业所面临的不确定性。过度自信所导致的认知偏差抑制了高管对潜在问题的关注，因而，过度自信的高管通常比不过度自信的高管更容易感知和识别投资机会。尤其是在一些新颖的投资环境中，这种认知偏见可能会被放大。与此同时，过度自信的高管通常会夸大他们感知和识别投资机会的能力，高估投资获得成功的可能性，从而比不过度自信的高管更可能投入公司创投中（Navis and Ozbek，2016；易靖韬等，2015）。

高管的价值观也会影响其创投决策。例如，政治意识形态（political ideology）指个体对社会理想目标和实现目标的最佳途径的价值观。政治意识形态反映了持久的、更高层次的价值观，这些价值观几乎影响生活的每个领域并指导个体行为，尤其是在不确定的情况下。为了更好地理解政治意识形态的行为含义，学者们将政治意识形态划分为两个不同的结构：社会意识形态（social ideology）和经济意识形态（economic ideology）。其中，社会意识形态是个人尊重和遵守传统规范和实践的程度。例如，美国的社会保守派倾向于更直观地做出决策，依赖于过去的实践或者他们自己的经历；美国的社会自由主义者较少依赖传统规范或自身的经验直觉做出决策，而是倾向于广泛搜寻信息。经济意识形态反映了个人对和他人竞争与合作的立场。例如，经济保守主义者倾向于将竞争视为取得积极成果的一种手段，而经济自由主义者则重视基于共同目标和回报的合作。越来越多的管理学研究表明，CEO 的政治意识形态会影响企业的战略执行结果。研究人员提出，美国的 CEO 的政治意识形态会通过影响高管团队的信息处理模式及工作模式而影响公司创投。具体来说，CEO 的社会保守主义会通过促进高管团队的直觉型决策模式而促进公司创业；CEO 的经济保守主义则会通过损害高管团队之间的合作型决策模式而抑制公司创业（Chin et al., 2021）。高管的个人价值观也会影响其对企业的战略定位。例如，研究者提出，企业家“认命变运”的命运观有助于促进企业创新创业（Au et al., 2017）。不同的人对命运观有不同的认识，命运观主要划分为三种类型：听天由命、人定胜天和认命变运，其中，“认命变运”的价值观最有可能取得积极的效果。持这种观点的人既承认命运无法完全掌控，又相信可以通过自己的努力争取更好的结果，与中国传统智慧哲学中的“谋事在人，成事在天”相对应。在这一过程中，“信念”的力量起到了关键作用。持有“认命变运”信念的企业家，一方面能够在看到企业优势的同时认清困难所在，考虑到环境带给企业的资源约束，即“认命”；另一方面能够发挥企业优势，大胆突破瓶颈、克服困难，即“变运”。这两种信念相结合能够使企业家充分抓住环境中的机会，适时做出创投决策；与此同时认识到创投中存在的困难，并调动全身心的精力加以克服。

此外，CEO 的学术经历、海外经历等会通过塑造 CEO 的创新气质，培养 CEO 的创新思维，提高 CEO 对创新失败的容忍度等提升 CEO 的创新能力，增加公司创投（罗思平、于永达，2012）。CEO 的复合型职业经历可以通过进一步提高知识的通用性，提升其创新创业能力和意愿（赵子夜等，2018）。高管的社会网络对企业获取创投相关信息及资源有重要的价值。政治网络是高管培育与政府官员的连带关系的程度。高管的政治网络是在与政府机构和官员长期的互动中构筑起来的，因而其丰富程度代表了企业与政府互动经验的多少。高管的政治网络越发达，表明企业与政府互动的经历越多，依托政府解决企业问题的经验也越丰富。当绩效下降时，高管政治网络丰富的企业更可能依据以往与政府互动的经验，向政府伸手求援，通过政府的支持和保护使企业摆脱困境。而高管政治网络匮乏的企业则缺乏与政府互动的经验和能力，进而更可能依靠自身力量选择其他的战略选项。这类企业更可能主动求变，通过进入新的业务领域建立新的业务单元等举措来应对绩效的负向变动。在中国情境下，企业在遭遇绩效下降的局面后既可自谋出路，也可寻求政府的帮助。不同企业对威胁的反应会表现出“路径依赖”的特征。拥有丰富高管政治网络的企业更可能维持现状，“有事找政府”，而“找不了政府”的企业则更可能启动诸如公司风险投资等主动变革的行为。研究人员发现，通常情况下，当企业过往绩效较差时，企业更可能进行创投；而高管的政治网络越丰富，过往绩效与公司创投之间的负向关系越弱，即高管更可能会通过寻求政府帮助而不是进行创投来解决问题（戴维奇等，2012）。

第 3 章阐述了高管团队的构成对企业运营的影响。具体而言，高管团队的特征也会影响公司创投的发起。高管团队在感知全球范围内的投资机会、在各种科技领域及地理区域内获取和重组知识，以及在跨区域和部门间利用企业资源方面发挥着先导作用（胡晓等，2020）。根据相关决策理论，基于知识的高管团队成员的背景多样性使其能够获得不同的想法、技能和观点，促进建设性的辩论，激发创造力和有效的决策，并不断考虑替代性解决方案，进而帮助他们感知和抓住创投机会。例如，有研究发现，高管团队国籍的多样性增加了企业进行创投的可能性（Boone et al., 2019）。此外，在高管团队中增加女性成员也可以对组织中较低的创投意愿产生积极影响。这可能是因为女性领导者在包容、沟通、合作态度和知识共享方面高于男性领导者，有利于创业机会的识别与实现（Lyngsie and Foss, 2017）。

近年来，我国的家族企业进入了代际传承的高峰，如何实现创业精神的跨代传承是其所面临的重要问题。在改革开放四十多年的进程中，企业家的特质和社会环境都发生了大的变化。处于转型经济背景下的中国第一代家族企业家，大部分依靠强烈的创业精神和开拓意识以及自身丰富的实践经验成了成功的创业者。但他们大多缺乏良好的教育背景，在很多情况下，对企业的决策不注重科学分析而是基于个人的经验与偏好。而相比之下，家族二代大多出生于改革开放后的经济快速发展期，往往具有良好的教育经历，甚至有相当一部分家族二代在海外学习并获得学位，相应地，他们往往拥有更为专业化的行业知识和现代管理理念（傅颖等，2021），能够更好地进行企业创投，帮助传统的家族企业找到第二增长曲线。研究表明，当家族企业跨代知识资源的异质性程度较高时，拥有异质性知识资源的家族二代进入企业可以增加企业的知识多样性，更新企业的资源结构，进而促进家族的创业活动（李新春等，2016）。

6.2.2　高管行为的影响

变革型领导风格通过改变现状来塑造个人、团队和企业，并由此影响企业的创新和适应能力。变革型领导风格通常包含四个相互依赖、相辅相成的属性：①魅力，创造和呈现有吸引力的未来愿景；②励志动机，激励追随者超越自我利益；③智力刺激，激发追随者挑战固有假设，从新的角度看待问题；④个性化考虑，通过提供支持、鼓励和指导来关注追随者的发展（Bass，1985）。研究表明，CEO的变革型领导风格能够提高高管团队的行为整合、责任分权、冒险倾向以及长期导向，进而促进企业创业（Ling et al.，2008）。首先，通过表达和传递强烈的愿景和使命感，以及激励追随者获得高水平的集体满意度，变革型领导者会提高高管团队的社会认同感，促进其行为整合。通过共享决策、信息和努力，行为整合能够缩短形成对环境变化的集体理解所需的时间，增加成员对新创业计划的承诺，并激发他们将这些计划“推销”给下属的热情，从而促进投资理念转化为企业的可操作成果。其次，通过为追随者提供更大的自由度，变革型领导者可以更充分地授权和激发团队成员的智力；通过更加关注追随者的个人需求，变革型领导者提高了团队成员承担责任的意愿。在责任更加分散的高管团队中，决策权被授予那些在其领域内对诊断问题和实施解决方案具有更多经验和专业知识的人，增加了他们的内在动力并推动他们更具创造性地付出努力。此外，变革型领导者会提高高管团队成员对企业增长机会的风险偏好，因为这些领导者既有远见，又对变革持乐观态度，而且他们倾向于传达鼓舞人心的信息。这些信息可以提高团队效能感以及个人效能感，进一步提升高管团队的冒险意愿。具有更大风险承担倾向的高管团队更有可能关注具有风险的创投的潜在利益，从而促进企业创投。最后，由于变革型领导者的指导原则是鼓励追随者超越期望并为集体创造最高水平的绩效，所以他们更倾向于将奖励建立在长期期望之上，提高高管团队的长期导向。这会使得高管团队对创业计划有更大的所有权和承诺，因此更倾向于追求这些事业。

时间领导力指与团队任务的时间管理有关的领导行为的集合，包含三个相互关联的核心活动：日程安排、时间同步和时间资源分配。这些核心时间活动使团队能够有效地适应外部环境变化并提高工作的及时性和绩效。日程安排指定了何时应完成各种团队活动的明确时间点。领导者将总可用时间划分为每个团队成员完成某项子任务的具体时间。每完成一项任务都进行标记，以此跟踪和审查成员和团队的进度，以及进行必要的调整以确保任务的及时完成。时间同步涉及对不同团队成员的活动进行时间排序和协调。领导者创建一个连贯的时间框架，以确保每个团队成员在适当的时间执行分配的行动，并且不断调整框架以适应偏差和延迟。时间资源分配是指以高效的方式在团队活动中分配时间，尤其是在时间压力很大的情况下。领导者优先考虑团队的任务目标，有效地将时间分配给不同的子任务，并为意外的突发事件预留时间。三项任务紧密交织，共同形成团队活动的时间结构。研究表明，时间领导力可以促进企业创业（Chen and Nadkarni，2017）。首先，企业创投涉及多个复杂的子活动，通常具有相互重叠的时间线。因而，CEO 必须帮助高管团队为企业创业活动设立明确的目标和具体的时间框架，以便高管团队成员授权组织中的其他人设计行动方案并及时执行战略。其次，企业创业活动具有高度不确定性和时间压力。CEO 与高管团队成员可以为整个企业提供连贯的时间组织框架，使组织内部与外部环境变化在时间上保持同步。最后，因为风险投资通常需要新知识和完全不同的惯例，所以需要花费大量的时间来制定和开展这些活动。有效的时间资源分配可以将创新理念和投资计划置于其他需求之上，从而保证高管团队能够投入大量的时间和精力来监督企业创业计划。

字节跳动创始人张一鸣将时间领导力发挥到了极致。据公开资料报道，张一鸣会在总裁办的每周会议上同步自己的时间规划，并把当周的时间花费做成饼状图来分析：招聘员工花了多长时间，学英语花了多少时间，等等。通过分析观察和纠正自己的行为，张一鸣不断优化自身的时间安排。同时，关于集中时间、减少非生产性工作所占用的时间，张一鸣非常注重事情的优先级，提出“当前最重要须关注的事情不超过三件”。为了能够更好地聚焦于企业管理，张一鸣提出“要干脆利落地减少被动活动，少应酬，少客套”。得益于极致的时间管理，张一鸣能够细致观察和思考字节跳动的每一项业务，始终保持创业状态，不断孵化新的业务。例如，2016 年，张一鸣发现公司内许多优秀的算法人才都来自上海交通大学 ACM 班[①]，于是他特地抽出时间拜访了上海交通大学 ACM 班的俞勇老师。后来他又去美国创新性大学密涅瓦大学（Minerva University）进行了调研。这些经历让他直接认识到教育对启发个人潜力的关键意义，进而推动了字节跳动对在线教育的布局。2019 年，为了寻求全球互联网的发展，张一鸣在了解公司业务的同时，花费了近三分之二的时间到访全球多个国家和地区。他与不同地域的同事和朋友交流，去新德里的迪利哈特市集做用户调研，去巴黎朋友家做客，去各地博物馆了解历史，这让他对世界的丰富性和文明的演化有了更深刻的理解，为字节跳动在海外的投资布局奠定了基础。

6.3 战略领导力与公司创业投资组织管理

本节探讨高管对公司创投组织管理的影响。高管在制定组织结构和流程方面发挥着关键作用。这是因为高管决定企业战略方向，根据是否坚持和实施企业战略来评估和聘用中层管理人员，并决定是依靠自上而下还是自下而上的业务发展流程。此外，高管在识别和促进创新活动之间的协同作用方面发挥着重要的促进作用。

母公司的高管会影响母公司对公司创投组织模式的选择。一般来说，社会分层和正式等级制度较低的高管团队将更有可能在企业范围内采用分散式结构，以促进自治、合作和单位间的知识流动。相比之下，表现出社会分层和严格等级制度的高管团队不太可能接受自下而上的流程。此外，高管团队的权力距离也会影响母公司、创投单元以及创业企业的关系。处于较大的权力距离文化中的高管团队将减少创投单元以及创业企业的自主权。相比之下，在较小的权力距离文化中，权力较小的参与者更有可能并被鼓励参与决策，

① ACM 班的取名源于国际科学教育计算机组织——美国计算机学会（Association of Computing Machinery），这意味着 ACM 班旨在培养计算机科学家。

高管团队可能会赋予创投单元及创业企业更大的自主权。在实践中，科大讯飞董事长刘庆峰对企业生态的布局是母公司高管影响创投模式选择的典型案例。高中时期全国物理和数学竞赛获奖、获得清华大学保送资格、17 岁考入中国科学技术大学少年班，这些早年的履历已经彰显了刘庆峰非同寻常的认知能力。1999 年，博士二年级的刘庆峰以极高的远见创立科大讯飞，并立志于“让机器能听会说、能理解会思考，用人工智能建设美好世界”，他也因此成了中国智能语音与人工智能产业化的先行者。在业务发展过程中，刘庆峰不断抓住机遇，陆续投资了教育、医疗、司法等行业赛道，投资方式涉及科大讯飞直投、讯飞创投、讯飞云创以及有限合伙等多种方式。

公司创投单元的高管团队的组成也与公司创投组织管理息息相关。一方面，由于公司创投对产业公司而言是一项新的实践，具有专业风险投资经验的高管有助于提高公司创投的财务回报；另一方面，为确保公司创投的战略效应，拥有母公司内部从业经历的高管往往对母公司的战略目标和战略资源有更深刻的理解。由于高管通常会从过去的从业经历中积累知识和更新思维方式，拥有不同高管背景的公司创投单元在投资行为上会表现出明显差异。例如，有工程师背景或在母公司有从业经历的创投单元高管团队会更多地考虑母公司的业务发展，从而倾向于选择与母公司主营业务密切相关的行业，以及处于发展后期的创业企业进行投资，而在投资之后也更倾向于对标的企业进行收购（Dokko and Gaba，2012；汤倩等，2021）。又如，高管团队的成员构成决定了公司创投单元运作的主导逻辑。公司创投的运作实际上嵌入在母公司所在行业和风险投资行业的两种不同制度逻辑中。通过对美国及欧洲六家具有代表性的公司创投机构进行访谈，研究者发现，高管团队成员的专业程度决定了公司创投单元的同化倾向，而这种同化倾向进一步影响了公司创投单元的组织结构设计（Soutaris et al.，2012）。创投单元高管团队成员在公司管理方面的专业性越强，越可能选择对内同构，即与母公司保持一致，从而越有可能选择机械系统组织结构（高专业化分工、高集权、高标准化、命令式沟通）；而创投单元高管团队在风险投资方面的专业性越强，越有可能寻求对外同构，即与风险投资行业保持一致，从而越有可能选择有机系统组织结构（低专业化分工、低集权、低标准化、协商式沟通）。

被投资企业的高管团队特征也会影响母公司投资策略的选择。首先，高管年龄在一定程度上代表其处事经验、风险偏好以及价值观等，能够影响其决策风格，进而影响企业投资者的投资策略选择。被投资企业高管团队平均年龄越小，精力越旺盛，就越有信心进行技术创新。然而，由于年龄较小，往往缺乏技术创新经验，加之被投资企业面临资源约束和市场基础薄弱等问题，导致被投资企业技术研发以及商业化风险较大。因此，企业投资者更倾向于采取分阶段投资策略，不仅能够提高企业技术创新失败的容忍度，还能够在企业研发失败时及时退出，从而降低套牢风险。其次，高管受教育水平关乎其认知水平、思维模式及行为能力，进而影响其决策水平。当被投资企业高管团队的平均受教育水平越高时，其越有可能进行技术创新。然而，因其往往不愿意披露企业研发行为，从而提高了被投资企业与企业投资者的信息不对称程度，使企业投资者面临较大的代理成本问题。因此，企业投资者倾向于采取分阶段投资策略，以便监控企业进程并动态分配各项权利，从而降低委托-代理成本。此外，在中国的制度环境下，高管的政治背景是非常重要的资源，能够影响高管的决策行为。被投资企业高管团队的政治关联有助于缓解企业融资约束，帮助其获得政府补贴、税收优惠等。但是根据资源诅咒效应，其容易产生资源依赖心理，希冀通过寻租提升业绩，忽视能力建设，导致新创企业难以建立竞争优势。因此，企业投资者倾向于采取分阶段投资策略，从而约束高管团队行为，督促其增强核心竞争力。而当被投资企业的高管团队拥有较多的社会关联时，企业投资者可能会认为创业企业高管缺乏足够的时间和精力帮助被投资企业成长，因而倾向于采取分阶段投资策略，从而强化激励机制，促使创业企业高管付出更多的努力（叶子等，2020）。

6.4 战略领导力与公司创业投资结果

本节探讨高管对公司创投结果的影响。公司创投结果包含创投对母公司的影响和对创业企业的影响。一方面，在投资创业企业的过程中，高管影响母公司对新知识的获取、对新资源的开发和对新机会的发掘，最终影响母公司的整体价值；另一方面，创业企业的高管团队也会对其被投资过程中的创新投入、创新产出和成长绩效产生影响。高管的个人特征及其行为会同时影响母公司及创业企业的绩效结果。

6.4.1 高管特征的影响

高管特征会影响母公司在创投活动中的绩效表现。对于自恋的高管来说，对持续关注、荣誉和赞美的追求会导致他们忽视一些关乎绩效表现的重要线索，屏蔽任何与他们想法不一致的信息并拒绝接受他人的批评和建议。当他们用魅力和引人入胜的言辞以其愿景来激励他人时，他们为自己创造了一个决策环境，在这种环境下，承认决策缺陷变得越来越困难。此时，自恋的企业家诉诸否认、合理化、虚假归因和其他自我防御机制，以此来保护他们的个人心理。研究发现，高管的自恋特征会减小企业创投成功的可能性（Navis and Ozbek，2016）。与此相似，过度自信的高管认为自己可以事半功倍，由此忽视了改变他们原有观点的新信息及替代选项。研究发现，过度自信导致高管追求有问题的风险投资，但对风险投资所需资源的投入不足，并倾向于用短视的眼光分配资源（Cassar，2010）。研究人员通过对1987—2003年间美国61家顶级企业的公司创投事件进行研究，发现对被投资企业的收购损害了企业股东的价值。经过进一步的研究发现，破坏价值的公司创投收购源于管理者在评估投资组合公司时过度自信导致的价值高估（Benson and Ziedonis，2010）。高管团队异质性对公司创投绩效的影响也存在明显的差异。由于创投过程中需要面对非常规的、新的不确定性问题，高管团队在年龄上的差异性形成了互补，有利于提升决策质量及投资绩效。高管团队任期异质性使团队成员决策更加稳健，在保守和创新之间找到平衡点，进而促进创投绩效提升。然而，高管团队的职能经验异质性和教育水平异质性可能导致团队分歧与团队冲突，致使决策效率下降，给创投绩效带来负面影响（杨林等，2016）。

对被投资企业来说，高管的重要性依然不言而喻。研究表明，当被投资企业的创始人继续担任其高管时，被投资企业的研发强度更高。这是由于创始人通常拥有更大的创业热情，对公司有强烈的依恋感，并认为“心理收入”与财务回报一样重要。在技术密集型行业，由于创始人通常以新颖的技术理念为基础开展业务，因此其可能倾向于在技术开发上投入更多资金。从创始人的角度来看，其公司拥有的产品或基础技术的质量至关重要，因为这种质量被认为反映了他们自己在市场上的能力和成就。同时，由于创始人期望在企业中停留的时间比代理经理更长，因此其可能会投资于相对长期的项目或更激进的创新项目，这些项目需要更多的研发投资。然而，只有当创始人是现任高管时，其研发投资偏好才能反映在公司战略中。换句话说，创始人只要拥有基于等级权威的合法性和结构性权力，就可以对公司战略施加影响。其次，高管的先前工作经历也影响着被投资企业在被投资过程中对资源的获取和利用。例如，研究人员对美国 319 家技术密集行业的被投资企业进行调研，发现当被投资企业的高管具有大公司高管经历时，公司创投的作用被尤其放大（Paik and Woo，2017）。此外，被投资企业家的人力资本会影响母公司与创业公司之间的控制权配置及收益分配。依靠公司创投支撑建立的被投资企业，在成长过程中企业家的专有性人力资本逐渐转化为企业的专用性人力资本，同时被投资企业家在“干中学”过程中也能创造出属于他自己的“专有人力资本”。专有性和专用性影响企业权力结构，被投资企业发展过程中企业家人力资本的专有性和专用性处于动态转化过程中，导致双方议价能力和控制权结构的变化。控制权的配置带来相应的控制权收益的变化，从而对公司创投母公司与被投资企业家的承诺和激励作用也发生了改变，进而影响到被投资企业的成长和发展（王雷，2016）。

6.4.2　高管行为的影响

母公司管理团队对公司创投的关注程度是提升公司创投战略价值的重要因素。在开展公司创投的过程中，企业管理者重复参与到识别、评估和培育外部创业机会的活动中，逐步积累其中的隐性知识，为企业建立新的组织惯例。有学者基于两家信息技术行业公司的长期案例研究发现，母公司在公司创投的过程中，能够通过体验式学习和收购式学习，培育自身外部创业能力，提高公司新业务开发的成功率。公司创投也能够帮助管理者察觉到新的市场趋势，促使管理者对公司进行组织能力重构（Keil，2004）。由于新技术领域的知识常常是高度社会构建化的，简单的观察式学习并不能引起管理层的充分重视，互动的方式能够更有效地促进管理者对新知识的获取。公司创投允许母公司管理者进行“嵌入式学习”：在与创业者进行互动的过程中认识到新机会的价值，从而早于竞争者对新市场进行布局。此外，在不确定性程度较高或低增长的市场环境下，管理者会面临更大的业绩压力，对于新机会的警惕性更强，对公司创投的重视程度也更高，公司创投对母公司整体价值的促进作用更明显。

高管的领导行为也会影响创投的绩效。谦卑型领导者表现出三个重要的特征：①渴望准确地认识自己；②欣赏他人的优点和在工作中做出的贡献；③以开放的心态向他人学习、寻求反馈、对待他人提出的新观点。谦卑型领导者作为一种自下而上的领导行为，将员工放在第一位，认可和欣赏员工在工作中做出的贡献，使他们感到自身受到尊重和重视，产生较高的工作满意度，愿意更多地投入工作，从而使得创投绩效得到提高。因此，一方面，谦卑的高管能客观认识自己的优缺点，主动放低自己的姿态，虚心向下属学习和寻求反馈，与下属一起成长进步，使得高管与下属之间的信息通畅、沟通高效；另一方面，下属感知到高管的平易近人、坦诚相待，往往也能从中受到激励，从而表现出更加积极的工作态度和行为，使创投绩效得以提升。已有研究表明，谦卑的 CEO 通过建立和维护与其他高管的高质量的领导-成员交换关系促进其他高管积极的高绩效表现，从而使得整个企业的创投绩效得到提高（王瀛、魏峰，2022）。

对于被投资企业来说，高管团队的管理自主权是影响企业成长绩效的重要因素，而且管理自主权与新创企业的成长绩效正相关。相对于母公司来说，高管团队更加了解被投资企业，因此高管团队需要保持较大的管理自主权，有更大的选择空间和余地，这样才能最大可能地做出有利于企业的正确决策，降低错误决策的概率。同时，保持一定的管理自主权对于高管团队的激励也有正向作用。此外，被投资企业高管团队对被投资企业往往有着深厚的感情，企业的成功并不单纯是经济利益实现的问题，还关系到他们的声誉以及成就感。因此，当他们拥有更大的管理自主权时，被投资企业往往拥有更高的创新绩效（郑晓博、吴晓晖，2012）。

本章小结

公司创投是指大型产业公司对独立运作的创业企业进行的少数股权投资。

公司创投包括三个主体：大型产业公司（母公司）、公司创投单元以及被投资的创业企业。

公司创投过程主要包含三个要素：前因、组织管理和结果，战略领导力在三个过程中均扮演着尤为重要的角色。

高管的心理特征和背景特征会影响公司创投决策。

高管不同的领导风格也会影响公司创投决策。

母公司的高管特征影响公司创投的组织管理过程。

公司创投单元的高管特征影响公司创投的组织管理过程。

母公司的高管影响母公司对新知识的获取、对新资源的开发和对新机会的发掘，最终影响母公司的整体价值。

创业企业的高管会影响创业企业被投资过程中的创新投入、创新产出和成长绩效。

重要术语

公司创投前因	公司创投组织管理	公司创投结果
高管特征	领导风格	

复习思考题

1. 公司创投过程分为哪几个部分？
2. 战略领导力如何影响公司创投前因？
3. 战略领导力如何影响公司创投组织管理？
4. 战略领导力如何影响公司创投结果？

中国实践

吉利入局公司创投

企业在业务发展成熟后转战投资，早已不是“线上”互联网科技巨头的专属，“线下”科技创业者们也纷纷进入公司创投领域。近年来，吉利控股集团加大前瞻科技领域投入，加快向创新型科技企业转型。目前，吉利控股集团正在布局未来天地一体化智慧立体出行生态，在新能源科技、车联网、智能驾驶、共享出行、车载芯片、低轨卫星、飞行汽车等前沿技术领域不断探索。

基于全球汽车产业变革及应用环境变化，吉利创始人李书福说道："我们形成两个蓝色吉利行动计划。既保留吉利在智能化节能与新能源汽车领域的优势，又开拓智能化纯电动汽车新局面。我们已经全力以赴推出了新的纯电公司极氪，聚焦智能纯电领域的前瞻技术研发，构建智能汽车生态圈，实现用户生态与产业生态的深度融合。"此外，吉利还致力于推广甲醇汽车，走能源多元化发展道路。甲醇作为清洁能源的重要组成部分，能加强能源安全、改善大气环境，为我国经济健康可持续发展做出贡献。

入局公司创投与李书福丰富的创业经历密不可分。20多岁时，李书福便开始和朋友合伙做冰箱配件；大学毕业后又投身于装潢业务；后来他下定决心做实业，从创立摩托车公司开始，逐步有了现在的吉利。此外，与众多"线下"科技创业者近年来在新能源、半导体成为风口之后才逐渐与资本熟络不同的是，李书福早在多年前就拥有丰富且成功的并购经验。李书福的经验型思维发达，直觉预测能力强，思想境界高，有推动民营经济、发展民族工业的大视野。2010年，李书福曾斥资18亿美元收购沃尔沃，该并购成为国内汽车行业最出名的并购案例之一。2021年，沃尔沃在欧洲上市，李书福又成为最大赢家之一。常年参与并购的经历，让李书福具备了做好公司创投的基础和经验。

资料来源：根据互联网相关报道整理得到。

思考题：

1. 吉利的创投布局是怎样的？
2. 创始人李书福如何影响吉利公司的创投？

参考文献

戴维奇、魏江、余纯国，2012，《过往绩效与公司风险投资：高管政治网络的调节效应》，《科研管理》，33（1）：138—146。

杜什尼茨基，加里；余雷；路江涌，2021，《公司创业投资：文献述评与研究展望》，《管理世界》，7：198—216。

傅颖、方汉青、薄秋实、窦军生、斯晓夫，2021，《家族企业公司创业：海归继承人的影响效应》，《南开管理评论》，24（6）：129—139。

胡晓、杨德林、谢真臻，2020，《创业者和创业初始环境对创业进入策略的影响》，《管理科学》，33（2）：17—32。

李新春、张鹏翔、叶文平，2016，《家族企业跨代资源整合与组合创业》，《管理科学学报》，19（11）：1—17。

罗思平、于永达，2012，《技术转移、"海归"与企业技术创新——基于中国光伏产业的实证研究》，《管理世界》，11：124—132。

汤倩、罗福凯、刘源、王斌，2021，《CEO 多职业背景对企业技术资本积累的影响——基于沪深 A 股上市公司数据的研究》，《会计研究》，11：88—101。

王雷，2016，《公司创业投资支持企业控制权配置实证研究》，《管理科学》，29（4）：80—93。

王瀛、魏峰，2022，《基于响应面分析的创始人与合伙人的支配需求一致性对创业绩效的影响研究》，《科学学与科学技术管理》，43（1）：3—20。

杨林、张世超、季丹，2016，《创业战略导向、高管团队垂直对差异与创业绩效关系研究》，《科研管理》，37（12）：92—104。

叶子、黄永春、史璇、胡世亮，2020，《创业企业高管团队特征对风投机构投资策略的影响——制度环境与机构专长的双重调节效应》，《科技进步与对策》，37（24）：10—18。

易靖韬、张修平、王化成，2015，《企业异质性、高管过度自信与企业创新绩效》，《南开管理评论》，18（6）：101—112。

赵子夜、杨庆、陈坚波，2018，《通才还是专才：CEO 的能力结构和公司创新》，《管理世界》，2：123—143。

郑晓博、吴晓晖，2012，《创业投资治理行为与新创企业绩效——一个中介模型及讨论》，《研究与发展管理》，24（2）：67—78。

Au, E. W. M., Qin, X., and Zhang, Z. X. 2017. Beyond personal control: When and how executives' beliefs in negotiable fate foster entrepreneurial orientation and firm performance. *Organizational Behavior and Human Decision Processes*, 143: 69-84.

Bass, B. M. 1985. *Leadership and Performance Beyond Expectations*. New York: Free Press.

Benson, D., and Ziedonis, R. H. 2010. Corporate venture capital and the returns to acquiring portfolio companies. *Journal of Financial Economics*, 98 (3): 478-499.

Boone, C., Lokshin, B., Guenter, H., and Belderbos, R. 2019. Top management team nationality diversity, corporate entrepreneurship, and innovation in multinational firms. *Strategic Man-*

agement Journal, 40 (2): 277-302.

Cassar, G. 2010. Are individuals entering self-employment overly optimistic? An empirical test of plans and projections on nascent entrepreneur expectations. *Strategic Management Journal*, 31 (8): 822-840.

Chen, J., and Nadkarni, S. 2017. It's about time! CEOs' temporal dispositions, temporal leadership, and corporate entrepreneurship. *Administrative Science Quarterly*, 62 (1): 31-66.

Chin, M. K., Zhang, S. X., Jahanshahi, A. A., and Nadkarni, S. 2021. Unpacking political ideology: CEO social and economic ideologies, strategic decision-making processes, and corporate entrepreneurship. *Academy of Management Journal*, 64 (4): 1213-1235.

Dokko, G., and Gaba, V. 2012. Venturing into new territory: Career experiences of corporate venture capital managers and practice variation. *Academy of Management Journal*, 55 (3): 563-583.

Dushnitsky, G. 2012. Corporate venture capital in the 21st century: An integral part of firms' innovation toolkit. In Cumming, D. (Ed.), *The Oxford Handbook of Venture Capital* (pp. 156-210). London: Oxford University Press.

Keil, T. 2004. Building external corporate venturing capability. *Journal of Management Studies*, 41 (5): 799-825.

Ling, Y., Simsek, Z., Lubatkin, M. H., and Veiga, J. F. 2008. Transformational leadership's role in promoting corporate entrepreneurship: Examining the CEO-TMT interface. *Academy of Management Journal*, 51 (3): 557-576.

Lyngsie, J., and Foss, N. J. 2017. The more, the merrier? Women in top-management teams and entrepreneurship in established firms. *Strategic Management Journal*, 38 (3): 487-505.

Navis, C., and Ozbek, O. V. 2016. The right people in the wrong places: The paradox of entrepreneurial entry and successful opportunity realization. *Academy of Management Review*, 41 (1): 109-129.

Paik, Y., and Woo, H. 2017. The effects of corporate venture capital, founder incumbency, and their interaction on entrepreneurial firms' R&D investment strategies. *Organization Science*, 28 (4): 670-689.

Souitaris, V., Zerbinati, S., and Liu, G. 2012. Which iron cage? Endo- and exoisomorphism in corporate venture capital programs. *Academy of Management Journal*, 55 (2), 477-505.

Teece, D. J. 1986. Profiting from technological innovation: Implications for integration, collaboration, licensing and public policy. *Research policy*, 15 (6): 285-305.

Weber, C., Bauke, B., and Raibulet, V. 2016. An empirical test of the relational view in the context of corporate venture capital. *Strategic Entrepreneurship Journal*, 10 (3): 274-299.

第7章 企业并购与整合

教学目标

1. 领悟战略领导力的重要性
2. 理解几种主要的领导力概念
3. 掌握战略领导力的定义
4. 认识战略领导力的本质与特征
5. 熟悉战略领导力的内容

引导案例

影视行业"并购潮"和"寒冬"中的华谊兄弟与光线传媒

华谊兄弟（下称"华谊"）是中国知名的综合性娱乐集团，由王中军、王中磊兄弟创办。华谊在2009年上市，成为影视行业民企A股上市第一股。成立以来，华谊曾多次获得国际、国内各大电影奖项，先后推出了《手机》《天下无贼》《寻龙诀》和《八佰》等百余部深受观众喜爱的优秀电影作品。

光线传媒（下称"光线"）由王长田创立于1998年，初期主要经营广告传媒业务，2006年进入电影市场，现已成为中国最大的民营传媒娱乐集团之一。光线发行的电影《泰囧》《致青春》成为现象级影片，2016年出品的《美人鱼》票房突破30亿元，刷新了当时的华语电影票房纪录。值得一提的是，光线在动画领域口碑卓著，先后发行了《西游记之大圣归来》《大鱼海棠》和《哪吒》等"国漫"代表作。

中国影视娱乐行业的发展历经起伏，在这一过程中，两家企业都曾通过并购的方式谋求扩张，但并购的时机和方式却各不相同，反映了两家企业的战略领导者在面对环境挑战和成长机遇时不同的战略决策。

2015年影视行业"并购潮"：华谊的扩张与光线的保守

2014年年初开始，由于被广泛看好的盈利前景，游戏、影视等娱乐行业成为资本市场的热门概念，而严格的上市审查制度也使得许多中小影视企业寻求通过被并购的方式获得融资。在此背景下，A股市场掀起了一股影视文娱行业并购的热潮，资金充足的华谊积极参与其中。2015年，华谊以高达10.5亿元购得了影视公司东阳美拉70%的股权，当时成立仅两个月的东阳美拉注册资本仅有500万元，总资产为1.36万元，净资产为-0.55万元。高溢价买下东阳美拉还只是华谊大手笔收购的一小部分，2013—2016年，华谊相继收购了银汉科技50.88%的股权、浙江常升70%的股权、东阳浩瀚70%的股权以及英雄互娱20%的股权。数据显示，这些收购合计耗资约48.64亿元（含股份支付）。

而光线则在并购上坚持了一以贯之的谨慎态度，入股的项目显得更“小而精”。在投资上，光线创始人王长田在业内一度被认为“短视”和“眼前利益至上”。他曾说过，“先赔个2 000万元，可能两年以后就收获，这种事情我通常是不会做的。这些业务我们在初期是不是能在比较短的时间内打平，或者是仅有少量的亏损，如果不是这样，我不会轻易去做。”2019年，曾经有投资者问过王长田影院布局一事，他的回应是：“还不是投资的最好时机，估值还没有调整到位。”2015年，光线的投资活动是成立了“彩条屋影业”，开始更加专注地在动漫领域进行布局，此后，又陆续通过持股但不控股的方式投资了中国动漫产业的20多家公司，持股均在20%至40%之间，占据了动漫业的“半壁江山”。

把握了资本市场机遇的华谊，也获得了资本市场的认可与回报。在2015年A股牛市中，华谊乘着并购的东风，市值一度逼近千亿元，成为影视娱乐行业的领头羊之一。而在2016年年底，王长田在写给光线员工的内部信中则坦言，“在我们的主营业务利润已经成为行业最高的此刻，我们的市值仍然不到行业平均市盈率的1/8”。

2018年“影视寒冬”：深陷债务危机的华谊和“独善其身”的光线

从2018年开始，并购热潮退却，明星天价片酬引发多起舆论风波，随之而来的行业审查和税务整顿给行业带来了巨大冲击，曾经被普遍看好的影视行业陷入了“寒冬”。之后的新冠肺炎疫情更是“雪上加霜”，超过九成的影视行业上市公司股价断崖式下跌。在并购潮期间大举高溢价收购后，标的企业东阳美拉业绩承诺“爽约”带来的是商誉等资产大幅减值，华谊陷入了经营困境。财报显示，自华谊收购东阳美拉后，2018—2020年连续三年对其计提了商誉减值，数额分别为3.02亿元、3.597亿元和1.86亿元，合计计提商誉减值数额超过8亿元，三年合计亏损61.95亿元。2021年5月10日，华谊发布公告称，公司通过媒体关注到实控人王中军、王中磊及其控制的华谊兄弟（天津）投资有限公司被北京市第二中级人民法院列为被执行人，执行标的为3亿元。

2019年上市公司的财报显示，在影视公司集体亏损的大环境之下，光线却凭借斩获了50亿元票房的《哪吒》保持着盈利的状态。2020年第一季度，疫情导致影视公司继续大面积亏损，尤其是有院线业务的上市公司，比如万达电影亏损近6亿元，华谊亏损1.43亿元，幸福蓝海、横店影视以及金逸影视等多家院线公司亏损也都超过1亿元，反观一直没有拓展到下游院线业务的光线，在疫情期间受冲击较小，甚至还有2 948万元的小幅盈利。2021年上半年，光线营收达到7.55亿元，上年同期为2.59亿元，同比增长191.51%；公司净利润为4.85亿元，同比增长2 255.45%，其中营收的主要来源是光线传媒电影及衍生业务收入，达到6.57亿元。

光线的业绩离不开其深耕上游核心优势业务的努力。包括动画影视及动漫题材真人影视等在内的动漫业务板块具有较高的发展潜力，是光线的优势所在。聚焦这一优势，光线的投资思路是围绕《哪吒》《西游记》系列以及《大鱼海棠》等已经经过验证的内容IP（Intellectual Property，知识产权，在互联网界引申为所有成名文创作品的统称），进行系列化制作，同时通过网剧、网络电影等锻炼动画影视团队。动画题材工作的特殊性，使得其在疫情期间受到的波及较小，因此也能够同时运作一些长期项目，这使得光线成为后疫情时代恢复较快的影视公司之一。

这不是光线第一次“独善其身”，正如王长田在采访中曾回忆，“我是非常谨慎的人，我还是担心哪天会出点什么事，所以就像个财主一样，把挣的钱先找一个罐子埋起来。就像骆驼，夏天吃了好多草，喝了好多水，驼峰就长得壮壮肥肥的。突然到2006年、2007年碰到电视行业危机，没草吃没水喝了，进入冬天了，只能自己消耗自己。幸好那时候我们积累了一堆脂肪还能消耗，否则真的惨透了。在那两年，欢乐传媒、唐龙、派格，一堆公司都退出了……到2008年行业景气时才回来。”

战略领导者如何看待并购这把“双刃剑”？

作为企业扩张的重要工具，并购是一把“双刃剑”，战略管理者在看到并购可能带来的巨大收益时，也应当意识到并购需要付出的成本和潜在的风险，比如举债和过度融资容易让企业陷入财务困境。战略领导者如何看待和运用这把“双刃剑”，影响着企业的并购行为，进而影响着企业未来的绩效和发展方向。

华谊的创立、上市和壮大离不开其创始人包括融资、并购在内出色的资本运作能力。在接受采访时，创始人之一的王中军曾提到，“从抵押、无抵押，到授信、上市，几次融资新模式都是华谊创造的，让金融部门看到了影视行业的光明前景”。2004年，出于对影视行业外部竞争加剧的担忧，王中军决定增资扩股，并通过华谊在电影领域已经建立的品牌优势来进行收购扩张，特别是进入电视剧、音乐等未曾涉足的领域。2014年6月7日，在华谊20周年庆典现场，王中军给华谊的未来发展定下了一个方向：“去电影单一化”，即摆脱对电影的依赖，同时发展互联网、实景娱乐等业务。此后，实际控制人王氏兄弟不断质押手中的股权，换取现金发展业务，最高时质押比例一度接近100%。在2015年前后影视和资本市场双重大牛市的背景下，这种做法似乎没什么值得担忧的。2020年，王中军在采访中复盘，“当时公司的流动性非常好，我们2009年上市，从6 800万元利润开始，到2015年的时候，已经连续三年都是近10亿元利润。所以自己也是盲目乐观吧，盲目乐观的时候对资金控制得没那么好，而且我那时候的精力多数放在公司扩展、投资等方面。……现在都说主业为主、要专注，我那个时候觉得华谊投资很顺利，不管是投资游戏，还是发力实景，都做起来了”。

光线创始人王长田则自认“最抠门老板”，在融资并购方面态度十分谨慎：“一方面我们没那么缺钱，还有当时在想，我拿了钱到底干吗？没有什么公司值得收购，或者你收购完之后它面临的状况跟你是一样的。你去做其他的业务，比如电影、电视剧，时机是不是成熟？”相应地，光线在早期的发展中并没有引入资本，甚至因为临时加价后又要提价，惹怒了软银的投资人，最终错过了软银本已谈好的投资。光线早年主要做电视传媒，在电视行业最景气的那几年，每年的税后利润就高达五六千万元，公司账上的现金十分充裕，但是光线并未借此机会涉足任何一个当时可以赚快钱的行业。两三年后，当同类型公司正在大规模裁员、砍项目的时候，光线稳定的现金流使其得以继续正常运转。对此，王长田在采访中说："我是有不安全感，所以我一直给自己留后路，尤其反映在我对公司的经营上。2003年、2004年的时候，我账上已经很有钱，完全可以成立房地产公司，当时有人说出3 000万元就能去拿项目，我就没做。我一直觉得，虽然不错吧，但也许哪天有点什么事呢？也许哪天要钱呢？幸亏我把钱留在那儿，要不然我真的早就'死'掉了。这就是我最大的一个不安全感。"

然而，光线并不是从不并购扩张，而是不做单纯的财务投资，专注于在特定的时机下通过收购为自己的核心业务布局。"如果看前两年，你拿着钱干什么呢？公司没有什么好收购的……现在拿钱不一样了，现在我知道我要收购什么公司。"2008年王长田这样说。2011年光线上市，2012年光线出资7 500万元投资一家做网上演艺的公司——呱呱视频，并获得32%的股权。呱呱视频2012年营收高达5.8亿元。通过这次并购，光线在业界首先实现了电视、综艺、电影用户和粉丝联动的模式，走在其他娱乐公司的前面。

2013年之前，影视公司还没开始重视互联网发展，但就在2013年到2014年短短一年之内，在线购票的比重一跃升至70%以上，有大约300亿元票房是从网上售出的。华谊和光线显然都注意到了这一转变。2014年，华谊就斥资2.66亿元控股卖座网并签下了"对赌协议"，可卖座网之后对华谊在线上购票领域的影响力提升微乎其微，未能帮助华谊打开销售渠道、打通并整合上下游的资源。2016年年初，美团在与大众点评合并，并获得33亿美元历史性融资之后，最终决定让旗下的猫眼电影独立生长。多次试图掌握自有发行渠道失败的光线抓住了这次机会，用23.83亿元的现金和价值23.99亿元的光线股票换来了猫眼57.4%的股权。光线投资猫眼电影后，联合天猫开发电影衍生品，补足国内市场空缺。猫眼已于2019年赴港上市，最新发布的上市后财报中财务指标稳步增长。

王长田曾将自己和王中军做过比较："王中军的整个公司运作就一个

字——‘人’，他就是抓住了人。这是他的一个理念。而光线的做法是模式，我们非常强调未来能不能做成工业化生产。”易凯资本CEO王冉也曾对比二人在性格上的不同：王中军最值得欣赏的是两点，第一，他不一定很善于分享，但是善于合作，有比较开放的心态。第二，他说到做到、说一不二。比如说，当时他跟华友谈出让华谊音乐控股权这件事，一直到今天都是蛮后悔的一件事，包括他周围的股东，当时也都反对这件事，但是王中军在饭桌上同意了，于是他就硬着头皮做了。这在王长田那儿是不可想象的，在签字前一分钟他还会节外生枝。性格不一样导致做事的方法就不一样。

资料来源：吴昀珂根据《创业家》杂志和i黑马网相关报道整理得到。

思考题：

1. 企业管理者应该如何运用并购这个战略工具？
2. 华谊2018年后陷入危机的原因是什么？
3. 光线传媒的做法会不会过于保守？
4. 并购是不是两家企业进行协同合作的唯一方式？
5. 什么样的并购是创造战略价值的并购？
6. 如何评价华谊和光线传媒的领导者？他们的哪些特征影响了企业的并购？

企业并购（merger and acquisition，M&A）是指两家原本独立运营的企业合二为一，通常由一家主并企业出资控股另一家目标企业，并购完成后，目标企业会成为主并企业的一部分。随着企业的发展，战略领导者不可避免地会面临企业成长压力，并购正是企业实现规模扩张和外延式、跨越式成长的重要途径。作为一项复杂的战略决策，并购在前期标的选择、估值、谈判以及后期整合等各个阶段均存在较高的风险和不确定性，为战略领导者带来了诸多挑战。麦肯锡咨询公司曾对美国《财富》500强和《金融时报》250强企业进行的并购做过统计，发现只有23%的企业通过并购获得了财务效益。2020年，中国A股重大资产重组并购事件的交易失败率高达35.2%[①]。若以

① 数据来源：Wind数据库。

并购后的财务效益作为并购成败的判断标准，有 80%以上的并购都可以视作是失败的（王长征，2002；徐焕迪，2013）。

成功的并购可以通过实现“1+1>2”的协同效应为企业带来新的竞争优势，而失败的并购会损害企业价值，甚至让企业在并购之后的数年都难以“翻身”。例如，清华紫光通过十余起并购一跃在芯片行业成为领先企业，但却因为资不抵债，导致 2021 年中诚信国际信用评级公司将其信用等级由 AAA 级降至 C 级，并于 2021 年 7 月 9 日收到法院破产通知。由于战略决策基本上都是由最高领导者做出的，而并购又是企业的关键战略行动之一，因此，战略领导者在并购的整个过程中扮演着重要的角色，他们如何在并购市场中识别机会、在并购谈判中权衡利弊、在并购整合中施加影响，都会左右并购的成败。此外，与研发创新和战略变革等企业战略决策相比，并购是一项涉及交易双方的战略决策，因此，企业的并购行为和并购绩效不仅受到双方企业战略领导者包括心理特质和经验能力在内的个人特征的影响，也受到不同企业之间高管或董事联结所形成的社会关系网络的影响。图 7.1 显示了企业高管在企业开展并购的不同阶段的作用。

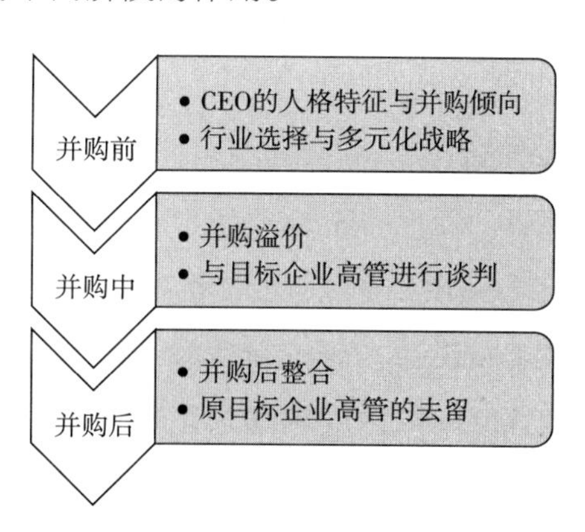

图 7.1　并购流程与章节内容

本章将按照图 7.1 所示的并购流程，分四节介绍战略领导者对并购的影响，其中前三节分别讨论主并企业战略领导者在并购前、并购中和并购后如何发挥作用，第四节则关注目标企业战略领导者在并购中所扮演的角色。在并购的不同阶段，双方的战略领导者会参与到并购活动中，做出一系列紧密联系的决策。首先，在正式对股东和外界发布并购公告之前，主并企业高管需要结合企业的战略目标和外部环境，决定是否通过并购的方式实现企业成长，若要进行并购，则需要制订具体的并购计划，初步确定目标行业和地区范围，并进一步筛选和接触目标企业。在确定并购对象并对外宣告之后，并购进入中期交易阶段，主并企业高管需要主持对目标企业进行的更详尽的尽职调查（due diligence）和估值，并与目标企业高管进行细致的谈判，以制订具体的交易方案和并购后的人员变动及业务整合计划，若并购涉及上市公司，还要确保并购获得股东大会与证监会的批准。若上述活动进展顺利，则股份的交割完成标志着该阶段的结束，否则会导致交易失败，并购终止。在并购完成后，主并企业高管要对两家企业进行资源、企业文化、组织架构和流程等各方面的整合，决定目标企业在成为集团一部分后保留多大程度的自主经营权，并通过有效的沟通和安排实现顺利过渡。此外，企业高管还应对并购进行持续的评估，若目标企业经营状况明显低于预期甚至未实现承诺的业绩，则需要对合并会计报表中因为并购产生的商誉（goodwill）计提减值（goodwill impairment），减值金额会冲减企业当年净利润，这意味着并购后整合的成功与否将对企业在并购之后的短期和长期绩效均产生重要影响。

7.1 并购前的过程管理

并购既是一项复杂的战略活动，也是企业实现规模扩张的一种重要方式。当企业面临成长压力或者试图进入新的行业和地区时，并购成为实现这些战略目标的一个重要工具，比如跨国并购通常是企业实现国际化战略的重要方式之一。本节内容将基于现有的理论发展与实证研究，介绍战略领导者在并购前期的影响，这一影响主要体现在两个密切相关的决策上。一方面，不同的战略领导者对于发起并购的态度有所不同，有的倾向于通过数量更多、规模更大的并购来实现战略目标，有的则对并购的态度更加保守；另一方面，战略领导者需要根据并购目的确定目标企业所在的行业，对潜在的目标企业进行前期调查与接触，尽可能挑选出会给企业带来最大协同效应的目标企业。

7.1.1　企业领导者的个体并购倾向

在并购开始之前，企业领导者要确定并购是不是最适合本企业当下战略目标的投资方式，相较于非控股投资、合资企业或是战略联盟，并购是对主并企业来说控制程度最高、交易成本最高的一类投资决策。而对领导者来说，并购既会带来巨大的挑战，也提供了“功成名就”的机会。一方面，并购极大地加重了企业战略领导者的监督管理工作，需要投入额外的时间精力等私人成本（王姝勋、董艳，2020）。而且不同于股东可以通过调整投资组合来分散非系统性风险，企业高管的人力资本均投资在某一特定公司，因此现代公司金融理论普遍认为高管的风险态度是风险厌恶的（Jensen and Meckling，1976），他们无法获得并购所创造的全部收益，却要承担并购失败所带来的个人职业风险。另一方面，并购会带来企业规模的扩张和市场地位的提升，主并企业高管的权力和薪酬往往也会随之增加。此外，并购相较于企业的其他活动具有极高的市场可见度，大规模的并购会吸引媒体与各界人士的广泛关注，为企业高管带来知名度和社会地位的提升（Palmer and Barber，2001）。

那么，具有哪些特征的战略领导者会在权衡利弊时更看重并购带来的潜在收益呢？企业高管的经验能力或者兼任其他职务带来的“人脉”，是否会使他们更敢于发起并购？在本节中，我们用企业并购的数量和规模来反映其战略领导者的并购倾向，分别从高管的个人属性和社会属性两个方面对上述问题进行探讨。

7.1.1.1　个人特征的影响

企业战略领导者的个人动机是企业发起并购的潜在动因之一。Roll（1986）提出的“自大假说”（hubris hypothesis）认为，主并企业 CEO 相信自己可以比目标企业现任管理层更好地管理目标企业，认为目标企业目前的价值因为管理不善被低估了，而自己接手后可以使目标企业的现有资源发挥更大的价值，这是他们发起并购的重要动因。近年来，借助机器学习、文本分析、案例研究等方法，学者们对战略领导者的并购倾向进行了更加深入的解读。研究发现，具有自恋特征的 CEO 发起并购的次数更多，规模更大，这是因为涉及金额巨大的并购作为一种相对激进的投资，往往会成为市场上引人注目的重大事件，可以满足自恋型 CEO 渴望获得关注的心理诉求，同时，他们也更加相信自己能够比目标企业现任管理者做得更好（Chatterjee and Hambrick，2007）。类似地，过度自信也是决策者在决策时普遍存在的一种认知偏差，会导致其对自身能力的高估及对风险的低估。Malmendier 和 Tate（2008）发现，与非过度自信的 CEO 相比，过度自信的 CEO 发起并购活动的可能性高出 65%。此外，大五人格之一的外倾性也可以被用来解释主并企业 CEO 的并购倾向，外倾性高的 CEO 乐于通过并购获得他人的关注，并且，由于外倾型 CEO 乐于且擅长与人交际，拥有更发达的社交网络，他们更容易获得与潜在并购机会有关的信息，而且他们擅长说服，从而能够推动并购的实施。外倾型 CEO 的上述特征，使得他们与内倾型 CEO 相比具有更强的并购倾向（Malhotra et al.，2018）。

除了上述较为常见的人格特征，还有学者将心理学中的调节定向理论（regulatory focus theory）引入并购研究中。该理论认为，不同个体在实现特定目标的过程中对自身心态和反应进行调节的动机和方向是不同的。具体而言，促进定向（promotion focus）类型的个体在制定决策时更受到收益驱动，渴望获得进步和成长；而预防定向（prevention focus）类型的个体则反之，他们对损失更加敏感，追求稳定和安全。研究发现，促进定向型 CEO 会表现出更强烈的并购倾向，因为他们更看重并购提供的发展机遇和潜在的收益，从而会对并购项目做出更积极的评价；相反，预防定向型 CEO 更倾向于谨慎行事以避免犯错，在评估潜在收购机会时对负面信息更加敏感，因此较少发起并购（Gamache et al.，2015）。

上述学术研究均表明，战略领导者的人格特征会影响企业的并购决策，然而不管是在学术研究还是在具体的并购活动中，我们都较难直接观测到某个高管的人格特征或心理活动。因此，许多并购学者通过更易观测到的人口统计特征和职业经历来考察企业高管的并购倾向。比如，当主并企业 CEO 接近退休年龄时，他们相较于较年轻的 CEO 发起跨国并购的可能性更小，因为即将退休的 CEO 更倾向于维持现状，确保安稳地完成权力过渡交接，不愿意进行并购这种回报周期长且风险高的投资（Matta and Beamish，2008）。战略领导者的个人职业经历塑造了他们对并购的不同看法，学者们从这一视角出发，也发现了一些有趣的现象。Cain 和 McKeon（2016）以美国上市公司为样本，将持有飞行员执照作为 CEO 风险偏好的代理变量，验证了偏好高风险的 CEO 会表现出更强的并购倾向。赖黎等（2017）以沪深两市 A 股上市公司为样本，验证了具有从军经历的高管会偏好进行并购，因为从军经历提高了他们的风险承受能力和抗压能力。何瑛等（2019）基于 CEO 多维职业经历，从职能部门、企业、行业、组织机构和地域类型五个维度刻画 CEO 职业经历的丰富程度，发现丰富的职业经历可能会促使 CEO 做出并购决策，因为多样化的职业经历不仅可以使 CEO 积累相应的知识和经验，提升其实施并购决策的信心，还扩充了信息获取渠道，为企业带来更多潜在的并购机会。

7.1.1.2　社会关系的作用

在本节中，我们关注战略管理者的社会关系对并购决策的影响。企业领导者之间通过任职关系形成的社会网络可以作为信息沟通的渠道，其中最常见的就是连锁董事（board interlock），即一人同时担任两家或两家以上企业的董事职务。连锁董事现象已非常普遍，根据卢昌崇和陈仕华（2009）的研究，我国沪深两市 A 股上市公司中，约 72.13%的公司至少拥有一名连锁董事。连锁董事对公司的战略决策制定过程及其经济后果有着重要影响。万良勇和郑小玲（2014）基于社会网络（social network）理论和计算方法，构建了我国上市公司连锁董事网络以刻画每一位连锁董事在该网络中的位置，并发现如果一家公司的董事在连锁董事网络中占据的位置越核心、越能连接不同信息来源，那么这家公司就越有可能获得潜在并购机会。

企业领导者与业内其他个体之间的关联不仅带来了社会资本，也可能成为压力的来源。社会比较理论认为，个体会不断把与自己境况相似的他人作为参照体并与之进行比较，其中境况相似是指具有相同的人口统计特征或者相近的职业和社会地位（Festinger，1954）。对于企业高管来说，同一家企业中的其他高管、董事以及其他企业的高管、董事都是容易被拿来作为参照的比较对象。这样的对比会影响企业高管对并购等战略决策的态度。例如，Shi 等（2017a）发现，CEO 在本公司独立董事去世后并购倾向显著下降，因为同事的去世作为负面创伤事件，会刺激 CEO 重新审视自己的职业与个人生活，降低他们对并购带来的高额薪酬和社会地位等外部激励的渴求。而在目睹了同行获得媒体颁发的奖项之后，CEO 会把并购当作一种提高自身社会知名度的途径，因此更加热衷于发起并购（Shi et al.，2017b）。类似地，当 CEO 所获薪酬低于同行业平均薪酬水平时，他们可能会试图通过并购来谋取物质奖励和权力等个人利益，以此弥补薪酬差距及其带来的不平衡心理（Seo et al.，2015）。

7.1.2 选择目标企业所在行业

在并购前期准备阶段，战略领导者需要做出一系列具体的并购决策，其中一项重要的决策就是根据战略规划选择目标企业所在的行业。

7.1.2.1 跨行业并购与多元化

目标企业与主并企业的行业相关度是并购前期选择目标企业时需要考虑的重要因素，主并企业选择进行同行业、上下游相关行业还是跨行业并购，往往要基于对自身战略方向的规划。同行业并购可以实现行业内的规模扩张，为企业带来规模效应，节约成本，同时通过与竞争对手合二为一巩固市场地位；相关行业并购往往服务于企业的纵向一体化战略，通过对上下游业务的控制实现经营协同，企业不仅可以降低成本，还可以保证产品与服务的质量和声誉，或者遏制与防范竞争对手对供应来源和销售渠道的排他性把持。

不同于行业内并购出于规模效应和市场地位的考量，跨行业并购往往是为了实现企业的多元化战略。由于对新行业缺乏足够的了解，企业内生式发展进入新行业存在较大的困难，耗时长且成本高，相比之下，跨行业并购则能够帮助企业快速进入一些高门槛或者营利性强的行业。随着我国资本市场的发展，跨行业并购的门槛随之降低，越来越多的企业选择通过跨行业并购来实现多元化经营。然而，跨行业并购并非易事，一方面，对新行业的不熟悉增大了盲目跟风的风险，导致主并企业高估跨行业并购所能带来的收益，继而支付高昂的并购溢价；另一方面，并购双方不同的行业环境、业务范围和企业文化，增加了并购后整合的难度，使得预期的协同效应难以如期实现。

跨行业并购的利与弊可以在2015年A股并购潮中得以体现。2014年年中开始，证监会发布了一系列旨在鼓励上市公司通过并购重组优化资源配置、提升公司业绩的相关政策。2015年，上市公司的并购金额飙升至16 100亿元，是2014年的2 170亿元的7倍多，55%的上市公司账面上有商誉[①]，商誉合计金额达6 493亿元，较2014年年底翻了近一番，在2015年的牛市中，这些主并企业大多股价飙升，表现亮眼（杨威等，2018）。除了政策利好和资本市场的积极信号，许多产能过剩、增长放缓的传统行业上市公司也利用此次并购潮的机会进行跨行业并购，进入了在当时看来利润率更高、前景更好的游戏、影视、传媒等“轻资产”行业。根据Wind数据统计，2014年平均每6天就会发生一起影视类产业并购案。比如，2013年，A股涉及影视行业的并购事件仅有7起。到了2014年，湘鄂情（后更名为中科云网）、熊猫烟花、中南重工等企业纷纷通过跨行业并购进入影视行业，谋求“双主业”多元化发展，也在当时获得了资本市场的积极认可。然而，随着市场热情的退却以及游戏、影视行业受内容审查和税务整顿的影响进入“寒冬期”，跨行业并购的问题逐渐显现出来，引发股价暴涨后暴跌，加剧了市场波动，尤其是这些跨行业并购往往溢价极高，以A股上市公司重大资产重组为例：2014—2016年，沪深两市重大资产重组的估值溢价率[②]逐年上升，分别为655%、712%和862%，其中，影视传媒、游戏、互联网科技等标的企业的平均溢价率均在1 500%以上；而公用事业、交通运输业、能源行业等行业目标企业的溢价率一般在500%以下（高榴、袁诗淼，2017）。高溢价引致的高商誉，在三年业绩承诺期过后直接导致了2018年的商誉“爆雷”，共有45家A股公司在2018年计提了超过10亿元的商誉减值损失，其中更有10家超过了20亿元。由此可见，在跨行业并购以谋求多元化发展时，战略领导者应当审时度势，避免受到市场情绪的影响做出非理性的并购决策。

---

① 商誉是会计报表中的一项资产，只会因收购而产生，其金额等于主并企业支付的价格与目标企业净资产公允价值之间的差值。

② 估值溢价率=（目标企业净资产评估值-目标企业净资产账面值）/目标企业净资产账面值。

7.1.2.2 战略领导者与跨行业并购

战略领导者负责把握企业的战略发展方向，什么样的领导者会更倾向于施行多元化战略，通过并购进军与以往业务不相关的新行业？对我国上市家族企业的实证研究发现，如果二代领导者有童年时期父辈创业经历、海外留学经历以及家族企业外工作经历，会促使家族企业进行跨行业，尤其是金融和房地产等高收益行业并购，这表明跨行业并购是二代领导者避免与父辈领导者在价值观和经营理念上产生冲突的合理选择（蔡庆丰等，2019）。而在以美国为代表的成熟资本市场，战略领导者们对跨行业并购的认识则经历了不同的发展过程。20 世纪六七十年代，企业集团主导着市场，多元化被看作有前景的发展战略；而到了 20 世纪 80 年代，随着多元化企业集团发展受阻，大公司纷纷重新聚焦主业，跨行业并购能否为企业创造价值遭到了普遍的怀疑。这一变化也反映在商学院的学术研究和职业教育中，管理学学者们从不同视角对多元化的风险和弊端进行解读，并使这些观点通过媒体和职业教育广为传播，进一步改变了人们对多元化的认知。在这一时代背景下，Jung 和 Shin（2019）通过对美国上市公司 CEO 时间跨度达 30 年的研究，发现在 20 世纪 70 年代及之前获得主流商学院 MBA 学位的 CEO 倾向于进行跨行业并购，而在 20 世纪 70 年代之后接受 MBA 教育的 CEO 对跨行业并购的热衷显著降低，这一发现说明战略领导者的教育经历塑造了其认知观念，并最终作用于企业的投资决策。

并购的目标行业选择也受到战略领导者所拥有的社会关系的影响。跨行业并购既是企业进入有潜力新行业的机会，也意味着要面临更高的信息搜寻成本，还需要考虑税收优惠或产业扶持政策等一系列问题。在转型的新兴经济体中，政策不确定性放大了跨行业并购机会与风险并存的特征，李善民等（2009）发现，A 股上市公司“一把手”在政府机关单位任职的经历有助于企业进行跨行业并购，尤其是进入那些与主业无关的高利润行业，说明政治关联作为战略领导者的一种社会资本，会为企业带来信息优势和政策倾斜，有助于其识别并把握进入新行业的机会、规避政策不确定的风险，从而跨越行业壁垒，实现资源跨行业整合。

7.2 并购中的过程管理

并购是关于企业资源配置最重要的决策之一，它的成功与否将对企业价值产生重大而深远的影响。随着前期准备工作的完成和目标企业的确定，战略领导者需要将并购的意图和计划告知双方股东，若交易涉及上市公司，还要发布正式的并购公告以确保包括中小股东在内的投资者充分知情。在此基础上，并购进入中期执行阶段，主并企业高管需要对目标企业进行更深入的尽职调查来降低双方的信息不对称，以确保估值的准确性，同时与目标企业高管就交易的方案细则进行谈判，并制定并购后的人员变动及业务整合计划，这一过程的结果将直接决定企业并购活动的成败，对企业的生存和发展产生深远影响。例如，2015 年奥飞以 9 亿元的价格并购漫画 IP 公司有妖气，但并购后创始团队出走，在管理和整合耗费了大量管理层精力和资源后，不得已将有妖气折价以 6 亿元卖给哔哩哔哩，由于交易时错误地高估了协同效应导致最终“入不敷出”。在本节中，我们将介绍主并企业战略领导者如何影响并购的评估和谈判过程，进而影响并购溢价。在本章的最后一节中，我们还将探讨目标企业高管在并购谈判中所扮演的角色。

战略领导力与并购溢价也有着密切关系，并购溢价（acquisition premium）是主并企业为获得目标企业控制权所支付的交易价格与目标企业本身价值之间差额的百分比，并购溢价水平有很大的波动空间（陈仕华、李维安，2016）。本章第一节介绍了“自大假说”，解释了为什么自恋或者过度自信的战略领导者具有更强的并购倾向，那么这样的并购会对企业造成怎样的经济后果呢？Hayward 和 Hambrick（1997）发现自恋的 CEO 会支付高额的并购溢价，尤其在缺少强有力的董事会对 CEO 权力进行制衡的时候；而这种“昂贵”的并购交易往往会带来负向的股票市场反应，损害企业的价值。过度自信的高管十分相信自己的眼光和信息资源，倾向于高估并购的回报，认为目标企业能给本企业带来持续的经济利益，因此相信支付高溢价是值得的（Heaton，2002），过度自信还会使管理者低估交易面临的风险，认为并购收益前景良好，不会使企业陷入财务危机，并且自己的管理能力足够应对和掌控并购后的各种问题，进而愿意支付更高的并购溢价（Nofsinger，2005）。例如，Aktas 等（2013）通过研究微软并购雅虎失败的案例发现，在整个并购事件的前后，微软的股票价格对相关新闻披露的反应大多为负面的，说明投资者认为微软出价过高，并不看好这笔交易，而进一步分析发现过高的并购出价与管理层的过度自信有关。不过，也有研究发现，过度自信的 CEO 在经历个人股票投资失败造成损失后，会做出更加稳健的并购决策（Kolasinski and Li，2013）。基于上述研究的逻辑，国内学者也对 A 股上市公司的战略领导者在并购过程中的溢价决策进行了研究，并得出了相似的结论。李丹蒙等（2018）以上市公司当年合并会计报表新增商誉价值来度量公司在并购活动中所支付溢价的程度，发现管理层的过度自信程度越高，企业当年新增的并购商誉越大，并购溢价水平越高。

除了过度自信的 CEO，学者们也关注战略领导者其他个体层面的特征在并购过程中的影响，比如行业背景。当主并企业 CEO 拥有目标企业所在行业的工作经历时，企业通常能通过该并购获得更高的超额收益，这主要是因为具有目标企业所在行业工作经历的 CEO 可以更好地获取和分析该行业的相关信息，在谈判时表现出更高的掌控能力，能够以较低的价格完成并购，从而能更好地保证并购为企业创造价值（Custódio and Metzger，2013）。

在第一节中，我们还提到企业战略领导者之间通过兼任连锁董事或者校友关系形成的社会网络可以作为信息优势的来源，享有更大信息优势的战略领导者更有信心发起并购，那么，双方的社会关系会如何影响并购交易的价格？过往的研究发现，当主并企业和目标企业之间拥有连锁董事时，相较于没有连锁董事的情况，主并企业会支付更低的并购溢价（Cai and Sevilir，2012），并且当主并企业与目标企业拥有连锁董事关系时，双方基于信任和了解更可能采取股票支付方式实现互相持股，一定程度上规避了现金或者负债支付高额溢价的风险（田高良等，2013）。这些结果再次表明，企业之间通过高管建立起联系有助于增进彼此的相互信任，并购过程中的交易成本会更加合理。

除此之外，战略领导者在面对交易过程中的决策时，也会将其他企业高管作为参考的尺度和比较的对象。陈仕华和李维安（2016）将心理学中的锚定效应（anchoring effect）引入并购研究中，锚定效应是指个体在不确定性情境下的判断和决策过程中，会以最先呈现的信息为锚定值来调整对事件的判断，致使最后的决策结果趋向于这一锚定值。这意味着在不确定性情境下，人们的真实决策模式并不是基于纯粹的理性计算，而是会采用简化的现实模型。进一步地，他们使用 A 股上市公司的并购事件样本对这一理论进行检验，结果发现：并购溢价决策存在一定程度的锚定效应，即企业高管在确定某次交易的并购溢价时会参考本企业之前的并购溢价水平，若本企业之前没有进行过并购，则会参考与本企业存在高管联结的企业之前的并购溢价水平，而如果并购交易中聘请了咨询顾问，那么这种锚定效应可能会有所缓解，说明咨询顾问的专业知识和经验缓解了主并企业战略领导者非理性因素对并购溢价决策的影响。潘爱玲等（2021）的研究则关注高管对公平的感知如何影响他们在并购中的表现，指出高管会比较自己与同行的薪酬水平，以此形成对薪酬是否公平的认知。当自身薪酬低于当年行业基准薪酬时，薪酬不公平的感知会促使主并企业高管转而利用并购寻求替代性补偿，因为并购为高管向董事会主张更多工资提供了机会，有助于提升其个人薪酬水平，而为了促成这种并购，主并企业高管可能会支付更高的并购溢价。

7.3　并购后的过程管理

股份由目标企业原股东过户到主并企业后，控制权正式转移，标志着并购的完成，但这并不意味着并购的结束。并购完成后，战略领导者还面临着一项极其重要的任务——并购后整合。相较于并购的前两个阶段，关于并购后整合的学术研究相对缺乏。这是因为并购完成后目标企业不再作为独立的法人实体存在，而是成了主并企业集团的一部分，导致许多数据等信息对研究者来说不再能从独立公开的财务报表或各类公告中获得，而且不同于并购溢价或者支付方式这样明确的决策结果，并购后整合的诸多决策是连续而渐进的，使得并购后整合的过程像一个“黑箱”，难以分辨出清晰的因果逻辑。尽管如此，还是有一些研究对主并企业完成并购后的情况进行了一年及以上的追踪，通过定量或者定性的方式研究战略领导者在整合过程中的影响。

7.3.1 战略领导力与并购后整合

并购后整合是一个长期、动态的过程，涉及一系列复杂的互动与决策，例如如何将目标企业纳入现有的组织框架，给予目标企业多大的经营自主权，以及如何实现双方企业文化的融合等（Graebner et al., 2017）。失败的整合会给企业带来严重的后果。中美企业会计准则均规定，当目标企业被并购后产生现金流或经营利润持续恶化至明显低于预期时，需要计提商誉减值，商誉减值会直接冲减当年的净利润。企业为了完成并购，往往要支付并购溢价，并付出管理者时间精力以及咨询费用等各种成本，如果并购前预期的协同效应未能通过有效的并购后整合得以实现，会导致“入不敷出”，反而拖累了企业的发展，甚至企业有时不得不在并购完成若干年后放弃，进行资产剥离以止损。因此，能否通过并购后整合为企业创造价值，是战略领导力的重要体现。

并购后整合过程受到战略领导者并购动机和意愿的影响，当企业领导者试图通过并购谋取私人利益，或者陷入并购后的权力纷争时，他们的行为会反映在企业层面的整合绩效中。赵息和张西栓（2013）采用并购后三年经营活动产生的现金流量净额、每股收益和托宾 Q 的平均变化这三个指标作为衡量并购后整合绩效的指标，发现内部控制对整合绩效具有显著的正向影响，而对高管权力具有显著的负向影响，并且内部控制与高管权力之间存在反向的相互作用关系。这一结果说明，当高管权力缺乏制衡时，并购可能会成为高管实现个人收益的手段，无法为企业带来预期的协同效应。基于这一逻辑，高管权力越大，就越容易在个人利益最大化目标的驱使下支付高额并购溢价，确认巨额商誉，为企业埋下财务风险的隐患。因为并购对企业的影响会持续多年，主并企业按照规定需要在并购之后每一年对目标企业的绩效进行评估，如果没有达到并购前的预期，则需要计提商誉减值，冲减净利润。由于并购后整合往往持续多年，在这期间企业如果发生管理层变动，会面临新的问题：前任高管在权力驱动下进行并购留下的“烂摊子”，继任高管应如何应对？继任高管是否会在上任后对商誉进行“大清洗”，以尽快摆脱前任高管并购的影响？谭燕等（2020）通过对 A 股上市公司的研究发现，继任高管在上任第一年，为了增强企业内外部利益相关者的信心，弱化高管变更带来的不确定性对企业业绩的影响，保证高管权力的平稳交接，通常不会计提大额并购商誉减值。而权力约束也会对商誉清洗产生抑制作用，当继任高管在权力较量中处于弱势时，也无法通过这一手段摆脱前任高管并购的影响。

企业高管的领导能力也可以在并购后整合中得以体现。首先，能力出众的战略领导者在风险防范、成本控制和提高资源利用效率等方面有更优异的表现，可以促进更好的并购后整合。柳建华等（2021）用回归模型测算高管将企业投入的资源转换成销售收入的效率，以此度量高管能力，发现能力更强的高管可以提升并购后的长期绩效，降低商誉减值的概率和幅度。此外，战略领导者的个人魅力也会体现在并购后整合的过程中。拥有个人魅力的战略领导者更擅长通过阐释组织的目标与愿景激励员工，对外部环境和员工的需求变化更加敏感，并且为了实现组织的目标表现出较强的主观能动性和冒险精神。现有研究将上述特征归纳为魅力型领导风格，并指出具有该领导风格的战略领导者在进行并购后整合时，更擅长促成合作愿景以及推动双方的沟通与信息共享，从而促进整合的顺利进行（Waldman and Javidan，2009）

需要注意的是，并购后整合不仅包括资源业务的整合和组织架构的调整，也包括两个企业文化的融合，解决文化差异、保证双方顺畅高效的沟通是并购后整合成功的重要条件。在跨国并购中，主并企业和目标企业受不同所在国文化的影响，表现出不同的价值观和习俗，语言往往也不相通，为并购后整合带来了更大的挑战。例如，2012 年，三一重工收购了德国工程机械巨头普茨迈斯特，作为一家德国家族企业，普茨迈斯特非常注重稳健经营，而三一重工作为上市公司，除了要稳健地“活下去”，也要保持快速的发展。收购后，三一重工董事长梁稳根只派了三个管理层分别负责沟通、财务和文化事务，最大限度地尊重并保留普茨迈斯特的自主性。并购十年来，普茨迈斯特的全球销售额从 2011 年的 5 亿欧元上升到 2021 年的超过 8 亿欧元，盈利能力稳步上升，在中国之外的市场占有率保持行业第一，员工人数也始终稳定在 3 000 人左右，创始人卡尔·施莱西特（Karl Schlecht）将这笔并购称为“一个中德示范性交易”，可见双方在互相尊重的基础上选择适当的整合模式对并购后整合的成功至关重要。此外，战略领导者的跨文化交际能力也会在跨国并购中发挥至关重要的作用。跨文化交际能力是指在不同文化背景中，交际者能够成功超越双方的文化身份，有效而得体地完成交际行为的能力，在并购中，战略领导者的这种跨文化交际能力可以转化为组织内的跨文化整合能力。研究发现，拥有海外经历的高管会表现出更强的跨文化交际能力，有助于增强对对方的文化认同感，提高双方的沟通意愿和沟通强度，因此，这些"海归"高管能够显著提升企业跨国并购绩效，当高管团队中"海归"人数越多、占比越高时，跨国并购绩效越好；更具体地，当高管海外经历所在国与目标企业所在国使用相同的语言和法律体系时，这种海外经历对跨国并购绩效的提升作用会更明显（周中胜等，2020）。

7.3.2 目标企业高管的去留

并购后整合也包括主并企业和目标企业人力资源的整合，其中最重要的决策之一就是目标企业高管的去留。通常情况下，目标企业高管处于相对被动的地位，所在企业被收购会对其今后的职业生涯造成重大的影响。现有研究也关注到并购中被收购一方潜在的代理问题：尽管并购可能会给目标企业股东带来财务收益，但可能会对目标企业高管的职业生涯造成严重的冲击（Jenter and Lewellen，2015）。例如，目标企业 CEO 可能在企业被收购后被解雇（Heyden et al.，2017），暂时留任的目标企业 CEO 也面临着比未发生收购时高出近两倍的离职率，并且绝大多数目标企业 CEO 难以再获得与之前待遇和地位相当的职位（Hartzell et al.，2004）。这种情况在同行业并购中尤其常见，不仅因为在同行业并购中，目标企业高管的知识储备和人力资本与主并企业高管高度重合，会造成人员冗余，也因为在同行业并购之后往往需要进行业务层面的高度整合以减少人员冗余并实现经营协同效应（Rabier，2017），这需要目标企业高管放弃原有的经营自主权，在业务活动中更加服从于母公司总部的调度安排，因此也增大了目标企业高管自愿离职的可能性（Bilgili et al.，2017）。目标企业并购前的绩效也是影响目标企业高管去留的一个重要因素，当并购前绩效越差时，目标企业高管越容易引咎离职，在成熟的资本市场上，被收购是一种常见的对经营不善的高管的"惩罚"措施（陈健等，2006）。而企业高管的社会关系则可以对目标企业高管面临的离职压力起到一定的缓冲作用，张洽和袁天荣（2020）以 2010—2017 年主并方为 A 股上市公司为样本，发现主并企业与目标企业 CEO 校友关系增大了被并方 CEO 留任的可能性。

目标企业高管的去留会对并购后整合及其结果产生深远影响。Bilgili 等（2017）通过对北美企业的研究发现，通常来说，目标企业高管个人的离职对并购后绩效有促进作用，但目标企业高管团队的整体离职率却与并购后绩效呈负相关关系，说明管理层的大规模权力变更和管理人员流失会危及并购后整合的顺利推进。基于中国数据的研究也得出了相似的结论。陈健等（2006）用 1996—2001 年间深圳和上海证券交易所中第一大股东变更的上市公司作为样本，发现控制权变更后，董事长或总经理也变更的企业并购后绩效提升，相较于控制权变更但管理层未变更的企业也有更好的绩效表现。乐琦（2012）通过问卷的形式收集了 123 份并购样本，发现并购后目标企业高管团队的集体离职不仅会破坏目标企业之前通过高管与外界建立的关系网络，降低外部合法性，也会引发目标企业员工的担忧和抵触，降低内部合法性，这两点都会阻碍并购后整合的顺利实施，有损并购后绩效。

7.4 目标企业的战略领导者

并购交易的完成过程需要双方管理层的参与和协作，但主流并购研究出于影响显著性和数据可得性的考虑，往往更多地关注主并企业的战略领导者。研究的缺乏并不意味着目标企业高管的影响不重要，尽管他们不会像主并企业高管那样影响并购的数量和规模，但也不会只是被动地接受被收购的结果，而是会不可避免地共同参与到并购的实施过程，尤其是并购中双方的谈判过程中；在许多知识密集型初创企业的并购中，目标企业高管的技术知识储备是非常重要的人力资本，他们的去留和在并购后整合过程中的配合程度会对并购的价值创造产生重大的影响。近年来，也有学者探究目标企业高管在并购中所扮演的角色，对并购实践具有一定的启示作用。

总体而言，目标企业高管往往会在并购后发生职业变动，承担薪酬、福利和地位的损失。鉴于此，他们可能会认为收购具有威胁性，在并购谈判的过程中试图通过争取保留职位、获取高额并购补偿等方式维护其个人利益（Patrick，2018），这可能会影响交易的完成和后续价值的创造。

7.4.1 目标企业战略领导者对并购谈判的影响

目标企业高管在并购中的影响主要体现在并购完成前的谈判过程中。许多研究关注到在并购谈判中，目标企业高管会牺牲并购溢价来补偿自身利益，比如换取能够留在并购企业的机会或者高额并购离职补偿金（Qiu et al.，2014；Wulf，2004；吕长江、赵骄，2007）。学者们尤其指出目标企业创始人在并购中的重要作用，当并购谈判中，目标企业高管同时也是目标企业创始人时，主并企业会更容易妥协，比如支付更高的溢价或者让创始人留任，这一方面是因为创始人对企业有更深的个人情感寄托，对让渡控制权和经营权会更加抵触，另一方面他们自身的知识和影响力对并购后的企业集团来说也是重要的资产（Kumar et al.，2021）。另外，并购研究也开始关注目标企业高管的个人特征会如何影响并购的完成过程和结果。自恋型目标企业高管在并购谈判过程中不会轻易让步，从而增加了并购完成的难度（Aktas et al.，2016）；而接近退休年龄的高管则会增加并购顺利完成的概率，因为即将到来的退休弱化了并购对目标企业高管职业生涯所带来的冲击（Jenter and Lewellen，2015）。对此，主并企业有时会采取分步并购的方式，即首先收购目标企业的少数股权，一段时间后再视情况决定是否追加投资进行控股收购，这样不仅可以通过初步投资增加对目标企业的了解，缓解并购双方的信息不对称（Smit and Kil，2017），而且可以通过与目标企业高管的前期接触与沟通建立信任，在一定程度上缓解目标企业管理层对并购的抵触心理，有利于并购的顺利推进与完成（Dai et al.，2021）。例如，2021 年腾讯收购搜狗获得了搜狗 CEO 王小川的支持，王小川不仅公开表示“感谢腾讯公司对搜狗公司价值以及技术能力、产品创新能力的认可”，同时他也是促成股东谈判的关键人物。早在 2013 年，腾讯便以价值 4.48 亿美元、占比 36.5%的股份战略入股搜狗，并将旗下的搜索和 QQ 输入法并入搜狗的业务中，可见目标企业战略领导者的支持建立在双方互相认可和长期合作的基础上。

7.4.2　目标企业领导者对并购后整合的影响

并购后整合的过程不仅需要主并企业战略领导者的主持，也需要留任目标企业管理层的积极配合。如前文所提及的奥飞娱乐在 2015 年收购动漫平台网站有妖气时，曾计划通过整合自身 IP 运营能力与有妖气孵化的动漫 IP，实现“1+1>2”的协同效应，但这一预期最终未能实现，从有妖气的管理层变动中即可见端倪。尽管在收购时，奥飞承诺有妖气的管理层不会发生变动，但很快就派驻了高管，且双方后续的合作并不愉快，收购两年后，有妖气创始人兼 CEO 周靖淇和 COO 董志凌先后离职，此前二人离职的传闻便流传已久，此后有妖气的管理层更是几经更迭，使得进一步整合困难重重，例如有妖气员工在采访中曾表示“完全没有想到，奥飞会委派一个人力资源总监（沈璨）过来管理有妖气”。2021 年，奥飞将花 9 亿元收购来的有妖气以 6 亿元的价格出售给哔哩哔哩。2022 年，有妖气宣布将正式关停。由此可见，主并企业与目标企业领导者的磨合失败和由此所引发的目标企业领导层动荡，会影响并购后整合的成败。

并购完成后，目标企业自身成了更大的企业集团的一个子公司战略单元，原目标企业高管不仅需要继续管理战略单元内部的各项事宜，还需要处理集团总部的各项要求，配合总部实现整合目标。在这一过程中，他们的注意力分配可能是不平衡的。Yu 等（2005）通过对一起并购长达 8 年的追踪研究发现，原目标企业高管仍然将更多的注意力投入本战略单元内部，较少关注与外部整个集团的互动，这种对外部的疏忽导致与其他战略单元和总部之间的摩擦反复出现，反而扰乱了对内部的管理。这种恶性循环阻碍了并购后整合目标的实现。相反，如果被收购后原目标企业高管积极通过调整内部的步调和促进沟通来加快与整个集团的协调，会更有可能通过并购后整合实现预期的价值。如果原目标企业高管被赋予集团层面的职责，而不仅仅限于管理被收购的部门，他们将能够接触到合并后整个企业集团内部的活动，甚至有可能发现一些主并企业管理层注意不到的资源重新配置的机会，从而创造超出并购前预期的价值，真正实现“1+1>2”的整合。当然，这需要并购后企业集团的高管团队仍存在空缺位置可以提供给原目标企业高管，而这种情况在主并企业早期的并购中更容易实现（Graebner，2004）。

本章小结

并购是企业实现规模扩张和外延式、跨越式成长的重要途径。并购完成后，主并企业控股目标企业，目标企业成为主并企业的一部分。

并购倾向高的战略领导者发起并购的数量更多，涉及金额更大。

战略领导者的个人特征会影响其并购倾向，具有自恋、外倾、风险偏好等特征的战略领导者的并购倾向更高。

战略领导者的社会关系会影响其并购倾向，连锁董事带来的信息优势以及在同行之间进行比较会提高并购倾向。

在公告并购之前，主并企业高管需要制订并购计划，初步确定目标行业和地区范围，筛选和接触目标企业，进行初步的尽职调查和估值。

行业选择是并购前的重要决策。同行业并购可以为企业带来规模效应，巩固市场地位；上下游相关行业并购往往服务于企业的纵向一体化战略；跨行业并购则是为了实现企业的多元化战略。

跨行业并购是机遇也是挑战，能够帮助企业快速进入一些高门槛或者营利性强的行业，但在新行业缺乏经验以及双方不同的企业文化、业务流程都可能使预计的协同效应难以如期实现，增加了并购的风险。

战略领导者的成长背景、教育经历和社会资本会影响并购时的行业选择。

在确定目标企业并对外宣告之后，并购进入中期交易进行阶段，主并企业高管需要主持对目标企业进行的更详尽的尽职调查和估值，并与目标企业高管就具体的交易方案和并购后的人员变动及业务整合计划进行谈判。

并购溢价是主并企业为获得目标企业控制权所支付的交易价格与目标企业本身价值之间差额的百分比。战略领导者过度自信、锚定效应等非理性因素会使主并企业支付更高的并购溢价，而战略领导者行业经验和社会关系带来的信息优势会使得主并企业支付较低的并购溢价。

股份的正式交割标志着并购的完成，两家企业要进行资源、企业文化、组织架构和流程等各方面的整合，通过有效的沟通和安排实现顺利过渡。

战略领导者的并购动机、领导风格和领导能力会影响并购后整合的过程。

并购后整合的成功与否将对企业在并购之后的长期绩效产生重要影响。若目标企业经营状况明显低于预期甚至未实现承诺的业绩，则需要对合并会计报表中因并购而产生的商誉计提减值，减值金额会冲减企业当年净利润。

并购完成后，目标企业高管面临较高的离职率。目标企业管理层整体离职率高可能会引发动荡和人才流失，不利于并购后的价值创造。

目标企业高管在并购谈判中扮演重要的角色，他们有动机争取能够留在合并后企业的机会或者并购离职补偿金。目标企业战略领导者的创始人地位和人格特征会影响谈判过程和结果。

留任的目标企业管理层在并购后整合过程中发挥重要作用，尤其体现在母公司与子公司的有效沟通与协同价值创造方面。

重要术语

企业并购	主并企业与目标企业	领导者并购倾向
连锁董事	多元化	并购溢价
商誉减值	并购后整合	

复习思考题

1. 并购过程中有哪些重要的时间节点？需要战略领导者在不同时期完成哪些具体决策事项？

2. 除了本章介绍的研究，还有哪些因素可能会影响战略领导者的并购倾向？

3. 战略领导者如何选择并购的目标行业？

4. 战略领导者如何全面、准确地评估并购可能为本企业带来的协同效应及其背后的成本？

5. 哪些因素会影响目标企业高管对并购的态度和配合程度？

6. 总体来看，战略领导者在企业并购过程中发挥哪些作用？你认为领导者的哪些特征对并购的影响最为显著？

中国实践

安踏：并购铸造世界级品牌

安踏是一家专门从事设计、生产、销售运动鞋服、配饰等运动装备的综合性、多品牌的体育用品集团，由丁和木、丁世忠父子创立于1991年，取名“安踏”寓意“安心创业，踏实做人”。2007年，安踏在香港上市。如今，安踏已经从最初福建晋江的制鞋工坊成长为市值与营业额在全世界名列前茅的运动品牌，向着丁世忠提出的“不做中国的耐克，要做世界的安踏”的愿景不断前进。回顾安踏的成长历程，几次并购对其品牌布局发展意义重大。

安踏早期的定位面向三、四线城市，旗下缺乏中高端品牌。早年在北京跑业务卖鞋的经历让丁世忠深知体育用品行业品牌的重要性，为了补足短板，他决定进军一、二线城市，安踏开始尝试收购定位于中高端市场的品牌。2009年，安踏收购国际知名时尚运动品牌斐乐（FILA）中华区的商标权和运营业务，迈出了安踏实践多品牌运营战略、打造多品牌运营集团的第一步。这个创立于意大利的运动品牌主要走高端路线，在国际品牌效应和科技研发方面有着明显优势，但在被安踏收购前由于经营不善曾频繁易主，经历过一段低谷期。安踏在收购斐乐后，对其在中国市场的运营进行了精细化管理，专注于打造品牌高端运动休闲的差异化定位，使其成功实现扭亏为盈。如今，斐乐已经成为安踏集团新的利润增长点，并与安踏品牌形成差异互补。2019年，安踏集团首次披露的财报显示，斐乐实现营收147.7亿元，占安踏体育整体营收的43.53%，甚至超越安踏的主品牌，成为集团营收贡献率最大的品牌。2020年，斐乐实现18.1%的增长，营收达到174.5亿元，占安踏总营收355.12亿元的49.1%。

成功收购斐乐之后，安踏并未紧锣密鼓地开始下一轮收购。2012年前后，在行业性的产能过剩与库存危机下，体育用品企业业绩普遍下滑，陷入财务困境。当同行业的361°、贵人鸟等企业开始寻求通过并购实现弯道超车时，安踏将关注点集中在企业内部。2013年年初，安踏开始实施零售转型战略，从原来的品牌批发模式转型升级为品牌零售模式，调整组织架构，加强供应链管理，提高了市场响应速度和产品迭代能力，也为加强渠道运营能力，整合之后收购的品牌打下了坚实的基础。

2015年，安踏在财务危机解除后重启并购计划，收购了英国中低端健步品牌斯潘迪（Sprandi）。2017年10月，安踏宣布收购香港中高端童装品牌小笑牛100%的股权及有关商标拥有权。据报道，曾有其他品牌加入竞购小笑牛，但最终安踏庞大的经营网络和出色的品牌运营能力使其赢得这一机会。2019年，安踏完成了又一起大手笔并购——收购了拥有“运动服饰中的爱马仕”始祖鸟、户外山地越野品牌萨洛蒙和网球装备品牌威尔胜三个知名高端品牌的芬兰体育巨头亚玛芬体育（Amer Sports）。当时，外界质疑安踏对亚玛芬的收购有“蛇吞象”的嫌疑，但丁世忠认为，亚玛芬旗下品牌的价值很难用钱去衡量，其品牌也不是短期内就能靠钱去塑造的，“我们买下亚玛芬，很不容易，中间遇到了很多困难。这次的收购，我们经过了多年的准备，现在天时、地利、人和具备，因为市场不好，我们溢价43%买下了，假如市场好，我们根本买不到”。

对亚玛芬的收购也涉及未来安踏对标耐克的竞争战略。2020年，安踏全年净利润达51.62亿元；阿迪达斯同期全年净利润约为33.14亿元，安踏净利润首次超越阿迪达斯，目标直指耐克。在正面战场上，耐克的优势在中短期内很难撼动，而收购亚玛芬则可以帮助安踏在户外等细分市场上迅速占据高点，与耐克形成差异化竞争的新对峙格局。天猫相关数据显示，2021年1—7月，安踏在“运动户外”类目排名第一，这是中国品牌首次占据行业榜首。对于接下来的收购计划，丁世忠表示会“短期内聚焦现有的收购品牌，把它们做好”。

丁世忠曾在采访中称：“从商业性格来讲，我从小不管做什么事情都很好胜，一定要比别人做得更好。”他将安踏取得的一系列成绩归功于“单聚焦、多品牌、全渠道”的战略方针，“单聚焦就是聚焦在体育用品的鞋服行业。虽然已经做到这么大的体量，但是我们一直没有偏离这个轨道，没有涉足其他行业；而全渠道是指从一线市场到所有级别市场，实现全渠道、全覆盖。”在这一战略方针下，安踏通过并购形成了驱动未来发展的两条增长曲线，即斐乐引领的时尚运动群高品质增长曲线，以及以始祖鸟等国际品牌为主导的高潜力增长曲线。

资料来源：根据互联网相关报道整理得到。

思考题：

1. 安踏从并购中获得了哪些优势？

2. 结合安踏创始人的经历，你认为其近年来运营成功的因素有哪些？在并购前的目标企业选择上，安踏遵循怎样的逻辑？

3. 安踏为什么愿意以43%的溢价收购亚玛芬？是“蛇吞象”还是物超所值？

4. 在并购后整合和多品牌管理上，安踏有哪些值得借鉴之处？

5. 对于安踏未来的发展，从战略管理的角度，你给安踏高层领导者的建议有哪些？

参考文献

蔡庆丰、陈熠辉、吴杰，2019，《家族企业二代的成长经历会影响并购行为吗——基于我国上市家族企业的发现》，《南开管理评论》，22（1）：139—150。

陈健、席酉民、贾隽，2006，《并购后高管变更的绩效影响：基于中国上市公司的实证分析》，《南开管理评论》，9（1）：33—37。

陈仕华、李维安，2016，《并购溢价决策中的锚定效应研究》，《经济研究》，51（6）：114—127。

高榴、袁诗淼，2017，《上市公司并购重组商誉及其减值问题探析》，《证券市场导报》，12：58—64。

何瑛、于文蕾、杨棉之，2019，《CEO复合型职业经历、企业风险承担与企业价值》，《中国工业经济》，9：155—173。

赖黎、巩亚林、夏晓兰、马永强，2017，《管理者从军经历与企业并购》，《世界经济》，12：141—164。

乐琦，2012，《并购后高管变更、合法性与并购绩效——基于制度理论的视角》，《管理工程学报》，26（3）：15—21。

李丹蒙、叶建芳、卢思绮、曾森，2018，《管理层过度自信、产权性质与并购商誉》，《会计研究》，10：50—57。

李善民、赵晶晶、刘英，2009，《行业机会、政治关联与多元化并购》，《中大管理研究》，4（4）：1—17。

柳建华、徐婷婷、杨祯奕，2021，《管理层能力、长期激励与商誉减值》，《会计研究》，5：41—54。

卢昌崇、陈仕华，2009，《断裂联结重构：连锁董事及其组织功能》，《管理世界》，5：152—165。

吕长江、赵骄，2007，《管理者留任影响控制权变更吗？》，《管理世界》，5：115—124。

潘爱玲、吴倩、李京伟，2021，《高管薪酬外部公平性、机构投资者与并购溢价》，《南开管理评论》，24（1）：39—49。

谭燕、徐玉琳、赵旭雯、蒋华林，2020，《高管权力、前任安排与并购商誉减值》，《会计研究》，7：49—63。

田高良、韩洁、李留闯，2013，《连锁董事与并购绩效——来自中国 A 股上市公司的经验证据》，《南开管理评论》，16（6）：112—122。

万良勇、郑小玲，2014，《董事网络的结构洞特征与公司并购》，《会计研究》，5：67—72。

王长征，2002，《企业并购整合：基于企业能力论的一个综合性理论分析框架》，武汉大学出版社。

王姝勋、董艳，2020，《期权激励与企业并购行为》，《金融研究》，477（3）：169—188。

徐焕迪，2013，《中国上市公司并购成功率的实证研究》，北京化工大学硕士学位论文。

杨威、宋敏、冯科，2018，《并购商誉、投资者过度反应与股价泡沫及崩盘》，《中国工业经济》，6：156—173。

张洽、袁天荣，2020，《CEO 校友关系会影响并购决策与并购效果吗》，《上海财经大学学报（哲学社会科学版）》，22（3）：82—96。

赵息、张西栓，2013，《内部控制、高管权力与并购绩效——来自中国证券市场的经验证据》，《南开管理评论》，16（2）：75—81。

周中胜、贺超、韩燕兰，2020，《高管海外经历与企业并购绩效：基于“海归”高管跨文化整合优势的视角》，《会计研究》，8：64—76。

Aktas, N., Bodt, E. D., and Roll, R. 2013. MicroHoo: Deal failure, industry rivalry, and sources of overbidding. *Journal of Corporate Finance*, 19 (1): 20-35.

Aktas, N., Bodt, E. D., Bollaert, H., and Roll, R. 2016. CEO narcissism and the takeover process: From private initiation to deal completion. *Journal of Financial and Quantitative Analysis*, 51 (1): 113-137.

Bilgili, T. V., Calderon, C. J., Allen, D. G., and Kedia, B. L. 2017. Gone with the wind: A meta-analytic review of executive turnover, its antecedents, and postacquisition performance. *Journal of Management*, 43 (6): 1966-1997.

Cain, M. D., and McKeon, S. B. 2016. CEO personal risk-taking and corporate policies. *Journal of Financial and Quantitative Analysis*, 51 (1): 139-164.

Cai, Y., and Sevilir, M. 2012. Board connections and M&A transactions. *Journal of Financial*

Economics, 103 (2): 327-349.

Chatterjee, A., and Hambrick, D. C. 2007. It's all about me: Narcissistic chief executive officers and their effects on company strategy and performance. *Administrative Science Quarterly*, 52 (3): 351-386.

Custódio, C., and Metzger, D. 2013. How do CEOs matter? The effect of industry expertise on acquisition returns. *Review of Financial Studies*, 26 (8): 2007-2047.

Dai, Y., Gryglewicz, S., and Smit, H. 2021. Less popular but more effective toeholds in corporate takeovers. *Journal of Financial and Quantitative Analysis*, 56 (1): 283-312.

Festinger, L. 1954. A theory of social comparison processes. *Human Relations*, 7 (2): 117-140.

Gamache, D. L., Mcnamara, G., Mannor, M. J., and Johnson, R. E. 2015. Motivated to acquire? The impact of CEO regulatory focus on firm acquisitions. *Academy of Management Journal*, 58 (4): 1261-1282.

Graebner, M. E., Heimeriks, K. H., Huy, Q. N., and Vaara, E. 2017. The process of postmerger integration: A review and agenda for future research. *Academy of Management Annals*, 11 (1): 1-32.

Graebner, M. E. 2004. Momentum and serendipity: How acquired leaders create value in the integration of technology firms. *Strategic Management Journal*, 25 (8-9): 751-777.

Hartzell, J. C., Ofek, E., and Yermack, D. 2004. What's in it for me? CEOs whose firms are acquired. *Review of Financial Studies*, 17 (1): 37-61.

Hayward, M., and Hambrick, D. 1997. Explaining the premiums paid for large acquisitions: Evidence of CEO hubris. *Administrative Science Quarterly*, 42 (1): 103-127.

Heaton, J. B. 2002. Managerial optimism and corporate finance. *Financial Management*, 31 (2): 33-45.

Heyden, M. L. M., Kavadis, N., and Neuman, Q. 2017. External corporate governance and strategic investment behaviors of target CEOs. *Journal of Management*, 43 (7): 2065-2089.

Jensen, M. C., and Meckling, W. H. 1976. Theory of the firm: Managerial behavior, agency costs and ownership structure. *Journal of Financial Economics*, 3 (4): 305-360.

Jenter, D., and Lewellen, K. 2015. CEO preferences and acquisitions. *The Journal of Finance*, 70 (6): 2813-2851.

Jung, J., and Shin, T. 2019. Learning not to diversify: The transformation of graduate business education and the decline of diversifying acquisitions. *Administrative Science Quarterly*, 64 (2): 337-369.

Kolasinski, A. C., and Li, X. 2013. Can strong boards and trading their own firm's stock help

CEOs make better decisions? Evidence from acquisitions by overconfident CEOs. *Journal of Financial and Quantitative Analysis*, 48 (4): 1173-1206.

Kumar, M. V. S., Nagarajan, N. J., and Schlingemann, F. P. 2021. The performance of acquisitions of founder CEO firms: The effect of founder firm premium. *Strategic Entrepreneurship Journal*, 15 (4): 619-646.

Malhotra, S., Reus, T., Zhu, P., and Roelofsen, E. 2018. The acquisitive nature of extraverted CEOs. *Administrative Science Quarterly*, 63 (2): 370-408.

Malmendier, U., and Tate, G. 2008. Who makes acquisitions? CEO overconfidence and the market's reaction. *Journal of Financial Economics*, 89 (1): 20-43.

Matta, E., and Beamish, P. W. 2008. The accentuated CEO career horizon problem: Evidence from international acquisitions. *Strategic Management Journal*, 29 (7): 683-700.

Nofsinger, J. R. 2005. Social mood and financial economics. *Journal of Behavioral Finance*, 6 (3): 144-160.

Palmer, D., and Barber, B. M. 2001. Challengers, elites, and owning families: A social class theory of corporate acquisitions in the 1960s. *Administrative Science Quarterly*, 46 (1): 87-120.

Patrick, P. H. 2018. Renegotiations of target CEOs' personal benefits during mergers and acquisitions. *Contemporary Accounting Research*, 35 (4): 1999-2029.

Qiu, B., Trapkov, S., and Yakoub, F. 2014. Do target CEOs trade premiums for personal benefits? *Journal of Banking & Finance*, 42: 23-41.

Rabier, M. R. 2017. Acquisition motives and the distribution of acquisition performance. *Strategic Management Journal*, 38 (13): 2666-2681.

Roll, R. 1986. The hubris hypothesis of corporate takeovers. *Journal of Business*, 59 (2): 197-216.

Seo, J., Gamache, D. L., Devers, C. E., and Carpenter, M. A. 2015. The role of CEO relative standing in acquisition behavior and CEO pay. *Strategic Management Journal*, 36 (12): 1877-1894.

Shi, W., Hoskisson, R. E., and Zhang, Y. 2017 (a). Independent director death and CEO acquisitiveness: Build an empire or pursue a quiet life? *Strategic Management Journal*, 38 (3): 780-792.

Shi, W., Zhang, Y., and Hoskisson, R. E. 2017 (b). Ripple effects of CEO awards: Investigating the acquisition activities of superstar CEOs' competitors. *Strategic Management Journal*, 38 (10): 2080-2102.

Smit, H. T., and Kil, J. C. 2017. Toehold acquisitions as behavioral real options. *California Management Review*, 59 (3): 42-73.

Waldman, D. A., and Javidan, M. 2009. Alternative forms of charismatic leadership in the integration of mergers and acquisitions. *The Leadership Quarterly*, 20 (2): 130-142.

Wulf, J. 2004. Do CEOs in mergers trade power for premium? Evidence from "Mergers of Equals". *Journal of Law, Economics, & Organization*, 20 (1): 60-101.

Yu, J., Engleman, R. M., and Van de Ven, A. H. 2005. The integration journey: An attention-based view of the merger and acquisition integration process. *Organization Studies*, 26 (10): 1501-1528.

第8章 战略变革与实施

教学目标

1. 理解战略变革的过程
2. 了解战略领导力与战略变革模型
3. 体会领导力对战略变革过程的影响
4. 体会领导力对战略变革结果的影响

引导案例

美的：壮士断腕，龙头再舞

美的集团（以下简称“美的”）近十年来的数字化转型历程，是中国制造业企业转型升级的样板，也是中国制造走向中国智造的一个缩影。作为这一重大变革的幕后推手，美的CEO方洪波功不可没。

数字化转型背景

1968年，美的的前身诞生于广东，最初经营塑料制品，随后转向风扇生产。1985年，美的正式成立空调厂。通过复制风扇和空调领域的成功经验，美的布局了各类大小家电。截至1996年，美的已经拥有五大类、二百多种产品。

2001年，美的完成了管理层收购，由乡镇企业改制为民营企业。此后，美的进入大并购时期。在集团副总裁方洪波的主导下，美的先后收购了荣事达、华凌、春华、小天鹅等企业，并与日本东芝和美国开利达成了相互持股的战略合作。

2010年，美的的营收突破1 000亿元。2011年，家电市场销售火爆。美的的营收虽然保持高速增长，但作为美的的优质资产，美的电器的销售毛利率逐年下滑，扣非净利润率一直在不到4%的低水平下徘徊，2009—2011年间甚至出现了增收不增利的局面。

方洪波察觉到了潜伏在美的内部的危机：作为一家传统的硬件制造企业，先前依赖规模效应、廉价劳动力的市场增长模式难以为继。一方面，在消费升级的大背景下，消费者需要更加智能化的家电；另一方面，国内劳动力已经不再低廉，传统的供应链很难再为品牌提供有效的保障。

2011年，方洪波接任美的CEO一职。在市场行情仍旧良好之时，他做出了数字化转型的战略决策。在他眼中，市场最疯狂的时候也是变局的前夜。尽早进行企业的转型升级、排除发展隐患，是解决问题的根本之道。

数字化转型路径

2011年下半年，方洪波下定决心引导美的开启从规模向效率的转型。这次转型被他称为"壮士断腕"。从2011年到2016年的五年时间里，美的关停了十多个生产基地，员工数量从近20万缩减到10万以内。

方洪波提出了基于数字化转型的全新战略——产品领先、效率驱动、全球经营。在这一转型战略引导下，美的明确了"聚焦产业、做好产品、确保规模、改善盈利"四大核心工作。在加强产品研发、提升核心技术能力的基础上提升产品力及企业整体管控水平，推进"一个标准、一个体系、一个美的"的流程优化及制度建设，最终提高了企业精细化管理水平与运营效率。

在此之前，美的已经是一个高度分权的组织，每个事业部自成一体，导致信息系统高度离散、缺乏一致性。在方洪波的主导下，2012—2015年间，美的将所有流程、IT系统推倒重构，产品开发、订单交付等众多的业务流程全部实现了标准化，供应商与客户系统也实现了标准化，将数据链条打通。2015年，美的提出"双智"战略：智能产品，智能制造。通过建立智能制造工厂、大数据和移动平台，美的将"+互联网"的能力赋予企业内部。

在完成数字化基础设施的搭建以后，2016年，美的开始推动业务转型，通过对制造和供应链进行数字化的升级改造，从以前层层分销、以产定销的模式转变为以销定产。应用机器人技术、智能设备等手段改造原有生产线，不仅使员工总量减少了一半，而且在不新增生产线的情况下实现了产量提升，大幅提高了生产效率。推行以用户需求为主导的"$T+3$"模式，实现了多批次小批量的柔性生产：搜集客户订单，交付工厂（T）；工厂采购原料（$T+1$）；生产（$T+2$）；发货上门（$T+3$）。与此同时，美的将先前结果管理型的系统转化为过程支撑型的系统，利用数据驱动经营。

从 2018 年开始，随着物联网技术的成熟，美的开始着手让单机版的家电实现联网。通过美居 App，空调、冰箱等产品可以被消费者集中控制，实现场景化的应用；同时，通过采集数据了解消费者的行为，更加精准地开发产品，为客户提供更好的服务。2019—2020 年间，美的着力打造经销商平台，实现返点政策和订单库存的透明化，从而推动经销商更好地提供服务。至此，美的完成了工业互联网、全面数字化、全面智能化。

数字化转型成果

转型曾给美的的经营业绩造成巨大的冲击，2012 年，美的总体营收相比 2011 年大幅下滑了 300 亿元人民币。然而在短暂的阵痛之后，美的开始收获转型升级的成果。从 2013 年起，美的营收和利润恢复了稳定增长，并经受住了 2015 年家电行业整体萧条的冲击。

得益于美的在产业变革和企业转型双拐点的“高速超车和换道”，从 2012 年到 2021 年，美的的收入从 1 000 多亿元增长到 3 400 亿元左右，利润从 33 亿元增长到近 300 亿元。如今的美的不仅拥有更细分的市场和更多创新的产品，市场的周期也缩短了 45%，成本下降了 85%，整体业务健康成长，实现了对竞争对手的超越。

资料来源：王可昕根据互联网相关报道整理得到。

思考题：

1. 从该案例及相关资料中，你认为美的进行了哪些变革活动？
2. 在数字化转型过程中，方洪波的哪些行为起到了关键性的作用？
3. 美的的战略变革对集团的领导力有哪些要求？

战略变革作为组织的核心活动之一，对企业的长远发展至关重要。具体来说，企业战略变革是指企业为了获得可持续的竞争优势，根据内外部环境中已经发生或即将发生的变化，调整企业战略的发起、实施和结果的系统性过程。企业战略变革包括技术变革、产品和服务变革、结构和体系变革以及人员变革四种类型。其中，技术变革往往涉及企业的生产过程，包括对设备、工作方法及流程的变革，目的是提升企业的生产效率。产品和服务变革涉及企业输出的产品或服务，包括开发新产品（服务）或改进现有产品（服务），这在很大程度上影响着市场机会。结构和体系变革是指企业运作的管理方法的变革，包括组织结构变化、企业政策变化以及控制系统变化等。人员变革是指企业员工价值观、工作态度、技能和行为方式的转变，目的是确保员工努力工作，达成企业目标。

高管在设定企业战略方向、制订并实施战略计划方面发挥着核心作用，他们负责营造影响各级战略决策的组织情境（例如，人员配备、激励机制和文化），并向内外部组织变革接受者解释战略变革的必要性，以获取他们的支持与信任。在战略变革的过程中，高管的战略领导力体现在预测事件、展望未来、保持组织灵活性、促使内外部变革接受者支持战略变革并提供战略变革所需的资源方面。

本章的内容将围绕战略领导力对战略变革的影响展开。其中，第一节介绍企业战略变革的一般过程，即发起、实施和结果。第二至第四节分别介绍战略领导力在战略变革发起、实施和结果中所扮演的重要角色。

8.1 战略变革的过程：发起、实施和结果

完整的战略变革过程包括发起、实施和结果三个部分。战略变革的发起通常由高管完成。高管通过对外部环境和内部环境的洞察与阐释，做出有计划的战略变革决策，如企业是否需要进行战略变革、企业需要进行何种程度的战略变革、企业从哪里入手进行战略变革以及通过何种方式进行战略变革等。这些决策的制定与高管对战略环境中信息的处理息息相关。例如，某高管可能通过对环境信息的解读，得出“技术革新势在必行”的判断，从而做出变革组织流程、采用新生产技术的战略决策。这种对技术信息的敏感性可能来源于其过往在技术岗位的任职经历，或是开放的性格特征。本章引导案例中的方洪波正是在美的发展还不错的时候看到了消费者和技术的变化，从而在行业中率先进行了企业的战略变革。

战略变革实施描述了战略决策的执行过程，涉及变革通过何种方式被推

动和管理。在这一过程中，高管如何通过特定的领导行为影响变革接受者对战略变革的理解，进而塑造其对变革的态度与行为，尤为关键。例如，如果高管与下属缺乏沟通，致使下属无法完全理解高管的变革意图，变革可能会偏离既定的方向或者停滞不前。高管的意义赋予（sensegiving）行为、与变革相关的领导风格以及对中国传统文化所蕴含的智慧的巧妙运用，都在推动战略变革成功实施中扮演着重要的角色。

战略变革结果包含两个层面的内容：第一个层面从相对微观的角度考虑变革对接受者的影响，即接受者响应，具体包括变革对接受者的情绪、态度、行为等方面的影响。例如，变革可能会对部分员工的现有利益造成威胁，如果高管不能及时安抚员工情绪，就可能会引发员工的抗议。第二个层面从相对宏观的角度考虑战略变革对组织的影响，主要表现在战略变革对企业绩效的影响上。例如，如果高管对企业的资源认知不足，制订了超出企业能力范围的变革计划，就可能导致企业业绩一落千丈。高管的个人特征与领导行为会直接或间接地对这两种变革结果造成影响。与此同时，变革接受者对变革的响应也会进一步带来组织层面的后果。

8.2　战略领导力与战略变革发起

本节探讨高管的特征对其战略变革发起决策的影响。高管的特征主要分为两类。一类是心理特征，包含价值观、认知风格以及人格特征。这些特征为高管筛选和阐释信息提供了基础，并引导他们做出特定的战略选择。例如，对变革开放性高的高管可能比开放性低的高管发起更多的变革。另一类是背景特征，即高管个人经历中一些可观测的维度，如职能背景、教育经历、企业任期、继任来源等。例如，通常情况下，高管在任职初期会比在任职后期发起更多、规模更大的变革；而从企业外部选拔的高管可能会比从内部擢升的高管发起更多的变革。

高管的心理特征和背景特征相互影响。一方面，高管的背景特征会影响心理特征。例如，在企业长期任职可能会导致高管对企业现状作出承诺。另一方面，高管的心理特征也会影响背景特征。例如，风险规避程度较高的个体可能不会经常更换工作，因而他们的任期很长；同样，具有不同认知风格的个体在接受教育方面可能会有不同的选择。总之，在探究高管的特征对战略变革发起决策的影响时，应综合考虑两种特征的影响。

8.2.1 高管心理特征与战略变革发起

8.2.1.1 价值观

正如本书第四章所述，价值观指个体的一种持久的信念，表现为个体关于好坏、得失、善恶、美丑等价值的立场、看法、态度和选择。价值观可以划分为个人价值观和社会价值观。个人价值观是个人所追求的概念（例如，声望、家庭安全、财富、智慧），而社会价值观则体现社会群体广泛且持久的偏好（例如，理性、诚实、勇气、世界和平）。个体的不同价值观之间可能会存在冲突。例如，高管可能不得不在富有同情心的行为和称职的行为之间进行选择，或者在自身利益最大化和股东价值最大化之间进行选择。

价值观影响个体感知环境的方式，即个体通常采用与其自身价值体系一致的方式来感知环境信息。相应地，通过影响个体感知，价值观也与个体行为密切相关。个体有动机按照自身的价值观行事，以避免价值观与行为失调所产生的不愉快感。因此，高管的价值观会通过影响其视野、选择性感知及对信息的诠释而影响其战略选择和战略行动。例如，面对企业离职率较高这一信息，重视稳定性的高管可能会做出消极的解释，认为员工离职会影响企业的有序运营，并试图采取行动降低离职率；而重视创新的领导者可能会做出积极的解释，认为员工的流动有利于企业创新，并对此不做干预。

高管的价值观会对战略变革的发起过程造成影响。研究表明，高管的社会价值观会影响其变革意愿（Geletkanycz，1997）。例如，研究者分析了20个国家的高管调查数据发现，高管的个人主义价值观会增强其对自我效能的感知，使其对自身能力过度自信，从而降低了对战略变革必要性的感知；与此同时，持有个人主义价值观的高管倾向于认为变革是对自己先前决策的否定，出于对颜面和职业前景的考量，往往不愿发起变革。而处在不确定性规避程度较高的文化下的高管，通常对变革风险的容忍度较低，因而更倾向于维持组织稳定。处在权力距离较高的文化背景下的高管，往往更加偏好科层结构和集中决策，从而降低了其对外部环境变化的感知能力和对新机会的敏感程度。而持有短期导向价值观的高管，通常认为稳定和传统更加重要，因而也不愿变革。还有研究表明，高管的个人价值观会影响其战略变革方式的选择（Gupta et al., 2018）。例如，持有保守主义价值观的高管，通常更加认同股东财富最大化是企业的核心目标，优先考虑效率、生产力以及资源的最优配置；而持有自由主义价值观的高管，通常更关心公平、社会责任以及社会影响等问题，更加关注员工发展。因此，持有保守主义价值观的高管比持有自由主义价值观的高管更可能通过缩减企业规模的方式进行变革。

8.2.1.2 认知风格

认知风格（cognitive style）指个体思维运作的方式，即个体如何收集和处理信息。不同高管的认知风格差异很大。管理学家切斯特·巴纳德（Chester Barnard）最早将思维模式分为逻辑（logical）和非逻辑（non-logical）两类。其中，“逻辑”是指有意识的推理过程，通常借助文字或符号来表达；“非逻辑”是指直觉或本能。在巴纳德看来，有效的高管应该同时拥有两种模式的认知能力，并且根据情况需要随时调用其中任何一种模式。管理学家亨利·明茨伯格（Henry Mintzberg）提出，管理者认知风格的差异取决于大脑两个半球的相对支配地位：左脑主导逻辑、线性思维和秩序，右脑主导综合信息处理、想象力和视觉图像。左脑占支配地位的人可能成为优秀的计划者，而右脑占支配地位的人可能成为优秀的管理者。此外，认知风格可以通过个体的认知复杂性（cognitive complexity）来衡量。认知简单的个体，倾向于用“非黑即白”的眼光看待问题；而认知复杂的个体，善于理解某一问题多重维度间错综复杂的关系。另一个相关的概念为认知灵活性（cognitive flexibility），即个体调整其认知过程以适应各种不同类型问题的能力，或者说个体将自身的认知处理类型与手头问题类型相匹配的能力。认知灵活性高的管理者通常会重视观点的多样性，并把这种多样性融入决策过程当中。

由此可见，认知风格会影响高管的视野、选择性感知及对信息的诠释，进而影响其战略变革发起决策。第一，高管认知风格影响战略决策的速度和质量。例如，高认知复杂性的高管在决策中表现出强大的分析能力，能够同时处理众多替代方案，因而通常会有更快的决策速度（Wally and Baum，1994）。而高认知灵活性的高管可以对内外部环境信息发展出更为广泛的解释，根据不同的问题灵活调用与之相匹配的处理模式，因而能够制定出更为合理有效的战略变革决策（Raes et al.，2011）。又如，高管的“因果逻辑”（causal logics）认知风格会极大地影响战略行动速度。有研究者区分了高管的确定性因果逻辑（deterministic causal logics）和主动性因果逻辑（proactive causal logics）（Nadkarni and Barr，2008）。采用确定性因果逻辑的高管将战略环境视为可衡量的、决定性的，认为环境决定战略，因而会率先识别环境需求然后制定相应的战略。而采用主动性因果逻辑的高管将战略环境视为不可分析的、不稳定的，倾向于通过自身的战略来构建起对环境的合理解释。因此，当企业所处的战略环境发生变化时，采用确定性因果逻辑的高管通常需要花费大量精力建立起对环境的认知，导致企业具有较慢的战略响应速度；而采用主动性因果逻辑的高管会根据自己的理解迅速采取行动，通过行动来探索环境，导致企业具有较快的战略响应速度。徐天舒和李东（2022）则通过对苏宁电器集团十年（2010—2020）战略制定过程的案例研究，发现管理者右脑直觉思维模式和左脑理性思维模式的共同作用大大提高了战略制定的质量和战略执行的可操作性。

第二，高管的认知风格会影响其是否发起变革的决策。例如，认知灵活性高的管理者能够针对内外部环境的变化做出灵活的响应，从而能够适时发起战略变革以捕捉新的商业机会或应对危机局面。杨林和俞安平（2016）将企业家认知分为配置认知（arrangement cognition）、意愿认知（willingness cognition）和能力认知（ability cognition）三个维度。其中，配置认知是关于企业家为实现企业创立与发展所需的关系、资源及资产等的知识结构，涉及企业家如何使用特殊配置以支持他们自己在特定领域的技能和业绩；意愿认知是关于企业家承诺进行企业创立与发展，并愿意接受有关企业相关观点的知识结构；能力认知是关于企业家实现企业创立与发展所必需的技能、知识、价值观及态度等的知识结构。研究发现，企业家的配置认知对战略变革的前瞻性具有直接的正向影响，意愿认知通过社会化、外显化和组合化对战略变革的前瞻性产生间接影响，而能力认知经由社会化和外显化对战略变革的前瞻性产生间接影响。此外，高管的认知风格也会影响变革方式的选择。例如，认知复杂性较高的高管擅长处理多维度的信息，因而更可能选择具有较高信息处理需求的变革方式，如企业并购；相反，认知复杂性较低的高管往往会将注意力集中在某一特定的领域，因而更可能选择具有较低信息处理需求的变革方式，如新产品开发（Zyung，2017）。

8.2.1.3 人格

人格是指构成个体思想、情感及行为的独特的行为模式。我们在第四章已经介绍的最常用的大五人格模型以及诸如自恋、自大、过度自信等其他人格特征都会对个体的行为表现带来不同程度的影响。

高管的人格特征会影响其视野、选择性感知及对信息的诠释，进而影响战略变革的发起过程。例如，第四章曾提及高管的大五人格特征会与其是否发起战略变革密切相关（Herrmann and Nadkarni，2014），这里进一步进行解释。高管的宜人性可能会抑制其变革倾向，这是因为尽管宜人的高管容易与下属建立起开放、合作、信任的关系，但他们也会不惜一切代价避免冲突，因此会降低决策的有效性，不利于变革的发起。而责任心较强的高管通常比较谨慎，难以容忍模棱两可的需求，且对结构和控制有较强的需求，这些特点使得他们更愿意遵循既定规则，倾向于维持现状而非改变。高管的情绪稳定性可能会促进其变革倾向，这是由于情绪稳定的个体倾向于体验积极的情绪，这增强了他们的信息处理能力以及解决问题的创造力和动力，从而促使其及时识别并响应环境变化。外向的高管在战略决策制定中的指令性和支配性，加之其对兴奋感和变化的需求，使他们能够击败变革反对者、推动战略变革的发起。而开放型领导者在积极寻求、拥抱并享受变化的同时，具有较强的创造力，从而能够更好地识别、感知环境的变化与机遇并积极地寻求应对策略。此外，研究发现，自恋的高管偏好发起战略变革，倾向于采用颠覆性的新技术，这是由于自恋的高管喜欢向外界展示自己，以便享受瞩目和钦佩，因此倾向于选择大胆的战略行动来吸引人们的目光和讨论（Chatterjee and Hambrick，2007；吴建祖、龚敏，2018）。与自恋相关的另一特征为过度自信，研究表明，过度自信的高管通常会低估变革的潜在风险而高估变革带来的收益，因而有较高的战略变革动机；与此同时，过度自信容易带来归因偏差，增加高管对自身能力的信心，使得高管偏好冒险性行为，积极寻求解决问题的新观点，从而增加了战略变革的可能性（韵江等，2021）。研究者还发现，高管的时间倾向性（temporal disposition）也会影响其战略变革选择（Nadkarni and Chen，2014）。例如，时间紧迫感（time urgency）强的高管往往会制定明确的任务时间表，定期检查团队和个人的工作任务，大大减少时间冲突，缩短时间滞后，从而有利于更早地发现环境变化及新的市场和技术机会，使组织保持较高的战略灵敏度和战略适应力。

8.2.2 高管背景特征与战略变革发起

高管的一些可观测的背景特征，如教育背景、经济社会根源、职能背景及一些人口统计特征等，反映了他们过去的经历，这些经历会塑造他们的价值观和认知模式，进而影响其决策与行为。通过可观测的背景特征来预测高管的行为得到研究人员的普遍青睐。由于高管的价值观、认知风格和人格特征不便于测量甚至无法测量，研究者有时会利用高管的经历来作为其心理特征的替代。

高管的背景特征会影响其视野、选择性感知及对信息的诠释。例如，与任期较短的高管相比，任期较长的高管从组织内部来源获得信息的比例更高；主要职能经验在营销方面的高管可能会对环境信息做出更多营销方面的考量。通过对环境信息的过滤，高管的职能背景会进而影响其战略选择。

高管的背景特征对战略变革发起过程的影响主要体现在以下几个方面：

首先，高管的人口统计特征与高管发起变革的可能性以及变革的类型密切相关（Hambrick and Mason，1984）。例如，随着高管组织任期的延长，其发动战略变革的可能性呈下降趋势。组织任期通常与对既定流程和实践的刚性及承诺有关，高管的任期越长，其个人的认知惯性越强，组织内部的信息处理流程也可能越发僵化，从而越不利于变革的发起。类似地，一般而言，高管的年龄越大，其进行战略变革的动力越发不足。一种解释是年长的高管可能缺乏身体和精神上的耐力，或者可能无法掌握新想法和学习新行为。另一种解释是年长的高管对组织现状有更强的心理承诺。还有一种解释是年长的高管可能处于其生命中财务安全和职业安全很重要的时期，因而通常会避免冒险性的行为。

其次，高管的教育背景和职业经历也与战略变革的发起选择息息相关。例如，拥有互联网从业经历的高管往往掌握着互联网行业的专业知识，这增强了他们识别机会的能力，从而促进了企业战略变革的发起（陈爽英等，2020）。又如，拥有学术研究经历的高管往往更为保守、更加厌恶风险，变革的意愿也相对较低；同时，学术经历也使得 CEO 的思维和视野受到限制，降低了其进行企业战略变革的能力（何雨晴，2021）。而军旅背景往往赋予高管冒险精神及过度自信的特征，提高了其发起变革的意愿（董静、邓浩然，2021）。职业经历丰富的高管，往往拥有更为广泛的战略经验，更有可能采取新颖的战略举措，更愿意探索新机遇和新市场。

与此同时，高管变更是另一个影响战略变革发起的重要因素。通常情况下，高管变更，尤其是 CEO 变更，为企业进行战略变革提供了良好的契机（刘鑫、薛有志，2015）。新任 CEO 通常拥有新技能和新观点，这为改变现有的权力关系、制定新的战略提供了机会。进一步地，CEO 的继任来源也与是否发起变革及变革的激烈程度密切相关（刘新民等，2013）。新任 CEO 可能从内部擢升，也可能从外部空降。当新任 CEO 来源于企业外部时，会带来组织外部的新知识、新方法、新技能，更有可能发起更具破坏性且范围更广泛的变革。而在家族企业的代际传承中，尚未掌权的二代接班人在接班准备阶段往往难以主导企业的战略决策，此时父辈可能会采取积极的战略变革举措为二代接班上任搭桥铺路，正所谓“扶上马，送一程”（祝振铎等，2018）。

此外，高管团队的背景特征，例如成员年龄、任期和教育水平的平均水平及分布，也能够预测企业战略的变化（李卫宁、李莉，2015）。一方面，高管团队异质性（TMT heterogeneity），即团队成员在背景特征上的多样化程度代表着信息来源和观点的多样性，很可能会促进战略变革的发起。另一方面，高管团队内的多重背景特征也可能会导致团队内子群体的形成，从而引发团队内部冲突、降低团队决策质量，阻碍了变革的发起。对此，学者研究表明，当高管团队异质性是基于关系相关的属性（例如，性别、种族）建立时，可能会在群体内部产生社会文化价值观和信仰的冲突，导致团队内部基于社会身份的子群体出现，干扰知识和信息共享，从而不利于战略变革的发起。然而，当断层线是基于与任务相关的属性（例如，职能背景）形成时，这些属性反映了各种通用知识和专业知识，促进团体内形成基于知识的子群体，不同的知识和专长往往会提高高管团队寻求和考虑新战略选择的意愿，从而推动战略变革的发起（Richard et al., 2019）。

前文所提及的印建安的案例印证了高管的专长和工作经历对战略变革发起的重要影响。印建安是工学博士、教授级高级工程师。1982年，25岁的印建安从西安交通大学毕业后进入陕鼓，先后在设计科、产品试验室、总工程师办公室工作，之后做了十年的市场营销工作。2001年，44岁的印建安出任陕鼓集团党委书记、董事长和总经理。上任伊始，他充分发挥先前从事科学研究的优势，对同行业展开调研，并做出了行业内可能会出现产能过剩的判断。长期在陕鼓的工作经历使得印建安对陕鼓的内部运行了如指掌，并迅速提出“两个转变”的差异化发展战略，即“从单一产品制造商向能量转换领域系统解决方案商和系统服务商转变，从产品经营向品牌经营、资本运营转变”。深知变革的艰难与复杂，印建安没有选择在上任之初就全面推动组织变革，而是选择从陕鼓的子弟学校开始，进行循序渐进的变革。他将子弟学校作为变革试验田，并在此后逐步推进财务系统、组织架构以及企业文化的变革（张志学，2022）。

8.3 战略领导力与战略变革实施

战略变革的实施非常困难。事实上，很多变革最终都以失败而告终。本节探讨战略领导力对战略变革实施过程的影响，重点关注高管的意义赋予行为、多种领导风格以及中国传统文化下“势”在推动战略变革落实中所扮演的重要角色。

8.3.1 高管的意义赋予

战略变革不仅是组织结构和流程的改变，也是组织在认知层面的重新定位，任何实质性的变革都会导致组织现有价值系统的改变。战略变革的成功因而不仅取决于组织采用新结构和实施新流程的能力，还取决于组织向众多内外部变革接受者传达新愿景和新使命的能力。由于战略变革对组织现状的冲击总是不可避免地在变革接受者间引发争议，可能导致变革决策难以落实，因而确保新的战略被变革接受者理解和接受是推动战略实施过程的关键。

高管在组织认知转变过程中扮演着至关重要的角色。这一角色可以通过意义赋予来描述，即高管首先对战略相关事件、机会及威胁等赋予意义，然后构建新的愿景并向内外部变革接受者传播，通过一系列的行动塑造组织内外部变革接受者对变革的理解，使其接受并采取行动支持变革。

高管可以巧妙地采取象征性行动（symbolic actions）来影响组织成员和变革接受者对变革的理解。例如，在最早关于高管的意义构建行为的研究中（Gioia and Chittipeddi，1991），学者们记录了美国一所州立大学的校长推动变革落实的过程。宣布开始进行变革后，校长对高层进行了人事调整，并频繁会见变革接受者，采取分阶段行动向变革接受者传达他所提出的新愿景的本质、背后的价值观，以及想要实现的实际变化。在这一过程中，校长的诸多行动——准备变革海报、发表演讲、设置备忘录、任命关键人员、选择工作组成员以及主席、会见与不会见哪些人员以及所有这些活动的时间安排——都具有很强的象征性，其中一个关键事件是设计了一个鼓舞人心的象征性愿景——成为排名前十的公立大学。这些象征性活动用于知会、引导、激励变革接受者，从而推动战略变革的顺利落实。在另一项研究中，研究者通过调查问卷、访谈及企业文件解释了《财富》500 强零售商店中管理者的意义赋予过程。管理者通过叙述（narrative）的形式，表达了员工参与变革的重要意义。此外，管理者故意提供模棱两可的叙述，以确保能够与员工达成一致，从而使员工支持并参与到变革之中（Sonenshein，2010）。

在实践中，国内企业也不乏高管通过意义构建推动战略变革落实的案例。例如，Raynard 等（2020）通过对一家国有企业 1966—2016 年的纵向调查，揭示了在中国由计划经济体制向社会主义市场经济体制转型的背景下，这家企业的领导者在推动战略变革实施过程中一系列的意义构建行为。例如，企业高管在宣布变革计划时，很大程度上利用了中央政府的权威性。通过将变革的意义锚定在党的决议上，企业高管不仅使他们的决策合法化，而且还给决策注入了一种不可避免的感觉，即变革是政府“授权”的。为了塑造组织成员的价值观并减少其潜在阻力，企业高管部署了教育计划，要求员工每周花费不少于三个小时的时间用于政治教育和学习，借此将员工的注意力重新定位到以市场为导向的新活动上并重新定义对他们的角色期望。由于中层管理者在变革实施中扮演着“上传下达”的角色，企业高管极其重视对中层管理者价值观的塑造，甚至与中层管理者的配偶进行交谈，促使其配偶协助中层管理者进行价值观重塑。通过这一系列的意义构建行为，企业高管最终推动了战略变革的落地。又如，在本书第 2 章的“中国实践”案例中，青岛网通的高管通过重塑企业价值观来发动员工进行变革（张志学、王辉，2006）。青岛网通是中国网通集团有限公司下属的一家分公司，拥有百年历史。自从移动分营以及多家运营商进入市场后，激烈竞争打破了原青岛电信一家“独大”、员工坐享优厚待遇和福利的格局。青岛网通高层通过对企业内部现状和外部环境进行分析，得出如下结论：企业如果没有好的发展前景，就很难获得员工的热爱和认同，也不可能具有凝聚力。正是在这个时候，青岛网通启动了价值观重塑工程。企业高层有组织地发动员工参与到价值观的重塑活动中，让员工首先提炼自己所在班组的精神，在此基础上再提炼班组之上的部门精神，最后各部门提出 5 条以上的企业精神，即企业的价值观，并要求各级单位不能仅提出口号，而要明确每条价值观的具体内涵。在历时近 4 个月的活动中，有 29 个部门提出共 353 条企业精神、192 条部门精神和 231 条班组精神。为聚焦员工的思考和讨论，青岛网通又将部分由员工提出的价值观内涵在内部报纸上刊登出来，号召员工投票评选。有 870 人投票评选出自己认为最适合青岛网通发展的企业精神。青岛网通高管综合员工的意见，最终确立了“团队合作，服务为先”的企业价值观。

8.3.2 领导风格

高管在战略变革实施中的另一种领导行为存在于其特定的领导风格中。在诸多领导风格中，魅力-变革型领导风格在推动战略落实方面扮演着最为重要的角色。魅力-变革型领导风格是指能够激励下属为了组织利益而超越个人利益的领导风格，通常包含四个维度：第一个维度为理想化的影响力

(idealized influence)，指领导者获得下属的尊重、信任及钦佩，从而使下属愿意模仿领导者的行为；第二个维度为激励动机（inspirational motivation），指领导者传达鼓舞人心的愿景和高绩效期望，以此赋予下属乐观与热情的行为；第三个维度为智力刺激（intellectual stimulation），指领导者培养和提升下属，使其更有意识和创造力的行为；第四个维度为个人关怀（individual consideration），指领导者关注下属的不同需求、注意力并给予他们指导的行为。魅力-变革型领导风格可以通过打破下属的认知惰性（无法超越固有模式思考）、动机惰性（不愿变革）及义务惰性（对先前关系的承诺）来吸引下属参与到变革中。首先，魅力-变革型领导者善于创造令人兴奋的未来愿景并提出非常规的问题解决办法，从而使下属以更广阔的视角来看待变革、增进下属对变革的理解。其次，魅力-变革型领导者擅长通过与下属的沟通和交流使下属相信变革充满机会，给予其希望和信心，从而提高下属参与变革的积极性。最后，魅力-变革型领导者能够借助个人影响力改变变革接受者之间已经建立的错综复杂的关系。总而言之，魅力-变革型领导者可以通过一系列有意识的行为促使下属理解、支持并参与变革，从而推动变革的顺利实施（Agle et al., 2006）。

高管的其他领导风格也会影响战略变革的实施过程。例如，任务导向型和关系导向型的领导风格会在变革实施中扮演不同角色。任务导向型领导风格与组织结构、设计、控制以及建立实现组织目标的惯例有关，而关系导向型领导风格与促进组织成员之间的协作互动、建立支持性的组织氛围以及促进组织公平有关。在战略变革的实施过程中，具备关系导向型领导风格的高管通常擅长与变革接受者进行沟通，以此来解释组织为什么需要变革，讨论变革的性质，从而提升变革接受者对变革的理解与支持；同时，他们通常为变革接受者着想，善于引导他人情绪，从而激励变革接受者为实现组织新愿景而努力。而相比之下，具备任务导向型领导风格的高管则更专注于变革的绩效目标，更擅长对各项变革举措的内容及变革过程中各环节的实施状况进行及时追踪与评估（Battilana et al., 2010）。研究者还发现，与关系导向型领导风格相比，任务导向型的高管更容易推动高管团队的变化（Helmich, 1975）。除此之外，学者还发现分布式领导风格（Heck and Hallinger, 2010）、共享式领导风格（Bate et al.，2000）以及集体主义领导风格（Denis et al.，2001）都有助于吸引员工等变革接受者参与到变革实施过程中。

8.3.3 “应势”与“造势”

中国传统文化中蕴含的智慧也为高管推动战略变革实施提供了很好的借鉴。从道家的阴阳观念来看，环境总是在循环变化，任何现状最终都能转化为对立的状况，表现出有利或不利的发展势头，即所谓的“势”。这样的“势”可能会促进或制约变革。

道家用“天人合一”来表示宇宙与人类完美协调的终极变革智慧，天人合一表示“势”与变革推动者刻意形成的力量完全协调一致。《道德经》的第一句称：“道可道，非常道。”高管作为变革的推动者，可以通过有的放矢的“应势”和“造势”行动促成有利的“势”。面对不利的“势”，高管应采取“造势”策略，着手改变生态因素，促成组织内部当前“势”的方向变化。在“势”变为有利时，高管可采取“应势”策略，迅速直接地实施变革行动，利用有利的势头。在连续变革过程中，变革往往具有复杂、抽象的一般目标，高管必须将整个过程分为多个连续的阶段。不同的行动可能会导致不同的结果，然后在下一阶段进一步影响“势”。因此，为整体变革制定渐进的目标是一门精妙的艺术，需要在每个变革阶段的行为和形势之间达到微妙的平衡。通过全面的思考，高管可以更好地利用变革过程中有利或者不利的“势”。

研究者通过成都市公交集团（Chengdu Bus Group，CBG）的案例进一步阐释了高管在推动战略变革实施过程中的“应势”与“造势”策略（Jing and Van de Ven，2014）。成都市公交集团是一家位于中国西南部四川省成都市的大型国有企业。2008 年，成都市政府任命陈蛇担任集团董事长，并要求其在三年内将成都公交集团变革为一家在中国公交行业处于领导地位的企业。当时，几乎所有与 CBG 接触的人都认为变革注定会失败，因为这家企业面临内忧外患，管理极其棘手。来到 CBG 之前，陈蛇是成都一家国有投资公司的 CEO，工作业绩出众。人们公认他是一名思路开阔、见解独到、经验丰富、效率出众的领导者。作为中国式哲学和管理理论的拥护者，他将道家中有关变革的理论成功地应用到了实践之中。CBG 改革计划需要许多复杂行动，陈蛇有条不紊地安排好了这些行动。他从战略角度考虑了每个变革情境的成果，因为每个情境的成果都会决定下一个情境的背景。正如陈蛇所说的那样："这些改革背后存在有顺序的逻辑，应该注意观察每项措施对其他措施的可能影响。例如，如果首先提高员工工资，然后再执行裁员计划，后果将不堪设想。高薪员工会更激烈地抵触裁员。"在推动变革实施的过程中，陈蛇有效地运用了"应势"策略。例如，为了解决收购分公司股权时资金匮乏的问题，陈蛇指出，"在市长任命我为 CBG 的 CEO 后，我请他帮我联系一家银行，为我提供改革贷款。如果不是在这种场合下，我不可能向市长提出这样的要求"。又如，陈蛇知道在深夜讨论问题时遇到的阻力要比白天更少。因此，他经常将会议时间安排在深夜，以确保根据自己的目标推行变革。与此同时，陈蛇还有效地运用了"造势"策略。陈蛇表示，"为了解决一个棘手的问题，领导者有时需要先故意制造另一个问题"。例如，陈蛇知道如果 CBG 直接回购外部股权，成本将极高，因而他通过将公交车票价减半改变消费者的选择，使得三家合资企业因与 CBG 开展价格战而蒙受巨额财务损失，主动要求 CBG 低价收购其股份。得益于陈蛇在变革实施过程中对"势"的巧妙运用，CBG 的战略变革在极其困难的情况下最终顺利落地。

8.4 战略领导力与战略变革结果

本节探讨战略领导力对战略变革结果的影响。战略变革结果涉及两方面的内容：其一为变革对人的影响，即变革接受者对变革的响应；其二为变革对组织的影响，主要体现为变革对组织绩效的影响。高管的特征及行为将会影响战略变革结果的走向。

8.4.1 对人的影响——变革接受者的响应

情绪体验和表达是变革接受者对变革做出响应的一个重要方面。管理者通常通过影响变革接受者的自我概念或通过情绪感染过程影响变革接受者的情绪。通常情况下，魅力-变革型领导风格以及真诚型领导风格更可能给变革接受者带来积极的情绪体验，这是由于魅力-变革型领导者及真诚型领导者更容易获取变革接受者的信任，从而减轻焦虑和威胁感等消极情绪，增强希望和热情等积极情绪。而两者的区别在于，魅力-变革型领导者强调领导力的关系属性，即管理者的领导行为可以吸引变革接受者追随；真诚型领导者则通过展示诚信、让变革接受者参与到决策过程中等行为赢得其信任。例如，在对一家大型服务组织的研究中，领导者关注下属的情感需求并鼓励其表达情感需求，可以降低下属对变革的焦虑和恐惧情绪（Huy，2002）。又如，高管鼓励中层管理者参与定义变革内容的行动会引发中层管理者的积极情绪；而如果高管未能兑现承诺，中层管理者会表现出消极情绪（Huy et al.，2014）。

变革接受者对待变革的态度是另一个重要的变革结果，主要涉及变革承诺、变革抵制、变革支持、变革犬儒主义（cynicism toward change）等概念。

第一，管理者可以对变革接受者的变革承诺产生影响。研究表明，魅力-变革型领导风格、伦理型领导风格、领导-成员交换、沟通等领导行为都有助于提升变革接受者对变革的承诺或对组织的承诺。例如，魅力-变革型领导风格通过强调变革的意义来提升变革接受者的承诺，领导-成员交换强调管理者和变革接受者之间的相互承诺，而沟通则是通过降低变革的模糊性、提升变革接受者在变革过程中的参与度来提高变革接受者的承诺。其次，管理者可以影响变革接受者对变革的支持、开放甚至抵制程度。例如，管理者强调对愿景的沟通以及有选择性地信息共享，塑造了组织成员对变革的积极态度，减少了组织成员对变革的抵制（Waldman and Javidan，2009）。同样地，魅力-变革型领导风格、领导-成员交换以及支持型领导风格更可能获得变革接受者对变革的支持，减少变革接受者对变革的抵制。此外，管理者还会影响变革接受者对变革的犬儒主义——认为变革无益且对变革的成功实施丧失信心。研究表明，魅力-变革型领导会降低变革接受者的犬儒主义倾向（Bommer et al.，2005；DeCelles et al.，2013）。

第二，管理者在变革中的行为还会影响变革接受者的行为，尤其是组织内部成员的工作绩效及工作态度。例如，魅力-变革型领导风格能促进下属的组织公民行为（organizational citizenship behaviors，OCB），即组织成员自发做出的、未被正式的报酬体系所明确规定的、能够提高组织功能有效性的行为

(Nohe and Michaelis, 2016)。总的来说，当管理者的行为符合变革接受者的动机，以及目标与变革接受者一致时，管理者更可能促使变革接受者的行为表现随着战略变革的需要而发生变化。

8.4.2　对组织的影响

战略变革对组织绩效来说是一把双刃剑。一方面，战略变革可以帮助企业克服惰性，提升企业对战略环境的适应能力，促进企业创新；另一方面，战略变革可能导致组织效率降低及资源浪费，使组织绩效受损。大量的研究表明，战略变革与组织绩效的关系充满了不确定性，即有些变革可能会提升组织绩效，有些变革反倒会降低组织绩效（Zajac et al., 2000; Zhang and Rajagopalan, 2010)。

高管在塑造战略变革与组织绩效的关系中扮演着重要的角色，其特征和行为与战略变革的组织结果息息相关。例如，高管的大五人格特征会影响战略变革的效果（Herrmann and Nadkarni, 2014)。尽管责任心强的高管缺乏发起战略变革的动机，但是其自律、毅力以及努力提高绩效的意愿会敦促他们达成既定的目标。他们往往在面临阻力和冲突时表现出极强的主动性和韧性，通过密切地监控与既定目标的偏差，以及持续地沟通协调，实现组织目标。因此，责任心强的高管的毅力和决心可能会提高战略变革的适应性，降低变革对组织潜在的破坏性影响。而情绪稳定的高管在面临困难和不确定性的情况下能够保持沉着冷静，从而减轻变革接受者对变革的恐惧与怀疑，提升其对组织目标的承诺，进而增加战略变革成功的机会。开放性程度高的高管能够理解并适应他人的观点，鼓励变革接受者自由表达自己的担忧——这种公开的沟通有助于了解变革接受者不满的原因并及时解决问题，从而最大限度地减少其阻力，提高战略变革的绩效结果。相反，宜人性程度高的高管通常缺乏独断性，很可能因为迟疑不决而导致变革接受者对变革缺乏理解，造成紧张、冲突的局面，从而放大了战略变革对企业绩效的破坏性影响。此外，高管的自信和冒险精神、认知复杂性以及广泛的人际网络等也能够推动组织变革后企业财务绩效的积极变化（Bowen and Inkpen, 2009)。

此外，高管的行为也会影响战略变革的效果。例如，研究者发现，变革导向型的领导风格不仅与下属的满意度密切相关，也能够提升组织绩效（Wang et al., 2011）。变革导向型领导者通常通过鼓励变革和推动变革进程使得企业适应战略环境的变化，并且通过促进创新来提高组织绩效。具体来说，变革导向型领导者的一系列领导行为，如创造鼓舞人心的愿景、提出新的战略设想、保持密切沟通等，能够帮助变革接受者建立对变革的信心，鼓励下属接受新观点，营造适合解决新战略问题的氛围。由此，变革导向型领导者能够促进战略决策中的创造力，寻找调整组织结构、解决客户问题等的新方法，发现建立竞争优势的新机会，进而提高企业的增长和盈利能力（Sirén et al., 2016）。

在实践中，陕鼓集团的服务型制造转型是战略领导力作用下变革成功的良好案例（张志学，2022）。2005 年，陕鼓提出从单一产品制造商转变为能量转换领域系统解决方案商和系统服务商的发展战略；2016 年，陕鼓再次提出向分布式能源领域系统解决方案提供商和系统服务商转变。通过两次转型，陕鼓工业服务和基础设施运营创造的收入超过了企业总营收的 80%。陕鼓飞速发展的根本原因在于思维和观念上的变化，选择了有别于国内同行的服务型制造发展模式，转变了增长方式，突破了行业边界。陕鼓的成功转型及飞速发展与时任董事长印建安的战略领导力密不可分。为了推动企业转型，印建安经常到其他企业调研、借鉴其他企业的先进经验。丰富的职能履历塑造了印建安多样化的知识体系、对企业的深入了解以及对战略机会的敏锐嗅觉，而勤于思考、善于钻研、勇于创新的特性使印建安洞悉行业发展趋势，选择了独辟蹊径的变革模式并最终获得成功。

本章小结

企业战略变革是指企业为了获得可持续的竞争优势，根据内外部环境中已经发生或即将发生的变化，调整企业战略的发起、实施和结果的系统性过程。作为企业的核心活动之一，战略变革对企业的生存与发展至关重要。

完整的战略变革过程包括发起、实施和结果三个部分，战略领导力在三个过程中均扮演着尤为重要的角色。

高管的特征主要涵盖心理特征及背景特征两个方面。其中，心理特征包括价值观、认知风格和人格特征；背景特征包括人口统计特征、职业经历、高管变更及高管团队特征等。两种特征相互影响。

高管的特征通过影响其信息过滤过程进一步影响其战略选择和结果。信息过滤包含三个步骤：有限视野、选择性感知和个性化阐释。

战略变革发起通常由高管完成，涉及是否变革、变革程度以及变革方式等的选择。

高管的价值观会影响其视野、感知和阐释，进而影响其战略发起决策。

战略变革的实施涉及高管与变革接受者之间的互动，高管在这一过程中的行为对变革决策能否落地起着决定性的作用。

高管在变革实施过程中可以通过意义赋予行为推动这一过程顺利进行，即对战略相关事件、机会及威胁等赋予意义，构建新的愿景并向内外部变革接受者传播，通过一系列的社会构建活动塑造组织内外部变革接受者对变革的理解，使其接受并采取行动支持变革。

高管在变革实施中的魅力-变革型领导风格、任务及关系导向型领导风格以及分布式、共享式、集体主义领导风格有助于推动这一过程顺利进行。

战略变革的结果包括对人的影响及对组织的影响：对人的影响即变革接受者对变革的响应，涉及情绪、态度和行为等方面；对组织的影响主要体现在变革对组织绩效的影响上。

高管的特征及行为会影响变革接受者对变革的响应。

高管的特征及行为会塑造变革对组织绩效的影响。

重要术语

战略发起	战略实施	战略结果
视野	感知	阐释
价值观	认知风格	人格特征
意义构建	领导风格	变革接受者响应
组织绩效		

复习思考题

1. 战略变革的过程分为哪几个部分？
2. 战略领导力如何影响战略变革发起？
3. 战略领导力如何影响战略变革实施？
4. 战略领导力如何影响战略变革结果？

中国实践

海尔变革：执行力源于领导力

诞生于1984年的“海尔”是海尔集团家电主品牌。近四十年来，海尔品牌始终站在技术革命和时代发展的前列，引领中国乃至世界家电产业的发展潮流。面对国内外竞争对手的“围剿”，海尔不断破坏、创新、重构——颠覆自己、拥抱变革成了海尔发展的主旋律。

万事知易行难，想要打造一家灵活应变的企业，战略执行乃是重中之重。而海尔高度的战略执行力与张瑞敏及其高管团队的领导力密不可分。张瑞敏上任伊始便抓住了变革执行的精髓：首先，战略变革本质上是对人的观念和行为的变革。正如彼得·德鲁克所言：“观念的改变并没有改变事实本身，改变的是人们对事实的看法。”其次，任何变革从根本上都是对利益的重新分配，都会触及不同的利益者，而领导者需要有撼动既得利益群体的勇气，知行合一。此外，变革需要“接地气”，要用员工能够听得懂的语言来启动变革。例如，张瑞敏在刚上任时提出的“管理十三条”，没有任何豪言壮语，但朴素而有效。改变观念、统一思想、统一目标逐渐成了海尔日后进行战略变革的核心原则，而这正彰显了高管在战略实施过程中进行“意义赋予”的实践价值。

战略执行力差是中国企业所普遍面临的问题。战略变革的实施过程考验的是管理者的耐心，许多企业喜欢大刀阔斧式的、激进式的变革，但忽略了“天下大事，必作于细”。管理者需要承担培养和打造执行力的首要责任。张瑞敏很早就意识到执行力差对企业的危害性，并创立了“OEC管理模式”。其中，“O”代表“overall”（全方位），“E”代表“everyone，everything，everybody”（每个人，每件事，每一天），“C”代表“control and clear”（控制和清理），其含义是全方位地对每个人每一天所做的每件事进行控制和清理，即"日事日毕，日清日高"。"日事日毕"要求对当天的目标达成情况进行全面总结，识别出结果与目标的差距，并找出解决之道；而"日清日高"要求"坚持每天提高1%"，每天都要寻找工作中的差距，并且剖析原因，找出改进的方案。这套战略执行方法成了海尔奉行的最重要的员工行为准则，也是海尔传授给每一位新员工的第一个理念。

事实上，海尔的"OEC管理体系"之所以能够取得成功并极大地提升企业的执行力，其根本原因在于"日清"从领导开始，而不是从下级开始。海尔集团执行总裁梁海山曾经一针见血地指出："日清不应该是下级向上级报数，而是应该自上而下进行。如果管理者都说不清楚，员工就不可能说清楚。"海尔内部有一个著名的"周六会"，是管理者"日清自己"的会议。海尔的高级经理人都要参加这个会议，连张瑞敏也不例外。为了保证按时参会，张瑞敏的出差行程都围绕着周六进行。这个会议已经持续了十多年，从未停止。这不仅是海尔高级经理人的日清会，更是整个"OEC管理体系"的发动机。

高管在战略执行中的以身作则也极大地调动了员工的工作积极性。这是一个自上而下贯彻战略的成功案例，高管通过约束自身以实现对员工的约束和激励。不仅使得企业生产效率持续稳定地维持在较高水平、生产方式不断优化，也保证了海尔在各个阶段的战略变革能够真正落地。

资料来源：曹仰锋，《海尔转型：人人都是CEO》，北京：中信出版社，2017年。

思考题：

1. 为推动海尔的战略执行，张瑞敏及其高管团队采取了哪些行动？
2. "OEC管理体系"为什么能够取得成功？

参考文献

陈爽英、傅锋、李启月，2020，《"个体—组织"情境嵌套下CEO互联网行业经历与平台企业战略变革》，《管理学报》，17（10）：1461—1469。

董静、邓浩然，2021，《董事长军旅背景、管理自主权与战略变革——来自A股上市公司的证据》，《管理工程学报》，35（4）：29—39。

何雨晴，2021，《CEO学术经历与企业战略变革》，《工业技术经济》，40（5）：30—37。

李卫宁、李莉，2015，《TMT 异质性、战略变革与绩效改善的关系研究——基于绩效下滑的非多元化企业的数据实证》，《中国管理科学》，23（6）：153—161。

刘新民、王垒、吴士健，2013，《CEO 继任类型对战略变革的影响研究：高管团队重组的中介作用》，《管理评论》，25（8）：102—112。

刘鑫、薛有志，2015，《CEO 继任、业绩偏离度和公司研发投入——基于战略变革方向的视角》，《南开管理评论》，18（3）：34—47。

吴建祖、龚敏，2018，《基于注意力基础观的 CEO 自恋对企业战略变革影响机制研究》，《管理学报》，5（11）：1638—1646。

徐天舒、李东，2022，《右脑和左脑思维的互动：超大型企业战略变革的内部合法化进程——基于苏宁电器集团十年战略（2010—2020）制定过程的案例研究》，《南开管理评论》，25（1）：4—14+26。

杨林、俞安平，2016，《企业家认知对企业战略变革前瞻性的影响：知识创造过程的中介效应》，《南开管理评论》，19（1）：120—133。

韵江、宁鑫、暴莹，2021，《CEO 过度自信与战略变革——基于"韧性效应"和"创造效应"的研究》，《南开管理评论》，5：180—190。

张志学，2022，《陕鼓变革十六载》，载张志学，马力主编，《中国智造：领先制造业企业模式创新》（第 179—204 页），北京大学出版社。

张志学、王辉，2006，《通过塑造企业价值观启动组织学习——对青岛网通的研究》，载中国企业调查系统编著，《企业家个人学习、组织学习与企业创新》（第 402—412 页），机械工业出版社。

祝振铎、李新春、叶文平，2018，《"扶上马、送一程"：家族企业代际传承中的战略变革与父爱主义》，《管理世界》，34（11）：65—79+196。

Agle, B. R., Nagarajan, N. J., Sonnenfeld, J. A., and Srinivasan, D. 2006. Does CEO charisma matter? An empirical analysis of the relationships among organizational performance, environmental uncertainty, and top management team perceptions of CEO charisma. *Academy of Management Journal*, 49 (1): 161-174.

Bate, P., Khan, R., and Pye, A. 2000. Towards a culturally sensitive approach to organization structuring: Where organization design meets organization development. *Organization Science*, 11 (2): 197-211.

Battilana, J., Gilmartin, M., Sengul, M., Pache, A. C., and Alexander, J. A. 2010. Leadership competencies for implementing planned organizational change. *The Leadership Quarterly*, 21 (3): 422-438.

Bommer, W. H., Rich, G. A., and Rubin, R. S. 2005. Changing attitudes about change: Longitudinal effects of transformational leader behavior on employee cynicism about organizational change. *Journal of Organizational Behavior*, 26 (7), 733-753.

Bowen, D. E., and Inkpen, A. C. 2009. Exploring the role of "global mindset" in leading change in international contexts. *Journal of Applied Behavioral Science*, 45 (2): 239-260.

Chatterjee, A., and Hambrick, D. C. 2007. It's all about me: Narcissistic chief executive officers and their effects on company strategy and performance. *Administrative Science Quarterly*, 52 (3): 351-386.

DeCelles, K. A., Tesluk, P. E., and Taxman, F. S. 2013. A field investigation of multilevel cynicism toward change. *Organization Science*, 24 (1): 154-171.

Denis, J. L., Lamothe, L., and Langley, A. 2001. The dynamics of collective leadership and strategic change in pluralistic organizations. *Academy of Management Journal*, 44 (4): 809-837.

Geletkanycz, M. A. 1997. The salience of 'culture's consequences': The effects of cultural values on top executive commitment to the status quo. *Strategic Management Journal*, 18 (8): 615-634.

Gioia, D. A., and Chittipeddi, K. 1991. Sensemaking and sensegiving in strategic change initiation. *Strategic Management Journal*, 12 (6): 433-448.

Gupta, A., Nadkarni, S., and Mariam, M. 2018. Dispositional sources of managerial discretion: CEO ideology, CEO personality, and firm strategies. *Administrative Science Quarterly*, 64 (4): 855-893.

Hambrick, D. C., and Mason, P. A. 1984. Upper echelons: The organization as a reflection of its top managers. *Academy of Management Review*, 9 (2): 193-206.

Heck, R. H., and Hallinger, P. 2010. Collaborative leadership effects on school improvement: Integrating unidirectional-and reciprocal-effects models. *The Elementary School Journal*, 111 (2): 226-252.

Helmich, D. L. 1975. Corporate succession: An examination. *Academy of Management Journal*, 18 (3): 429-441.

Herrmann, P., and Nadkarni, S. 2014. Managing strategic change: The duality of CEO personality. *Strategic Management Journal*, 35 (9): 1318-1342.

Huy, Q. N., Corley, K. G., and Kraatz, M. S. 2014. From support to mutiny: Shifting legitimacy judgments and emotional reactions impacting the implementation of radical change. *Academy of Management Journal*, 57 (6): 1650-1680.

Huy, Q. N. 2002. Emotional balancing of organizational continuity and radical change: The contribution of middle managers. *Administrative Science Quarterly*, 47 (1): 31-69.

Jing, R., and Van de Ven, A. H. 2014. A yin-yang model of organizational change: The case of

Chengdu Bus Group. *Management and Organization Review*, 10 (1): 29-54.

Nadkarni, S., and Barr, P. S. 2008. Environmental context, managerial cognition, and strategic action: An integrated view. *Strategic Management Journal*, 29 (13): 1395-1427.

Nadkarni, S., and Chen, J. 2014. Bridging yesterday, today, and tomorrow: CEO temporal focus, environmental dynamism, and rate of new product introduction. *Academy of Management Journal*, 57 (6): 1810-1833.

Nohe, C., and Michaelis, B. 2016. Team OCB, leader charisma, and organizational change: A multilevel study. *The Leadership Quarterly*, 27 (6): 883-895.

Raes, A. M., Heijltjes, M. G., Glunk, U., and Roe, R. A. 2011. The interface of the top management team and middle managers: A process model. *Academy of Management Review*, 36 (1): 102-126.

Raynard, M., Lu, F., and Jing, R. 2020. Reinventing the state-owned enterprise? Negotiating change during profound environmental upheaval. *Academy of Management Journal*, 63 (4): 1300-1335.

Richard, O. C., Wu, J., Markoczy, L. A., and Chung, Y. 2019. Top management team demographic-faultline strength and strategic change: What role does environmental dynamism play? *Strategic Management Journal*, 40 (6): 987-1009.

Sirén, C., Patel, P. C., and Wincent, J. 2016. How do harmonious passion and obsessive passion moderate the influence of a CEO's change-oriented leadership on company performance? *The Leadership Quarterly*, 27 (4): 653-670.

Sonenshein, S. 2010. We're changing—Or are we? Untangling the role of progressive, regressive, and stability narratives during strategic change implementation. *Academy of Management Journal*, 53 (3): 477-512.

Waldman, D. A., and Javidan, M. 2009. Alternative forms of charismatic leadership in the integration of mergers and acquisitions. *The Leadership Quarterly*, 20 (2): 130-142.

Wally, S., and Baum, J. R. 1994. Personal and structural determinants of the pace of strategic decision making. *Academy of Management Journal*, 37 (4): 932-956.

Wang, H., Tsui, A. S., and Xin, K. R. 2011. CEO leadership behaviors, organizational performance, and employees' attitudes. *The Leadership Quarterly*, 22 (1): 92-105.

Zajac, E. J., Kraatz, M. S., and Bresser, R. K. 2000. Modeling the dynamics of strategic fit: A normative approach to strategic change. *Strategic Management Journal*, 21 (4): 429-453.

Zhang Y., and Rajagopalan N. 2010. Once an outsider, always an outsider? CEO origin, strategic change, and firm performance. *Strategic Management Journal*, 31 (3): 334-346.

Zyung, D. 2017. Essays on CEO cognitive complexity: Effects on corporate strategy, performance, and survival. Doctoral dissertation, Rice University.

第4篇

战略领导力的发展

第9章
不同时代的企业领导力

教学目标

1. 理解中国经济改革历程
2. 了解四种企业领导力的特征
3. 领悟领导力变迁的逻辑
4. 思考企业持续发展和失败的因素
5. 深化对战略领导力的理解

引导案例

张瑞敏：引领海尔持续发展

1984年，35岁的张瑞敏临危受命接手了亏损147万元的青岛电冰箱总厂（海尔的前身）。在他的带领下，青岛电冰箱总厂从濒临倒闭、资不抵债逐步发展为全球最大的家电企业。截至2021年，海尔第13次蝉联全球大型家用电器零售销量第一。近四十年来，海尔不断地进行自我迭代，经历了数次战略转型，并伴随着多次组织结构的变革与调整。

从“烂摊子”到质量金牌

张瑞敏出生于1949年，高中毕业后进入一家建筑五金厂，从基础员工一直做到了副厂长。1982年，他被调入青岛市家用电器工业公司担任副经理。当时的青岛电冰箱总厂经营困难，没人愿意接这个“烂摊子”。回忆起接手初期，张瑞敏说道：“……欢迎我的是53张请调报告，上班8点钟来，9点钟走人，10点钟时随便在大院里扔一个手榴弹也炸不死人。”为了提高士气、加强管理，他制定了13条管理规定，包括“不准在车间里大小便”“工作时间不准喝酒、不准睡觉、不准赌博”等。自此，张瑞敏开启了海尔的转型之路。

在他的铁腕管理下，员工素质和厂风厂貌明显改善。但是，仅仅提高员工的士气是无法在竞争激烈的电冰箱市场立足的。当时市场上电冰箱种类繁多，他确立了“起步晚、起点高”的原则，制定了海尔发展的“名牌战略”。

为了打造一个强大的品牌，张瑞敏引进了德国利勃海尔公司先进的电冰箱生产线，并坚持把产品质量放在发展的首位。1985 年，消费者来信反映厂里生产的电冰箱质量存在问题，他立刻对仓库中的 400 多台冰箱进行检查，发现有 76 台冰箱质量不合格。有员工建议把这些冰箱以低价卖给工人，毕竟市场上的冰箱是供不应求的。但张瑞敏坚决地否定了这种做法。他让生产这些不合格冰箱的工人们亲手当众砸毁这些冰箱。他通过这件事唤起员工的质量意识，海尔由此确立了“产品质量零缺陷”的经营理念。后来，海尔冰箱不仅在市场上引发了消费者的抢购，还以最高分获得了中国电冰箱史上第一枚质量金牌，同时还获得了“国家质量管理奖”。

张瑞敏并不满足于海尔在电冰箱行业取得的成绩，在达成“冰箱第一品牌”的目标后，海尔也逐渐将业务领域拓展到洗衣机、空调等相关家电产品，通过“激活休克鱼”来实现海尔的多元化战略。所谓“休克鱼”就是指硬件条件不错，但是因为经营不善、管理文化落后而亏损的企业。海尔通过“吃休克鱼”的方式，输入海尔文化，盘活被兼并的企业，从而使得企业规模不断扩展。20 世纪 90 年代后期，海尔以此方式先后兼并了如原红星电器有限公司、广东顺德洗衣机厂、合肥黄山电视机厂等 18 家企业，使其业绩全部实现扭亏为盈。

先难后易，坚持出口创牌

在海尔的名牌战略与多元化战略逐步完成之后，张瑞敏提出了“海尔，中国造”的概念，决心要打造出中国自己的民族工业品牌。为此海尔开始实施国际化战略。

海尔坚持以自主品牌开拓海外市场，按照“先难后易”的路线实施，首先在发达国家市场创出名牌，随后再逐渐打开发展中国家的市场。1999 年 4 月，海尔投资 3 000 万元在美国南卡罗来纳州建立了第一条家用电器生产线，随后欧洲海尔、中东海尔、美国海尔先后揭牌，使得更多的海外经销商加入海尔的营销网络中。海尔在“出口创牌”的道路上掌握了先机，成了世界标准的制定者。截至 1998 年 9 月，海尔已经在国际上发展了 49 个专营商，有一万余个经销网点。

从2005年起，海尔由国际化战略阶段进入全球化战略阶段。张瑞敏提出了人单合一的组织模式。人单合一是多方共赢的理念，就是指每个员工都能够直接面对用户，创造用户价值，并在为用户创造价值的过程中实现价值共享。人单合一使得企业中的任何一个员工都可以根据自己的市场洞察捕捉机会，协同资源，满足用户的需求。这不仅能够让每个人发挥自己的价值，更能够让每个员工都在海尔的平台上成为自己的CEO。

伴随着人单合一组织模式的产生，张瑞敏同时启动了新一轮的组织变革。他提出以自主经营体作为基本的组织单元，打破传统的正三角式组织结构，建立以用户为支撑的体系，将组织调整为倒三角的组织。传统的正三角组织结构是以企业为中心由上级领导层层下达指令，基层员工层层向上级汇报工作。倒三角的组织结构则是以用户为中心，各级管理者与员工共同听从用户指挥，满足用户的需求。

海尔通过跨国并购，合理利用全球的资源，创造了本土化的主流品牌。2011年，收购日本三洋电机在日本和东南亚地区的洗衣机、冰箱等白色家电业务；2012年，通过控股斐雪派克布局新西兰市场；2016年，并购通用电气家电业务，扩大了北美地区的市场；2019年，并购意大利品牌Candy，拓展了欧洲市场。截至2022年，海尔已在全球拥有29个产业园、122个制造中心、108个销售中心，全球销售网络遍布160个国家和地区。

从家电品牌到生态品牌

随着大数据、人工智能、移动互联网和云计算的发展，海尔集团开始实施网络化战略，完成由制造产品企业到孵化创客企业的转型。张瑞敏提出要把海尔发展为一个平台型组织，将原来的科层制变成由平台主、小微主和创客三类人组成的组织结构。平台主为创业所需的资源提供支持；小微主需要自己发现市场并组建创业团队，即小微，小微作为独立运营主体，是充分享有决策权、用人权和分配权的合作组织；创客是普通的员工，但不再是执行上级要求的员工，他们需要找到自己的用户，为其创造价值。

在物联网时代，张瑞敏意识到用户对单一产品的需求已经转变为智慧生活解决方案的需求，他提出了生态品牌战略，由互联网时代的平台品牌发展为物联网时代的生态品牌。生态品牌以人单合一模式作为底层逻辑，致力于创造出共创共生、共同进化的品牌。

为了更好地满足用户的需求，海尔打造了新的组织形态——生态链小微群。在链群中的小微可以根据用户所需进行资源组合。2019年，海尔以“物联网生态”品牌进入BrandZ全球品牌百强榜单，成了首个且唯一的物联网生态品牌，并连续蝉联三年。2021年，张瑞敏被BrandZ授予“物联网生态品牌创立者”的称号，这也是BrandZ历史上首次颁发个人荣誉。

做时代的企业

张瑞敏在执掌海尔的近四十年中带领海尔不断调整战略方向并进行组织变革，使得海尔成为全球白色家电第一品牌。2021年，海尔集团的营业收入达到3 327亿元。虽然海尔在战略方向上进行了多次变化，但不变的是守住“永远为用户创造价值”的方向，以及“人的价值第一”的企业理念。

海尔历经中国宏观环境快速发展的多个时期，而张瑞敏每一次都能够及时调整合适的战略以响应外部环境所提供的机遇。在创立初期，海尔抓住了改革开放的机遇，随后抓住了中国加入WTO的机遇，之后又抓住了互联网与物联网时代的机遇。正如张瑞敏在哈佛大学的演讲中所说，“一家企业最重要的不是规模有多大，而是能不能在不同的时代都踏准时代的节拍……没有成功的企业，只有时代的企业”。

资料来源：王延婷根据公开资料整理得到。

思考题：

1. 从20世纪80年代中期至今，海尔的发展经历了哪几个阶段？在各个阶段战略转型与组织变革是如何相互影响的？

2. 家电行业竞争非常激烈，你认为海尔能够突出重围，成为世界第一白色家电品牌，其核心竞争力体现在哪些方面？

3. 张瑞敏在海尔不同的发展阶段，其战略领导力体现在哪些方面？

4. 在运营海尔近四十年的历程当中，外部环境变动巨大，但张瑞敏能够带领海尔持续发展。你认为他有效的领导力的来源有哪些？

5. 你认为成就海尔持续发展的重要因素有哪些？各种主要因素之间存在什么样的关系？它们是如何进行战略协同的？

6. 张瑞敏说："没有成功的企业，只有时代的企业。"通过前述海尔的案例，你如何理解这句话？

正如第2章所论述的，企业适应外部环境和整合内部组织这两大任务是无法由企业自动完成的，需要企业领导者的推进。企业的协和模型（Nadler and Tushman，1980）提出，企业若要达成目标，既需要与外部环境密切互动，又要调适组织内部要素之间的关系。该模型试图表明企业内部与外部环境密切互动的情境，即企业对外需要通过制定合适的战略保持与环境的和谐，对内需要保持组织体系结构与战略的和谐，而企业组织体系结构内部的各个要素之间亦需要保持彼此的和谐。但是，协和模型并没有向下展开到更细致的要素：探讨企业领导者在实现这些和谐的过程中的作用。其后，学者们基于对IBM公司的研究，提出的业务领导力模型为客户提供能力提升方案时，指出企业领导力对战略和执行两大任务的引领作用（Harreld et al.，2007）。近年来，无论是过去坚持以规范模型的方式研究战略的学者（Helfat and Peteraf，2015；Teece，2007），还是一直深入探讨企业战略形成过程的学者（Eisenhardt and Martin，2000），都承认企业的动态能力在很大程度上与企业领导者有关。领导者的重要作用在于发挥了感知环境变化、捕捉商业机会和配置组织资源三种关键的动态管理能力（Helfat and Peteraf，2015）。

克里斯坦森和雷纳（2010）认为，企业高管有一个永恒的责任，即感知环境的转变，并教会别人识别这些信号，因为任何策略的成效都与具体情境息息相关；高管需要将变化作为一种成长机遇而给予积极应对，而非将变化作为一种危机加以防范。

中国的GDP在1953—1978年间的年均增长率是6.1%，而1978年改革开放后的前三十年年均增长率是9.8%。中国实施改革开放政策之后，企业成为市场活动的主体，形成了中国经济高速发展的微观动力。在这一过程中，企业领导者敏锐地察觉市场机会，调动现有资源，建立起企业及团队，通过提供产品或者服务而获利。在商品短缺的年代，企业领导者带领企业保持与外部环境的和谐就很容易获得成功，但随着中国经济和社会环境不断快速变化，国内外竞争对手、技术、消费者等也都出现巨大变化，很多曾经成功的企业出现停滞和衰退，甚至退出历史舞台，领导者本人也多有戏剧性的结局。由此，我们看到一批批企业兴起，又一茬茬地倒下。但与此同时，却也出现了若干企业，从20世纪80年代中期创立至今，任凭国际、国内环境出现变化，却也能够保持与时俱进，不断变革，并稳健地成为国际舞台上的强者。

本章将分析改革开放以来不同时代的企业领导力的主要特征，并分析稳健经营的企业的领导力特点。

9.1 中国企业家成长的环境

宁高宁（2006）曾写道："我一直觉得中国的企业和企业家在过去二十年中经历了比别人更多的磨炼，这二十多年，是一个浓缩的剧烈变化的时期，它让许多企业早熟，也让许多企业灭亡。中国企业的生存环境在这二十多年中，随着国家的政治、经济制度的改革不断改变，企业作为参与者，也因为自身的努力和适应推动了大环境的改变，同时也不断改变、进化了自己，这些经历是刻骨铭心的。"

距离他写的这段话又过去了近二十年。改革开放四十多年来，中国经济改革政策和宏观环境的变化为企业经营者和企业家的成长提供了土壤。可是，在同样的环境下，同一行业中有些企业成功了，另一些企业却失败了。在改革开放以后的很长时间内，中国市场不仅规模庞大，而且处于高速发展当中，与西方发达市场中企业挤在狭小的领域激烈竞争的状况不同，企业领导者能否解读环境、发展合适的业务模式，并将所运营的企业的业务做精做强，是导致企业兴衰的最重要因素之一。

虽然企业领导者既要在觉察外部环境后制定合适的战略，又要调配企业的内部要素，但对于中国企业领导者而言，在很长一段时间内，由于市场机制不健全，能够敏感觉察外部环境并捕捉市场机会比整合内部资源看起来重要且划算得多，这也是很多企业领导者不注重管理的重要原因。

改革开放早期，企业领导者几乎不需要按照规范的方式去分析环境，因为只要进入某个领域做下去就会有丰厚的回报，只是进入不同的行业所获回报的程度会有所不同。在机会驱动的年代，人们喜欢用"投机"一词去形容那些从事商业交易的经营者。站在今天看那个时代出现的一批成功的经营者，大多都非常精明，表现为善于找到能够快速赚钱的机会，并且能够获得被允许去赚钱的机会。

改革开放意味着中国社会开始由计划经济向商品经济转变，也意味着企业和社会面临的“外部要素”向更宏观的“外部”打开，要素的变量更趋多元和动态变幻。外部环境的变迁呼唤新的社会治理体制的形成；如果我们把经济维度下的社会也看作一个宏观企业个体，则在国家治理快速向开放型经济转型的过程中，社会本身也在与“新外部”不断磨合，很多与市场经济和企业运营相关的政策法规不可能一蹴而就地完善，只能在实践中逐渐建立健全。

中国推进改革开放的重大国策，是在调研和总结民众自发实践的基础上，再经过中央高层广泛而深入的讨论而出台的，但真正推动经济改革落实还得靠中央和地方政府。在中央政府的号召之下，各级政府及其官员迅速行动起来，在缺乏先验经验和明确规则指引的背景下共同探索，推进这场伟大的社会主义实践。在实践中，各地经济和人文情况不同，各级官员对政策的解读不一，而企业经营者即便看到商业机会，也需要得到政府部门的批准和许可。在这种情况下，有的企业经营者可能很凑巧地抓到机会快速发展，呈现如鱼得水之势；有的则感觉政府管制太多，执行法规时弹性太大，给一些不遵照规则从事商业竞争的人太多的机会。今天看来，那些批评者自己其实也采取了很多他们曾经激烈抨击的商业行为。改革开放之初规则不明确的混沌时期，市场初开，商品供不应求，企业经营者的首要任务普遍没有聚焦于企业内部的生产经营，更不必考虑产品和服务的创新，而是想办法在制度允许的范围内将事情做成，而由于制度规则并不完善，他们需要不停地与主管官员进行沟通甚至周旋，有些人花心思与政策法规执行者搞好关系，这就是“关系就是生产力”的来历。研究也表明，20 世纪 90 年代中期以前的中国企业，其经营者拥有的社会关系越多，其企业的绩效也就越好（Peng and Luo，2000）。又由于私营企业在政治地位上处于更不利的位置，其经营者比国有企业和集体所有制企业的经营者更加注重这种社会关系（Xin and Pearce，1996）。

企业家持续关注并向“外部要素”倾注心血，其中一些人耐心适应政策和政府机构的要求，不但通过专注的努力取得优秀的业绩，且进一步向政策制定机构建言献策，在改善本地营商环境方面做出了贡献，成为影响社会的“制度企业家”，帮助更多的企业经营者获得更大的自主权。这里举一个例子予以说明。一位企业家在 20 世纪 90 年代中期领导南京的一家国有企业从事系统集成业务，业务启动时政府投资了 2 000 万元。企业在其领导下两年后的营业额达到了 3.6 亿元。然而，面对竞争日益激烈的市场，他意识到政府的控制限制了企业的经营自主权，最终将无法与外资企业和民营企业竞争。他与政府官员沟通后获得理解，政府让他提出可行的解决方案。他提出将政府投资的 2 000 多万元以 2.2 倍的现金偿还。政府获得增值的国有资产，就接受方案退掉了股权，企业由此变为民营企业。突破机制阻碍后，该企业业绩迅速提升，吸引了美国英特尔公司和日本软银公司，两者愿意注入 1 500 万美元成立合资企业。但此时，又有了新的发展阻碍：中国政府曾在 1986 年出台一项政策，规定不得以私人名义与外国公司注册合资企业。于是，这位企业家向各级主管提交报告陈述理由，报告最终呈送到对外经济贸易部后获得批准，使得该企业成为中国第一家民营企业与外资企业组成的合资企业。这在随后也促成了相关政策法规的完善，政府修改了有关中外合资企业的政策，使得中国企业能够更大范围和更大规模地利用外资。

改革开放以来的四十多年中，中国企业的外部环境出现了巨大的变化，不同的时代背景下出现了不同类型的创业者。总体而言，中国企业的发展大致分为四个阶段。第一个阶段从 20 世纪 80 年代初期至 20 世纪 90 年代中后期，国家处于经济体制转型过程中，在搞活经济的大政方针下，诸多与企业经营相关的法律法规没有来得及出台或明确，这就需要企业经营者谨慎细致地解读政策，在抓住商业机遇的同时还要避免政策风险。不少人只看到了机会和利益的诱惑，要么因铤而走险违反政策法规而受到惩罚，要么因过度扩张而走向毁灭。在这一时期成功的人，往往能够敏锐地解读政策后抓住机遇，并以坚韧的毅力、超常的耐心和强烈的进取心去经营企业。第二个阶段始于 20 世纪 90 年代中后期，中国开始全方位地深化改革，很多地方因出台大量有助于企业经营的相关法规而使企业经营者拥有更大的自主权，并能够获得合理的报酬和激励，他们不再将很大的精力用于应对政策环境变化而导致的不确定性，而是聚焦于企业的业务运营和管理。这一时期，国际企业大规模进入中国，国内新出现的企业数量也快速增加，企业面临的竞争比过去更加激烈。企业领导者必须想办法提升企业的竞争力才能够生存与发展，而那些仍然通过从政策中发现商机并通过资源对接获利的企业则逐渐衰退。第三个阶段始于 21 世纪初，中国加入 WTO，市场经济继续朝更深和更广的方向推进。中国企业在国内市场上继续竞争，部分在国内市场上获得领先优势的企业，开始进入国际市场，有的企业还延续了在国内市场上的成功。第四个阶段始于 21 世纪的第二个十年，中国经济实力大大加强，消费者的购买能力迅速提升，消费观念也发生了巨大变化，市场上的各类物资供应十分丰富；而在过去三十多年发展起来并能够在竞争中存活下来的企业，几乎占据了每一个领域的重要地位，同时涌现出以新技术、新模式为代表的甚至具有国际影响力的新型企业。

在“时势造英雄”的背景下，中国不同时段涌现出来的企业家可以分为政治智慧型、业务专精型、国际运营型和市场洞察型四种。以下四节将根据企业家面临的社会环境和主要任务，讨论不同阶段企业家的主要特点，揭示过去四十多年的“时势”造就出的四类企业“英雄”，从中看出不同时代下中国企业家的领导力。

9.2 时代环境造就的四类企业家

中国改革开放以来，固然诞生了本章提及的诸多优秀企业家，但也出现了不少曾经红极一时但最终却从商界消失的人。在快速变化的环境下，企业领导者的思维、行动和策略会导致不同的结果。

9.2.1 政治智慧型：外向解读，内向布局

企业领导者需要处理外部适应和内部整合两大任务，而处理两大任务的方式又分为两大类，分别是富有技巧和注重人情的“圆”以及注重规则和讲究泾渭分明的“方”。依据这两个维度可以将中国的企业经营者分为四种（张志学，2009，2010）。第一种是外方内方的领导者，其对企业内部虽管理有方，

但由于不能灵活而圆熟地适应外部环境而失败。他们在转型期壮志未酬，被称为先烈型。第二种是外圆内圆的领导者，他们与相关官员建立了很好的关系，但由于太依靠政策红利和官员的支持，没有关注企业内部的经营和管理，最终被市场所淘汰，这类企业家被称为平庸型。第三类是外方内圆的领导者，这类人既刚愎自用、不识时务，又在企业内部推崇“一言堂”，缺乏必要的组织体系，导致企业昙花一现，这类企业家被称为大王型。第四类是外圆内方的领导者，他们智慧地理解和适应国家政策，规范地经营企业，同时在内部努力建立适应市场的企业核心竞争力。他们既不因与政府保持良好关系而依赖政府的扶植，又不因企业具有较强的竞争力而天马行空和无序膨胀，这类企业家属于适应型。

政治智慧型的企业家具有的特点大致表现在以下两个方面。

9.2.1.1 妥善处理与政府的关系

在经济制度转型期间，企业家正确解读外部环境并与外部环境保持协调一致，关乎企业的生死和存亡。在改革开放的前十多年中，经营企业需要面对很多困难，包括：政策法规还不够完善，商业文化极不成熟，高素质的职业经理人和员工供给不足。要解决这些问题，企业家需要具备耐心和毅力，能够与各方灵活地周旋，权衡利弊，找出稳妥的解决方法。雅戈尔的董事长李如成将自己做事的原则总结为“遇强则曲”，舍小利来与政府保持良好关系，不要和客观现实硬斗。巨人网络创始人史玉柱则“琢磨规则，创造规则”，而在对付大腕时则认为要“放低自己，抬高他人”。太平洋建设集团的创始人严介和曾说：“明明白白的妥协是高尚，坦坦荡荡的妥协是英雄，没有妥协哪有和谐呢?”

1989 年国家对电冰箱实行定点生产制度，但李书福领导下的吉利此前已经开始生产的冰箱不在定点生产之列，李书福只好关掉冰箱厂转向汽车生产。然而，2001 年国家经贸委颁布的《车辆生产企业及产品（第一批）》公告亦将吉利汽车排除在目录之外。其实，没有列入 1989 年定点生产冰箱之列的美的等企业，仍然坚持下来并且持续发展。这件事让李书福意识到，国家的产业开放政策有一个逐步到位的过程，只要是顺应潮流的事业，认准了再困难也要坚持到底。他不断地与有关部门沟通，终于获得了自主开发汽车的资格，带领企业持续发展，并通过收购沃尔沃轿车公司提升了吉利的能力。

改革开放伊始的岁月里，虽然国家高层领导富有远见地号召建立社会主义市场经济，但是一些政策制定者、官员和执法者，甚至相当多的民众的观念和意识依然停留在计划经济时代。企业家若等待社会经济环境完全改善了再去做事，将会丧失机会；但如果在时机尚不成熟时去冒政策的风险，则有可能成为牺牲者。例如，企业的产权改革对企业的长期发展非常重要。然而，相关政策混沌不清，其中既有可以利用的空间，也充满了陷阱和风险。1994年联想在香港上市时仍属于国有企业，时任联想总裁柳传志希望能够找到被认可的方式来确认国家的利益以及企业的开创者及员工的合理收益。按照他的股份制方案，联想财产的 55% 将归为国家，45% 归为员工。然而，根据法律，联想作为由国家独有演变为国家和持股公众共同所有的企业，其财富不属于公司员工。不过，政策允许联想的股东——中国科学院拥有分配企业利润的权力，后者将公司红利的 65% 留给自己，让联想分配剩下的 35%。经过多年的耐心沟通，财政部终于同意出让联想国有股权部分的 35%，但要求联想员工以现金购买。柳传志将过去通过 35% 的分红权获得的资金积累下来，用其购得公司国有股权部分的 35%。联想的创始员工终于变成了企业的所有者。

凌志军（2005）在《联想风云》中写道：在过去的二十多年里，我们的国家始终在新与旧的激烈冲突中挣扎着前进。如果你屈服于旧体制，你会被淹没其中，如果你公然反抗，你会体无完肤。联想的真正与众不同之处在于，它掌握了与旧制度相处的方法，同时又以惊人的坚忍、耐心和技巧与旧制度中顽固的弊端周旋，一点一点地摆脱束缚，走向新世界。

柳传志能够正确理解政策，使联想既能冲破旧体制的束缚，又能抓住新体制下的机会。相反，广东健力宝集团创始人李经纬由于与当地政府之间的不信任，在公司改制问题上意见不一，最终导致令人遗憾的结局。

9.2.1.2　适时推动企业运营的制度化

中国企业在快速发展阶段，企业家认为抓住机会、抢占市场更为重要。

企业靠领导者个人的意志做出决策，组织缺乏必要的规则和制度，企业中的协调和控制无法通过正式系统来实施，机遇大于风险，“一言堂”带来高效决策，凭借领导者个人的认知和视野做出决策的状况非常普遍。随着外部环境的不断变迁以及企业的规模化、市场化，制度之下的稳健运营成为必然需要，但是早期草率鲁莽的风格保持延续，渐渐展现出企业机制与企业发展阶段的不适配、领导者决策能力与企业发展方向的不适配，风险远大于机遇，无法持续稳健地经营和发展。有学者将华人组织的领导风格称为家长式领导，它是在一种人治的色彩下，显现出父亲般的仁慈与权威以及道德的廉洁（樊景立、郑伯埙，2000）。这种人治式的领导导致企业高度集权、企业的制度化程度低，并容易助长拉帮结派的风气。企业内部人员纷纷与领导者建立个别化的关系，组织成员渐渐不再以企业的利益为重，而是以讨好领导者、满足其个人利益为目标。有些企业经营者认为人治式领导高度灵活、结构简单、决策和执行的效率很高等。但是，领导者无法保持决策一贯正确，反而可能会由于决策一时的成功而变得过度自信，由于下属的顺从或奉承而无法听取不同的意见，由于权力过大而导致随心所欲。领导者不授权给下属，下属无法参与决策，不仅无法被激励着完成工作，也因缺乏锻炼而无法成长。一旦领导者由于年老、疾病或者意外而无法继续掌管企业，企业很快就会走向衰落。企业家因出众的能力和毅力开创了企业，但正是他们过强的个人能力而使企业落入“创业者陷阱”中。

从结果上看，那些能够较早地培养接班人并建立人才梯队的企业，更有可能进入下一个发展阶段。企业的开创者积累了财富、社会资源、企业团队和发展平台，为下一代企业领导者奠定了基础。由于民营企业的领导者更替大多是“子承父业”的模式，那些适时推动了明晰企业产权、建立现代企业制度的企业，当第一代创业者逐渐年迈之时，其后代便会继承父业推动企业的改革与转型。不过，在这种父子传承的模式下，后代们接班后享有的自主权略有差别。

子继父不退，扶上战马送一程：万向集团的创始人鲁冠球自 1969 年开始创业，他抓住机遇，整合国内外资源，带领万向走向辉煌。他的儿子鲁伟鼎高中毕业后，被送往国外学习企业管理。回国后，鲁冠球对儿子言传身教，让他跟随自己开会、下车间、见客户等，并让他在集团内部轮流任职于不同的岗位。1994 年，鲁冠球任命鲁伟鼎为万向集团总裁。他既放手让鲁伟鼎对集团进行改革与转型，又凭借自己的经验、稳重和智慧及时把握集团的大方向和发展节奏。为了防止新的领导者过于冒进，鲁冠球为集团设立了三条投资禁忌：暴利行业不做、千家万户能做的不做、国家做的不做，并劝鲁伟鼎放弃了两起收购计划。

子继父退，各有江湖：有些民营企业是由父子二人共同开创的，老一代退休之后，新一代自然接班。新一代的企业家在历练中积累了丰富的经验，能够在新的竞争环境下及时调整经营方向和模式。方太的创始人茅理翔于 1985 年创业，经过十年的发展完成了方太的第一次积累。1995 年他召回计划赴美读博的儿子茅忠群，两人开始联手二次创业。茅忠群劝说父亲放弃制造微波炉转而制造吸油烟机，并向父亲要求自带一批人另起炉灶，不吸纳父亲手下的元老到他的新公司中。他推动方太创立品牌，实施职业经理人制度，将方太的发展带上了新的台阶。茅理翔放心下放人权、财权、决策权，完全隐退，开办家业长青接班人学院，帮助中小企业完成企业传承和交接。

9.2.2　业务专精型：有效运营、扎根本土

自 20 世纪 90 年代中后期开始，中国开始逐步建立和完善市场机制，市场观念亦逐步深入人心。很多地方政府出台了各种政策支持企业的发展。日益成熟的市场经济和不断完善的政策法规逐步将投机者淘汰出局，留下了能够靠产品和服务满足市场需求的企业。中国加入 WTO 之后，国际企业进入中国市场，加剧了中国市场的竞争。从那以后，决定企业成败的重要条件是企业能否高效运营和有效管理，从而打造自己的竞争优势。企业领导者的主要精力不再是应对政策变化而带来的不确定性，而是集中精力运营企业、提高企业的能力。为此，他们需要分析行业、竞争对手、消费者、技术等的变化，为企业制定正确的战略，并组织企业的力量和资源去实施战略。企业能否整合控制系统、组织结构、制度与流程体系、企业文化等方面来支持战略的实施，是对企业组织能力的考验。这个时期涌现出的优秀企业家有不少都具有

业务或技术专长，他们所建立的企业通过提供有特色的产品或服务，在中国市场上赢得了客户的认可，这类企业家属于“业务专精型”领导者。他们的领导力特点主要表现在以下几个方面。

9.2.2.1 把握企业的战略定位

一些领导者能够根据行业的发展趋势和市场需求，为本企业确立准确的战略定位，从而为企业的发展定下基调。

招商银行作为中国金融服务创新的领导者，其发展离不开时任行长马蔚华的几次关键战略决策。他在国内最先开始向零售银行业务转型。早在20世纪90年代，招商银行就率先开启了电话银行业务，成为名副其实的黑马。招商银行的网点比起其他国有商业银行的网点少得多，洞察到技术带来的机会，马蔚华索性拍板大力开展网上银行业务。洞察到中国人出国旅行趋势的到来，马蔚华及其团队开发出中国第一张符合国际标准的双币信用卡，之后再通过开卡赠礼以及联名积分等营销手段，仅用三年半的时间，就使招商银行的信用卡占领了中国信用卡市场的34%，卡均消费名列第一。

王文京大学毕业后在国务院机关事务管理局工作，由于了解到国家鼓励和支持新技术开发，便在1988年与同事创立用友财务软件服务社，借助中国会计电算化的契机开发出用友财务软件，并使其在国内市场上占据主导地位。进入20世纪90年代后期，王文京发现客户开始用能帮助企业管理的ERP（企业资源规划）软件，便决定带领企业从财务软件转型到管理软件。用友开发的ERP软件NC（大型企业数字化平台）针对中国企业独特的管理特点和成长方式。中国很多国有企业集团的母公司由行政部门改制而来，对子公司的控制能力极弱；很多集团公司来源于将若干企业合并划归，资金、技术、产品等重要资源由子公司掌控，母子公司之间、子公司之间缺乏协调，并且多数集团公司从事多元化业务，业务间的关联松散，需要很强的集中管控。国外的管理软件难以应对国内企业松散的多元化业务。国外企业善于在单一的业务上从事专精化的经营，而中国的大多数企业在单一业务上开展得并不深入。因此，国外的管理软件无法很好地满足中国企业的需求。用友针对中国企业的特性和需求开发的ERP产品，成功地突破了国际厂商的垄断。2002

年，用友的 ERP 市场占有率超过国外的 SAP（企业资源管理软件系统）。此后，用友的市场占有率不断提升，成为中国普及度最高的 ERP 软件厂商之一。

9.2.2.2　善于解决企业运作的难题

随着企业运作的规范化和管理精细化的要求，只有既通晓企业管理、熟悉国外优秀企业的管理实践，同时又了解中国企业运作的领导者，才能够带领企业获得成功。

在 20 世纪 90 年代中后期国家推动国有企业改制的过程中，员工下岗成为遗留下来的难题。国有企业中具有行业经验且具有优秀运营能力的领导者，能够用好国有企业的资源，让企业焕发活力。2003 年，傅成玉出任中国海洋石油有限公司总经理，提出实现全面、协调、可持续发展的发展战略。中国海洋石油有限公司早在 2001 年就先后在纽约和香港联合上市，带走了 3%的员工和 80%的优良资产。为解决剩下的员工和资产，傅成玉采取分步上市、相互支持、逐步盘活的方法。石油公司上市之后，他将 37%的人员和 12%相对优良的资产重组为两家专业服务公司并完成上市，让石油公司和服务公司互相支持。2004 年，他又将 60%的员工和剩下 8%被看作包袱的较差资产重组为综合性支持和服务公司，使得两万多名员工中没有一人下岗或待业，并从 2007 年开始实现盈利。从 2004 年到 2009 年，中海油销售额增长 312%，利润增长 247%，上缴税费增长 631%，总资产增长 338%，净资产增长 373%。净资产回报率和动用资产回报率两项指标在全球石油行业中位居前列。傅成玉认为，“国有企业的发展，既要具备国际化视野，更要具有中国企业特色。赶超不能靠模仿，而是要挖掘自身特色和潜力，通过改革，把国企的政治优势转化为核心竞争力。中海油的发展，靠石油公司单打独斗不行，靠专业服务公司单打独斗也不行，要通过市场化、专业化、差异化、集团化，形成集团的综合实力，变成一个拳头，这就是中海油独特的竞争力”。[①]

---

① 《专访中海油总经理：创新缔造国际一流能源公司》，news. sohu. com/20100510/n272032442. html，2023 年 4 月 23 日读取。

9.2.2.3 熟悉客户的需求，创造新的业务模式

中国市场逐渐由原来的卖方市场向买方市场过渡。市场上同类产品种类繁多，商家用尽方法吸引和争夺消费者。这样的环境迫使企业了解消费者需求，使得产品和服务能够适应消费者不断变化的需要，从而体现出企业的竞争优势。

中国企业最先只是在西方企业看不上或者还没来得及占领的边缘领域求得生存的空间，积累了一定的实力后才到主流市场上与西方同行竞争。而在与西方巨头竞争时，由于在技术、品牌和经济实力上差距太大，只能根据他们对中国消费者独特需求的理解而开发出更能满足中国消费者和市场的产品，并通过快速响应市场反馈而领先于西方的竞争对手。这种模式使得百度、阿里和腾讯在本土市场上与美国企业展开了竞争。

马化腾就是因为了解客户需求而缔造了他的腾讯集团。他在1993年大学毕业后凭借对市场的敏锐洞察，开发的股霸卡在市场上的销售情况很好。接触了当时的一款即时通信软件ICQ后，马化腾开发了后来被称为腾讯QQ的OICQ，该软件容量非常小、便于下载，还为用户提供个性化的头像（微软的MSN几年后才具有这些特点和功能）；紧接着他还与电信运营商合作，在非移动互联时代，就实现了手机短信与PC端QQ的绑定，用户即便离线时也能通过手机及时接收信息。马化腾善于理解用户需求，并将这份理解融入产品设计中去。他将自己定位为公司的产品总设计师和首席体验官，试用腾讯所有的产品或服务，考虑用户的体验。迄今，由于马化腾及腾讯能够准确理解用户的需求，从而开发出诸多具有高度“用户黏性”的产品，因此创造并维持了一个庞大而活跃的用户群。

有些企业领导者个人具有突出的技术专长，从而能够带领企业获得竞争优势。由工程师王传福于1995年创办的比亚迪，如今已是全球锂电池的头部企业，其60%的生产设备都是自主开发的。最初生产镍镉电池时，一条生产线需要几千万元的投入，但人工成本低廉，王传福把生产线分解成可以全部由人工完成的工序，大大降低了成本。2000年，王传福决定生产锂电池，但日本的设备过于昂贵，他便把镍电池的生产设备搬到锂电池生产线上，不能

兼容的就重新设计，无法设计的就用人工和夹具来做。比亚迪将中国低廉而丰富的人力资源转化成大工业生产的成本优势和灵活快速优势，使自己在与国际同行的竞争中占据上风。王传福将比亚迪独特的制造优势进一步转变为一种垂直整合能力。比亚迪从手机零部件做起，逐步自下而上进入手机组装和设计的环节，为诺基亚等客户提供从方案设计到最终生产的一站式自主研发设计（original design manufacture，ODM）服务。与国际同类企业相比，完成同样的方案，比亚迪的成本低 15%—20%，而速度要快 1/3。后来者在从事技术创新的时候，必须借鉴已有的技术，比亚迪则通过合法的方式规避或突破国际企业的技术专利封锁。多年来，一些国际企业指控比亚迪侵犯专利，但比亚迪在中国和外国都打赢了官司。

王传福及比亚迪的做事哲学是，不必对核心技术感到害怕。别人有，比亚迪敢做；别人没有，比亚迪敢想。王传福认为，遇到问题，若解决不了，不是因为没有能力，而是因为缺少勇气。这种信念和决心为比亚迪最终创造领先技术打下了基础。

9.2.3　国际运营型：登台国际、参与竞争

早在 2001 年，任正非就在华为“欢送海外将士出征大会”上说，“我们还完全不具备在国际市场上驰骋的能力，我们的帆船一驶出大洋，就发现了问题。……但我们总不能等待没有问题才去进攻，而是要在海外市场的搏击中，熟悉市场，赢得市场，培养和造就干部队伍。……若三至五年之内建立不起国际化的队伍，那么中国市场一旦饱和，我们将坐以待毙”。

进入 21 世纪，国内一些行业的市场逐渐饱和，利润越来越微薄，中国企业加快了“走出去”的步伐，部分企业参与了全球性的产业分工或全球市场上的竞争。经过多年的发展，部分企业在资本、技术和运营管理上有了积累，为企业的全球化打下了基础。

全球化运营需要企业具备核心竞争力，这要求企业具有规范的管理、先进的技术，并引入具有全球视野和经验的人才。这类企业的领导者不仅在中国的转型经济时期抓住了机会，而且在逐渐明确业务方向后，以独特的产品和成功的经营模式占领国内市场，最终带领企业走出国门。这些堪称“国际

运营型”的领导者具备鲜明的特点。

9.2.3.1 以创新建立竞争优势

本土企业在国内市场上刚一起步便遭遇国际企业的压力。企业领导者只能建立企业独有的技术和服务模式，在局部取得优势并获得客户认同后，再将从市场上赚来的钱投入技术和产品开发中，逐渐建立起全面的竞争能力。例如，自20世纪90年代以来，中国电信业的设备基本上由爱立信、北电、阿尔卡特及西门子等国际厂商包揽。华为和中兴等本土厂商基于中国客户的需求开展研发并进行有效的市场挖掘，产品性能逐渐逼近国际厂商，并以低成本和快速服务赢得了市场。

有的企业家在利用成本优势从事代工制造过程中，完成了引进、消化和吸收的过程，开发出自有产品，行销国内和国际市场。格兰仕集团1992年通过引进日本的微波炉生产线及技术迅速地提高了产能，三年后其微波炉的产销量占据国内1/4的市场份额。变压器是微波炉的重要零部件，格兰仕引进美国和日本的生产线，以每件5—8美元的成本价向外国企业供货。其后，格兰仕掌握了变压器的生产技术，并开始自主研发磁控管。格兰仕不断引进国外的生产线，在1999年成为全世界最大的微波炉生产基地。其创始人梁庆德邀请国内外技术专家加入格兰仕，并在国内外建立研发中心，格兰仕进而掌握了微波炉生产的全部核心技术。2007年，格兰仕出口的产品中，自有品牌销售超过60%，企业由当初的委托代工制造（original equipupment manufacture，OEM）发展到自主研发设计（ODM）。之后，格兰仕开始到海外建立分公司，开展适应当地需求的市场活动，在国际上建立了自主品牌（original brand manufacture，OBM）。到2007年，格兰仕已连续10年实现微波炉产销量“世界第一”。

以格兰仕领导者为代表的中国企业家基于中国劳动力成本优势，以委托代工制造开始，从低端生产代工起步，逐渐生长出工业化能力和研发能力，并不断吸收国外管理经验、学习先进技术，建立了自己的生产体系，并最终形成了自己的品牌。这是中国制造业企业快速发展的一种模式，即先成为全球供应链中吃苦耐劳、成本低廉的一环，然后逐渐成熟壮大，最终实现自己的工业化和品牌化。

9.2.3.2　推动企业运营向国际标准对齐

中国企业在全球化进程中屡遭失败和挫折，一部分原因在于企业不熟悉不同国家与地区的民族和社会、法律和文化，但更重要的原因是企业的综合能力与全球化运营不匹配。除了技术和产品具备竞争力，企业必须在管理和运营方面向国际标准看齐。

华为1998年进军海外市场时，发现无法满足国际一流运营商的要求，任正非决定将企业的管理实践与国际接轨。华为全面引进国际化管理体系，从HAY集团引入“职位与薪酬体系”，从IBM引进集成产品开发（integrated product development，IPD）及集成供应链管理（integrated supply chain，ISC），将英国国家职业资格管理体系（national vocational qualification，NVQ）引入并作为企业职业资格管理体系，与Accenture公司在客户关系管理（customer relationship management，CRM）上展开合作，优化华为从产品到客户的全流程管理，以提高华为全球化的运作效率。华为初步建立起可以与国际客户对接的管理理念和行事方式。

华为这一案例很典型，它清晰地说明，一家具备在全球范围内独立运营能力的公司，首先要在全球范围内成为具备当地标准资质的公司：为了获得英国电信（British Telecom，BT）的供应商认证，华为成立了专门的项目团队，并在研发、市场营销、供应链管理和工作语言上全方位匹配对方的要求。在两年多的时间内，华为投入上亿元的资金改进各个环节，终于在2005年年底成为BT的设备供应商，也与沃达丰集团签订了全球采购框架协议。全球化的业务倒逼出华为的全球化运营能力，为了获得国际大客户的合同，华为会成立专门的全球系统部，整合公司资源满足客户的需求。华为还调整了总部的组织架构，由最高的执行管理团队将市场与服务、战略与市场、产品与解决方案、运作和交付部门以及财务、策略与合作和人力资源整合起来，以实现对客户各种需求的快速响应。

华为为了更好地筹备全球业务，持续加大了对海外本地员工的聘用力度。2008年年底，华为近80 000名员工中，海外员工已超过22 000人，其中海外本地员工超过 12 500 名。华为人力资源部门随时分析其薪酬标准的外部竞争力，再结合全球业务布局和全球人才分布情况，招聘能够加快公司全球化进程、具有全球化工作经验的人才。同时，华为加大力度引入具有丰富国际电信经营经验的外国人士担任高管，成为其开拓全球市场的重要力量。华为用职业化以及流程、制度和文化取代了“土狼时代”所推崇的“英雄主义”，成功地从一家本土民营企业转型为一家全球化企业。

在这一重大转型过程中，领导者扮演着重要的角色。他们对走向全球化所面临的外部要素要有虽无经验但有极其敏锐的认知，对企业的战略方向有坚决的定力，一旦发现原有的企业文化不利于企业的全球化步伐，则迅速利用个人威信重塑文化，引导员工行为匹配国际商业运营环境。

特殊时期要靠雷霆手段，但是企业的日常运营必须靠制度与流程。任正非一度借助“华为基本法”提炼公司的价值理念和企业文化，旨在淡化企业家的个人色彩，强化职业化管理。经过两年的酝酿和研讨，“华为基本法”于 1998 年颁布，以类似法律条文的方式确定了企业的宗旨、经营政策、组织政策、人力资源政策、控制政策、接班人与“基本法”修改等主要方面。很多条款反映了华为在中国本土从事商业竞争的特色，彰显出华为浓厚的危机感、攻击性、扩张欲望和功利性。这种敏锐、凶狠的“狼性”文化帮助华为在中国市场上攻城略地，战胜国内外的竞争对手。然而，当华为走出国门时，任正非意识到“狼性”文化有碍于华为的全球化发展，便果断地予以抛弃。华为开始依靠规范的制度和工作流程而不是个人的激情和果敢来工作，为此任正非本人在企业内部不再搞群众运动，尽可能少发表演讲，华为内部也逐渐淡化了“基本法”。

任正非强调华为对外要注意倾听客户的意见，对内则强调部门之间的资源共享。华为内部打破等级和权威，刻意营造彼此之间坦诚相待的氛围，主管与一般员工在同一间办公室办公，使用同样的办公桌，随时交流。他强调员工要有危机意识，号召员工在快速变化的市场环境中不断创新、迎接变化，鼓励员工自我批评，勇于暴露问题、剖析自己，防止经验主义，不断取得进步。任正非塑造的这种开放、创新的文化氛围，使得华为的员工不断学习、进取，顺应了国际商业文化。

在任正非看来，一家企业需要有全球性的战略眼光才能发奋图强，一个民族需要汲取全球性的精髓才能繁荣昌盛，一家公司需要建立全球性的商业生态系统才能生生不息，一个员工需要具备四海为家的胸怀和本领才能收获出类拔萃的职业生涯。他的理念不仅造就了华为的全球化视野，而且打造了公司具有广泛影响力的坚忍不拔的奋斗者文化。

9. 2. 4　市场洞察型：技术前瞻、洞察市场

夏莫（2013）认为，组织经常看不到"以出乎预料的机会和突发性变革为特征的"新兴复杂性；他进而提出，全球正处于"三重转换"的周期，这些转换将在全球范围内重新定义协调合作。他所指的三重转换是：全球经济兴起之下的资本和企业全球化以及技术周期转换，网络社交兴起之下的全球多元中心、泛全球化治理以及网络社会下的新型关系转换，以及全球范围内个体新意识兴起之下的文化价值观转换。进入 21 世纪的第二个十年，国家开始推动经济结构战略性调整，提出通过科技进步和创新推动经济平稳较快发展，为全面建成小康社会打下基础。中国经济实力增强，新兴消费群体及其价值观正在兴起；此外，改革开放以来在科学、技术和管理等领域积累了大量的优秀人才。这些都为新一代的企业领导者创造了良好的条件。他们有的立志在技术领域实现突破，有的基于互联网思维重新定义消费市场，出现了一批"融合发展型"领导者。他们在领导企业发展中表现出两个不同于以往企业家的鲜明特征。

9. 2. 4. 1　基于专长做出前瞻性判断

中国在新时期的发展为新兴企业提供了巨大的机遇。但是能够把握机遇的企业家，不再是以往那些善于利用人脉进行资源对接的人，也不属于那些把握一时的风口而快速暴富的人。一批受过良好教育，具有技术专长和丰富行业经验的人，能够从国内外的发展中看到新的趋势，以自己的专长和洞见判断出新的产业方向。仅就商业环境而言，竞争越来越激烈、盈利越来越困难，但对这类企业家而言，仍然能够以自己独特的技术和产品"无中生有"地开创市场、制造庞大的需求，并长期占据极大的市场份额。这类企业的领

导者往往像是时代的幸运儿，他们既享受了改革开放之后质量日益提升的高等教育，又有机会在国际一流企业里工作从而耳濡目染最前沿的技术与市场，还抓住了2010年之后中国经济结构和发展模式调整所造就的机遇。

宁德时代董事长曾毓群就是这样一位“时代的幸运儿”。他先后攻读了船舶工程学士、电子信息工程硕士和物理学博士学位。在日企工作期间，曾毓群熟悉了电子产业OEM领域，并接触到世界最先进的电池生产技术。随着手机、MP3等便携电子产品的兴起，他判断电池产业将有巨大的成长空间，便在1999年与梁少康、陈棠华创立新能源科技有限公司（ATL），进行消费类锂电池的开发、生产、销售。为诺基亚翻盖式手机提供软包电池产品时，曾毓群购买了美国贝尔实验室聚合物锂电池专利，但发现电池充放电循环后容易鼓气变形。他通过研发找到了新的电解液配方，实现软包锂电池生产量产化与自动化。进入21世纪，随着国内移动电话的普及，ATL占领手机行业电池市场，并于2004年因成功解决苹果iPod电池问题而进入苹果供应链。后来，ATL因需要资金而被日本TDK集团收购，并获得越来越多的知名客户，聚合物电池出货量连续多年位居全球第一。随着新能源汽车的兴起，以及中国政府对新能源汽车产业的大力支持，曾毓群看到了动力电池的前景，于2011年创立宁德时代新能源科技股份有限公司（CATL）。市场研究机构根据SNE Research的数据，2022年上半年，宁德时代的动力电池市场占有率达到全球市场的34.8%，比上年同期提升6.2个百分点。宁德时代基于对电化学的深度理解及分析庞大客群的需求反馈持续进行技术创新，是其保持行业领导地位的关键因素之一。截至2022年上半年，宁德时代拥有研发技术人员1.21万名，其中博士193名，硕士2 233名，公司及子公司共拥有4 645项境内专利及835项境外专利，正在申请的境内和境外专利合计7 444项。宁德时代的竞争力和优秀业绩源自企业创始人的专长和行业经验，以及中国进入新能源汽车大发展时代的红利。

字节跳动的成功首先在于创始人张一鸣对移动互联网时代“算法”将取代“搜索”的前瞻性认知。在张一鸣之前，市场不乏算法技术的创业者，但均不成气候。张一鸣坚定地认为，随着手机取代PC，随着人们在线时间增长，信息的获取方式必将由搜索变为推送，从“人找信息”变为“信息找人”；之前那些“算法创业者”没有成功，不等于算法的趋势不会来临。后来在接受采访时，他也曾表示，如果谈一个创业者的核心能力，对事物的认知是最重要的。此外，作为互联网挑战者的字节跳动，其组织活力成为其攻城略地的一大法宝，不但有机制吸引大批崇尚技术的优秀人才，而且能通过灵活而扁平的组织体系运作，不断推出成功的产品，最终形成了自己的生态体系。2015年，创业仅三年的字节跳动使今日头条成为中国最热门的信息流App，从老牌互联网搜索巨头百度那里抢走大量用户，直到让百度从搜索的垄断者变为信息流的追赶者。2017年，字节跳动旗下的短视频平台抖音对战老牌短视频平台快手，几场闪电战显示出字节跳动庞大的运营和组织能力，使其取得决定性逆袭，如今抖音已发展成为社交电商，对微信视频号、淘宝直播、快手电商均形成巨大压力。2018年后，字节跳动将收购的Musical. ly在全球范围内并入TikTok，从此出海。凭借强大的算法和中台以及灵活的组织运作，字节跳动不但在中国本土成为传统互联网巨头们最重要的挑战者，也将TikTok推上全球最热门娱乐应用榜单。

9.2.4.2　洞察市场需求，开展错位竞争

中国超大规模的市场与不同层次的消费需求给企业发展留下了极大的空间。然而，在过去几十年的发展过程中，几乎所有领域都充满竞争，新兴企业只有采取新的模式才能够发展起来。

中国目前有3亿高收入和较高收入人口，规模与美国总人口相当，他们的生活水平和需求与发达国家的消费者相似。过去这类人群的消费市场基本上被国际品牌所占领。随着中国制造业的持续升级，以及企业越来越注重用户思维和产品创新，中国企业持续升级，陆续赢得本土主力消费者的青睐，例如，华为手机、海尔卡萨帝家电产品等。

中国还有4亿多的中等收入群体，尤其有大约2亿的Z世代，他们中的大部分具有旺盛的消费能力，其消费趋于个性化、价值观塑造、生活方式化。他们对高品质的美好生活的追求为企业开展创新、培育品牌提供了最为丰富而便利的市场。近年来，一些企业瞄准这批消费者的需求和偏好，比照发达市场的产品标准，生产出高质量的消费品。从奶茶到泛餐饮，从服饰、美妆

到生活方式，新出现的国潮品牌迎合了 Z 世代的审美趣味，赢得了国人对本土品牌的青睐，提升了其信心。

此外，中国还有大约 6 亿的中低收入人群，他们刚刚跨过温饱线，但也希望像中等收入群体那样生活，只不过其无法支付较高的费用。近年来，有些企业瞄准这批消费者的需求，获得了良好的发展。几十年的制造业积累，让中国拥有最完整、最完善的供应链体系；十余年的电商积累，让中国拥有最发达的支付、物流和大数据等完整的线上线下融合体系。这些都为开拓三、四线及以下城市以及农村市场留下了机会。例如，OPPO 和 vivo 手机的专卖店下沉到三至六线城市，拼多多从满足三至六线城市消费者的需求开始，快手短视频从下沉城市的“老铁”开始记录普通人的生活。

在淘宝、京东几乎占据了电商底盘的情况下，拼多多采取错位竞争获得了一席之地。在电商巨头追求消费升级，吸引品牌商开设自营店、旗舰店的情况下，拼多多将目光转向了低线城市的低收入消费者，这一群体对价格敏感，也身处熟人社会，熟人网络对他们而言是一种天然合理的营销渠道。

更进一步对拼多多形成天时地利人和的还有诸多红利，例如，一是供给侧的快速获得，2015—2016 年，京东和淘宝为了打假，关掉几十万家网店，拼多多顺势将很多低端卖家引入自己的平台。二是连接侧红利，村村通宽带、微信的普及以及移动支付和物流的普及，使农村电商消费市场的基础设施齐全。三是算法技术，拼多多通过算法驱动实现货品与人的匹配，这就是步张一鸣“信息找人”后尘的“货找人”。2015—2018 年，拼多多以社交拼团模式，依托微信流量，通过熟人间裂变，快速获得 4 亿多的用户，获客成本低得可以忽略不计。随之而来的是假货泛滥导致的广泛的负面舆论。2018 年起，拼多多果断升级供给侧，加大产品质量管控，设立消费者保障基金和“假一赔十”的赔付制度；2019 年，推出“百亿补贴”品牌营销活动，联合品牌商补贴现金 100 亿元，针对全网热度最高的 10 000 款商品大幅让利，主推高客单价的、标准化的 3C，即计算机类（Computer）、通信类（Communication）和消费类电子（Consumer Electronics）产品。百亿补贴入口在上线 100 天后活跃用户超过 1 亿，当年参与“百亿补贴”的商家超过 2 800 家。吸引到高线城市用户后，拼多多开始深度运营，增加用户黏性和消费频次。

拼多多之所以能够在很短的时间内快速发展，与其创始人的教育背景和阅历密切相关。黄峥大学毕业之后赴美国攻读硕士学位，毕业后到谷歌工作，见证了公司的快速发展和上市；2006 年还陪同步步高创始人段永平出席了巴菲特的午餐会。从卓越商界人士那里，黄峥不仅打开了广阔的视野，他的创业也生逢其时，顺利获得了足够的投资。与前几代中国企业领导者相比，黄峥这一代人在创业过程中更多地受益于“天时地利人和”。可以想象，随着中国继续保持改革开放，将会出现越来越多具有想象力和创造力的企业领导者。

9.3　纵观企业战略领导力的作用

宏观的经济社会环境造就了不同时代领导力的特点。每隔十多年，随着环境的变化，企业领导者也会出现显著的变化。需要指出的是，虽然不同时代造就了四种领导力类型，但我们并没有将时代与领导力类型一一对应，也不能说当前的企业领导力都是第四种市场洞察型。所有企业都力图适应外部环境以便存活下来，所以即便在当下，由于企业各自的生命周期与所处的环境不同，因此整体来看四种领导力都存在。在本节中，我们将进一步分析社会环境、企业运营以及企业领导力之间的关系，同时也会分析为什么很多企业在上一个时代成功了而进入下一个时代则衰退甚至消亡，更要分析那些从第一个时代创立以来至今仍然能够稳健发展的企业，其领导力展现出什么样的特征。

9.3.1　环境、企业与领导力

企业的本质是提供满足市场的产品和服务以获取收益，并通过收益获取资源升级产品和服务，换回生存和发展的资本。不过，企业究竟从事什么并以何种方式满足市场需求并获得合理的收益，与企业外部的环境，尤其是宏观的政策和社会环境紧密相连。正因为如此，过去几十年中的每个阶段，企业所面对的调整和需要解决的主要问题都有所不同。而在同一时期内，所有企业面对的挑战和需要解决的问题存在相似性。为此，制度论者认为环境、技术和规模等决定了组织的设计（Hage and Aiken，1969），社会环境和组织特征决定了组织形式（Hannan and Freeman，1977）。新制度理论更细致地指出，国家强制的力量影响了企业的选择，而面对环境的不确定性企业之间相互学习和模仿，专业组织和机构甚至更广泛的社会层面形成了与外部环境保持一致的规范（DiMaggio and Powell，1983；Scott，2001）。

中国的企业成为市场活动的主体是从20世纪80年代才开始的，无论是从计划经济体系中独立出来的国有企业，还是由某种民间形式组建起来的集体企业，或者完全由个人创立的民营企业，都在不同程度上享有自主经营的权力，当然也承担自主经营的风险和责任。在遵循国家大的方针政策的情况下，企业需要自主地发现市场需求，组织产品开发和生产，寻找销售的对象、渠道和方式。这些企业的活动和职能在当今任何一本工商管理领域的教科书中都有清楚的论述，但是那时的企业负责人很难接触到有关企业运营和管理的知识，更遑论系统的企业管理理论。20世纪80年代中期国有工厂被上级要求变为自负盈亏时，需要有人在新的条件下带领职工组织生产和销售，但在竞聘新厂长时，很多原来的行政领导根本不敢参选。有些厂长没有意识到自负盈亏与原来根据上级计划进行生产之间的巨大差别，继续当选了厂长，但是后来要么因无力经营而下台，要么自己改变观念、脱胎换骨。考察那个时期很多企业面临的问题，无非是企业经营各个重要环节以及计划、组织、领导和控制四个管理职能中的问题。可是，这些问题却耗费了企业领导者相当多的心力。因此，理解第一代中国企业的成长，需要在中国经济体制改革的大环境下，了解企业的领头人是如何在被赋予责任的情况下做出选择和组织企业经营的。中国商界过去几十年一直都流行一些突显企业领导者个人作用的说法，诸如，“时势造英雄”“成也萧何败也萧何”“生于忧患死于安乐”，让人觉得英雄辈出。可以这样理解时代特征与企业家之间的关系：每一个时代都为所有企业出了一份相同的考卷，而在回答考卷中获得高分的考生，在知识结构方面具有很大的相似性。由于不同时代所出的考卷是不同的，因此每一个时代的优秀考生在知识结构上都存在差别，但是总览在所有考试中都表现优秀的考生，他们在勤奋努力、考试准备和师长影响方面，又存在极大的相似性。

表9.1总结了四类企业领导力的大致起始时期、环境特征、代表性企业及主要挑战、领导者的战略行为和成功的关键，旨在说明环境、企业运营和领导力之间的关系。

表9.1 四类中国企业领导力

	大致起始时期	环境特征	代表性企业及主要挑战	领导者的战略行为	成功的关键
政治智慧型	20世纪80年代中期	计划经济向市场经济转轨	联想制度约束	妥善处理与政府的关系、推动企业运营的规范化	机会与资源
业务专精型	20世纪90年代中期	市场经济全面深化	百度、阿里、腾讯市场竞争	把握战略定位、善于解决运营难题	专业能力
国际运营型	21世纪初	中国步入国际舞台	华为、海尔国际竞争	以创新建立竞争优势、推动企业运营的国际化	管理能力
市场洞察型	21世纪10年代	开始建立小康社会	字节跳动巨头垄断	基于专长做出前瞻性判断、洞察市场需求开展错位竞争	技术和洞察

政治智慧型的企业领导者能够审时度势，在顺应宏观政策导向的基础上确定企业开展的业务。由于这个阶段中国仍处于市场供应短缺状态，几乎从事任何业务都有足够的市场需求，但在经济体制转型时期，获得机会的企业及其从事业务的合法性至关重要，因此企业领导者需要说服相关机构并获得营业许可，这需要企业领导者具有耐心，发挥其聪明才智。这一阶段的创业者经历过生活的贫困和喧嚣的政治运动，意识到经济发展固然重要，而获得经营企业的机会后快速行动更为重要，所以他们普遍具有雷厉风行的特点。

业务专精型的企业领导者创立企业时，中国的市场经济基本确立，市场环境比以前有所改善，政策法规逐渐健全，然而市场竞争也更加激烈，企业要想在市场竞争中取胜更加困难。在这种环境下，只有掌握专业技术或者建立独特业务模式的企业才能脱颖而出。这一时期的企业领导者多为20世纪60年代中后期出生，他们从中学时期开始接受正常的学校教育，在改革开放的大环境下成长起来，他们对本行业的发展状况比较熟悉，一些人通过自身的钻研、执着和天赋，掌握了专精的领域知识和独特的技术。他们在20世纪90年代中期开始创业时，中国告别商品、物质、资金的短缺，积累了各类职业化和专业化人才。他们创业时能够获得资金，也能组建自己的运营和管理团队；他们开始接触国际优秀企业的运营和管理方式，对国际流行的工商管理知识有所了解。

国际运营型的企业领导者带领企业建立了核心能力和竞争优势，在成功地占领国内市场后将业务顺势拓展到海外。在发展中国家市场开展业务还算顺利，但在步入发达市场后经常遭遇失败，不过他们能够引导企业总结教训，了解当地人的习惯并熟悉当地的法规和文化，最终被市场和消费者所接受。中国企业步入发达市场的难度远远大于跨国企业进入中国的难度，因为中国企业缺乏跨国企业的品牌、经验和资本。这些企业的领导者不仅具有坚定的国际化信念，而且视野开阔、善于学习、思想开放。

最后一类市场洞察型企业领导者诞生于改革开放时期，成长于中国经济高速发展的岁月，在大学时期就开始接触互联网。大学毕业后，他们要么到国内外优秀的企业里工作，要么到国内外大学继续深造。他们创立自己企业的时候，中国不仅成为世界第二大经济体，而且已经进入移动互联网的时代。此时，中国社会在人才、资本、技术和管理上都有比较充足的积累。相比其他三类企业领导者，市场洞察型领导者创业的条件比较完善。然而，由于所有行业都存在巨头，挑战在位者优势需要新创企业更具创造力。

四类企业领导者既做到了与环境保持协调，又在自己所处的时代发挥了个人的主动性和原创性。正如制度论所说的，大的时代特征会影响企业的发展，同一时期的企业会呈现出很多相似的特征。然而，如果所有企业都与同行业的竞争者相似，无疑会陷入红海。在这种情况下，领导者的能动性表现在他们对环境的解读、在分析环境之后做出的战略选择以及组织动员企业资源去达成企业的目标等方面。因此，制度论和行为论并不矛盾，企业的领导者一方面要明白“时来天地皆相助，运去英雄不自由”的道理，另一方面要避免同质化的竞争。这也是战略领导力的重要作用：既认清大势，又创造独特的竞争优势。

9.3.2　驱动企业持续发展的领导力

以上所描述的四类企业领导者所带领的企业，最早的一批诞生于20世纪80年代中后期，距今已有三十多年，这些企业当中如今尚能够稳健发展的屈指可数。那么，为什么很多企业红极一时却出现衰退或消亡，有些企业却能够持续发展到今天呢？中国是一个处于发展中的巨大市场，行业的兴衰会影响企业的发展速度，但真正决定企业生死的是企业领导者在运营企业过程中的方向把控和能力建设，即企业的战略领导力。在这一部分，我们将概述能够带领企业持续发展的战略领导力特征。

9.3.2.1　领导者追求事业而非做生意

企业需要盈利才能够生存。然而，不同的企业领导者对企业目标的看法有所不同，这也决定了企业经营的不同范围和方式。一类领导者将企业作为满足社会需求的一种载体，认为企业通过好的产品满足市场需求便能够盈利，他们会将获得的利润进一步投入产品更新中，再去满足升级和变化的市场需求。另一类领导者将赚钱作为企业的目标，因而更加关注商业机会并追求快速获利。虽然两类人所做的事情都能够为社会做出贡献，越来越多的人士通过商业交易赚到钱后投资实业和科技企业，让民营资本助力中国产业的发展，不过，前一类人为了实现长期的发展，更有可能用心经营企业，永不停歇地追求企业的目标。后一类人追求的是利益，为此可以在众多领域里投机，不需要花精力建设企业的组织能力。这或许就是“实业家”与“商人”之间的区别。

实业家以奋斗精神为终生习惯，不断地追求本领域的精进和创新；商人则注重当下利益，通过发现机会，利用并组合资源去获得商业上的成功。由于市场巨大，商机很多，有时抓住某个机会就可以一夜暴富，但在商品交易中也有可能一夜倾塌。相反，实业家则致力于提高产品质量，降低成本，开发新技术，提供优质服务，通过有竞争优势的产品来满足市场需求，从而获取利润并不断成长。只要经营企业，实业家和商人都是企业的领导者，但二者不仅在经营理念上不同，更在机会选择上存在差异。商人在洞察商机之后，可以快速调动资源将机会变为现实，并从巨量的商业交易中获得利润。在这个过程中，商人为了获取外部的多种支持，必须开展各种社会活动，并借助社会关系网络和社会资本获取资源。相反，实业家必须根据自己或者企业的资源和专长，选择某个产品开发的方向，之后组织专业队伍进行技术和产品开发。由于实业家所选择的领域往往更多地与技术相关，未来开发出的相关产品也具有市场需求，所以他们将绝大部分精力用在企业内部的经营上。当然，随着产品的推出，企业也需要走向市场，但此时企业往往已经由专业的营销部门和团队负责。

对技术密集的企业而言，由于当初是根据市场需求并分析了国内外竞争对手的产品特征之后做出的战略选择，加上中国市场巨大，虽然在若干领域受到发达国家在技术上的限制，但不同地域的市场存在差异性，产品推出后很大可能在国内市场上获得一定的回报。初步的成功不仅使企业获得了信心，也让投资人信任企业，实业家的战略选择和组织运营、来自市场的接受和回报、投资人的信赖以及政府部门的认可与支持，都会构成企业进一步提升技术和产品的动力。只要企业的领导者能够耐得住性子，企业就会获得稳定的增长。

与商业企业的模式相比，实业企业通常开展与自己的专业相关的业务，他们需要审慎地进行行业分析、技术论证、方案选择和实验开发。一旦决定了业务方向，就需要具有专长的人才和基本的技术开发条件，投入获得回报的周期长，收益也不够大。正是基于这些原因，中国的企业家中从事技术密集型业务的人数太少，从事资源密集型业务的人数很多。西方科学技术和产业的发展在很大程度上得益于大批具有专业背景的人开办技术创新的企业。由于整个社会崇尚科学、勤于实践，理性、勇敢、进取、信仰数字、崇拜效率的企业家层出不穷，他们不仅推动了技术创新，也推动了现代企业的科学运营与管理。中国一直有浓厚的商业文化，在每个朝代一旦国家处于和平状态，很快就会有优秀的商人涌现出来，但与西方国家相比，几乎没有出现通过技术获得成功的商人。

拿地产行业来说，20 世纪 90 年代中期之后，地产成就了很多富豪以及曾被人看作成功的企业家。然而，如今能够称得上是专业的地产企业已经屈指可数，而不少昔日著名的地产老板目前却在苦苦挣扎。一个重要的原因在于，他们从商品交易起家，尝到了甜头，此后继续采用机会驱动和资源对接的模式，并没有形成专业化运营的理念，更没有积累企业的竞争力，遇到近年来的政策调整时便会捉襟见肘。

万科的创始人王石最早从倒卖玉米饲料起家。作为一家贸易起家的公司，万科很快就变成了一家规模不大但很多元化的企业，业务涉及蒸馏水、零售、电影拍摄、广告、商业礼品等。在宁高宁（2006）看来，当时王石对行业选择、商业模式等缺乏认识，对企业战略和竞争环境缺乏深入的理解。如果万科继续做贸易，可能与众多的贸易公司一样很快就会消失。但是，王石善于学习，坚定地改变自己，将万科做成一家从事住宅地产的专业化公司，引领了行业的进步。王石和公司的管理者都成为熟悉本行业的专家。万科的专业化运作延续至今，在 2022 年公司年会上，董事会主席郁亮指出，房地产行业进入黑铁时代，公司必须通过“战略—机制—文化—组织—人”全链条的变革，解决过去累积下来的包袱，背水一战，缩表出清。①

过去的四十多年，中国产生了一批崇尚技术的企业家，在通过商品交易更容易赚快钱的环境下，他们有意或无意地进入技术和产品创新领域，并坚持将其作为企业发展的路径。他们将企业作为实现事业的一个载体，而不是将其仅仅当作盈利的工具。他们在资源有限的条件下运营企业的过程中，还要平衡好两个方面的工作。一方面需要充分挖掘和利用企业内外的资源，并精心组织人员开发出能够满足客户需求的产品，注重效率、成本、执行并不断予以改进；另一方面又要搜寻新的信息和可能性、注重实验、追求创新、保持灵活、敢于冒险并持续有新的发现。利用和探索这两个方面对企业而言非常重要。如果企业仅着眼于寻求新的想法、新的产品和新的市场，便解决不了当前企业所需要获取的市场、客户和利益回报；企业如果过于注重已有的产品和技术，排斥新的可能性，则会产生路径依赖。因此，企业需要保持

① 周智宇，《万科郁亮对房地产的最新判断》，华尔街见闻微信公众号，2022 年 2 月 12 日，2023 年 4 月 23 日读取。

利用和探索之间的平衡（March，1991）。在中国的企业里，是由领导者决定企业是选择利用导向、开发导向还是平衡这两种导向。企业领导者只有全身心地经营企业，精心地平衡利用和探索这两种导向，既要务实地活下来，又放眼未来的发展，才能够确保企业的健康发展。这是确保企业持续发展的第一个因素。

9.3.2.2 战略视野和组织意识

我们再次重申，企业需要面对外部适应和内部整合两大任务，而我们一再强调，对中国的企业而言，领导者的理念和能力决定了企业是否能够成功地完成这两大任务。

彭罗斯（Penrose，1959）将企业成长看作不断挖掘未利用资源的动态经营管理过程。她认为企业作为一个“资源集合体”，需要通过组织管理利用各种资源获利。企业拥有的资源状况是决定企业能力的基础，而管理团队是企业最有价值的资源之一，这些资源决定了企业的管理能力。企业的管理能力、知识积累能力和创新能力决定了企业成长的速度、方式和界限。她强调企业成长与企业家预见未来和发现生产机会并利用所有生产可能性的能力直接相关。企业家的特性包括：①想象力和洞察力。企业家对资产利用的认知不同。具有进取心的企业家能够及时发现企业成长的机会，根据市场需求的变化及时调整和扩展生产，以创新产品拓展新市场。②获得所需资金的能力。企业在创建和扩张过程中，需要获得外部资本的支持，这需要企业家获得投资者的信任，说服他们进行投资。③生产性思维。关注产品质量的提高、成本的降低和技术的改良，通过扩展组织的活动范围获取利润。④合理的判断力。企业家依靠企业内的信息和咨询部门改善企业收集并分析信息的手段，还可以通过专业顾问组织提供的有效信息提高自己判断的准确性。他们通过完善的信息和详尽的规划消除企业发展中的不确定性。

本书的第二章对这个问题已有所论述，协和模型（Nadler and Tushman，1980）强调企业通过持续与外部互动保持与环境的一致，同时确保组织的目标、任务、结构、控制系统和企业文化之间的协调。企业与外部保持一致是通过形成正确的战略定位来达成的，而企业内部各要素的协调就是组织体系建设。

协和模型没有提及领导者的作用，但企业是能够通过人才实现与外部一致性和内部一致性的。随后，动态能力学者认为，企业的动态能力包括觉察环境、抓取机会并重构资源三种，确保企业能够适应外部的变化，做出正确的选择（Teece, 2007）。尽管学者仍然没有提及人的因素，但企业要实现觉察、抓取和重构，必须由最高领导者及其团队来完成，或者由他们设计的组织体系来执行。考虑到企业领导者能够创造企业的动态能力（Eisenhardt and Martin, 2000），战略学者后来借鉴认知心理学的知识，提出企业高管的动态管理能力包括感知、抓取和重构三个方面（Helfat and Peteraf, 2015）。

以上理论表明，企业必须在分析环境的基础上制定战略，然后再建设恰当的组织体系去执行战略。在发达经济体中，企业的高管往往借助外部咨询公司完成环境分析、战略形成和组织建设等工作，但中国企业所处外部环境的复杂性和独特性大大超出了掌握若干战略和组织管理诊断工具的外国咨询公司的认知。为此，优秀的企业领导者往往亲自负责环境的分析和判断，并深度参与企业的战略制定。了解且适应当时的环境，并由此形成战略定位的企业领导者，便会带领企业获得成功。相反，企业的战略与外部环境特征出现不一致，战略定位与企业的组织体系不一致，或者企业内部的组织要素之间不一致，企业都不可能稳健发展。企业领导者在某个时期获得了成功，若将经营的经验固化下来，便可能导致组织刚性或组织惰性。在社会步入新的阶段，外部环境发生了显著的变化后，仍然沿用上一阶段的经营策略，结果必然会失败。由于组织内外一致处于变化之中，在新的环境下仍然能够成功的领导者，要么推动企业变革适应了新的环境，要么尽早让更有能力的接班人担当了大任。所以，企业的成败是由企业领导者能否对外部环境形成感知，进而形成恰当的战略并对内部组织进行调整所决定的。

根据企业领导者是否具备战略视野和组织意识，并由此推动企业开展相应的行动，可以将领导者分为四个类别，由此导致他们的企业出现不同的结果（见表9.2）。

表 9.2 领导者的战略视野和组织理念导致的企业表现

		组织理念	
		弱	强
战略思维	狭窄	偶遇机会 昙花一现	专心经营 中途迷失
	开阔	先知先觉 错失良机	勤于应变 持续发展

第一类领导者既缺乏战略思维又没有组织理念，其企业可能抓住了某个眼前的机会，而识别这种机会并不需要特别的能力，在特定环境下大多数人都能意识到这个机会，但是受到资源的约束无法开展业务。这类人利用人脉关系或者已有的资源积累，便将事情做成了。虽然在商业上取得了短期的成功，但一旦外部需求出现变化，机会也会随之消失。这样的人虽然抓住了一时的商机获利，但因缺乏必要的战略思维和组织理念，无法将机会转化为持续经营的事业。这也是很多企业“短命”的重要原因。第二类领导者具备战略思维，却缺乏组织理念：他们善于分析环境变化，并能够从社会经济发展大势中看出机会，然而他们并没有掌握分析环境进而发现商业模式的工具和手段，也无法通过强有力的组织方式去落实所发现的机遇。这类领导者在市场竞争中属于启蒙者，教育了同行却失去了市场，其企业“起了个大早赶了个晚集”，最终出局。第三类领导者具备良好的组织理念，但缺乏战略思维，他们能够在选定的业务上集中组织的资源创造出具有竞争力的产品，但是由于没有重视社会环境的转型或者迅速地进行技术升级，没有对所从事的业务或技术做出适当的调整以顺应新的变化，最终被市场淘汰。最后一类领导者既具备战略思维，又具有组织理念，领导企业关注外部环境的变化，分析企业面临的机会和挑战，结合企业现有的资源和能力及时进行全面或局部的调整，并推动企业内部的组织变革，重新配置企业的资源，最终实现内外协同、上下联动。这样的领导者“内外兼修”，将觉察变化、重新识别机会以及维持组织活力作为领导工作的常态，保持了企业在风雨中稳健前行。

总之，中国的企业领导者普遍具有敏锐的商业眼光、能够抓住机会并迅速实施的行动导向以及追求成功的欲望。中国社会的快速变化使得他们相信“知变则胜，守常必败”。西方企业的领导者主要应对的是来自竞争对手、消费者及市场需求的变化而造成的挑战，中国的企业家除了要应对这些挑战，还需要应对宏观的政策环境给企业造成的挑战。成功企业的领导者大多将推动组织变革作为一项重要工作。

9.3.2.3　调配组织体系，增强组织能力

企业内部要素保持协同对企业战略目标的达成非常重要，学者们提出企业领导者的根本任务在于建立企业的动态能力（Harreld et al., 2007）。若干学者探讨了企业的吸收能力、核心能力、组合能力甚至管理能力等，旨在剔除影响企业绩效的繁杂因素，抓住决定企业竞争优势的最关键的因素。

组织行为领域的学者虽然提出过很多关于领导行为的概念和理论，但过多地聚焦于领导力对下属个人的影响，很少有学者回归领导力的本质，即研究其对整个企业组织的影响。关注企业内中层管理者对下属的激励、感召和影响，只揭示了组织内的领导力（leadership in organizations），但领导力更关键的作用在于通过组织领导力（leadership of organizations）引领企业的变革，包括设定企业的目标、调整结构、激励所有的员工并塑造企业的文化这些影响企业全局的工作。优秀的企业领导者一定要通过这些变革性活动保持企业的活力。那些持续发展的企业的领导者也是卓越的组织体系的设计师和总工程师。

在完成环境分析和战略选择之后，领导者必须重新调整组织结构体系并重新安排组织资源去执行企业战略。作为一个复杂系统，企业组织要素主要包括目标、人员、结构和文化，优秀的领导者能够确保四个要素具备达成战略的特征，并且确保各个要素之间在动态变化中保持一致，最终形成强大的组织能力。

领导者首先要在觉察环境变化之后为企业选择新的战略目标。转型式领导和魅力式领导都强调了愿景的引领作用，要使得组织目标具有牵引和激励作用，必须让目标足够美好、足够具有吸引力。这种目标通常以愿景、使命或者战略共识的方式呈现给员工。优秀的领导者不仅能够高屋建瓴地提出企

业的目标，并通过营造危机感和勾画美好前景等方式，让员工了解企业需要凝聚目标，还能够发动员工广泛地参与对企业目标的讨论，接受他们的反馈，最终实现企业上下对企业目标产生高度的认知和认同，从而实现目标的共享性。

实现目标的共享性之后，企业要招收与业务相关的各类人才，并且尊重他们的个性、生活方式和价值观，保持人员的多样性。组织内人员的多样性有助于他们通过交流与合作产生更高的创造力，从而有助于企业的创新。

然而，企业目标的共享性要求与员工的多样性要求之间是不相符甚至相互矛盾的。常见的情况是，企业将员工训练得具有相似的思维模式和驱动的行为方式，以实现目标的共享性。相反，如果任由员工保持多样性，企业会因放任自由、一盘散沙而无法达成目标。为了解决这个组织悖论，领导者需要设计组织的结构、制度和流程，在组织内既保留每个部门、团队或个人的自由空间，同时又设定所有部门、团队和个人为了达成组织整体目标而必须遵循的制度、规则和流程。将组织的结构、制度和流程结合起来，给予每个部门、团队和个人开展工作的有限自由。这就是结构的严密性。

尽管如此，通过组织的架构、制度和流程去解决目标共享性与人员多样性之间的矛盾，又派生出一个新的组织难题。企业中的规章制度和流程越来越多，虽然初衷是确保组织成员的努力最终帮助企业达成总体目标，但企业越来越官僚主义、僵化，人员在做事过程中越来越内卷，行动的空间越来越小，既损害了创新的活力，又伤害了员工工作的动力。为了解决这个难题，企业必须消除用于约束员工的制度和规则，将自由还给他们。为了弥补制度规则的疏松可能导致自由行动的员工偏离组织目标这一缺陷，企业可以通过倡导某些文化价值观，让员工内化这些文化价值观从而做出有利于企业目标实现的行为。

可见，组织是一个复杂多变而且多个要素彼此影响的系统，领导者必须站在高处一目了然地看到其中存在的不和谐，并不断地修缮和调适。

多年前，我们用上述逻辑分析华为的组织能力（张志学等，2006）。华为在起步阶段，缺乏资金、技术、品牌和客户关系，任正非靠精神的力量鼓励研发员工解决技术问题，鼓动销售员工像“狼”一样到市场上去“觅食”，并获得初步的成功。

1997 年开始，成长的华为开始思考企业的战略，起草、讨论并通过了“华为基本法”。“华为基本法”的第一条确定了华为的目标和实现目标的路径与逻辑。“华为的追求是在电子信息领域实现顾客的梦想，并依靠点点滴滴、锲而不舍的艰苦追求，使我们成为世界级领先企业。为了使华为成为世界一流的设备供应商，我们将永不进入信息服务业。通过无依赖的市场压力传递，使内部机制永远处于激活状态。”这个目标凝聚了全员的共识，又通过有效的激励措施让员工体会到为公司做贡献绝不会被亏待。这些体现了目标的共享性。从 1990 年后期开始华为主动到中国各所高校去招收各类人才，为他们提供做事的平台，对于表现优秀的员工快速提拔，并给予他们更重要的任务。不拘一格的人才战略造就了人员的多样性，确保了华为的活力和进取。为了解决员工多样性与目标共享性之间的矛盾，华为广泛引入并执行 IBM 的咨询方案以及其他咨询公司提供的工作流程解决方案，通过流程体系实现企业的可控性。当有高管和员工对 IBM 提供的咨询方案不以为然时，任正非以铁腕的方式要求这些人必须不折不扣地执行 IBM 的流程，从而奠定了华为的制度化和职业化基础。意识到严格的制度和细密的流程会制约企业对外部快速变化的市场环境的反应速度后，华为反对大企业的僵化和麻木，提倡“以客户为中心，以奋斗者为本，长期艰苦奋斗，坚持自我批判”的文化价值观，引导员工以响应客户和市场需求为本。四个要素环环相扣，塑造了华为的组织能力，也使得华为作为后来者成功地成为全球领先的电信设备制造商和世界一流的高科技企业。华为的竞争力来自任正非一流的组织理念。

这里我们摘录任正非的几段讲话，分别涉及华为的结构调整、人员评估、高层决策机制以及流程精简。正是任正非不断地推动组织变革和革新，才让华为一直保持活力，并造就了国际领先的竞争优势。

> 谁来呼唤炮火，应该让听得见炮声的人来决策。而现在我们恰好是反过来的。机关不了解前线，但拥有太多的权力与资源，为了控制运营的风险，自然而然地设置了许多流程控制点，而且不愿意授权。过多的

流程控制点，会降低运行效率，增加运作成本，滋生了官僚主义及教条主义。……流程梳理和优化要倒过来做，就是以需求确定目的，以目的驱使保证，一切为前线着想，就会共同努力地控制有效流程点的设置。从而精简不必要的流程，精简不必要的人员，提高运行效率，为生存下去打好基础。……我们过去的组织和运作机制是“推”的机制，现在我们要将其逐步转换到“拉”的机制上去，或者说，是“推”“拉”结合、以“拉”为主的机制。推的时候，是中央权威的强大发动机在推，一些无用的流程，不出功的岗位，是看不清的。拉的时候，看到那一根绳子不受力，就将它剪去，连在这根绳子上的部门及人员，一并减去，组织效率就会有较大的提高。

——任正非，《谁来呼唤炮火，如何及时提供炮火支援》，2009年1月16日在华为销服体系奋斗颁奖大会上的讲话

360度调查是寻找每一个人的成绩，每一个人的贡献，当然也包括寻找英雄，寻找将军的。而不是单纯地去寻找缺点，寻找问题的。360度调查是调查他的成绩的，看看他哪个地方最优秀，如果有缺点的话，看看这个缺点的权重有多少，这个缺点有多少人反映，看看这个人是不是能改进。而不是说我抓住一个缺点我们就成功了，我们用这种形而上学的方法，最终会摧毁这个公司的。……这种战略最重要的问题就是不能伤害了优秀的奋斗者，甚至那些调皮捣蛋不听话的奋斗者，因为他们有贡献。他有时候不加班，但他绩效很好，说明他潜力大，应该多给他加担子，而不是打击他。如何不要伤害优秀的奋斗者，是重要的战略，这次战略如果形而上学，就把我们公司的价值观全搞反了，矛盾更大了，而不是更小了。

——任正非，2011年4月14日在华为内部绩效和激励机制讨论上的讲话

要想升官，先到蓝军去，不把红军打败就不要升司令。红军的司令如果没有蓝军经历，也不要再提拔了。你不知道如何打败华为，说明你已经到天花板了。两军互攻最终会有一个井喷，喷出来的东西可能就是一个机会点。……我们在华为内部要创造一种保护机制，一定要让蓝军

有地位。蓝军可能胡说八道，有一些疯子，敢想敢说敢干，博弈之后要给他们一些宽容，你怎么知道他们不能走出一条路来？

——任正非，《最好的防御就是进攻》，2013 年 9 月 5 日在华为无线业务汇报会议上的讲话

回顾过去五年的变革，看看到底哪些流程使用量大。没有使用量或者使用量很少的流程，能否先把带宽供给压缩一半，支持流程的人员也减少一半；再过三个月，如果没有投诉，把带宽再压缩一半；如果还没有投诉，就只留下一名人员支持。不想升职升薪的人可以守在那里，希望进步、升职升薪的人都聚焦于消除流程断点。……现在我们公司的流程也比以前好了一些，但还要精简无效流程，让减下来的人员集中精力去打通“断头路”。

——任正非，2016 年 10 月 26 日在华为质量与流程 IT 管理部员工座谈会上的讲话

本章小结

中国经济的高速发展在很大程度上是由最重要的市场经济主体——企业——的积极运营来支撑的，为此需要了解企业发展的脉络。

中国在坚持改革开放的大方向上，每一个阶段又都有明确的发展导向和目标，由此形成的宏观经济社会环境特征会影响企业的运营和发展。

总的来看，自改革开放以来，企业的发展大致上可以分为四个阶段，差不多每隔十年就会呈现出不同的特点。

时势造英雄，识时务者为俊杰。企业领导者在正确解读外部环境特征的基础上，基于自身的资源和能力开展合适的业务，并制定相应的发展策略。领导者重要的作用在于通过选择合适的业务和策略确保与外部环境保持协调。

在确保企业运营与环境保持一致的活动中，过去四十多年来出现的企业领导者可以分为四大类：政治智慧型、业务专精型、国际运营型和市场洞察型。

政治智慧型企业领导者能够妥善处理与政府的关系，同时能够推动企业运营的制度化。

业务专精型企业领导者能够把握企业的战略定位，善于解决企业运营中的难题，在熟悉本土客户需求的基础上创造新的业务模式。

国际运营型企业领导者能够带领企业通过创新建立竞争优势，并推动企业运营的国际化。

市场洞察型企业领导者能够基于自己的专长做出前瞻性判断，可以洞察市场需求后与在位企业开展错位竞争。

四类领导者具有不同的特点，但在某个特定的时期都带领企业与外部经济社会环境保持协调，领导者个人成功的核心素质存在较大差别。

虽然本章大致以时间维度划分了四种领导力，但是在时间的背后是每种企业领导者所面对的环境特征。由于中国社会的发展存在较大的梯度，各个行业的市场化存在区别，因此如今的中国市场上同时存在四种类型的领导力。

自 20 世纪 80 年代起创立直到今天仍然稳健发展的企业为数不多，但这些企业的领导者都具有以下特征：将运营企业当作事业而非仅仅做生意、具有开阔的战略视野和组织意识、善于调配组织体系增强企业的组织能力。

企业领导者战略思维和组织理念在很大程度上影响了企业的结果，通过两个维度将领导者区分为四个类别，他们导致企业出现截然不同的结果。

在分析外部环境并选定企业战略之后，领导者对于组织要素进行精心调配，使得各要素之间保持协调一致，并协同起来形成强大的组织能力。这是企业领导者在组织建设上的重要职责。

打造组织能力包括塑造某种特性的组织要素，并确保各个要素之间是相互协调的，包括目标的共享性、成员的多样性、结构的严密性和文化的牵引性。

海尔和华为的成功在于企业领导者既能够认清外部环境变化后做出合适的战略选择，同时又能够调配组织资源，激活组织各个要素适应新的环境和执行新的战略。

重要术语

经济社会发展特征　　企业与环境的协和　　不同类型的领导力
持续发展企业的领导力　企业的组织能力

复习思考题

1. 宏观环境对企业发展具有很大的影响。如何看待制度论认为环境对企业具有决定性的作用？

2. 环境、企业和企业领导者之间具有什么样的关系？

3. 政治智慧型企业领导者具有哪些优势和不足？

4. 业务专精型企业领导者最容易出现的问题是什么？如何克服这些问题？

5. 步入国际市场的中国企业，其竞争优势有哪些？企业的领导者起到什么作用？

6. 市场洞察型企业领导者具有哪些突出的特点？他们可能有哪些不足？

7. 在每种企业领导者类型中选择一个成功的领导者和一个失败的领导者，他们之间有哪些异同？

8. 选择一家 20 世纪 80 年代成立至今尚在稳健运营的企业，通过分析企业发展的轨迹，总结领导者起了哪些作用。

9. 你认为企业领导者的战略思维和组织理念哪个更为重要？二者之间有什么关系？二者的作用是否与企业所处的环境或阶段有关系？

中国实践

致远互联：坚守企业“协同”

北京致远互联软件股份有限公司（以下简称“致远互联”）董事长徐石有着二十余年 IT 领域持续成功的创业经历。2002 年，他到北京创立致远互联，并始终专注于协同管理软件领域，基于“以人为中心”的管理思想，致力于解构高绩效组织的密码，构建智慧协同运营平台，执着探索协同管理软件对组织效率提升的价值贡献。目前，超过 4 万家组织通过致远互联实现高效协同运营，超过1 800万终端用户每天在致远互联协同平台上开展高效工作。

“梦想的出发：因协同，而致远”

徐石的第一份工作是在中石油四川局输气处信息中心任职。央企的工作稳定但平淡，在20世纪90年代的下海大潮中，徐石买断工龄，辞职创办成都奔腾电子公司。1994—2001年，他先后做过软件代理、定制开发、系统集成等业务，经过8年打拼生意做得风生水起。但是，他还是希望能够研发一款自有产权的管理软件。

因为看好当初在局域网走向互联网时异地沟通交流产品的良好前景，也看好协同办公的可行性和方向性，在用友集团创始人王文京等人的支持下，2002年，致远互联在北京友谊宾馆诞生。

公司成立后，徐石和他的七八个伙伴埋头工作一年多，研发出了协同管理软件，经过验证后推向市场。此外，致远互联还积极自建渠道，独立开拓市场。

找准了方向，凭着一股坚韧的干劲儿，致远互联在协同这个没有边界、无章可循的企业管理应用领域，开创了协同管理软件这个品类。

“持续专注协同领域，唯精唯一”

在中国的创业企业里，能够成功存活3年的占5%，在IT及互联网行业则更为残酷，能存活超过5年的不到3%。在徐石看来，产品是致远互联的立命之本，服务是可持续发展的资本；做产品关键是熬得住，其次要有工匠精神。至今，致远互联的产品经历了3次升级和重大突破、40多个版本、数百次迭代。经过多年的耕耘和积淀，致远互联的产品从单一小产品发展到一体两翼（企业和政务）的产品、解决方案、协同平台及云服务的系列化；先后走过标准化软件产品阶段、定制化和解决方案阶段，再到如今的协同运营阶段。

致远互联产品的发展源于对协同领域的坚守，以及对趋势的敏锐洞察和创新探索。从2003年率先推出行业首款标准化产品，到2011年抓住移动互联网推出移动应用，从2012年推出业务生成器、开启定制化，再到当下从协同办公（office automation，OA）向协同运营平台（collaborative operation platform，COP）跃迁，从协同理念到产品技术再到客户实践，致远互联始终坚持创新驱动，持续引领协同行业发展。

如今，协同管理品类从边缘走到了企业级服务市场的中央，成为企业数字化转型的主要路径、关键抓手和最佳实践。

“经营企业的终极目标就是经营人和文化”

经营企业的终极目标就是经营人和文化。在徐石看来，文化就像阳光、空气和水一样，是一家企业持续发展的精神保障。从延安到西柏坡的红色之旅，从勃隆克沙漠到“玄奘之路”的沙漠之旅，从儒释道到阳明心学的文化之旅……徐石带领致远人在知行中进化、在营造中养成，不仅锻造了一批有韧性、有温度、有底蕴的团队，同时还沉淀了一系列工作方法论、文化读本及协同著作，成为致远人学习和成长的瑰宝。

致远互联注重人才的内培外引。内部培养了大批各具特色的协同人，有营销战将、实施高手、运维神兵、研发高人、成长导师；外部则引入了被称为中国管理软件界“铁嘴”、曾任软件巨头 SAP 中国区副总裁和金蝶软件集团副总裁的黄骁俭，以及企业服务的“普及哥”、曾任用友执行总裁的向奇汉等行业顶尖人才和专业人士，为致远互联带来了专业化和职业化素质的提升。致远互联搭建平台让年轻干部快速成长。大批 80 后、90 后逐渐成长起来，成为致远互联的生力军。

“良知是协同的根本”

在创业路上难免会遇到倍感遗憾的经历。对徐石而言，创业过程中最大的痛苦和遗憾，是事业搭档黄骁俭的不幸离世。他因此而深深感受到生命的脆弱与无常。这一意外加上二十多年市场风雨的洗礼，让徐石看轻了生与死、看淡了名和利，更能认清和坚守自己的使命。

在徐石看来，良知是协同的根本，如果人为私欲所困，是不会真正与别人协同的。让心静下来、定下来、沉下来，回归澄澈，回到初心，基于良知来确定自己的人生目标和使命，让自己的思想、语言、行动与人生目标和使命一致，在高度“自我协同”的状态下，再与志同道合的伙伴协同、与社会协同、与自然协同。这样，人就可以活得更简单、更坚定、更有能量。

“对协同的追求，是我存在的意义。我们就全心全意做好一个事业——协同，通过为社会创造价值来谋求发展、赢得尊重。”

薄发："匠心注入，成为使能者"

当下，协同市场的竞争愈发激烈，技术、客户、产品与付费四大因素加速催生了协同管理软件的裂变。

一是技术成果冗余。大量成熟的技术可用，大部分技术都已经有人实践过了。二是客户需求倒逼。与传统管理软件时代销售与交付分离不同，现在的客户要求销售人员当场演示，在实际场景下直接验证软件的有效性。三是彻底云端化。云原生加速了软件业临界点的到来，导致产品高个性化、快捷和低成本，把传统软件改写代码后放到云上的做法已经没有竞争力。四是订阅模式。中国正在经历消费互联网向产业互联网的转换，用户适应了商家到客户（Business to Customer，2C）的订阅模式，在云服务背景下这种方式将迅速成为软件服务的主导模式。

2019 年 10 月 31 日，致远互联登陆科创板，完成"成人礼"后，战略升级随之开始。一方面，卡位"协同运营平台 COP"，坚定技术再造、应用重构、平台先行、场景为王，以新理念、新价值、新基座、新范式、新标杆使组织高效运营；提出用产业互联网的思维重构软件服务形态，通过提供一站式企业服务的"路由器"，实现企业应用的"3D 打印"服务。另一方面，持续加大研发投入，实现平台商业模式的转型升级。基于对产品趋势的判断，徐石毅然投入上亿元，研发可支撑未来企业数字化转型升级的协同云平台 V8。致远互联目前的研发费用占比已突破 20%。

对徐石来说，这无疑是一个攻坚克难的关键时期。

资料来源：根据北京致远互联软件股份有限公司内部资料整理。

思考题：

1. 你认为致远互联发展的主要驱动力有哪些？

2. 致远互联创始人的经历对于公司的业务发展具有怎样的影响？

3. 你认为致远互联高管团队的构成是否合理？

4. 请分析致远互联的业务在哪些方面能够更好地服务于数智化时代的企业。

5. 你认为致远互联的健康发展对创始人有哪些要求和挑战？

参考文献

樊景立、郑伯埙，2000，《华人组织的家长式领导：一项文化观点的分析》，《本土心理学研究》，13：127—180。

克里斯坦森，克莱顿；雷纳，迈克尔，2010，《创新者的解答》，李瑜偲，林伟，郑欢译，北京：中信出版社。

凌志军，2005，《联想风云》，北京：中信出版社。

宁高宁，2006，《现在赞扬王石》，载王石，缪川，《道路与梦想——我与万科 20 年》（推荐序 1），北京：中信出版社。

夏莫，奥托，2013，《U 型理论》，杭州：浙江人民出版社。

张志学，2009，《企业变革中的卓越领导力——张志学教授青岛论坛演讲整理》，《管理@人》，11：24—28。

张志学，2010，《企业家的成长轨迹》，载张志学，张建君主编，《中国企业的多元解读》（第 70—101 页），北京：北京大学出版社。

张志学、张建君、梁钧平，2006，《企业制度和企业文化的功效：组织控制的观点》，《经济科学》，28（1）：117-128。

DiMaggio, P. J., and Powell, W. W. 1983. The iron cage revisited: Institutional isomorphism and collective rationality in organizational fields. *American Sociological Review*, 48 (2): 147-160.

Eisenhardt, K. M., and Martin, J. A. 2000. Dynamic capabilities: What are they? *Strategic Management Journal*, 21 (10-11): 1105-1121.

Hage, J., and Aiken M. 1969. Routine technology, social structure, and organizational goals. *Administrative Science Quarterly*, 14 (3): 366-376.

Hannan, M. T., and Freeman, J. 1977. The population ecology of organizations. *The American Journal of Sociology*, 82 (5): 929-964.

Harreld, J. B., O'Reilly III, C. A., and Tushman, M. L. 2007. Dynamic capabilities at IBM: Driving strategy into action. *California Management Review*, 49 (4): 21-43.

Helfat, C. E., and Peteraf, M. A. 2015. Managerial cognitive capabilities and the microfoundations of dynamic capabilities. *Strategic Management Journal*, 36 (6): 831-850.

March, J. G. 1991. Exploration and exploitation in organizational learning. *Organizational Science*, 2 (1): 71-87.

Nadler, D. A., and Tushman, M. L. 1980. A model for diagnosing organizational behavior. *Organizational Dynamics*, 9 (2): 35-51.

Peng, M. W., and Luo, Y. 2000. Managerial ties and firm performance in a transition economy: The nature of a micro-macro link. *Academy of Management Journal*, 43 (3): 486-501.

Penrose, E. 1959. *The Theory of the Growth of the Firm*. New York: John Wiley & Sons.

Scott, W. R. 2001. *Institutions and Organizations: Ideas, Interests, and Identities*. Thousand Oaks, CA : SAGE Publications, Inc.

Teece, D. J. 2007. Explicating dynamic capabilities: The nature and microfoundations of (sustainable) enterprise performance. *Strategic Management Journal*, 28 (13): 1319–1350.

Xin, K. R., and Pearce, J. L. 1996. Guanxi: Connections as substitutes for formal institutional support. *Academy of Management Journal*, 39 (6): 1641–1658.

第10章

中国的企业家精神

教学目标

1. 理解企业家精神的概念与根源
2. 掌握制度企业家的概念和特质
3. 认识企业家精神的重要性与意义
4. 掌握新时代企业家精神的要求
5. 思考如何弘扬和培育企业家精神

引导案例

任正非的企业家精神

在面对疫情和美国制裁的双重挑战下，华为2021年全球销售收入6 368亿元、净利润1 137亿元，同比增长75.9%；研发投入1 427亿元，占全年收入的22.4%，10年投入研发费用总计超过8 450亿元。华为今日之辉煌，离不开其创始人任正非的企业家精神。

“出身贫寒并不羞耻”

1944年，任正非出生在贵州偏远地区的一户人家，父母希望他明辨是非，便给他取名任正非。任正非是家中老大，下面还有6个兄妹，一家9口人全靠父母微薄的工资生活。生活本就十分困难，再加上孩子们读书的开支很大，每个学期每人要交2—3元的学费。任正非说：“我经常看到妈妈月底就到处向人借3—5元钱度饥荒，而且，常常走了几家都未必能借到。”任正非家庭贫困以至于他直到高中毕业都没有穿过衬衣，上大学的棉被是妈妈捡了几床破被单缝补出来的。“‘文革’时期造反派抄家时，以为一个高级知识分子、专科学校的校长家，不知有多富，结果都惊住了。”

历经“三年严重困难时期”和“文革”，青少年时期物质的艰苦以及心灵的磨难并没有困住任正非，反而为他后来的人生提供了成熟的机会。“我认为，出身贫寒并不羞耻，而思想与知识贫寒，出身高贵也不光荣。我的青少年时期就是在贫困、饥饿、父母逼着学中度过来的。没有他们在困难中看见光明、悉心指导，并逼迫我们努力，就不会有我的今天。”

“从父母身上，我们领悟到了我们现在身上的责任”

“华为今天这么成功，与我不自私有一点关系。”任正非的“不自私”，正是从父母身上看到的。当时，粮食的短缺使得任正非家里每餐都实行严格的分餐制，精准配给以保证每个人都能活下来。“爸爸有时还有机会参加会议，适当改善一下。而妈妈那么卑微，不仅要同别人一样工作，而且还要负担7个孩子的培养、生活。煮饭、洗衣、修煤灶……什么都干，消耗这么大，自己却从不多吃一口。”有这样的父母作为榜样，即使在快高考了饿得受不了时，任正非也不敢吃家里的粮食，而是用米糠和菜吃。因为他知道，粮食要是被他吃了，可能就会有一两个弟弟妹妹活不下去。

从父母身上，任正非学到了宽容的品格。任正非的父母虽然较早参加了革命，谨小慎微，拼尽全力工作，以至无暇顾及孩子，但依然历经了一次又一次的组织审查，其内心的煎熬非他人所能理解。正是由于亲眼见证了父母在数次政治运动中的思想改造过程，任正非明白了“以物质文明来巩固精神文明”的道理，学会了宽以待人。“我主持华为工作后，我们对待员工，包括辞职的员工都是宽松的，我们只选拔有敬业精神、献身精神，有责任心、使命感的员工进入干部队伍，只对高级干部严格要求。”

在父母的影响和支持下，任正非肩负起学习的重任。读高中时，任正非面临的最大困难就是饥饿，天天都是饥肠辘辘的状态，无心读书，整个高中的理想甚至只是吃饱饭。而父母即使再困难，也支持孩子读书，甚至是“逼着学”。高考前三个月，任正非的母亲在万分艰难的情况下依然从自己和家人的嘴里省下小小的玉米饼塞给任正非，就是为了让他安心备考，考上大学。父亲也常告诫他，“记住知识就是力量，别人不学，你要学，不要随大流”。

1963年，任正非考入重庆建筑工程学院。当时重庆武斗激烈，在这样的环境下，任正非仍然静心读书，“将樊映川的《高等数学习题集》从头到尾做了两遍，学习了许多逻辑、哲学……还自学了三门外语，当时已到可以阅读大学课本的程度”。毕业后，任正非成了基建工程兵。1983年，他转业被安排在南油集团工作，一步步成为副总经理。

“我是在生活所迫，人生路窄的时候创立华为的”

后来，在历经了被骗200余万元、失业、离婚等艰难困苦的情况下，44岁的任正非被迫以2.1万元的微薄创业资金创建华为。创业初期，华为的环境非常艰苦，曾一度半年发不出工资，靠借高利贷维持运转。在盛夏的深圳，公司没有空调，员工们经常汗流浃背地工作，困极了就睡地板。直到自主研发出程控交换机，公司整体状况才慢慢好转。

然而，好景不长，随着中国的高速发展和对外开放，国际电信巨头纷纷进入中国市场。要想存活下去，只能迎难而上，任正非召开全员动员会，研发数字交换机。之后，华为采取农村包围城市的战略，开发国外巨头看不上的农村市场，渐渐扩大了市场规模。公司不断投入研发，在技术上与国际巨头的差距越来越小；营业收入从1993年的4.1亿元增长到2000年的200亿元。

“相信制度的力量会使众人团结合作，把公司抬到山顶”

“我上大学时没入团，当兵多年没入党，处处是逆境，个人很孤立。当我明白团结就是力量这句话的政治内涵时，已过了不惑之年。”任正非创业正赶上知识爆炸、电脑流行的时代，他意识到自己作为专家，却越来越跟不上时代的发展，一个人的力量是有限的，只有组织、团结起众人，善待团体，充分发挥团体中每个人的能力和潜力，才能在时代中站稳脚跟。于是，任正非创建了员工持股制度，想要与员工分担责任、共享利益。作为创始人，任正非的股份近年被稀释到只剩1.1%（但具有一票否决权），剩余股份由员工工会持有。

然而，该制度刚开始实行时，任正非被称作甩手掌柜，“不是我甩手，而是我不知道如何管”，以至于华为内部思想混乱、主义林立。因为规模迅速增长，华为内部管理体系出现了很多问题，导致人才流失严重。加之全球发生互联网泡沫危机，通信行业受到巨大冲击，华为到了最危急的时刻。“大约在2003年前的几年时间，我累坏了，身体就是那时累垮的。身体有多种疾病，动过两次癌症手术……那时，公司已有几万名员工，每天还在不断大量地涌入新员工。你可以想象混乱成什么样子……公司内外矛盾交集，我却无能为力，有半年时间经常做噩梦，梦醒时常常会流泪……”

2004年前后，轮值CEO、董事长制度初具雏形。由多名核心管理人员轮流担任CEO、董事长，从而避免了一言独断造成华为在重大战略上选错方向，也避免了个人的局限性，突出了集体智慧。轮值CEO不仅要关注内部建设与运作，还要放眼世界，趋利避害。

“在时代的面前，我不懂技术、管理和财务，我不过是提了一桶糨糊，把华为员工团结起来了，形成战斗力很强的一个集群。”借助两大独特制度，加上拧成一股绳的团队，以及突出的研发能力，华为成了国际企业巨人。

“创业难，守成难，知难不难”

然而，木秀于林，风必摧之。2016年特朗普当选美国总统后，美国政府出台各种政策制裁、打压华为，力度之大前所未有。在美国政府的高压下，加拿大政府2018年12月逮捕了任正非的女儿孟晚舟。当时任正非已经75岁，遭此厄运，任正非说：“我已经做好了最坏的准备，哪怕是失去我最爱的女儿，亦不会动摇妥协。”

“我这一辈子都不顺。挫折多了对挫折就麻木了，越挫越勇就出来了。”如今，在手机领域，华为手机是国内唯一能和苹果相匹敌的国产手机品牌；在5G领域，华为5G专利排名全球第一，华为无疑已成全球领军企业之一。然而，任正非仍提醒到，“我们这个时代瞬息万变，风暴与骄阳同在，不能因此产生惰性，固守惯性思维使队伍僵化”。但是，“只要能不断激活队伍，我们就有希望”。

资料来源：根据陈九霖，《苦难铸就任正非》，《董事会》，2020年第9期，第76—77页；任正非，《任正非：一江春水向东流》，《光彩》，2012年第5期，第20—21页；以及其他相关资料整理得到。

思考题：

1. 该案例中，任正非的企业家精神主要体现在哪些方面？
2. 结合该案例谈谈企业家精神从何而来。
3. 你认为个人可以从哪些方面培养企业家精神？

培养战略领导力需要从多个方面着手，企业家精神可谓是首要的、核心的发力点。从上述任正非的案例可以看出，企业家精神的养成与其从小的家庭环境、成长经历密切相关。战略领导者不是单纯追逐利润的商人，而是有远大抱负的企业家，其伟大战略的实现离不开强大的企业家精神作为支撑。中国的企业家精神是民族精神和时代精神的重要体现，它不仅是实现企业家个人理想抱负的必要条件，也是实现企业长青、社会前进、民族复兴、人类进步的重要力量源泉。

优秀的企业家和企业家精神，为中国发展至今取得举世瞩目的成就做出了重大贡献。当前，中国特色社会主义新时代赋予了企业家新的历史使命，企业家精神的具体内涵也呈现出新的时代特点。具体而言，中国社会主要矛盾发生转变、经济结构转型，西方国家“逆全球化”趋势持续，对中国经济社会发展形成巨大挑战。同时，中国日益走近世界舞台中央，与世界携手构建人类命运共同体。在国内外环境不断变化、竞争日益激烈的新形势下，中国企业家特别需要激活企业家精神，发挥企业家精神的力量。为此，企业家必须深刻认识和正确把握中国在新时代的社会主要矛盾，聚焦新目标，开启新征程，承担新使命，奋力推进新时代中国经济的发展和社会的进步。

本章旨在帮助大家了解企业家与企业家精神，详细阐明在企业家精神的指引下，制度企业家对社会进步所起的重要作用，并探索新时代中国企业家精神的弘扬和培育对策。

10.1　企业家与企业家精神

近年来，习近平总书记在讲话中多次提到“企业家精神”“企业家作用”“企业家才能”等关键词，反映出党和国家领导人对企业家群体和企业家精神的高度重视。鉴于企业家精神概念的多维性和复杂性，中西方研究者各有自己的观点和界定，但确定的是，经济活动的主体是企业家，并且，企业家精神的内涵也会随着时代的变化与时俱进，但其创新内核是不变的。只有厘清这些概念和内涵，才能更深刻地感受到企业家精神的重要性，更好地弘扬和培育企业家精神。

10.1.1 企业家与企业家精神的定义

企业是市场经济的重要主体，企业家则是促使企业发挥作用的灵魂人物，是推动经济社会发展的重要力量和稀缺资源。“企业家”一词源自古法语“entreprendre”，有“具有冒险精神的组织经营者或管理者”之意。对于企业家的界定，虽然学者们的出发点和侧重点不尽相同，但可以看出，企业家在企业中扮演的角色既是冒险家，也是革新者，还是组织者。企业家不仅需要对各类生产要素进行有效组织和管理，从而使其实现价值最大化，同时也要具备敢于冒险、善于创新的基本素质，推动企业在不断变化的时代浪潮中发现机遇、站稳脚跟、与时俱进。

企业家是“冒险者”。法国学者理查德·坎蒂隆（Richard Cantillon）（Cantillon，2017）首先提出了企业家的概念，他把每一个从事经济活动的人都看作企业家，认为这些人是不能按固定的价格买卖商品的，他们要面对不确定的市场并承担价格风险。芝加哥经济学派创始人富兰克·奈特（Frank Knight）（Knight，1965）认为，企业家的职能是处理不确定性，企业家要有较强的风险意识，面对市场的不确定性大胆决策并承担风险，而把可靠性（有保证的契约收入）提供给企业职工。张维迎（1999）将企业家定义为承担经营风险、从事经营管理并取得经营收入的人格代表，是一个责权利的统一体，偏废任一项都不是完整意义上的企业家。

企业家是“革新者”。美国经济学家约瑟夫·阿罗斯·熊彼特（Joseph Alois Schumpeter）首次突出强调了企业家的创新职能，把创新活动的倡导者与实施者称为企业家。他认为企业家的职能就是引进“新的组合”，实现“创新”“创造性地破坏”经济循环的惯行轨道，推动经济结构从内部进行革命性的破坏，促进资本主义经济实现飞跃式的发展。只有通过企业家的创新，经济才能实现质的飞跃，而非简单的数量增长。

企业家是“组织者”。不少学者从资源配置的角度定义企业家。让-巴蒂斯特·萨伊（Jean-Baptiste Say）认为，企业家能够把经济资源从生产效益较低和产量较小的领域转移到生产效益较高和产量较大的领域，是预见特定产品的需求以及生产手段、发现顾客、克服许多困难、将一切生产要素结合起来的经济行为者。艾尔弗雷德·马歇尔（Alfred Marshall）认为，企业家的作用在于从把原始的生产资源变为成品这一“产品成熟化过程”中发现不均衡因素，并为这一过程确定经济上更为合理的方向，使之秩序化，即实现新的均衡。通过市场或在企业内部修正不均衡状态而更有效地改善整个经济结构中的资源分配情况。马克·卡森（Mark Casson）（Casson，1982）提出“创业家式判断性决策”的概念，来描述企业家在不确定的经济环境中，凭借自己的信息获取能力和信息处理能力对稀缺资源的优化配置做出非重复性、非程序化的判断性决策的职能。哈维·莱宾斯坦（Harvey Leibenstein）（Leibenstein，1966）则运用 X 效率理论，认为企业家的职能在于弥补市场对于生产要素不够完善的调节作用，充分调动尚未市场化的生产要素，使它能高效率地发挥作用。也就是说，企业家的职能就在于克服组织的 X 低效率，使其达到某种潜在可能的 X 效率。

10.1.2　改革开放以来企业家精神的历史演进

改革开放迎来了中国企业和当代企业家精神发展的波澜壮阔的历史时期。四十多年来，中国经济历经蓬勃发展，中国企业的成长历程举世瞩目，创造了很多财富和奇迹。回顾中国企业的发展，它们为什么能成功？企业家群体的涌现和企业家精神的激发是重要因素。

1978 年，改革开放与社会主义市场经济在中国拉开序幕。增强企业活力、发展社会主义商品经济、实行政企分离等成为改革重点。然而，社会主义市场经济改革的目标尚未确立，诸多政策法规不健全、不清晰、不连贯，信息不够透明。环境不可改变，但对于企业而言，可以改变自己，企业家开始“摸着石头过河”。正如邓小平所言：“没有一点闯的精神，没有一点‘冒’的精神，没有一股气呀、劲呀，就走不出一条好路，走不出一条新路，就干不出新的事业。”制度的空白没有限制中国企业家的探索，反而激发了他们“敢为天下先”的精神气魄，联想、海尔等现在家喻户晓的企业纷纷成立。这一时期，具有鲜明的外圆内方特色的“政治智慧型”企业家精神充分显现出来。

20 世纪 90 年代中期，中国社会主义市场经济基本确立，改革开放全面提速，市场经济越来越成熟，政策法规越来越完善。这一时期中国的企业家队伍开始飞速壮大，形成了一股下海创业的商业浪潮，市场竞争越来越激烈。同时，互联网时代悄然来临，不少中国企业家看到了互联网技术与庞大的国内市场相结合所能创造的巨大价值，开始在互联网行业拼搏创业。这些企业家不仅专业知识和素养有了极大的提升，更拥有放眼世界的开阔视野和浓厚的家国情怀。他们紧随发达国家的步伐，发挥中国企业家的工匠精神，勇于在从未涉足的领域开拓创新，体现了“业务专精型”的企业家精神。

进入21世纪，中国的国家实力不断增强，中国企业也开始走向世界舞台。很多企业起步于发展中国家以及新兴市场，随后在发达市场上与国际巨头短兵相接，少数企业在经历困难和挫折后最终有所收获。这个时期涌现出的企业家，有志推动中国经济走向世界前列，打破发达国家构筑的商业壁垒和不平等的商业规则，有效地组织企业的内部资源，激励和支持员工开拓国际市场，最终形成了可以媲美国际巨头的能力，体现出“国际运营型”的企业家精神（张志学，2010）。

2010年开始，信息化、数字化、智能化高速发展，全球都进入了移动互联网的时代，中国也开启全面建立小康社会的征程，中国特色社会主义进入新时代。这一时期的企业家，创新能力和国际影响力越来越强，大众创业、万众创新的时代来临。以技术前瞻和消费洞察为基础，滴滴出行等新的商业模式迅速流行，发挥了企业家在制度变革和完善当中的重要作用，体现出“制度变革型”的企业家精神。事实上，自改革开放以来中国的制度变革已成常态。制度的变革既来自高层领导人对中国现实的判断和对未来状况的前瞻，也来自优秀企业家在深刻的商业实践中归纳和总结出的经验。面对经济转型和新技术推动的社会变革，若干市场制度必然存在较大的改进和完善空间。作为市场活动主体的领导者和市场经济的先行者，企业家需要继续肩负起推动制度发展和完善的责任。

10.1.3 企业家精神的核心——创新

彼得·德鲁克（Peter Drucker）（德鲁克，2009）认为，创新是企业家最重要的精神特征，是企业家精神的核心。成功的企业家从不把时代的巨变视作困难，而是视作可以通过创新去开创新事业、新服务的重要发展机遇。这个机遇，不仅仅是留给创业者的，旧企业若能推陈出新，同样可以成为推动经济社会发展的主流力量。乔布斯的苹果取代了诺基亚的手机巨头地位后，当时的互联网巨头谷歌和腾讯迅速反应，沿着苹果所代表的移动互联网路线进行创新。最终，谷歌开发出了安卓手机系统，腾讯开发出了移动社交应用微信。

在过去的四十多年中，中国企业从巨大的国内市场、不断增加的基础设施建设投资和廉价的劳动力中获益。企业习惯于采取跟随、模仿的战略，通过复制或略微改进发达国家已有的东西，以较低的价格满足国内庞大的客户群，而无须在创新上进行过多投入。然而，随着中国经济从高速度向高质量发展转换，在互联网盛行和城市化过程中成长起来的消费者，更渴望获得差异化而非低成本的产品和服务，这就要求企业通过创新满足消费者和市场升级的需求。

在这一趋势下，一些国际大企业或国内领先企业，基于自身雄厚的产品开发实力、品质管理和品牌优势，不断推出满足甚至超出消费者预期的新产品来抢占市场。而那些缺乏创新能力的传统企业纷纷丧失竞争优势，无法在市场上立足。为此，企业家必须转变思维方式和理念，在促进企业创新上全力投入。中国企业要改变以往只关注效率的组织结构和系统，加快向创新发展模式转型。为此，需要近距离观察行业特点、监控和留意行业变化、主动预测趋势和采取行动。只有那些热爱所从事的事业，对将给行业、市场和消费者带来的变化有着远大抱负的人才能胜任这一工作。企业不仅需要组建拥有产品开发的知识、技能和能力的团队，并提供资源支持他们的开发活动，还需要建立支持创新的组织文化。领导者需要让组织成员认识到，创新驱动战略是实现企业高质量发展的唯一选择。

10.1.4　新时代中国企业家精神的内涵

先秦时期，中国社会崇尚“重义轻利”的企业家精神，体现了浓厚的儒家传统伦理道德思想。如今，新时代中国特色企业家精神被赋予了社会主义先进文化开放创新、诚信守法的新内涵。可见，企业家精神不是一成不变的，而在时代发展的机遇与挑战中不断更新。

如今的中国正面临经济结构转型、关键和核心科技突破、全球化存在不确定性、强国打压及其盟友围堵等百年未有的大变局，既给中国社会造成压力，也是实现强国梦的动力。变局之中蕴藏机遇，企业家需要有危机意识和超前意识，努力发掘和把握机遇，彻底放弃机会主义和投机心态，专注于所选定的业务领域，敢于对标本领域国际最优的企业实践，奋力缩小与国际竞争对手的差异。为此，要培育和弘扬新时代的企业家精神。

2020 年 7 月，习近平总书记在企业家座谈会上发表重要讲话，强调“弘扬企业家精神”，具体表现为爱国情怀、勇于创新、诚信守法、社会责任、国际视野这五个方面。习近平总书记的重要讲话丰富和拓展了企业家精神的时代内涵，为新形势下弘扬企业家精神提供了根本遵循，也为国有企业高质量发展、提升核心竞争力提供了科学指引。

厚植爱国情怀。习近平总书记指出：“企业营销无国界，企业家有祖国。”企业家爱国有多种形式，一方面是办好一流企业，实现质量更好、效益更高、竞争力更强、影响力更大的发展。同时要始终把企业命运与国家前途、人民幸福、民族复兴连在一起，以企业发展推动国家发展，始终把家国情怀摆在第一位。为此，企业家需要有对环境变化和未来发展的敏锐洞察力和前瞻力。另一方面是迅速地将洞察中发现的机会转化为企业的经营活动，聚精会神地打造并提升企业的组织能力，凝聚并激励全体员工协力达成既定的目标。在这一过程中，以“逢山开路，遇水架桥”的心态克服各种困难。

弘扬创新精神。习近平总书记强调：“创新是引领发展的第一动力。”创新是中国经济可持续发展的关键，企业是创新的主体。说到创新，离不开人，企业家是推动企业创新活动发展的关键，创新的成功与否，很大程度上又取决于企业家的信念和行动，只有具备创新意识和变革意识，用发展的眼光看待未来趋势，企业家们才能从转瞬即逝的环境变化中抓住发展机遇，取得创新成果。创新也恰恰是国内外学者们对企业家精神内涵的共同认识。

坚持诚信守法。习近平总书记强调：“法治意识、契约精神、守约观念是现代经济活动的重要意识规范，也是信用经济、法治经济的重要要求。”社会主义市场经济是信用经济、法治经济。“人之信，商之魂，业之根。”企业家作为社会经济的重要参与者，应厚植法律意识和契约精神，提升企业管理法治化水平，维护亲清政商关系，诚信守法公平竞争。

积极承担社会责任。习近平总书记指出："企业既有经济责任、法律责任，也有社会责任、道德责任。"只有真诚回报社会、切实履行社会责任的企业家，才能真正得到社会认可，才是符合时代要求的企业家。2020 年新冠肺炎疫情的肆虐带来举国伤痛，但同时也可以看到一批批优秀的中国企业家不遗余力地捐款捐物、复工复产，为祖国抗疫一线提供有力的物资保障，充分彰显出中国企业家的社会责任和担当精神。当下正值中国社会迈向高水平现代化的新征程，企业家可以以企业化的方式解决中国社会目前存在的各种问题，包括消除贫困、提升大众健康素养、改善社会风气、减少资源浪费、提升公民素质，承担好"社会企业家"的角色，带动中国社会道德素质和文明程度的提升，推动中国社会进步。

不断拓展国际视野。习近平总书记指出："有多大的视野，就有多大的胸怀。"企业家要有大视野、大胸怀。当前，中国正面临百年未有之大变局，在这种复杂的国际形势下，中国企业家需要具备国际视野，紧跟国际化步伐，开辟国际市场，提升国际规则运用能力和防范化解危机能力，带领企业在国际竞争中立于不败之地。为此，企业要着力增强自主创新能力，尤其是在我们国家的核心技术还受制于人的领域，企业家要善于利用新型举国体制集中资源、攻坚克难的优势，大力培育新技术、新产品、新业态，进一步增强我国在国际舞台上的话语权。

10.1.5　企业家精神的重要性

当前，经济结构转型、反全球化趋势出现和大国阻挠等多重因素叠加在一起，对中国经济和社会的发展造成了巨大的挑战。在新的形势下，中国特别需要激活新一轮的企业家精神。

企业家是最重要的生产力要素。纵观工业革命至当代互联网和全球化时代，企业家正日益成为经济、技术的创新推动者，"创新"正日益成为企业家的核心使命与灵魂。企业家的创新有多种表现形式，产品、技术、流程、模式、组织、资源，等等。他们不是发明家，却总能深怀洞见，对既有经济要素进行重组，形成新一轮经济结构。于是，以企业家及其精神为载体，创新成为推动经济发展的重要引擎，带来价值驱动型的经济发展。

不断追求本领域的精进，在持续精进中看似偶然、实则必然地洞察到新的需求，进而为人们创造新的价值，这个过程就是创新。过去三四十年，中国经历了最深厚的一个红利周期，不乏有通过先机、资源或制度空白获得商业成功的人，他们的致富传奇无须经历艰苦的创新，而埋头于实业的企业家因没有迅速获利而显得不合时宜。如果不是出身于发展迅速的中国，那些在中国蓬勃发展的房地产和互联网企业，在过去几十年中若身处一些欧洲国家，面对人口往往不到1 000万的市场，是否也能有如此庞大的市值？

资源的制约从来不是创新的障碍。相反，伟大的创新往往源自剧变或苛刻的制约。瑞典、芬兰、以色列等市场规模不大的国家，却诞生了诸多世界级的高科技企业。究其根源，企业家精神乃是根本的驱动力。

企业家精神代表了个人或者组织基于对外部复杂且动态变化的环境的分析，找到个人或组织发展的机会，在精心制定目标之后，全神贯注地调动全部个人精力和组织资源，为了达成目标而付出额外的努力，并坚持至目标的实现。这就意味着，人类在任何领域实现创新和进步，都离不开企业家精神。由此，当代中国应该弘扬企业家精神，在科学、技术、艺术等领域多一些“简单”“执着”“义无反顾”的人，多产生一批靠自身奋斗、追求创新、走向世界的企业，这将会使中国的硬实力和软实力在世界上赢得尊重，实现中华民族的伟大复兴。

10.2 制度企业家

企业家精神的创新内涵并不仅仅是技术创新，对于中国这样处于转型期的发展中国家而言，更重要的是制度创新。当前，中国社会正处于技术更迭、经济转型、产业升级的变革时期，市场制度如果不能与时俱进、不断完善，那么创新带来的经济发展终究只有量的积累，而非质的飞跃。因此，中国社会需要更多的制度企业家，肩负起推动制度发展和完善的重大责任。

10.2.1　制度企业家的定义与重要性

人类社会有各种制度，包括法律、社会规范、文化、价值观念等，这些制度是自发演进的而非计划的产物，有些人在演进过程中发挥了非常重要的作用，这些人就叫作“制度企业家”（张维迎，2013）。对“制度企业家”的界定，最早可追溯到艾森斯塔特（Eisenstadt，1980）的论断，即那些在制度变迁过程中充当催化剂，为变迁指明方向，并在推动变迁的活动过程中扮演领导者角色的人，他强调了制度企业家在制度变迁中的角色和作用。

制度企业家既属于追逐利润的企业家，又非一般的企业家，而是有其特殊性。二者的主要区别在于，传统的企业家利用现有的规则（产品、技术或商业组织的创新）来追求企业发展；而制度企业家对制度落后或缺失的环境中潜藏的盈利机会高度敏感（周其仁，2000），他们善于突破制度壁垒，通过改变现有规则或创造新的规则（制度创新）来谋取收益。这里的收益，不单单是指企业的超额利润，同时也指社会全体福利的增长和全社会的进步。

对发展中国家而言，经济发展水平并不取决于技术水平，而是取决于制度的先进和适用程度。如果没有合适的制度，技术创新就像无土之木。在制度逐渐走向完善的过程中，每个阶段都会不可避免地存在某些非均衡的慢性痼疾制约着企业的发展；抑或随着新知识和新技术的涌现，商业模式和市场规模也随之改变，进而引起对制度创新的需求（张三保、李晔，2018）。

中国改革开放以来的制度变迁历程足以证明制度企业家对中国社会的前进具有不可或缺的重要性。正因为他们的不懈努力，中国才有如今利好的市场环境和举世瞩目的经济成就。当前国内外环境日新月异，中国正处于转型升级的关键时期，急需催生更多具有前瞻眼光，能够与国家发展共脉络、同呼吸的制度企业家。同时，制度创新也是企业家精神内涵的重要体现，是企业家获得长期利益的内在要求，值得全社会学习和培育。

10.2.2　制度企业家的特质

制度企业家进行制度创新的根本动因在于，其敏锐洞察到了制度创新所能带来的自我盈利和提升全社会福利的机会。然而，正如习近平总书记所言，

“创新从来都是九死一生”。现有的制度尽管已经无法适应生产力的发展，但仍受国家法律强制力的保护，公众也习以为常，因此制度企业家往往要有敢为人先、推陈出新的魄力，以及高超的领导、组织能力。制度创新的过程虽然艰难，但一旦成功，企业家、企业、行业甚至整个国家都会收获巨大红利。

李书福初创吉利汽车时，即面临原有的《汽车产业发展政策》对民营资本进入汽车制造行业的严格管制。拿不到汽车生产的“许可证”，则无法生产和销售汽车。民营企业要获准生产轿车，在当时简直比登天还难。但李书福没有就此放弃。他不断在新闻媒体上公开呼吁公平竞争、重建市场机制，以争取公众的支持。同时，他多次出入浙江省以及国家相关部委，通过游说政府官员来影响政策的制定。他甚至说服了时任浙江省副省长叶荣宝为吉利汽车获得合法身份上下奔走。最终，国家放松汽车生产管制目录，将管理制改为公告制，吉利成为中国首获轿车生产资格的民营企业。李书福突破国家禁止民营资本进入汽车产业的制度壁垒，改写了行业规则，是典型的制度企业家。

倪捷率领绿源推动中国电动自行车合法化；任正非以创造自主技术和产品的使命感，以及创立新产业生态和新商业模式的创新精神，带领华为打破了西方国家构筑的移动通信标准壁垒；张一鸣通过今日头条、抖音短视频等关联公司，构建跨界信息、资讯、娱乐、休闲、视频、内容的超级生态，创建了新的市场规则、产品、服务和商业模式。他们的成功均无可否认地对所在行业的变革与发展起到了重要的推动作用。这也是制度企业家区别于其他企业家最为重要的特点：他们改变的不是技术和产品，也不单纯是商业模式，而是制度，是人们从事商业活动的游戏规则。

概言之，与传统企业家相比，制度企业家存在四个方面的独特之处（张三保、李晔，2018）：

- 从目标来看，他们谋求的不仅是企业的利润，也是社会福利的增长；
- 从过程来看，他们凭借对经济发展机遇的敏锐洞察力、对社会资源的动员和组织能力，以及敢为人先的创新和冒险精神，致力于打破阻碍经济发展的低效制度，推动制度的完善和变迁；
- 从内容来看，他们进行的不单是商业创新，也是制度创新；

• 从结果来看，他们在获得可观利润的同时，也推动了所在行业乃至整个社会的发展。

10.2.3　企业家如何改变制度?

在中国当前经济体制转轨的背景下，诸多重要的制度安排尚未健全，存在显著的制度缺失。在解释企业家应当如何应对制度压力时，不同领域的学者常常会有不同的侧重点。社会学及组织理论领域的学者惯用制度理论来解释，即制度会对组织施加强制性、模拟性和规范性的同构压力，而企业能够采取妥协、逃避、反抗、操纵等措施来应对；政治经济学领域的学者倾向于利用利益集团理论来解释企业如何影响制度环境，即利益集团能增强其成员影响公共政策的能力；战略管理领域的学者主要依赖企业政治行为理论来解释企业对环境的影响，企业政治行为理论认为企业可以通过非市场的政治行为影响制度环境，如财务刺激、信息游说、社会力量动员等战略。

对于中国当前存在的制度缺失情况，张三保和李晔（2018）将其总结为“制度不完善”和“制度空白”两种情况。制度不完善是指现有的制度已不适应当前社会经济的发展，甚至成为经济发展的桎梏。比如我国针对国有企业制定的法律法规、管理规章，就存在明显需要进一步完善的空间。而制度缺失则是指某一领域尚未建立起相关的制度。在互联网浪潮的冲击下，新技术和新商业模式不断涌现，许多新兴领域的出现，暴露出“制度真空”。针对这两类制度缺失环境中存在的制度约束差异，制度企业家们探索出了两条制度创新路径：“先嵌入，后突破”和“先投资，后证明”。

“制度不完善”的环境中往往存在来自现有制度的强大阻力，企业家难以在创业初期就打破现有制度，因此适用于“先嵌入，后突破”的行动路径，即先在原有政策制度允许的范围内开展创新活动，之后再通过游说、公开宣传和倡导等各种策略寻找突破窗口，冲击原有制度，迫使其出现松动乃至改变。而“制度空白”的环境中不存在明确的规章制度，企业家承受的制度压力较小，因此适用于“先投资，后证明”的行动路径，即在制度的真空领域创造出全新的逻辑和治理结构，不断扩充新规则的跟随者，凭借强大的影响力使政府承认新规则的合法性，从而实现制度“从无到有”的转变。然而，无论哪种方式，创新初期均需突破公众的认知约束；创新过程中都要获取足够的资源来构建和推广新制度；创新结果都离不开强大的客户群作为依托。

市场需求瞬息万变，新制度的创造面临很高的风险，能够成功的制度企业家万里挑一。因此，政府和社会要正视创新的失败后果，鼓励大胆试错。正如周其仁（2000）所言："一个比较容忍制度企业家、保护制度企业家并习惯于将制度企业家的个别创新努力一般化的社会，能够更多地享受制度创新驱动的经济增长。"

10.3 弘扬和培育企业家精神

大力弘扬和培育企业家精神从而更好地发挥企业家作用、建设世界一流企业，是全面建设社会主义现代化中国、实现我国第二个百年奋斗目标的重要条件。为此，我们要从博大精深的中华传统文化中汲取营养，利用好这取之不尽、用之不竭的文化财富；为企业家创造良好的营商环境，建立健全保障机制；强化企业家的创新内核，大力发展创新事业；重视教育的力量，从小培养企业家精神。

10.3.1 文化环境与文化基因

2017 年中共中央办公厅、国务院办公厅印发的《关于实施中华优秀传统文化传承发展工程的意见》中指出，要将优秀传统文化融入生产生活，用其精髓涵养企业精神，培育现代企业文化。新时代呼唤具有中国特色的企业家精神，其培育和升华自然也离不开中国优秀传统文化的滋养。

文化乃精神之根。文化是表达人类历史发展内涵的重要形式，也是人类社会综合形态的差异性标准。文化的包容性是发挥企业家精神的必要条件之一，因为无论是思想还是技术，真正的创新在一开始时都是某种"异端"。在一个封闭的环境中，真正有创造性的企业家很难脱颖而出。历史上不乏这样的例证。17 世纪，法国天主教暴徒对新教胡格诺派的迫害使其大量流亡英国，为英国工业革命的兴起提供了重要的技术与人力资源。因此，营造宽容失败的文化氛围，以及诚实守信、开放包容、鼓励创新、尊重企业家、以商为荣、合作共赢的社会文化环境更能促使企业家具有强烈的创新与创业意愿，进而培育出更加丰富的企业家精神（Cardon et al., 2011）。

虽然企业家精神在很大程度上是企业家的内生特质，但如果社会缺少企业家成长和进行创新所需要的宏观环境，就难以形成对企业家精神的自我约束和激励机制，而文化环境正是创造良好培育土壤的精神源头，我国优秀的民族文化则是培育企业家精神的根基，也是我国企业家精神区别于其他国家企业家精神的根本原因。聚焦我国企业家精神的弘扬和培育，我国优秀传统文化中所特有的哲学智慧可以起到至关重要的影响作用，比如，儒家思想中倡导的“修身齐家治国平天下”实际上体现了新时代企业家自律自省、承担企业责任、肩负家国理想、为人类共同进步而奋斗的精神；道家思想倡导的“知行合一”以“致良知”，体现了新时代企业家脚踏实地、诚信经营、敢于担当的精神。

10.3.2　优化营商环境，健全制度保障

环境孕育精神，制度催生机遇。依靠拥抱变化的开放心态和对自身使命与身份的认同，固然可以涌现出一批企业家，但大批量的普遍涌现还需要简单规则之下的全面激励。因此，弘扬和培育企业家精神就必须为企业家创造良好的营商环境，提供法治、政务、市场等多方面的有力制度保障。

制度环境与企业家的管理自主权和企业绩效息息相关。具体来说，省份的金融发展水平、司法公正程度、中介组织发育程度、人力资源供给水平、外商投资水平、民营企业发展水平、人际信任程度等正式或非正式制度环境越好，该省的企业家的管理自主权就越大，企业的风险承担水平也就越高、经济绩效越好；而且，地方政府越是采取保护和支持辖区内企业发展的政策，企业掌门人越能体会到更大的管理自主权。相反，地方政府对企业的干预，则显著制约着他们的管理自主权。

企业家的一切行动都要遵循法治的框架，法治环境对激发和保护企业家精神至关重要。培养企业家精神和完善社会主义市场经济是相辅相成的，法律与政策机制是强化企业创新主体地位的有力工具。激发企业家精神，还需要进一步完善相关法律法规和保障制度，健全有关市场主体的保护、激励和

约束的长效机制。

对于转型经济体而言，政务环境对企业家的重要性尤为明显，政商关系是培养企业家精神的关键要素。为此，要进一步深化政务改革，加快向服务型政府转型，减少政府对市场经济活动和市场资源配置的直接干预，积极构建既“清”又“亲”的新型政商关系，为企业经营活动营造良好条件，激发市场主体活力。

市场环境是企业活动和企业业绩的重要背景与基础，而企业所采取的行动又会影响市场经济政策的执行效果，并进一步影响政策的变动和走向。建设公平竞争的市场环境，要着力提升区域创新能力和资源获取便利程度，大力发展市场中介力量，提升企业融资水平，多措并举维护公平、公正、公开的市场秩序，推动创业创新。

得益于近年来国家及政府对营商环境的重视和强调，我国综合营商环境逐年向好。但是，各省份的营商环境依然表现出明显的层次化差异特征，营商环境先进省份与营商环境落后省份之间还存在着较大差距。尽管国务院出台了《优化营商环境条例》，为各地区优化营商环境提供了指导方向与制度保障，各省份仍有必要从本省的实际出发，既要脚踏实地，又要大胆创新，不断完善市场化、法治化、国际化、便利化的营商环境，切实释放企业家的自主经营权，激发创新活力，保护企业家精神。

10.3.3 强化企业家精神的创新核心

创新是企业家精神的核心，弘扬和培育企业家精神必须着力激发创新活力、弘扬创新精神、提高创新能力。在国家道路与战略层面，要坚定不移地走中国特色社会主义自主创新道路，更好地实施创新驱动发展战略；在微观主体层面，要激发企业家的创新精神，通过培养、保护企业家的创新精神进一步提升企业家的创新能力。

积极发挥政府在我国创新事业中的作用。一方面，要科学合理地加快制定知识产权保护、创新人才培养等相关支持、引导的政策。另一方面，要加快转变政府职能，打造服务型政府，强化企业在创新中的主体地位。

大力弘扬创新精神。在发挥两弹一星、载人航天等家喻户晓的创新事迹的精神财富作用的同时，多发掘新时代的创新榜样，尤其是我国核心技术受制于人的关键领域的突破性创新事迹，以此激发全民族的创新活力和热情，增强民族创新自信与斗志，促进“大众创业、万众创新”。

营造有利于创新的宏观环境。一方面，打造开放包容的人文环境和社会舆论环境，鼓励创新试点实践，增强全社会对创新风险的认知，树立“失败乃成功之母”的创新氛围。另一方面，打造保护创新的法治政策环境，增强全社会的专利和产权意识，监督和批评抄袭、侵权等不良行为。

强化企业家的创新意识和创新能力。市场风向标瞬息万变，只有勇于创新、敢于创新、善于创新的企业家才能在巨变的环境中发现有价值的创新点。此外，是否能够突破制约创新的瓶颈、将创新成果转变为有经济价值的商品并获得实际的经济效益，是对企业家的创新能力的考验。因此，要加强创新方面的教育和培训，促进企业家保持创新意识、掌握创新方法和本领。

10.3.4　教育为本

首先，家庭教育要培养孩子勤劳、自律、开放和善于学习的特性，这些特性将会使他们终身受益。如果孩子未富先娇，只会为考试而读书，缺乏在现实中的历练，今后将既不能创造性地解决问题，更无法在面对挫折和困难时坚持下去。

其次，企业家精神、创新创业精神的培育应该从小学开始，作为一种基本能力根植到每个孩子的全教育过程当中。让孩子从小学习真正的企业家精神，了解企业家的责任和价值。在孩子的理想启蒙当中，不仅要有“科学家”和“诗人”，也要有“企业家”。

再次，大学教育应当彻底改变模式，鼓励学生敢于挑战既有想法、跳出书本知识，寻找解决问题的方案，鼓励学生在本领域执着地追求专精，鼓励学生拥有改变世界的情怀，而非秉持“以财富论英雄”的价值观去大谈商业模式或只是为未来的求职做出精细的规划。

最后，整个社会要形成共识，让人们在行为上学会考虑他人的感受和利益，让人们享受通过个人劳动获得报酬和成就，少一些弄虚作假、偏好冒险、光喊口号不务实的人，多一些踏踏实实改进和创新的人。如果能做到这些，中国社会将会大不一样。天道酬勤、业道酬精，愿企业家精神和科学精神在中国大地永放光芒，助力中华民族实现伟大复兴！

本章小结

企业家是促使企业发挥作用的灵魂人物，是推动经济社会发展的重要力量和稀缺资源，是“冒险者”“革新者”“组织者”。

中国企业家精神随时代发展呈现出不同的特点，如“政治智慧型”“业务专精型”“国际运营型”“市场洞察型”等。

成功的企业家从不把时代的巨变视作困难，而是视作可以通过创新去开创新事业、新服务的重要发展机遇。企业家精神的核心内涵就是创新。

新时代企业家精神的内涵具体表现为爱国情怀、勇于创新、诚信守法、社会责任、国际视野这五个方面。

人类在任何领域实现创新和进步，都离不开企业家精神。

制度企业家首先归属于企业家范畴，但非一般的企业家。他们所谋求的收益，不仅是企业的超额利润，也是社会全体福利的增长；他们所从事的创新活动，不仅是商业模式的创新，还是制度的创新。

我国当前存在的制度缺失表现在以下两个方面：一是“制度不完善”，二是“制度空白”。两种不同的制度缺失特征，形成了制度企业家两种不同的制度创新路径：“先嵌入，后突破”模式和“先投资，后证明”模式。

弘扬和培育企业家精神需要根植于中华优秀传统文化、提供有力的机制保证、强化企业家精神的创新核心、重视教育的作用。

重要术语

企业家	企业家精神	冒险
创新	制度企业家	家国情怀
国际视野		

复习思考题

1. 什么是企业家？什么是企业家精神？
2. 改革开放以来，中国企业家精神进行了怎样的代际演替？不同代际的企业家有什么共同特质？

3. 企业家精神的核心是什么？新时代的企业家精神有哪几个方面的内涵？

4. 企业家精神有什么意义和作用？

5. 何为制度企业家？为什么时代需要制度企业家？

6. 制度企业家与一般的企业家相比，有哪些特质？

7. 当下中国有哪些制度缺失问题？制度企业家对制度缺失问题有哪些创新路径？

8. 如何让制度企业家更好地推动制度变革？

9. 你认为应该如何弘扬和培育企业家精神？

中国实践

褚时健的传奇人生

“衡量一个人成功的标志，不是看他登到顶峰的高度，而是看他跌到低谷的反弹力。”企业家王石曾用巴顿将军的这句名言评价褚时健。2019 年 3 月，褚时健去世，享年 91 岁，他的一生大破大立，留下“烟草大王”“中国橙王”的称号，70 岁高龄时入狱，到 90 岁仍高喊“闲不住”“要为社会做点什么”。天行健，君子以自强不息，传奇落幕，精神永存。

坎坷的“烟王”

人当拥有逆境中从头再来的勇气，才不枉一生风雨。而回顾褚时健的一生，便是在一次次的跌倒中重来，在一次次的摧毁中新生。1928 年，褚时健出生于云南一个农民家庭，他的家境并不好，15 岁时父亲便离世，身为长子的褚时健主动离开学堂，肩负起帮母亲照顾弟弟妹妹的责任。褚时健每天要工作 18 个小时以上，一个人扛 700 多斤粮、1 000 多斤燃料。1958—1978 年间，正值壮年的褚时健又被打成右派，被下放到红光农场改造，在那段特殊的政治时期艰难坚持。

终于在 1979 年，51 岁的褚时健担任玉溪卷烟厂厂长，也开启了中国烟草的新时代。在他的带领下，破落的地方小厂被打造成了创造利税近千亿元的亚洲第一烟草企业。通过实施引进现代化卷烟设备、把烟田当作企业“第一车间”、实行“三合一”管理体制等举措，玉溪卷烟厂高速发展。到20世纪90年代，玉溪卷烟厂已经成为一家年创造利税200亿元以上的大企业，占到云南财政收入的60%。在云南，一家玉溪卷烟厂创造的收入相当于400多个农业县的财政收入总和。

红塔山成为中国名牌香烟，玉溪卷烟厂成为亚洲第一烟草企业，褚时健也成为“烟草大王”。

大器晚“橙”

直到1999年锒铛入狱，褚时健的人生再次归零。71岁的褚时健因经济问题被判无期徒刑、剥夺政治权利终身，一代烟王黯然离开自己一手打造的烟草王国。2001年5月，褚时健因为严重的糖尿病获批保外就医，回到家中居住养病。

离开监狱时褚时健已经73岁了。不过，随后在进行了各种考量后，褚时健还是在2002年与妻子开始了第二次创业，他们在玉溪市新平县的哀牢山承包了一片荒山，开始种橙子。他用管理烟厂的经验治理果园，宝刀未老，种出的橙子如果标明“褚时健种的橙”还可以比别的橙子每斤贵3元，一经上市便风靡了昆明的大街小巷。

2012年11月，褚时健种橙的第十个年头，“褚橙”首次通过电商开始售卖，由于品质优良，常常销售一空，抢购热度堪比当年的红塔山香烟。褚时健再获“中国橙王”称号，这时他已经85岁了。

“工匠”企业家

从“烟王”到“橙王”，在褚时健的手里，烟草、橙子仿佛被赋予新的生命和意义，这背后离不开“工匠精神”。2015年，网上销售的褚橙被部分消费者抱怨个头小、口感下降，褚时健听说后立刻在媒体上向消费者公开致歉，并与果农和技术人员一起寻找橙子品质下降的原因。最后了解到橙子品质下降一方面是由于雨水多，一方面是由于果树越来越成熟，不断增大的树冠影响了果树的受光和通风状况。当时的褚时健毫不犹豫地做了一个决定，砍树、剪枝。为了保住橙子的品质，他砍掉了3.7万株树，也就是约2 000吨的橙子产量。

2018年1月17日，褚时健90岁生日那一天，在位于云南省玉溪市的褚橙庄园，云南褚氏果业股份有限公司举办了成立仪式。当时，褚时健在致辞中说："虽然我们都是七八十岁开始（创业），但对社会要做的事，我们也算做了一点。现在，还有一些人问我，这个果子很难种，为什么还要做这个事。我闲不住！"

至于什么是企业家精神？褚时健自己的说法是：把坏企业变成好企业，把不赚钱的企业变成赚钱的企业，就是企业家精神。

资料来源：王晓然、徐天悦，《企业家褚时健传奇人生谢幕》，北京商报网，2019 年 3 月 5 日，http://www.bbtnews.com.cn/2019/0305/288900.shtml，2023 年 1 月 23 日读取。

思考题：

1. 在这个案例中，你觉得褚时健的成功跟他的哪一些特质有关？这些特质与企业家精神之间是怎样的关系？

2. 结合褚时健的创业历程，你认为企业家精神是如何帮助企业家实现企业成功的？

3. 你认同褚时健对于"企业家精神"的定义吗？请谈谈你对"企业家精神"的看法和理解。

参考文献

邓小平，1993，《邓小平文选（第三卷）》，北京：人民出版社。

德鲁克，彼得，2009，《创新与企业家精神》，北京：机械工业出版社。

张三保、李晔，2018，《何以称制度企业家为创新勇士》，《清华管理评论》，Z1：70—75。

张三保、张志学，2012，《区域制度差异，CEO 管理自主权与企业风险承担——中国 30 省高技术产业的证据》，《管理世界》，4：101—114+188。

张维迎，1999，《企业理论与中国企业改革》，北京：北京大学出版社。

张维迎，2013，《制度企业家与中国的未来》，《杭州（周刊）》，1：58—59。

张志学，2010，《企业家的成长轨迹》，载张志学，张建君主编，《中国企业的多元解读》（第 70—101 页），北京：北京大学出版社。

张志学，2021，《新时代企业家群像及企业家精神》，《人民论坛》，717（26）：28—31。

周其仁，2000，《制度企业家麦高文》，《IT 经理世界》，21：89—90+92。

Cantillon，R. 2017. *Essay on the Nature of Commerce in General*. London：Taylor and Francis.

Cardon，M. S.，Stevens，C. E.，and Potter，D. R. 2011. Misfortunes or mistakes?：Cultural sensemaking of entrepreneurial failure. *Journal of Business Venturing*, 26 (1): 79-92.

Casson, M. 1982. *The Entrepreneur: An Economic Theory*. Oxford: Martin Robertson.

Eisenstadt, S. N. 1980. Culture orientations, institutional entrepreneurs, and social change: Comparative analysis of traditional civilizations. *American Journal of Sociology*, 85 (4): 840-869.

Knight, F. H. 1965. *Risk, Uncertainty, and Profit*. New York: Harper and Row.

Leibenstein, H. 1966. Allocative efficiency vs. "X-efficiency". *The American Economic Review*, 56 (3): 392-415.

Morris, M., and Schindehutte, M. 2005. Entrepreneurial values and the ethnic enterprise: An examination of six subcultures. *Journal of Small Business Management*, 43 (4): 453-479.

第 11 章

战略领导力的培养

教学目标

1. 掌握中国传统文化中的领导哲学
2. 理解“仁”与“礼”、无为、心学、辩证、中庸、谦逊的领导理念
3. 掌握调适性领导力、学习领导力、韧性领导力
4. 理解国有企业的战略领导力
5. 领会新时代组织如何培养战略领导力

引导案例

王东升：我们生而干高技术工业

出生于 1957 年的王东升在一个动荡的环境中长大。初中毕业后，他由于家庭成分问题无法再升高中，于是跟着师傅去各家当木工干活，很早就接触了社会生活。尽管十几岁就失学，王东升依然广泛阅读历史和哲学书籍，并且自学完了高中课程。自小的生活经历让王东升的精神世界十分“早熟”，他时常思考的并非个人的未来，而是国家的前途。这样的想法也让王东升在此后 40 年内，做出许多常人不可企及或无法坚持的决断。

第一个十年（1982—1992）：“我凭什么要留下来？”

1982 年，25 岁的王东升被分配到北京电子管厂报到。与同龄人相比，王东升尤为好学肯干。有时领导开会到晚上九、十点，发现王东升的工位还亮着灯。回到宿舍，他床边的墙上也贴满了英语单词，还有“不进则退”“少壮不努力，老大徒伤悲”等警世名言。王东升因其所具有的奋斗精神而得到当时的总会计师原孝钟的赏识，并很快被提拔为财会处副科长。升职那年，王东升未满 26 岁，可谓“少年得志”。

但北京电子管厂终归还是一家按部就班的老国企，不太能容得下心怀抱

负的王东升。时值改革开放，外面有太多新鲜的工作吸引着年轻人去大展宏图，离开的念头开始在王东升的脑海里萌芽。当时的厂长张红飚非常看好王东升。为了培养青年干部，张红飚特意托关系将王东升送到香港脱产学习，还在1988年将其提拔为副总会计师兼财务处处长。作为厂里最年轻的领导，王东升希望能带头进行一些改革，于是花三个月的时间琢磨出了一套改革方案。然而，这套费尽心血的改革方案在厂里收获的不是认可，而是干部们的一片鼾声。至此，王东升愈发想要离开这家老态龙钟的电子管厂了。

为了挽留年轻干部、挽救工厂于经济衰退之中，厂长张红飚不顾身体不适，拉着人事处副主任何民生登门找王东升谈话。从这家军工企业的光荣历史到困难延续，张红飚肿着脚、流着泪对王东升倾诉衷肠。尽管此番谈话后，王东升再升一职成了总会计师，但这并没有让他放弃辞职“下海”这个念头。在被同事们推举接任厂长一职时，王东升的反应是：“我凭什么要留下来？”而此时一位老同事回答道：“就凭让我们的师傅不再去菜市场捡白菜帮子！”原来，由于电子管厂长期亏损、拖欠工资，有些老职工的生活已经困难到要在菜市场捡白菜叶糊口的地步。虽然几度想要离开，但在电子管厂工作了十年的王东升还是放不下对厂里老职工的感情。1992年，王东升正式上任北京电子管厂厂长，心甘情愿地接手了这个“烂摊子”，延续着军工企业培育的责任感与忠诚感。

第二个十年（1992—2002）：“如果连我们这些人都去做房地产，那谁来搞工业化？”

新上任的王东升迫切地想要让北京电子管厂扭亏为盈，便实施了厂里有史以来最大的改革：股份制改造以及“打破大板块，分灶吃饭”。在领导干部与普通员工的募捐下，北京电子管厂转变为混合所有制的北京东方电子集团股份有限公司，王东升担任董事长兼总裁。为了让企业“活下来”，王东升将企业拆分为25家子公司，使其直面市场、自谋生路。这些举措打破了30年计划经济给企业带来的“僵化”结构，但也导致数千名员工下岗分流。为此，王东升曾被700多名退休职工团团围住，要求其报销拖欠的医药费，甚至一度被人向市政府举报22条“罪状”，后查明无一属实。内部的不理解让王东升感到委屈，但彼时公司正处于 B 股上市的关键时期，再怎么难也要咬牙挺到公司上市以后。

1997 年，东方电子集团在深圳证券交易所成功实现 B 股上市，并于 2001 年改名为京东方科技集团股份有限公司。上市成了京东方在生存阶段的一个分水岭——从这里开始，不仅企业终于能够主动寻求发展的方向，王东升也展现出了对自主掌握技术的坚持。在京东方手里有 30 亿元现金的时候，有人建议投资房地产。这从今天看不失为一个高回报的选择。但当时的王东升竭力强调："如果连我们这些人都去做房地产，那谁来搞工业化？"的确，京东方本身带有军工企业的烙印，应当有一种责任感来推动工业发展。而更重要的是作为企业掌舵者的王东升对产业报国的雄心，才使得京东方在之后的风雨飘摇中坚持走高新技术路线不跑偏。

王东升在 21 世纪初做的一项重大决策：进入 TFT-LCD（薄膜晶体管液体显示器）工业领域。相对于京东方彼时的技术能力、财务状况等，进入 TFT-LCD 这个投资需求巨大、市场波动剧烈的工业领域实在不像是一个能营利的选择。在整个领导班子的反对下，王东升又为何执意要进入这一工业领域呢？京东方人对王东升的普遍评价就是他们"跟不上董事长"。早在刚入职电子管厂时，王东升就是厂里第一个提出要电算化的人，还要求财务人员学习英语。用王东升的话说，就是"站在月球看地球，上下看一百年"。当他意识到 TFT-LCD 工业的演进开始影响显示器技术时，永远向前看的他就形成了这样的远见：京东方应该进入 TFT-LCD 工业领域，"且机不可失，时不再来"。

尽管现在的京东方已成为全球显示产品的龙头企业，但起初王东升执拗的探索之路充满了坎坷。2001 年，王东升决定通过跨国收购 HYDIS（韩国现代显示技术株式会社）的方式快速掌握技术和市场。而这一项收购经历了联合收购方背叛、国内艰难审批、HYDIS 资产作假等风风雨雨，才终于在一年半后完成资产交割。

第三个十年（2002—2012）："坦白地讲，意志不坚定一点也就彻底垮了"

在完成对 HYDIS 的收购后，王东升短暂地尝到了液晶行业的甜头。从 2003 年 1 月到 2004 年 6 月，BOE-HYDIS 营利 6 000 万美元。但好景不长，2004 年，由于一篇《新京报》刊发的质疑文章，京东方承受了巨大的舆论压力，上市计划不得不被叫停。从2004年下半年开始，液晶行业也进入了寒冬。2005年和2006年，京东方亏损33亿元，只能通过出售资产来减轻财务危机，最后连BOE-HYDIS的股权也卖掉了。之前贷款给京东方的各银行都抱怨王东升欺骗了他们，并且拒绝再提供任何贷款。上市计划流产、融资来源断裂、即将面临违约的压力让王东升某一天在厂房顶楼整整徘徊了两个小时。多年后忆及此刻，他不无感慨地说："坦白地讲，意志不坚定一点也就彻底垮了。"

面对持续亏损、扩张无门的逆境，王东升本计划带着赔钱的液晶业务离开京东方，与龙腾广电以及上广电合并成立合资公司统一运营。但峰回路转，液晶市场在2007年4月骤然回暖，京东方很快便扭亏为盈，"三合一"计划不了了之。从那以后，王东升便带领京东方与多个地方政府合作，开启了扩张之路。

有了地方政府的投资，京东方在当地建设生产线、发展显示面板工业，从而引入更多企业、振兴当地经济。这样合作双赢的模式使得京东方急速扩张。从成都4.5代线，到合肥6代线，再到北京8.5代线，王东升凭借政府对京东方的支持，在各个地方发展显示面板工业，为中国在该工业领域形成产业资本提供源源不断的动力。

第四个十年（2012—2022）："我是一个惶者"

2012年以后，王东升持续带领新东方在鄂尔多斯、重庆等地进行扩张，在全球显示面板产业中已占有一席之地。尽管已经获得了世俗意义上的"成功"，但他却担心企业被替代、产业被颠覆。在这种居安思危想法的驱使下，京东方持续探索转型市场，并将IT技术与医学医术结合起来，将智慧医疗打造成京东方的第二主业。

2019年，62岁的王东升急流勇退，卸任京东方董事长。在京东方拼搏了近四十年，王东升为世人展现了一种"京东方模式"——将某一领域的高新技术从零开始，通过收购快速掌握技术，从此走上自主创新的道路。卸任后，他牵头创立了奕斯伟计算技术有限公司，完全投身于芯片领域。在将中国显示面板工业从零打造为世界领先后，王东升是否能带领中国芯片蓬勃发展，复制京东方的成功路径？答案谁也不知道，但可以肯定的是，不论在什么领域，王东升对高新技术的探索与坚持不会停止。这也必将深深影响一个行业，乃至一个国家长期的经济命脉。

资料来源：李涵改编自以下资料：路风，《光变：一个企业及其工业史》，北京：当代中国出版社，2016 年；王珍，《王东升退而不休做芯片 奕斯伟计算 B 轮融资超 20 亿元》，第一财经，2020 年 6 月 8 日；乌鸦校尉，《京东方亏损之谜：天之骄子，还是国之蛀虫?》，乌鸦校尉微信公众号，2019 年 8 月 4 日，2023 年 4 月 23 日读取；张闫龙、马力、王路，《为打赢而做、为成功而做：京东方的战略抉择》，北京大学管理案例研究中心，2020 年 10 月 9 日。

思考题：

1. 王东升的身上体现了哪些符合中华传统文化的领导品质？

2. 艰难的成长环境、坎坷的创业经历都没有成为王东升的阻碍，你认为他是如何进行调适、成就自我的？

3. 在国内外环境急剧变化的今天，案例中的哪些战略领导力是新时代发展所急需的？对个人和组织而言，如何培养这些领导力？

战略领导力可从不同的视角解读。从行为来看，战略领导者能够做出战略决策，影响团队与个人行为，进而影响组织绩效；从领导风格来看，战略领导者包括变革型领导、交易型领导等不同类型；从能力特质来看，战略领导者需要具备洞察能力、应变能力、管理智慧，等等。总之，战略领导者应当具有带领组织在动态环境和竞争中保持稳定发展并进行创新变革的能力。上述案例中的王东升就体现了这样的战略领导力，即使年过花甲、事业有成，依旧敏锐地投身于关乎国家经济命脉的行业，在国家发展受制于人的高新技术领域继续奋斗。

当前我国进入高质量发展阶段，企业面临的不确定性和复杂性日益加剧；对外开放的深入带来先进思想的同时，国人的文化自信却在西方意识形态的影响下日渐衰落；企业家道德滑坡的丑闻不时被披露。时代发展呼唤更加强大的企业，中国企业的发展需要适应中国国情的领导力思想。为此，本章将根植于中华传统文化，介绍中国战略领导力的文化根基，并从自我修炼和组织培养两个角度切入，探讨战略领导力的培养方法。

11.1 中国战略领导力的文化根基

中国的文化土壤孕育出了特有的领导特质，也产生了中国特有的战略领导力的修炼途径。2017年1月，中共中央办公厅、国务院办公厅印发的《关于实施中华优秀传统文化传承发展工程的意见》指出，文化自信是更基本、更深层、更持久的力量；实施中华优秀传统文化传承发展工程，是建设社会主义文化强国的重大战略任务，要将优秀传统文化融入生产生活，用其精髓涵养企业精神，培育现代企业文化。传统文化与哲学思想是中华民族独有的宝贵精神财富，其中的领导哲学蕴含着丰富的管理思想与智慧。将其应用于现代企业管理中，有利于增强企业领导者自身的文化自信，充分塑造中国企业家卓越的现代化领导力。

11.1.1 儒家

儒家治理的核心概念是“仁”和“礼”，具体行为表现为“克己复礼为仁”，强调仁与礼的统一。儒家领导思想强调对人的道德引领和人性教化，是一种人本主义的领导方式。也即，克制自己的欲望，按照公理来办事才能达到仁。因此，在理论上需要将领导特质理论、领导行为理论和领导权变理论结合起来考察领导力；在实践中不仅要培养领导者的内在特质，还要考察领导者的外在行为，做到内外结合、知行合一，并结合具体的外部环境，与情境相匹配。

“仁者爱人”，充满慈爱之心、拥有大智慧的人懂得关爱他人。在伦理型领导力情境下，领导者通过与下属进行良好的人际互动，确立伦理规范，进而影响员工的伦理行为，达成组织目标。中国本土的家长式领导就贴合“温而厉、威而不猛、恭而安”的儒家思想，这启示领导者在领导过程中坚持严厉与厚爱相结合，一方面要求下属在工作中严格按照组织的制度规则行事，另一方面要像家庭中的“父亲”角色那样主动给予下属帮助和关爱。

“非礼勿视，非礼勿听，非礼勿言，非礼勿动”，仁者最高的境界是合礼。在组织中，合礼意味着服从权威、尊重仪式、符合制度规范。因此，在设计组织制度时，一方面，领导者要制定符合社会伦理与法律约束的规章、政策、条例等，对组织成员的行为规范做出明确规定，使组织中的各成员遵循符合礼的关系和符合礼的角色行事。在礼治之下，容易形成职场中的差序格局，即常说的“圈内人”与“圈外人”。另一方面，领导者也被要求以礼的方式对待下属，这要求领导者提升自己的人格魅力，尊重下属，善于听取下属意见，发挥下属才干。

除了仁政和礼治，儒家思想中的另一个核心理念是“中庸”，中庸之道独具中国特色，对构建本土领导力有重要意义。这种“中国特色”的传统思想倡导对矛盾各方进行调和，在平衡中采取最佳的解决方案，讲求不偏不倚、折中调和，反对过度和极端，既是一种为人处世的态度，也是一种思考、行事的法则。这种中庸思想会影响企业高管的战略选择和管理风格，促使中国领导者以引导者的角色，张弛有道地引领员工实现愿景。

如何才能成为一个中庸的战略领导者？一是要全面思考。不偏不倚是为中庸，要做到中庸，就要全面思考，权衡多方观点，考虑多方利益，采取稳健客观的主张。二是要提高自己的道德修养。中庸之道作为儒家传统思想，需要用仁义来规范行为、用礼节来制约行为、用宽厚来包容他人，做到观点上“和而不同”。三是要独立思考。中庸之道要求不能偏听偏信、人云亦云，中庸离不开领导者独立思考的能力。

11.1.2　道家

《易经》认为“一阴一阳谓之道”，道是事物自然发展变化的规律，阴阳两个对立面达到平衡才能维持事物的稳定发展。道家思想的核心领导目标是无为而治，即顺其自然，不求有所作为，从而使国家得到治理。道家思想下，领导者不把自己的思维方式强加于下属，相反，他们努力营造一种环境，让下属以他们自己认为正确的方式做事，通常与自由放任型领导风格、授权型领导风格挂钩。

“水之性，也就是道之性”，老子的“水”哲学思想也深深地影响了许多企业家，这种水性领导力的核心领导思想是“柔弱胜刚强”和“上善若水”。《道德经》曰：“上善若水，水善利万物而不争，处众人之所恶，故几于道。

居善地，心善渊，与善仁，言善信，政善治，事善能，动善时。夫唯不争，故无尤。”水表面看起来虽是天下最柔弱的，但却有滋养万物甚至战胜坚强者的强大力量，水的纯净无私对应了企业中的真诚型领导者，“水善利万物”的利他性在企业内部体现为领导者坚持人本管理，重视员工的满意度和幸福感，常常通过魅力型领导方式影响员工。在企业外部则主要体现在企业与顾客以及企业与环境的关系上，企业家要坚持“顾客至上”的原则，帮助顾客及时解决问题，与顾客建立持久稳定的信任关系，通过良好的互动及时了解并满足顾客需求，从而更好地把握市场方向。企业环境不仅包含自然环境，也包含制度环境、社会环境。

道家的辩证思维讲究以发展变化的思想来看待事物，其核心和实质是按照唯物辩证法的原则，反对非此即彼、二元对立，而是从区别与联系、对立与统一的视角去认识事物。辩证思维是科学认识世界的中介，帮助人们从感性转变为理性，主要方法包括归纳与演绎、分析与综合、抽象与具体、逻辑与历史等。拥有辩证思维，战略领导者可以更好地面对各种管理悖论，在对立中实现平衡，如集权与放权，推动企业可持续发展。

辩证思维作为一种整体的能力，要想得到提高，需要进行多方面的提升：一是要不断实践，实践是检验真理的唯一标准，只有积极实践才能有所体悟；二是要勇于怀疑，时刻准备质疑，不迷信盲从，才能有所悟；三是要独立思考，敢于保持自身观点，静心思考，解决问题。

道家思想中的谦逊是中华传统美德之一。在中国集体主义文化环境下，谦逊的品质要求领导者严于律己、宽以待人。战略领导者要培养谦逊的品质，应当做到：平易近人，不摆架子，增强与下属的亲近感；躬身自省，虚心请教，杜绝“一言堂”等消极情况出现；客观进行核心自我评价，避免过度膨胀。

11.1.3 心学

王阳明融合了儒释道提出心学的哲学思想，其主要领导理念是“知行合一”，强调“心即理”，理即“良知”，每个人从自己的内心出发，通过知行合一，就可以致良知，从而“修身治国平天下”。心学思想认为，人人都可以成为圣人，因为人人都有良知，只要达到“知行合一”就可以成为圣人，也即良知是领导力的源泉，人人都有良知，但真正的领导者，能够让追随者追随自己的良知，达到知行合一。

张瑞敏在创业之初，因为员工生产出来的冰箱质量不合格，亲自带员工怒砸冰箱，就是遵从了王阳明的心学理念，如今这则故事成了消费者信任海尔产品的理由，达到了很好的雇主品牌宣传效果。其实，砸冰箱对企业而言是损失了前期已付出的全部成本的行为，短期来看得不偿失。但张瑞敏说："我要是允许这 76 台冰箱卖了，就等于允许你们明天再来生产 76 台这样的冰箱。"他要求谁生产的谁来砸，并亲自抡起大锤砸了第一锤。致良知需要在"事上练"，要"知行合一"，所以从根本上剔除有害的习性，让员工砸冰箱，体验到心疼的感觉并唤醒良知，从而领悟到生产次品的危害，以后绝不敢马虎大意。

心学影响了中外一代又一代的领导者。稻盛和夫曾说："所谓真我，就是良知本身，就是宇宙中存在的睿智本身，也意味着事物的本质、万物的真理，这些就存在于我们的心中。"当年日本开放通信业时，稻盛和夫非常希望进入这个行业，但并没有急于申请，而是每晚就寝前审视自己的动机与意图。这样反反复复经历了半年的时间，才决定二次创业，成立 KDDI 公司，因为此时他已经断定：自己没有任何的私心邪念。稻盛和夫执掌日航以后，他的经营管理从整顿人心开始，这也是阳明心学的领导心法之一。

心学主张对人的教化，而非对事的管理。教化人心最重要的是，领导者必须认识到"天理人欲不并立，安有天理为主，人欲又从而听命者?"，即在管理中要明白人欲人人皆有，管理必须遵从人心。在企业中，薪酬赏罚是最基础、最表面的与人欲相关的管理要素，想要打造一支高绩效的团队，必须重视下属的利益。不仅仅使下属能够解决温饱生存，更重要的是激励。要想达到激励作用，就要善用各种激励手段，马斯洛需求层次理论表明，金钱、物质并不是唯一的，也不是最好的激励手段。

11.2 战略领导力的自我修炼

提升战略领导力，首先需要领导者进行自我修炼。本节从调适、韧性和能力三个关键视角出发，探讨自我修炼的方法和要点，以供借鉴。

11.2.1 调适

组织战略管理的核心目标是通过有效的战略决策，使企业能够不断适应复杂多变的环境，这就要求战略领导者必须具备调适的能力。战略领导者要能够基于对环境变化的识别和对组织利益相关者及其关系的理解，通过系统思维发现可行的、有创新性的组织战略（Goldman and Casey，2010）。更细致来讲，战略领导者的调适修炼可以分为两类：一是战略领导者从自身内在出发的自我调适，二是战略领导者对身边各种关系的调适。

11.2.1.1 自我调适

战略领导者作为企业的核心领导者、战略制定者，其心理健康水平深切影响企业的发展。在当前竞争压力大、工作节奏快、人际关系复杂的情况下，战略领导者也出现了不同程度的精神压力、情绪紧张等心理状况。因此，战略领导者应主动进行情绪管理，即自我调适，平衡生活与工作的关系、改善人际关系、提高自身能力、调整自己的目标、建立积极的人生态度。中国讲究“在其位，谋其政”。不管面对什么，都要懂得随遇而安、顺势而为，随着世事的改变去进行积极的调适，而不是怨天尤人。对战略领导者自身而言，进行自我调适要做好以下几点：

一是学习情绪管理方法，正确管理情绪。人们常常受到情境刺激而表现出不同的情绪。每一种情绪都是必要的，但如果心理状况不好，可能会长时间处于消极情绪中，这样情绪就成了具有杀伤力的武器。因此，战略领导者需要了解自身的情绪，学习情绪管理方法，保持身心处于最佳状态，促进组织积极行动、提高工作效率。

二是科学认识自己。核心自我评价对领导者的行为有很大影响，拥有高核心自我评价的战略领导者会多方面展现其自我效能和自尊意识，即相对较快、凭直觉和集权来制定决策；采取定量化、豪赌式的战略举措；倾向于产生极端的绩效。为了避免极端的决策与行为，战略领导者需要保持平和的心态，科学、客观地认识自己，对自己进行调适。

三是树立正确的价值观。价值观是战略不可或缺的组成部分，对于战略领导者来说，价值观与其战略制定也十分相关。这一点看起来似乎矛盾，价值观本质上是一种道德评价，而战略制定的出发点是利益，但我们不能忽视，企业除了追求利润，还要满足社会道德伦理的要求。领导者树立正确的价值观，不仅能对自己的情感、状态进行调适，也符合企业的商业伦理要求。

四是修炼非权力领导力。战略领导者的工作既需要权力领导力，也需要非权力领导力。非权力领导力指凭借个人魅力、业绩能力等非权力因素影响被领导者。战略领导者通过提高自身的素质，具备较强的非权力领导力，可以在员工中树立威望和信誉，激发员工的工作热情和奉献精神，这对于企业发展起到重要的推动作用。

11.2.1.2　关系调适

现代组织所处的环境呈现出动态性、复杂性、竞争性、网络性的特征。员工在复杂的关系网络中，面临着身份认同、薪酬待遇、职业发展、职场心理等方面的差异和竞争，很可能会产生各种问题。因此，调适差异是必然选择。战略领导者的职能要求其运用愿景和价值观的力量，促进组织成员自动做出有益于组织未来的决策（Boal and Hooijberg，2000）。战略领导者必须学会巧妙调节周边各方的关系，使企业上下拧成一股绳，不断壮大企业发展。这种能力在急剧变化、无章可循的当今社会是非常必要的。

如何调适各方？企业的良好运转离不开组织中各个部门的相互配合，离不开不同个体的通力合作，这就需要企业战略领导者做好调适工作。要想做好调适工作，战略领导者需要掌握以下几种方法：

第一，培养集体主义观念。古往今来，中国的集体主义都要强于个人主义。中国企业一般认为，员工的成功实际靠的并非个人，而是团队的共同努力。普遍情况下，个人的成功依赖团队的集体力量。随着时代的发展，中国人的思想也在发生变化，个人主义正不断蔓延，但集体主义思想的作用仍不容小觑。在观念悄然改变的背景下，企业的战略领导者需要通过建立统一的价值观、规范的企业制度、开展团队活动来培养集体主义观念，消弭员工之间的摩擦，加强大家的身份认同，让团队的凝聚力更强。

第二，培养跨团队协作观念。现代组织中，团队成为流行的组织和工作方式。团队内部的交流共享能够增强团队对知识、资源的利用，而跨团队的交流合作是团队获取新资源的一种重要方式，二者都对团队绩效有着重要影响。在这种情况下，战略领导者不仅要关注团队内部成员之间的关系，更要注重提高跨团队合作意识，多组织外部学习。做好这一点，能够润滑企业中不同团体的关系，有利于协调各方的工作。战略领导者可以通过组织团队建设活动、激励跨团队合作、采用轮岗制等来培养跨团队合作观念。

第三，建立合理的分配激励机制。许多时候，员工的矛盾与分配有很大关系。分配的不合理会造成员工的热情和效率下降。战略领导者要想调动员工的工作积极性，避免矛盾，必须在分配机制和激励机制上下功夫。在对待企业员工时，做到安排任务要考虑员工的个性专长、利益分配公平合理、注重精神层面的奖励分配。在进行激励时，战略领导者既要将员工个人目标与企业愿景相结合、针对不同对象的不同需求进行按需激励、物质激励与精神激励相结合，还要做到正激励与负激励相结合。

第四，加强心理疏导与人文关怀。现代社会中，面对巨大的工作压力与生活烦恼，员工容易产生一些心理问题。为此，战略领导者必须加强心理疏导，做好人文关怀。良好的工作心态与健康的心理状况为员工高效、积极工作提供了保障。企业一方面可以引入专业人才，设立专门组织，对员工进行心理帮助和干预；另一方面可以为员工设立系统的关怀计划，包括各种短期和长期福利。

11.2.2 韧性

一个组织想要取得成功，韧性领导力是关键，它有助于个人和组织积极应对动态变化与外部危机。这种素质并非普遍特征，而是战略领导者在动态变化中锻炼并强化的一种能力素质。韧性领导力要求战略领导者保持稳定心态，积极解决危机，转换思维模式，寻求解决办法。因此，领导者的智慧与思维是影响韧性领导力的首要因素，增进韧性领导力就必须提高智慧、重塑思维。

韧性领导力是领导者在困难和挫折面前的抗压能力，即反弹和复原能力。英国哲学家弗朗西斯·培根（Francis Bacon）在《论逆境》中说：“面对幸运所需要的美德是节制，而面对逆境所需要的美德是坚韧，从道德修养而论，后者比前者更为艰难。”“物竞天择，适者生存。”进化论的奠基人查尔斯·达尔文（Charles Darwin）认为，自然界生存下来的物种，既不是四肢最强壮的，也不是头脑最聪明的，而是有能力适应变化的物种。生物只有适应自己的生存环境，不断进化，才不至于被时代淘汰。领导者也是如此。

韧性领导力是领导者在困难和挫折面前所起的带头作用。好的领导者，即使在逆境中，也要带领整个组织和团队前进。周恩来总理指出，领导干部“要有坚韧的奋斗精神”。华为掌门人任正非也说道：“战争打得一塌糊涂的时候，将领的作用是什么？就是用自己发出的微光，带着队伍前进。”这些所说的正是一个领导者百折不挠的韧性。韧性领导力是优秀领导者坚强的“内核”。这个“内核”就像核反应堆，为领导者提供强大、持续的动力。那么，韧性领导力有哪些具体表现呢？

首先，坚定的理想信念是形成韧性领导力的基础，是领导者战胜困难、解决问题的心理动因。领导者具有坚定的理想信念，面对挫折不放弃，不轻易改变目标，就会更有能力迎接挑战。尤其是在急难险境面前，领导者的理想信念能够帮助下属减轻恐慌、增强信心。

其次，真正具备韧性领导力的领导者能够根据环境，灵活调整应对方式，并尝试任何可能的方法来扫清障碍。他们在任何环境下都有充沛的体力、精力，有正面健康的情感，能够做到张弛有度，具有独创性。他们清楚自己面对的挫折和困难，能够在困难和挫折面前以发散思维形成一系列创新的解决方案。他们能够为组织制定清晰的长短期目标，让自己和下属在变化的情境中展现出坚定的决心与明确的努力方向。

再次，反弹力对韧性领导力来说至关重要。如果一个人能享受其所面临的挑战，并将挫折和困境看作学习和发展的机会，那么他就具备了强大的适应能力。领导者具备了这样的品质，才能激励下属，鼓励他们以积极乐观的态度看待问题。因此，适应能力强的领导者，才值得大家依靠，具备独创性思维的领导者，才有机会带领团队转危为安。

最后，具备韧性领导力的领导者能够有效地进行情绪管控。情绪管控指领导者在充满压力的情况下，仍能保持冷静，控制负面情绪。在逆境中管控情绪，确保在压力下做出理性的决策，这是对领导者素质的高要求。保持临危不乱、镇定自若的状态，能让下属意识到上级应对挑战时的从容。如果领导者在困难和挫折面前战战兢兢、不知所措，下属立刻就能感受到，反而会增加领导者的焦虑和压力。每个人在困境中，都愿意寻求他人的帮助和支持，领导者也是如此。在困难和挫折面前，如果能向有经验的人寻求帮助，就能少走很多弯路。领导者也会因需要找到负面情绪的出口而寻求他人的帮助，缓冲压力与挑战。

11.2.3 能力

知识经济时代，不懂得如何学习的领导者将举步维艰。学习能力涉及对新知识和信息的识别、同化和创造性运用，以便实现组织和环境之间的有效匹配（Rowe，2001）。因此，要想成为具有世界眼光，能够把握发展规律，能够开拓创新、善于驾驭全局的现代化企业领导者，就必须加强学习，不断更新知识、积累经验、提高综合素质和管理水平。当今世界最出色的企业经理人之一、思科系统公司前任CEO约翰·钱伯斯（John Chambers）在谈到新的经济规律时指出："现代竞争，已经不仅仅是大鱼吃小鱼，更是快鱼吃慢鱼。"从长远来看，唯一能持久的竞争优势，就是团队特别是领导者有能力比对手学习得更快。

彼得·圣吉（Peter Senge）根据学习型组织理论，指出企业外部环境变化迅速、竞争激烈，企业要生存和发展就必须坚持组织学习，未来成功的企业将是学习型组织，是灵活变通并不断学习以持续创新的组织（圣吉，2009）。作为企业发展的引领者，学习能力是战略领导者的核心能力之一。"非学无以广才"，作为领导者，更需要学而不厌的精神，需要坚持不断地学习。领导者只有不断提高自身的学习能力，争做学习型领导者，才能更好地推动学习型企业的建设。具体说来，战略领导者应当：

系统思考。作为战略领导者，不能仅仅从自己的生活出发，以自我、片段、局部或碎片的形式进行思考，而必须从全局或整体的角度进行思考，即系统思考。构建学习型组织过程的五项修炼分别包括自我挑战、改善思维、规划共同愿景、组织学习和系统思考（圣吉，2009）。其中，系统思考的作用极为关键，在学习型组织的构建中起到整合作用，决定着战略领导者的成败。系统思考整合了其他理论与实务——它们修炼成一体，防止组织在真正实践时，将各项修炼列为互不相干的名目或一时流行的风尚。少了系统思考，就无法探究各项修炼之间如何互动。系统思考强化其他每一项修炼，并不断地提醒我们，融合整体能得到部分加总的效力（圣吉，2009）。对于领导者来说，它关系到部门或组织目标的实现，关系到领导者的思想能否全面系统地反映组织与外部环境以及组织内部的需求和协调，关系到领导者的思想以及领导行为能否产生实际的效果和广泛的影响。

自我反思。“反思”包括两方面的含义：一是事后反思，以事件结束为节点，从事件的概念和对象出发，展开对事件的思考，得出普遍性结论；二是反复思考，探寻事物的本质和追求真理。“如果有任何特征只是属于人类的，这就是反思性的自我意识能力。这便使人能够分析自身的经验和思考自己的思维过程。通过反思自己的不同经验以及他们所知道的一切，他们能归纳出有关他们自身和他们周围世界的一般知识。人民不仅通过反思获得理解，而且他们评价和改变自己的思维。”（圣吉，2009：135）战略领导者通过自我反思，不仅可以充分规范自身行为，还可以在反思事件反馈的过程中建立反馈机制，对后续行动进行调节。

创新变革。在知识经济和全球经济背景下，创新是提高企业市场竞争力的第一动力。创新和变革会带来一定的风险，但在急速发展变化的现代社会中，战略领导者如果缺乏创新变革的勇气和能力，领导风险就很难化解。在现代社会，创新变革并不意味着风险，风险反而主要来自僵化和保守。人的思维模式有相对稳定性，而观念的创新要求改变原有的思维模式，因此必须从根本上对其进行大刀阔斧的变革才能实现观念的创新与转变。技术创新是决定一国经济竞争力的重要因素，作为领导者要充分认识到技术创新的重要意义，努力激发员工的技术创新意识。这样，组织参与市场竞争的核心竞争力才能提高。对领导者来说，组织是领导者开展工作的依托，组织创新尤为重要。组织与任何生命体一样，有其生命周期，有产生、成长、成熟和衰亡的过程。为延长组织的生命周期，增强其生命力，就要不断地对其进行调整、变革和创新。领导者最重要的使命就是改变先前以强制和约束力为主的管理制度，代之以民主、信任和激励为主的新型管理制度，以促进组织的健康成长。卓越的领导者的最大优点就是能充分认识到人的作用，最大限度地调动与发挥员工的积极性和创造力，而这一切都必须依靠合理的管理制度。

11.3 战略领导力的组织培养

战略领导力是现代组织最为关键的核心能力。战略领导者服务于组织的整体管理行为，而非单独的个体或离散的业务部门，除了包含与领导者相关联的社会关系面，它还具备对组织有实质性意义的决策责任。因此，战略领导者要具备战略性视野，从组织战略的高度进行高效、实际、系统的决策；要具备战略执行力，贯彻落实企业的各项发展战略；还要具备战略创新力，持续更新战略实施领导力，从而引领组织发展的全过程。

除了自我修炼，组织开发是领导力培养的另一个重要方式。组织开发领导力的方法包括为个人制订成长计划、导师辅导、360 度反馈、行动学习、工作任务安排等（文茂伟，2011）。组织培养战略领导力需要明确两个重要问题：第一，组织要培养什么样的战略领导力；第二，组织可以从哪些方面培养战略领导力。在新时代、新思想、新征程、新目标的引领下，时代和国家赋予了战略领导力新要求、新标准。然而，共同标准之下又有不同的组织内涵，因为不同类型和不同环境下的组织或企业所追求的战略领导力各有侧重。考虑到国有企业的特殊性和重要性，本节先单独阐述国有企业的战略领导力，再将探究视角放大至中国社会所有组织如何培养战略领导力。

11.3.1 国有企业的战略领导力

国有企业特别是中央企业，在面向世界科技前沿、面向经济主战场、面向国家重大需求和面向人民生命健康的领域中发挥着中流砥柱的作用，是推动国民经济社会发展、抗击近年来流行的新冠肺炎疫情的“顶梁柱”，是落实新发展理念、促进创新驱动发展、实施国家重大战略的排头兵。2021 年，中央企业资产总额增长至 75.6 万亿元，近 10 年年均增长 10.3%；营业收入增长至 36.3 万亿元，近 10 年年均增长 5.5%。

在百年未有之大变局下，国有企业必须肩负国家使命，助力国家战略调整，为构建国内国际双循环新发展格局探寻新做法、积累新经验（姜付秀等，2021）。兴企之道，首在用人，培养国有企业的战略领导力格外关键。习近平总书记强调，“选什么人就是风向标，就有什么样的干部作风，乃至就有什么样的党风”。为此，习近平总书记在全国国有企业党的建设工作会议上对国有企业领导人员提出了二十字要求，即“对党忠诚、勇于创新、治企有方、兴企有为、清正廉洁”。

二十字方针为新时代国有企业培养战略领导力提供了具体标准。国有企业领导人员是党在经济领域的执政骨干，必须毫不动摇坚持党的全面领导，对党忠诚，坚定拥护“两个确立”、坚决做到“两个维护”，在党和国家事业大局中找准自己的定位，不断拓展国际视野，扛起使命担当；创新是引领企业发展的第一动力，国有企业作为中国经济增长的排头兵，领导人员要勇于创新、敢于创新，带领企业积极贯彻新发展理念，加快融入新发展格局，敢闯敢试、敢为人先，为中国经济结构调整和转型升级保驾护航；国有企业领导人员要善用战略思维和战略能力，提升专业素养和治企能力，实现治企有方、兴企有为，这就要求领导者把握市场经济规律和企业发展规律，敢于斗争、善于斗争；培养良好的职业操守、锻造优秀的个人品行也是培养国企战略领导力的重点，要加强对中央企业领导人员的教育培训和实践锻炼，合格的领导人员必须经得住诱惑和考验。

11.3.2　培养堪当民族复兴重任的战略领导者

完成新时代新征程的各项目标任务，全面推进中华民族伟大复兴，关键在人，尤其在组织中承担领导角色的人。为此，习近平总书记站在国家深远战略高度，在党的二十大报告中提出了“建设堪当民族复兴重任的高素质干部队伍”的重大任务，这也是新时代中国社会所有组织进行战略领导力培养的核心方向。

11.3.2.1　培养什么样的战略领导者？

党的二十大报告中强调了新时代的选人用人导向，即“全面建设社会主义现代化国家，必须有一支政治过硬、适应新时代要求、具备领导现代化建设能力的干部队伍”。这既是党面临新形势新任务对干部队伍建设提出的基本要求，也为所有组织培养战略领导力提供了基本遵循。这表明，战略领导力的培养不仅要关注领导者的才能，还要重视领导者的德行，培养德才兼备，真正能够带领组织长远发展，进而为中国社会长治久安贡献力量的领导者。

组织要注重培养政治意识强、善于把握政治大局、对党忠诚的战略领导者，不断提高其政治判断力、政治领悟力和政治执行力（陈希，2022）。不论是国有企业还是民营企业，都是中国企业，民营企业家和国有企业家都应该有正确清晰的政治态度。时任浙商总会秘书长的郑宇民曾说：“我们这样一个国度，企业家离开党的领导，离开政策，就是盲人骑瞎马。”尤其是在国内外环境剧烈变化的新时期，政治素质不过硬的领导者根本无法在大浪淘沙中站稳脚跟，带领组织走向一流、顶流的目标更无从谈起，甚至可能出现违背党和人民的根本立场的负面现象。因此，组织培养战略领导者的前提是政治立场坚定，思想上、政治上、行动上始终同以习近平同志为核心的党中央保持高度一致。

组织要注重培养道德优良、品行端正的战略领导者。现代企业家需要处理与企业、他人及社会的关系，道德则是企业家处理这些关系的道德原则和伦理规范。“为政以德，譬如北辰，居其所而众星共之。”（论语・为政）企业家的道德修养之于个人、之于企业、之于社会都十分重要。一方面，领导者凭借其高尚的道德情操、人格魅力能够增强领导权威，赢得职工的信赖，有利于领导者的管理工作。另一方面，在中国文化背景下，企业家的道德行为能够影响消费者的购买行为（童泽林等，2015）。也就是说，组织领导者表现出的道德品质越高尚，公众对其所在组织的印象就越正面。领导者的品德素养体现在多个方面，包括爱岗敬业、尊重员工、诚实守信、敢于创新、服务社会、严于律己、清正廉洁等，组织要从严把关，坚决杜绝品德有问题的领导者。

组织要注重培养有才干、有智谋的战略领导者，不断培养其战略思维，开拓其战略视野，提高其战略能力。当前我们身处的内外部环境存在显著的不稳定性和不确定性，领导者必须要有高瞻远瞩的战略视野，能够对组织目标和计划进行战略规划和战略方向的指引。不仅要站在企业战略高度，更要站在国家战略高度，以国家发展阶段和战略目标为最高宗旨。党的二十大报告从现代化建设全局出发对领导者的能力提出了重要要求，即增强干部推动高质量发展的本领、服务群众的本领、防范化解风险的本领。

组织要注重培养有责任、有担当、敢冒险、敢创新的战略领导者。全面建设社会主义现代化国家的首要任务是实现高质量发展，为此各组织领导者需要全面贯彻新发展理念，敢于在创新发展当中突破现有瓶颈，积极主动地承担风险。有多大担当才能干多大事业，尽多大责任才会有多大成就。在构建新发展格局、实现高质量发展、完成第二个百年奋斗目标的新征程上必然充满各种矛盾、风险和挑战，组织中的领导者承担着比一般人更大的责任，如果领导者不担当不作为，没有突破现状的忧患意识、冒险精神和战略执行力、战斗力，就无法带领组织在改革中前进，更无法为社会主义现代化事业做贡献。组织要把想干事、能干事、干成事作为领导者培养选拔的重要标准，激励和引导领导者与时俱进、不断创新，以满足组织事业发展的需要，满足国家和时代发展的需要。

11.3.2.2　新时代组织如何培养战略领导者？

对于组织而言，战略领导力的培养是一项系统工程，需要搭建自己的战略领导力体系，从战略领导人才的选、育、用、管、留等各环节下功夫。并且，战略领导力的培养并不局限于组织的高层领导者，只有使组织各层管理者都具备战略思维，才能保证组织战略计划的顺利进行。因为中层管理者的战略领导力有助于组织战略计划的上传下达；基层管理者的战略领导力则既有利于战略计划在整个组织达成共识，也可以使个人得到更好的发展。因此，组织战略领导力的培养应共建战略共识机制，强化各层级管理人员的战略领导意识和能力。具体包括以下几个方面：

针对“选”的环节，组织要精准科学地挑选出德才兼备的战略领导者。“才者，德之资也；德者，才之帅也。”组织的选人原则应该是德才兼备、以德为先。品德是挑选领导者的基础，也是关键。拥有高尚品德的领导者往往在组织中拥有较高的威信和较大的影响力，其言行也会受到品德的约束和激励。为此，组织首先要考察领导者的品德，包括政治品德、社会公德、职业道德、家庭美德等。通过多方式、全方位、具体化的评价，对领导者的思想品行、作风等重要行为特征和倾向进行深刻分析、严格把关。以德为先不能忽略对领导者的能力考察。战略领导力要突出把好能力关，坚持事业为上、以事择人、人事相宜，着眼把握新发展阶段、贯彻新发展理念、构建新发展格局、推动高质量发展需要，切实挑选出那些专业素养好、领导现代化建设能力强的战略领导者（陈希，2022）。

针对“育”的环节，组织要重点培养战略领导者的战略思维，以实践方式提高战略领导者的能力素质。战略思维是战略领导力的核心，它包括批判思维、创新思维、情境思维、概念思维、文化思维、协作思维、传播思维等。掌握战略思维能力对战略领导者成功制定和实施战略是必不可少的，它可以帮助企业在动态变化的环境中取得一席之地。拥有批判思维的领导者能够科学认识自己与他人，用辩证统一的观点看待世界；创新思维有利于领导者挑战既有和传统，以新的方式看待世界，从而增加了传统思维方式所不易发现的机遇；情境思维有助于领导者更好地理解社会关系的本质及其对认知过程的影响；概念思维能帮助战略领导者应对复杂问题；协作思维是有效互动、获得最佳效能和创造性结果的基础，可以促进组织战略目标的达成；文化和传播思维帮助战略领导者理解信息化、全球化背景下广泛存在的观点、信念、准则、价值观以及习俗等差异。此外，实践长真才。组织在设计个人职业发展规划时，应综合考虑组织需要与员工个性，利用富有挑战性的实践锻炼，让领导人才在工作环境中成长，并与企业风格更好地磨合。同时，积极关注员工在实践过程中的心理和情绪，以免出现过度开发、拔苗助长的情况。

针对“用”的环节，组织要推动战略领导者能上能下、能进能出，激励领导者担当作为，激发领导人才活力、保持组织机能健康（陈希，2022）。2022 年 9 月，中共中央办公厅印发的《推进领导干部能上能下规定》为组织提供了制度遵循，强调健全能上能下的选人用人机制，推动形成能者上、优者奖、庸者下、劣者汰的用人导向，坚持严管和厚爱结合、激励和约束并重。为此，要善用领导者评价考核机制，制定一套公开透明的淘汰细则，注重考核的时效性、灵活性、严谨性。此外，领导者对下属的关爱往往是人们关注的重点，却忽视了领导者“高处不胜寒”的感受，因此要加强组织对领导者的关怀，采取必要的激励措施，给予领导者该有的保障和待遇。特别是在组织发展遇到瓶颈的阶段，更要关注领导者的思想，充分调动其积极性、主动性、创造性。

针对“管”的环节，组织要加强对战略领导者的全方位管理和经常性监督。现实中，领导者在组织中有较高的等级地位，故而缺乏对其有效的监督手段和反馈机制。这一方面不利于培养领导者的责任意识和担当精神，甚至可能导致领导者违法违纪、触碰底线的恶劣现象的出现；另一方面也难以为其他组织成员树立榜样，阻碍组织前进，甚至还会对其他组织产生间接影响。因特定行业企业高层领导者出错而导致的企业不端行为不仅会对相似类型的组织产生影响，也会影响人们对行业相同但运作模式不同的其他企业的评价(Jonsson et al.，2009)。组织要管好“关键少数”，严格执行领导者个人有关事项报告制度，健全规范领导干部社会关系和社交行为的监督，使其习惯于在受监督和约束的环境中工作生活（陈希，2022)。

针对“留”的环节，领导继任是战略管理领域的重要问题，组织通过筛选、开发、评价、追踪、培养等一系列步骤，确定高潜能的未来战略领导者人才，打造战略领导者人才池，以确保组织内部领导的连续性，有利于企业的可持续发展。针对战略领导人才的来源，组织要做到内外兼顾。一味发展内部人员往往导致组织眼光和思维的固化、僵化，因此组织需要有意识地选择一些外部人才，防止企业因为惯性而忽视本身的缺点。但对外部人才也要注意引领和疏导，使其快速适应组织环境，避免人才与组织配合困难。要完善选拔机制，确保选拔过程公开、公正、透明，坚决杜绝腐败现象和职场不公平事件。要制定恰当的奖励机制，激励人才成长。要完善跟踪培养机制，相比学历水平，实践能力才是组织更应关注的，所以要加强对储备人才的历练和考验。根据马斯洛需求层次理论，物质对战略领导人才的吸引效果并不佳，组织应该思考如何打造吸引高潜质人才的企业文化，使人才在组织中得到更多的发展机会。

本章小结

传统文化与哲学思想是中华民族独有的宝贵精神财富，其中的领导哲学蕴含着丰富的管理思想与智慧。

在实践中我们对领导力的培养不仅要培养领导者的内在特质，还要考察领导者的外在行为，做到内外结合、知行合一，同时领导力的培养还必须结合具体的外部环境，与情境相匹配。

有能力的领导者不把自己的思维方式强加于下属；相反，他们努力营造一种环境，让下属以他们自己认为正确的方式做事。

良知是领导力的源泉，人人都有良知，但真正的领导者，能够让追随者追随自己的良知，达到知行合一。

战略性思维包括批判思维、创新思维、情境思维、概念思维、文化思维、协作思维、传播思维，掌握这些战略思维能力对于战略领导者当前和今后成功制定及实施战略和规划而言是必不可少的。

韧性领导力是指当组织遭遇危机时，领导者所具备的在危机中重构组织资源、流程和关系，从危机中快速复原，并利用危机实现逆势增长的能力。

习近平总书记在全国国有企业党的建设工作会议上对国有企业领导人员提出了二十字要求，即“对党忠诚、勇于创新、治企有方、兴企有为、清正廉洁”。

全面建设社会主义现代化国家，必须有一支政治过硬、适应新时代要求、具备领导现代化建设能力的干部队伍。

重要术语

中华传统文化的领导哲学	儒家	道家
心学	领导力的自我修炼	战略性思维能力
韧性领导力	领导力的组织培养	
国有企业领导人员二十字要求	新时代选人用人导向	
选、育、用、管、留		

复习思考题

1. 从中华传统文化中可以汲取哪些领导思维？
2. 战略领导力的培养对象有哪些？
3. 可以通过哪些途径培养战略领导力？
4. 韧性领导力表现出来的行为特征有哪些？
5. 什么是“韧性领导力”？怎样修炼“韧性领导力”？
6. 除了韧性、提升能力，战略领导者还应该怎样进行自我修炼？
7. 为什么战略领导者要进行自我调适？怎样调适？
8. 请结合所学，谈谈你对建设“学习型企业”的看法。
9. 谈谈国有企业的战略领导力。
10. 新时代，组织应该如何培养堪当民族复兴重任的领导者？

中国实践

“商业狂人”王传福：比亚迪逐梦之路的领导者

“全球首家！比亚迪停产燃油车，百年汽车行业迎来巨变！”由镍镉电池市场起家的比亚迪，在二十年前毅然决定跨界汽车行业，开启了发展民族自主品牌汽车的逐梦征程。从起初的饱受质疑，到如今成为国产品牌“新能源汽车的领导者”，比亚迪的逐梦之路离不开董事长王传福的战略性思维与领导力。

比别人看得更远，不要等别人到了再去做

2003 年，王传福决定收购秦川汽车，正式进军汽车行业。几乎一边倒的反对声音并未使他退缩。这看似疯狂的决定背后是他高瞻远瞩的战略眼光。王传福深刻洞察到，比亚迪长期的电池业务在当时基本已达到顶峰，亟待解决企业转型问题。进军汽车行业，王传福想做的，不仅是造车，而且是造新能源汽车。在国家出台了一系列支持新能源汽车发展政策之前，王传福就已经关注到中国“多煤少油”的能源现状与传统燃油车带来的环境问题。他大胆而合理地提出生产新能源汽车的构想，带领比亚迪在 2004 年率先启动了插混车型项目的研发。

逐梦之路从不平坦，韧性让磨难变垫脚石

性价比高的新能源汽车研发费用高、周期长、回报不明确，中国车企投入的匮乏使新能源汽车的产业链处于一片空白状态，生产新能源汽车必须从头做起。面对众多难题，王传福没有退却，而是带领比亚迪不懈努力、攻坚克难，到2008年比亚迪全球首款搭载了第一代插混系统DM1.0的新能源汽车成功上市，实现了从无到有的突破。后期DM插混车型初入市场遇冷，国家补贴政策逐步退出，系统研发也面临各种困难，王传福发扬“走路不怕上高山，乘船不怕过险滩”的精神，历时十几年仍坚守新能源研发阵地，厚积薄发，DM-i超级混动系统终于问世，前景光明。

创新求变，是引领发展的第一动力

谈及比亚迪这些年的起起伏伏，王传福说：“我们一直坚持以技术作为企业的核心，这一点一直没有改变，过去没有改变，现在也没有改变。”面对新能源汽车这片未知领域，王传福带领比亚迪打造新能源汽车全产业链，从零件到组装再到开发软件系统全都自主进行，形成了比亚迪独特的产业发展模式——垂直整合模式。王传福创新为本的坚定理念贯彻了这一过程，使比亚迪迈出了发展的一大步。

站在巨人的肩膀上，从模仿到超越

在未进军汽车行业之前，比亚迪就在借鉴国外技术的基础上进一步研发，不断降成本提质量，成了镍镉电池生产商中的领头羊。对于汽车行业同样存在的技术壁垒难题，王传福最初也用了“山寨功”去模仿。他坦言，“我不会从头开始去创造一部车，我们一定要站在世界比较领先的平台上去做”。事实上，王传福的模仿策略的确让比亚迪进军汽车行业之初成功规避、攻破专利壁垒以站稳脚跟，促使了后期车型的成功推出，加快了比亚迪“研发新能源汽车”的脚步。

产业报国初心不改，勇担社会责任

王传福曾如是介绍比亚迪进入汽车产业的初心：“满怀一腔产业报国之决心，满怀打造民族品牌之信念，以肩负着振兴民族汽车工业和保护人类居住环境为己任。”步入新能源汽车行业，王传福始终希望比亚迪能改变传统的能源消耗方式，实现人类的可持续发展。截至2022年8月，比亚迪新能源汽车的足迹已经遍布全球 6 大洲 70 多个国家和地区，超过 400 个城市。对全球能源问题的回应，展现了比亚迪令人尊敬的企业文化。

资料来源：马振芳等根据公开资料整理。

思考题：

1. 案例中，王传福的哪些能力属于战略领导力？个人应该如何提升这些能力？

2. 韧性领导力是组织化解危机、持续发展的关键。除本章提到的理想信念、灵活调整能力、反弹力和情绪管控力外，培养韧性领导力还应该关注什么？

3. 王传福能否称得上是堪当民族复兴重任的领导者？为什么？

4. 在案例所体现的战略领导力中，哪些是新时代组织最需要的？组织又该如何去培养？

参考文献

陈希，2022，《建设堪当民族复兴重任的高素质干部队伍》，《人民日报》，11 月 23 日。

姜付秀、王莹、李欣哲，2021，《论国有企业的企业家精神》，《中国人民大学学报》，35（5）：84—94。

圣吉，彼得，2009，《第五项修炼：学习型组织的艺术与实践》，张成林译，北京：中信出版社。

童泽林、黄静、张欣瑞、朱丽娅、周南，2015，《企业家公德和私德行为的消费者反应：差序格局的文化影响》，《管理世界》，4：103—111+125。

文茂伟，2011，《“组织领导力发展”内涵探讨》，《外国经济与管理》，33（12）：26—32。

Boal, K. B., and Hooijberg, R. 2000. Strategic leadership research: Moving on. *The Leadership Quarterly*, 11 (4): 515-549.

Goldman, E. F., and Casey, A. 2010. Building a culture that encourages strategic thinking. *Journal of Leadership and Organizational Studies*, 17 (2): 119-128.

Jonsson, S., Greve, H. R., and Fujiwara-Greve T. 2009. Undeserved loss: The spread of legitimacy loss to innocent organizations in response to reported corporate deviance. *Administrative Science Quarterly*, 54 (2): 195-228.

Rowe, W. G. 2001. Creating wealth in organizations: The role of strategic leadership. *Academy of Management*, 15 (1): 81-94.

第5篇

综合案例

第 12 章

创业时代的草根企业家

教学目标

1. 个人成长路径
2. 创业者的特征
3. 创造力的来源
4. 组织冲突
5. 个人韧性
6. 反思性学习
7. 创新激情
8. 洞察力
9. 创新领导者
10. 真诚领导力
11. 企业家精神

学习了本书所有章节的内容之后，我们以一个综合案例来作为结尾。这个案例旨在让学员们在了解一家新创企业发展历程的基础上，以不同的视角并基于本书所涉及的知识，分析创始人或者领导者对企业发展的作用，从而对企业战略领导力的表现有真切的理解，同时也明白具备战略领导力的人所具有的特征和经历。

本案例记录了一个出生于中国普通县城的年轻人的创业故事。这个年轻人从少年时代就开始迷恋游戏，踏入网络黑客的世界，之后又开始从事网页设计。从家乡那个小县城到了上海之后，成为网络公司的设计师。去广州从事动画创业失败后，再次回到上海做美编。初中辍学且没有任何英语基础，竟然先后被微软和 Frog Design 两家世界顶级企业聘用。这个年轻人叫胡依林。

在 Frog Design 这家设计创新公司工作之余，胡依林改装了一辆二手电动车——XZoomer 这款车因受到全球知名改装博客的首页推荐而名声大振，又因缺乏供应链和工厂支持而无法大批量生产。胡依林随后又设计出“小飞鞋”

这一爆款产品，但终因偏离当初的设计理念而被客户抛弃。父亲的重病和生意的失败击垮了胡依林。好在他又坚强地站了起来，并幸运地获得QQ群中相识和不相识朋友的慷慨资助，还清了所有债务，终止了自己一手创办的品牌，退出成品鞋的战场。他的这次创业经历使他为后来者总结出数条“血淋淋的忠告”。

周末骑着朋友的摩托车从上海去杭州山里散心的路上，胡依林见证了中国的电动车大潮。市场上电动车设计粗糙、安全令人担忧，这使得他决定重新进入电动车行业。经历连续创业失败的胡依林变得更为成熟谨慎，终于打造了今天为人们所熟知的小牛电动。

胡依林的工作经历和创业故事，折射出中国草根阶层在火热的市场经济年代焕发的生机。当商学院的课堂经常对硅谷人车库创业的故事津津乐道之时，我们特别选择这个案例供学员们研讨。

借助这个案例，学员们可以思考并研讨在中国复杂的社会环境中创业者需要具备的特征、个人的创意有哪些来源、将个人创意变成创新的产品需要具备哪些条件、在创业或者企业运营过程中创业者或者领导者发挥着什么样的作用，进而思考中国的企业家精神的内涵以及促成条件。虽然本案例涉及的主人公胡依林的企业规模不大，但通过他的几次创业经历，学员们应该能够了解到创业者或者领导者的素质和能力对企业成败的影响。

胡依林的创业与创新[①]

十年。从小城辍学的网瘾少年，到繁华一线的设计新秀，“野男孩”胡依林用了十年，闯出安徽县城，成为上海都市中万千精英的一员。

在机遇与挑战并存的沪上，勇敢的青年人拥有不限定义的人生。一边是体面白领，一边是创业可能，面对着梦想的召唤，胡依林为着信仰纵身一

① 本案例由张志学和梁宇畅撰写。开发本案例旨在为本教材提供综合的案例研讨而非说明处理某个管理情境的有效或者无效。案例基于作者对案例主人公所在企业领导者和相关人员的访问，并深度研究该企业文档写作而成。未经作者许可，不得对本案例的任何部分进行复制或以任何形式或方式对其进行传播。

跃——等待他的，又是什么呢？

投入真实的商业丛林，从聚光环绕到债台高筑，三年，胡依林再度回到一无所有的状态。

从狷狂，到卑微，被打碎的自我在求生的勇气中重新构建。“男人只会变老，不会长大”，蛰伏的胡依林再次启程。从小而美的成鞋设计，到深入中国更广大市民需求的电动车事业，这一次，胡依林的创业故事又将如何书写？

改革开放以来，中国经济发展腾飞，在商业创新的历史赛道上成就了无数峥嵘故事。然而，未来的中国，进行创新的又是怎样一群人——是携资本入局的天生精英，还是稳扎稳打的“小镇做题家”[①]？胡依林的故事提供了一个意料之外、未完待续的回答。

激荡十年，水大鱼大。胡依林“热爱不息、折腾不止”的人生中，投射出21世纪中国创业大潮喷薄澎湃的生命力，无数年轻人攒动其中，将青春熊熊燃烧。我们看到，一个草根在互联网的沃壤中一路野蛮生长，在起伏人生的捶打中逐渐洗练为一位具有创新能量和战略视野的中国企业家。

而在这条梦想之路上，贯穿始终的指针，名为热爱。但热爱最终带给胡依林什么样的结果，我们拭目以待。

第一部分 少年沪上冒险记

(一)

1999年，安徽阜阳小城的网吧中，电子屏幕上光影绚烂，一个少年正在目不转睛地打着游戏。

《红色警戒》《仙剑奇侠传》《金庸群侠传》……互联网初兴的岁月，游戏是一个小城少年能接触到的最奇妙的宇宙。辗转的生活使他读到初中便草草辍学，成了一名“自学成才的网管”——付不起网费的他赖在店中，帮着修电脑，学装系统，学拆机器。某次误打误撞，他发现了一个叫“红客联盟”的网站，从此一脚踏进了网络黑客的世界，一发不可收拾。

破解、HTML（超文本标记语言）、C语言……少年终于在一塌糊涂的学

① “小镇做题家”，网络词汇，指“出身小城镇，埋头苦读，擅长应试，但缺乏一定视野和资源的青年学子”。

业外体会到了学习的快乐，他兴奋地在网络世界里到处冒险，直到警察因他破译账户盗刷4 000元网费找上门来，将“无法无天”的少年关进了看守所。

他在网络世界的代号Token，取自盗刷账户。

少年的本名叫胡依林。1999年，17岁的他正晕乎乎地玩着，并没有想过Token会在互联网的汪洋中乘风破浪。

（二）

不能做黑客，胡依林便开始琢磨起新乐子。资源开放的互联网很快让他找到了“新欢”——网页设计，并成了他废寝忘食的新业务。本地生活垂直门户、豪华酒店网页，能接到的订单他都做。通过网络社群，胡依林越来越意识到，小城之外，有一个更大的世界。

于是，和家人商量后，17岁的他，揣着700块钱和一块手表，坐了一夜火车来到了上海。

初入“魔都”，两眼一抹黑的少年只能天天洗盘子、住地下室，窘迫之下还是干起了网管的“老本行”。不过，更大的世界确实有更多的机会，一次偶然的机会，他随手做的网吧内页被总部看中，他被招为文广集团旗下东方网点的正式设计师，在2002年便成为月薪3 000元的白领一族。

在东方网点的小格子间里，他见识到了微软键盘、Wacom数位板等当年传闻中的“神器”，又在论坛中结识了一群新朋友。玩在一块儿的青年们一拍即合，过上了“贫穷而快乐”的合租生活。衣服鞋子混着穿、月底凑钱买泡面、垃圾堆里捡烟蒂，小小的合租室成了一个真正的“大网吧”。值得一提的是，当年六个既落魄又快乐的青年，如今都在各自的领域成就了一番事业。

正是通过这群朋友，胡依林认识了彼时纵横Flash动画界的大拿韦锋。能够和行业顶尖团队共事的兴奋冲击着胡依林的内心。于是，2004年，他和朋友一起赶赴广州加入韦锋的思妙动画，开始了第一次“创业”——闯荡Flash动画圈。

动漫产业彼时虽是一片蓝海，Flash动画却一直没能找到有效的盈利模式。靠竞赛得奖和承接散活难以为继的胡依林，只好利用之前的项目经验，做了一套针对国内市场的虚拟社区——ixiu（爱秀）。做完开发与设计后却没钱运营，他看朋友拿到了风险投资，便也想碰碰运气，自己写了一套 50 页的商业计划书四处拉投资。然而，彼时百花齐放的互联网风口，并没有投资人看好这个大胆而青涩的项目。

在人生地不熟的广州折腾了一年，身无分文的胡依林只好灰溜溜地回到上海，连返程路费都是朋友接济的。

(三)

初次创业并不理想。所幸回到上海后，在朋友的引荐下，胡依林找到了谋生的新工作。他从魔兽世界官网美编做起，很快便做到了官网主管。而在刚刚升职加薪的时候，他却出乎意料地再次选择了离职。

原来，胡依林的朋友加盟了一家“不差钱”的公司，正在招兵买马。三倍薪资的诱惑下，胡依林选择了跳槽。到了新公司，同事良莠不齐的业务水平却让人傻了眼，意图施展拳脚的胡依林不满于此，开始鼓动自己身边确有技术在身的朋友加盟。

人招到了，原来的人怎么办？年轻气盛的胡依林做事没考虑太多情面，直接开除了不少。粗暴的手段点燃了内部斗争，结果便是：公司内部成立两个项目组，完成同样的任务，一个月后进行成果比对。

自恃实力在身的胡依林被激起了战意，拍案应战。一个月的时间，通宵熬夜、假期无休，凭着之前爱秀项目积累的素材和经验，胡依林带着团队硬是把大体架构开发了出来。

然而，就在要跟董事长汇报的“决战日”，却出了状况。

早上 10 点开会。10 点整，鏖战多日的胡依林疲惫地走进董事长办公室。而此时，竞争组的组长已经端坐其中谈笑风生起来，电脑屏幕上展示的东西，恰恰就是胡依林组的成果！

对方告诉董事长，两个团队合作，一起完成了项目。

本就身心俱疲的胡依林顿时气血直冲脑门，而在对方握有全部文件的情况下，他晕头转向地也说不清楚。一怒之下，他冲出办公室一摔键盘，直接收拾东西走人。随后的一个月，当时跟着他进公司的朋友，一个一个被踢出了团队。

之后他才知道，竞争对手在凌晨到他的工位上拆下电脑硬盘，拷贝了所有文件，然后提前告知董事长，“开会时间改到9点，Token熬夜太久要晚点来”。知道了内情的胡依林，哭笑不得。

（四）

再度离职的胡依林凭着在设计圈积累下的小名气开起了一家设计公司，承接各种网站的设计项目。订单虽然不少，但经常遭遇款项拖欠，入不敷出是常事。

2007年，胡依林的父亲突发脑溢血，他停掉手头的一切事务，想尽办法把父亲送到上海医治，所幸手术效果很好。在这一阵兵荒马乱中，他突然意识到，自己如今还是一事无成——给父亲看病帮不上太多的忙，面对巨额手术费也是一筹莫展。种种无力感质问着他的内心：再这么继续混下去，如何支撑起这个家？

于是，他开始马不停蹄地投递简历。在朋友的推荐下，胡依林幸运地拿到了微软的面试机会。然而，初中辍学的他连一句完整的英文都不会说，要如何应对外企的英文面试？一根筋的胡依林不愿放弃，把个人介绍、设计理念等内容写下来，拜托朋友翻译成英文，拿着三张写得密密麻麻的A3纸，硬是背了一个星期。整整七轮面试，借着两位在场翻译的帮助，他居然踉踉跄跄地完成了。

从微软办公室出来走回家的路不长，走到半路，胡依林突然接到了一个电话，上来就是一通英语：“Congratulations! We will give you this offer!”压根没听懂的胡依林愣愣地回了个“啊”。对方耐心地向他说明，他已被微软正式录用。胡依林回忆，挂断电话后，剩下的路，他是“飘”回去的。

去办理入职手续提交材料时，HR（人力资源）向胡依林要学历证书，他递上初中毕业证。

HR笑着说，只需要最高学历的证书就可以了。

胡依林挠了挠头说，这就是他的最高学历。

刚到微软的日子很难熬，语言完全不通，胡依林只能靠着翻译软件慢慢学。大半年的时间，从看一份英文资料要花很长时间，到最后独立执行项目，他自嘲“靠的就是厚着脸皮跟外国同事瞎比划出来”。

而正是这段经历从根本上改变了胡依林的一生。在微软，不管是胡依林的专业的设计思想还是更底层的思维方式，都发生了巨大的改变。如他所回忆："之前那么多年一直是野路子做设计，但是在这里我学会了设计的流程，知道了之前所做的设计到底是什么驱动着我这样做。设计不是拍脑袋想出来的，而是一系列经验和分析总结出的结果。"

他凭着野蛮生长的经验直觉摸索出来的创造力在微软得到了系统化的训练和整合，使得他能够从理论的高度重新思考自己的设计思想。

除此之外，胡依林最大的收获就是学会了英语。他领悟到，学会一门新的语言，并不仅仅是对听说读写的掌握，还会带来一种完全不同的思维模式。

（五）

由于团队结构调整，2009 年年中，团队中从日本空降了一名中层 J，并被安排在胡依林和团队领导 M 之间，原先扁平化的团队结构被硬加了一层进来。

J 的英语口音很奇怪。作为顶头上司，J 需要和胡依林进行很多日常沟通，但胡依林这本就蹩脚中式英语碰上 J 的日式英语，基本上没办法在同一个频道对话。包括领导 M 在内的美籍管理层都不太听得明白 J 的口音，经常拿 J 开玩笑，以胡依林爱好作乐的性格自然也跟着起哄。美国公司本身氛围自由，不似日本公司严肃的上下级关系，但这也埋下了"祸根"。

戏剧大幕的拉开是在 2009 年圣诞节。J 趁着团队美籍管理层集体休圣诞假期的时候，突然找来 HR，要对胡依林进行单独的绩效评估，声称其能力无法担当现在的职位——理由是语言沟通能力太差，无法和团队成员交流。他给胡依林两条路选：要么即刻离职，当作辞职处理；要么接受为期一个月的彻底考察，如果没有通过考察便按开除处理，并记入档案。

冷不丁被敲了这一棍的胡依林，虽然一头雾水，但一根筋的性格让他再度"应战"。

J 制定了一套很奇怪的考察沟通能力的规则：第一，胡依林不能让任何团队成员知道他正在接受考察；第二，为了"培养"沟通能力，胡依林必须在其正在执行的项目中提出和团队成员有分歧的意见，并且必须坚持己见。

胡依林对这套规则感到莫名其妙，无奈还得照做，结果自然是跟项目组的人争执不断。胡依林为这种以产生意见分歧为最终目的的任务感到荒唐，屡次与 J 沟通，但 J 将胡依林的困扰果断驳回，告诉他就是需要坚持自我，为自己争取。

半个月的折腾后，胡依林向J表示自己实在完成不了这种莫名其妙的任务。J便换了个方案，将胡依林从当前的项目中抽调出来，让其单独分析Windows Live SNS系统的App竞争对手，做出整套UI（用户界面）分析和功能拓扑图，并要求提供一套完整的解决方案。最苛刻的是，时间限定为15天。

用胡依林的话说，自己最大的优点和最大的缺点都是“一根筋”。听到这番强人所难的任务，他咬着牙接了下来。之后的半个月，他基本上每天都在公司待到凌晨四点，时不时拉着团队里的同学帮点小忙，检查英语单词、画画故事板。在这种拼命三郎精神的指引下，他在15天里做出115页的分析报告，甚至额外提出了针对年轻用户的交互模型并细化到部分视觉效果。

结果J赶在M回来的前一天，突击检查胡依林的方案。看着百页文档，J完全不肯相信，不断重复纠正英文拼写错误，质问胡依林是否独立完成，之后便火速通知HR，拿出胡依林因熬夜加班后迟到的上班记录，再以没有完成他布置的任务为由，坚持要让胡依林离职。

手足无措的胡依林只好先拖到M回来。M进公司后，跟J在办公室聊了数个钟头，胡依林就在外面自己的工位上焦灼地等待着。等到J出来，M叫他进去，让他将那份项目方案简单汇报一遍。

胡依林吸了口气，用一小时过了一遍报告。相较于J的处处挑刺，M毫不吝啬地展示了自己对报告质量的赞赏和惊叹。

M问他，这份报告是独立完成的吗？

胡依林回答，同事帮忙做了很多素材部分的工作，基本想法和方案是他用半个月赶出来的。

M沉默了很久。沉默中，胡依林听着指针嘀嗒嘀嗒的声音。

M终于开了口，对胡依林说，她也不知道J和他之间到底是怎么回事。但是，J是胡依林的直属领导，她无权干涉J对他的决定，而且HR已经办理了所有的前置手续。本来对胡依林的决定是开除并记录在档案中——在微软做绩效考核后被开除并记入档案是十分严重的处罚，今后的职业生涯基本可以告别外企了。M与J和HR沟通后，决定还是按照辞职处理，并且会给胡依林相应的补偿，这是她能够为胡依林争取的最好的解决办法。

被“辞职”礼包砸中的胡依林感到有点疲惫了。他想着事已至此，也不必再给 M 添麻烦，就提出了唯一的要求：他要把最后做的这个方案给团队所有人讲一遍，就像他刚来面试的那天一样，有始有终。M 一口答应下来。

第二天中午，拉着团队的十几号人在大会议室里，胡依林当作什么事都没发生，向大家汇报了方案。结束时，整个团队为精彩的汇报鼓掌，只有 J 摆着苦瓜脸斜眼看着他。

最后他看着大家，一字一句地说，“This is my last day in our team, thanks for all you guys' help”（今天是我在团队中的最后一天，感谢大家的帮助）。

散会以后，同事们纷纷围着他，连声追问他到底怎么了。是因为什么？跳槽准备去哪？胡依林看着往昔同事关切的眼神，什么话都说不出口。一直以来倔强搞怪的他，“不争气”地哭了。

和队友们一一拥抱道别后，他擦了擦脸，便收拾东西离开了。

然而，微软的故事并没有彻底结束。

离职后在家休息了一个月，有同事来找胡依林玩，追问他为何离职。胡依林将经历大概讲了一遍，震惊的同事告诉他，J 在胡依林办理完离职手续后，立刻从其日本原团队中调了一个人过来面试，准备把这个职位空缺顶上。

原来，微软每个团队的正式成员名额都是固定的，没有特殊原因不可插补，这也是很多实习人员无法转正的原因。J 只有通过极端的手段把胡依林挤走，才能把自己人安排进来。

而讽刺的是，胡依林离职后，亚洲金融危机来袭，各大公司都开始收紧名额。胡依林的名额被冻结，J 的一盘棋也落了空。

（六）

离职的胡依林却也“因祸得福”。从微软出来后，他投了两份简历：一份给 IDEO，一份给 Frog Design。在彼时的设计领域，这两家公司代表着顶峰。后来，胡依林加入 Frog Design，成为上海事务所的“第七只青蛙”。

他格外喜爱这份工作，因为国内很少有公司能够让人快速地在众多“好玩”的行业间做跳跃性设计。胡依林的工作基本是这样的：这两个月做手机，下两个月做日化，再过一阵子去做汽车，这使得他能够在最短的时间内接触到新行业中最为精尖的内容。同时，顶级设计公司所招揽的顶级客户允许设计师们抛开市场的很多限制，大胆施展自身的创意才能。

在这里，胡依林意识到，设计可以帮助客户发现“未来的可能性”。在众多前瞻性的项目合作中，他接触到来自全球的商业产品设计，看见背后野心勃勃的商业战略。他慢慢认识到，不管是设计还是产品，愿景最重要。设计不仅仅是外形与功能的组合，其中更包含了商业模式、人性与伦理。

除了体会到设计中所蕴含的商业战略思想，胡依林也在 Frog Design 学到了很多扎实的工作流程和方式，即设计的方法论。早年的经历让他感受到，国内的设计教育虚无缥缈，而 Frog Design 的设计流程会与相关行业的特点有机结合，或许并不是每次都能产出十分惊艳的设计，但至少保障了设计结果是市场需要的、符合人性的。

如果说进入微软对胡依林最大的改变是在意识形态方面，那在 Frog Design，胡依林最大的收获便是“顶天立地”的视野与思维模式。“立地”，是他掌握了稳扎稳打的设计方法论，能够以工艺品的标准产出满足市场需求的高质量设计作品；“顶天”，是他不仅拥有更开阔的国际化视野，看得更多、更高、更广，更深一层，还让他逐渐体会到设计所蕴含的商业战略思想，发现“未来的可能性”。

同时成长的，还有胡依林的野心。

（七）

身处设计创新公司，可以调动丰富的资源设计出很好的概念。但胡依林也敏锐地发现了一些问题：对设计师而言，好的设计没有被有效执行是一件格外令人悲哀的事情。目睹着 Frog Design 团队各种“高大上”的设计被客户的执行团队“摧残蹂躏”至面目全非，胡依林常常觉得“心里真的在滴血”。

在 Frog Design，除了设计，胡依林的“改造”神经也被调动了起来。当年在网吧装电脑、装网线水晶头的动手魂被唤醒，办公室的线路板、电灯、路由器被他组装成一套吊装中控台。他玩得越来越起劲，从办公用具到玩具，改装机器不过瘾又开始改装汽车。最痴迷的时期，身边所有朋友的家装隔板都是他安装的。“改造”最开始是追求实用，渐渐地，他会在实用的基础上，用不同的零配件呈现自己的奇思妙想。动手魂最后发展成了“强迫症”——什么不好用就必须要改到好用；如果没有改的价值，就干脆自己做一个。

这份热情在装修这件“人生大事”上得到了尽兴的挥洒。2009 年年底，沪漂胡依林终于在上海按揭买了一套 54 平方米的小房子。

接触装修公司后，胡依林发现自己能支付得起的公司，在他看来根本就没有设计能力。约了三家公司上门测量，给出的工程图尺寸规格都不一样，有一家甚至连房型都画反了。号称有强迫症的胡依林觉得“这不能忍”，从来没学过室内装修的他，再次靠着一根筋的自学信心，买了本《三十天装潢设计入门》，下班后就自己捣鼓 CAD（计算机辅助设计）。

当他把图纸交给最后选定的装修公司时，装修公司的老板惊讶地连声追问他是做什么的，要不要跳槽。

青年人对自己建立起的第一个“家”自然充满了无限憧憬。这个实际居住面积 40 平方米的小屋，塞满了胡依林想要实现的各种创意。他选用了很多国内少见的工艺和材料，工人们压根都没见过，他只好自己动手操作。为了圆角墙，他干脆亲手做了个圆弧刮刀模具。到后来，从马桶到弱电，都是胡依林自己装的。

这次上下折腾的装修，给胡依林最大的感触便是：设计是 10%，执行是 90%。想要达到理想的效果，光有设计是不够的。

第二部分　青年血泪创业记

（一）

房有了着落，自然想到置办辆车。因为工作地点离家很近，胡依林便想用摩托车做代步工具。但是沪 A 牌照高昂的费用和摩托车驾照等顾虑让他望而却步。寻找替代方案时，他看中了电动车——不需要牌照、驾照，环保方便，正符合他的需求。

然而，市场现有的电动车产品让胡依林并不满意，作为设计师的他对外形有独特而挑剔的口味。“改造青年”躁动的神经这次搭到了电动车上。

经过调研，胡依林决定用 Honda Zoomer 作为原型，亲自动手改装一辆独一无二的电动车。他买了一台市售电动车，又淘来大量配件，从网上找到原装 Zoomer 摩托车架，开始在自家楼下的公共车棚搞开发。他每日混迹网络论坛了解车配参数，再利用身边的工业设计资源把一部分塑料件通过快速成型做出来。

说是“做”了一台车，不如说是“攒”出来的。电池、电机等部件都是市售选型，再根据胡依林自己的日常使用习惯和体验做优化：增加USB充电口、LED日间行车灯、随动大灯、GPS防盗追踪、超加长轴距和加大轮径……大概一年的时间，胡依林将所有的业余时间都耗在这台“小电驴”上，终于做出了自己满意的成车。白色壳身主体，配上流畅的黑红线条，简约中透着设计者的巧思。上下班骑着这辆车，时常遇到路人询问，胡依林对此骄傲不已。

闲着没事，胡依林拍了些车照上传到全球最大的Zoomer改装博客上去，没想到随手之举却得到了首页推荐的重大肯定，这让他体验到了男孩儿般纯粹而张扬的快乐。紧接着，时尚媒体、科技媒体纷纷前来采访，微博上也不断有人问他是否卖车。享受到人气的胡依林爱折腾的个性又显现了出来：既然设计出来了，为什么不造呢？

车架原型是Honda Zoomer，于是胡依林将他的这款车命名为XZoomer。2010年年底，XZoomer进入量产阶段，然而，用胡依林的话说，这才是“悲剧的开始”——被供应商忽悠、被代工厂拖延工期，最后算起来只卖出去二十多台。经此一役，胡依林才明白，小批量产其实很难——没有供应链团队、没有合适的代工厂，定制配件量太少根本无人接单。而他手头还有工作，没办法两边兼顾，最后只能被迫把模具低价转卖给一家模具厂，车架及总装结构图基本上等于白送，损失惨重。

胡依林自主设计的第一款产品，就这样充满热血地开始，遍体鳞伤地结束，一年多的心血荡然无存。但回忆起这段经历，胡依林仍然感到“值得庆幸”——这个过程让他学到了设计之外的知识，了解了从设计到产品之间的天堑之别。

“创业需谨慎。了解到哪些是自己的强项，哪些是自己的短板。创业失败并不可怕，可怕的是失败后不知道自己为什么会失败，那才是最可悲的。”

（二）

经历了XZoomer的洗礼，胡依林把产品从概念到设计再到量产销售的过程理了个遍。接触了更多设计“背后”的东西和各种有想法的人，创业的念头像扎了根的野草在他的脑海中野蛮生长起来。

胡依林还有另一个爱好：鞋。一米八九的胡依林，穿43码的鞋，再加上足弓高，很难买到合脚的鞋子。对外观的挑剔，让他对找到“既好看又能穿”的鞋子有特殊的执着。

一次偶然的机会，胡依林看到一家手工制鞋店。和店主攀谈后，他发现其实鞋子也能自己设计。他想，自己连车都做了，鞋子算什么？于是，胡依林又开始“折腾”了。

市面上的鞋子种类花哨繁多，但是极简舒适的鞋子却很少。胡依林想，大家都知道运动鞋舒服，皮鞋不舒服，那为什么不用运动鞋的鞋垫做皮鞋呢？

胡依林很快做出了第一双成鞋。和电动车一样，自制的鞋子也得到了周围人的认可，一传十，十传百，朋友的朋友也纷纷求购胡依林设计的皮鞋，这让他又“翘起了尾巴”。刚从电动车项目失败的阴影中走出的胡依林，又开起了淘宝店。

品牌的名字叫硬糖（HARD CANDY），一共只有四款鞋子，定位清晰，全部都是极简造型，但是颜色丰富，每双鞋子和每种颜色都有自己的名字。胡依林很注重产品之外的购买体验，鞋盒、吊牌、包装、防震泡沫、快递袋的封贴，虽是充当副业的不知名小品牌，但他依然力求做到最体贴。

鞋子意外地火了。随着专业的晒单和源源不断的好评，无数订单涌入。每天下班便忙着处理订单、包装、发货的胡依林既快乐又头疼——供应链的问题再次出现：工厂加工质量无法得到统一和保障，导致很多订单只能向后推延。

除了供应链，另一个让胡依林感到困扰的问题便是鞋子的制作材料。皮料的颜色和质感决定了最终产品的美观度和舒适度。因为产量不高，胡依林最开始只能通过朋友买打样的皮料，颜色虽多，但是缺少可持续的保障。胡依林趁着周末专程跑了广州、海宁等皮料产地考察，发现当前市场的皮料满足不了他对品质的追求，“反正做设计的就是见的材料多”，他开始挖空心思重新寻找面料。

一件意想不到的小事让面料问题出现了转机。朋友送了胡依林两个杜邦特卫强（Tyvek）的纸钱包，有天出门被他随手丢在桌上，被家里两位“猫爷”发现了。胡依林回家时，正看到猫爷们在撕扯着纸钱包，便急急忙忙地“虎口夺食”，心想这纸材质的玩意多半是废了。

结果却出乎意料：惨遭“虎口”蹂躏的纸钱包竟然完全没破。胡依林像发现了新大陆，立刻上网搜寻这种材料的信息，发现它居然能印刷、能切割，不仅重量极轻，还兼具防水、透气等优良品质。坐在电脑前的胡依林狂喜不已，这便是“柳暗花明又一村”了！

在鞋子上倾注大量心血的胡依林，渐渐感到无法兼顾 Frog Design 的设计工作。是否要辞职创业的纠结开始在他的心头涌动——一边是稳定的高收入工作，一边是初生的自主品牌。此时，硬糖已经进入相对平稳的发展阶段，虽然不怎么赚钱，但是“有一个可以看到前景的未来”。

胡依林在内心反复问自己：任何一个设计师都想要自己的产品被更多的人使用和欣赏，是不是应该尝试拼一把？

梦想，梦想，纵然在沪上摸爬滚打了 10 年，胡依林的内心却仿佛依然是个躁动的男孩。而在 21 世纪初的中国一线城市，互联网飞速发展，电商、自媒体迅速崛起，无数商业野心在这个黄金舞台上迸发，一无所有的年轻人也能在这里看到希望。

即使身边的朋友无法理解，而且眼前的道路迷雾丛生，胡依林还是毅然决定辞职创业。

他想，既然想要去实现自己的价值和梦想，代价是必然要付出的。他在自述中称：“如果不趁着年轻疯一把，老的时候肯定会后悔。如果工作和梦想有冲突，还是追寻自己的梦想吧，毕竟还年轻，哪怕摔倒了还有爬起来的时间，但机会并不是随时都会等待你。”

那一年，胡依林 27 岁，离开家乡整整 10 年。

（三）

胡依林通过朋友辗转联系到 Tyvek 事业部，看到了这种安防材料在制鞋工艺上的巨大潜力。经过市场调研，他发现也有为数不多的鞋企采用了这种面料，但市面上在售的商品仍然是橡胶鞋底、帆布内衬的传统鞋子。此时胡依林的设计直觉已经很大程度上向商业战略转化，他认为，无论是产品还是品牌，提炼精神、聚焦卖点都非常重要，因为消费者需要新鲜刺激的记忆点，而要抓住痛点，在精不在多。

所以，胡依林的鞋子，定位在一个“轻”字上。

想做专业的鞋子，胡依林还需要学习很多技能。他慢慢自己摸索出开楦、制版、内里、中底、大底、边条等制鞋的专业技术。为了研究试制，他还买了台二手工业缝纫机，就放在床头。经历了无数次失败后，胡依林终于做出了一双“可能是全世界最轻的鞋子”——一双鞋的重量甚至不到一只匡威帆布鞋的重量。

既然那么轻，干脆就叫“小飞鞋”吧！2011年10月10日，“小飞鞋”正式发布。为了和其他厂商区别开来，胡依林把发布会做成了一场跨界艺术展，地点在上海新天地。彼时新天地有扶持年轻设计师的策展计划，不只提供场地支援，在了解到胡依林的公司资金窘迫的情况下，甚至还提供了布展资金。

胡依林邀请了11位不同领域的设计师艺术家，与团队一起，设计出一系列令人“匪夷所思”的鞋。大胆的设计、碰撞的元素，加之精心筹措，发布会取得了超乎预期的成功。整个中庭人群爆满，路边“小飞鞋”的彩旗在风中飘扬，如梦似幻的掌声、喝彩声、聚光灯……当日结束的时候，兴奋过度的胡依林直接在展场瘫倒了。

“这一切的一切，竟然真的发生了。而我们只有几个人而已……”

纷至沓来的媒体报道带来了与产品运营能力完全不匹配的关注度和订单，而团队的资金并不足以支撑量产铺货的要求。这时，微博上相互关注的朋友帮胡依林搭线联系了福建鞋材行业的一位资深人士——胡依林缺少资金，对方缺少品牌，两相合计，决定共同出资注册公司。

（四）

新公司组建完成后，第一件事就是量产。然而，流量带来的美好幻觉并不能解决现实问题。彼时，中国制鞋工厂缺少自主能动性，工厂偏好于已经成型的产品，只愿做“没有风险的纯代工”；此外，很多工厂靠“冲量”来扩大规模，即使乍看规模不小，本身却缺少技术能力。因此，胡依林的设计创意在工厂生产线上的落地充满了阻力，延期、出错等问题纷至沓来。第一批产品下线质检时，成鞋报废率高达80%，这让已处于多线战斗、焦头烂额的胡依林欲哭无泪。

产能爬坡是一个漫长且严谨的过程，任何一个环节优化不足都会在大批量生产的时候带来致命的后果。为了追赶产品的最佳销售期，胡依林只好亲自驻厂，优化模具、降低加工难度，在人手和时间都高度紧张的状态下，磕磕绊绊地下线了第一批产品。

好在市场没有辜负团队的心血。在整个互联网产品单价低、品质低、品牌弱的情况下，胡依林的“小飞鞋”凭借“实用的极简美”的设计理念以及对客户消费体验的注重，以不同寻常的中高定价横扫了市场。

一晃到了2012年。“小而美的事情总是给人繁荣的假象”，胡依林慢慢不满足于眼前的市场份额，试图扩张自己的鞋业版图。能够在互联网上卖高品质的产品，在于触达欣赏品牌及产品内含的消费者，而这与想要“扩大规模”的愿望产生了冲突。制鞋行业的水很深，价格差距三四倍的材料可以通过后期处理以假乱真。同时，资金的注入就意味着需要赚钱，赚更多的钱，把盘子做大——而量代表着现金流、代表着品牌，量大于一切。

“量”渐渐主导了胡依林的注意力。2012年，他开始拓展品类，从帆布鞋到皮鞋，从跑鞋到休闲鞋，全然不顾品牌的定位、产品的风格。胡依林觉得，只要是还行的产品，通过低价加上自己的品牌肯定能够上量。为了不受制于代工厂，他又贸然决定开设一家直营工厂，保持高密度的开发，却全然不顾高昂的开发成本。

胡依林回忆起这段“黑历史”时，感叹“整个店里充斥着连我自己都不会去穿的鞋”。在低价鞋款上，消费者没有心思和他谈所谓的设计与品牌，况且市场上类似鞋款的售价连他的一半都不到——结果自然是堆积如山的库存。此外，由于推出低质鞋款和贸然自建工厂，反而耽误了起步时所创建的产品理念，主打的特色产品线基本没有更新，流失了最早期的忠实客户。

整个2012年，胡依林基本上从上海消失了，连身边最好的朋友也不怎么联系，失心疯般地扑在产品上。追逐成功的“虚荣心”让他只顾埋头狂奔，却不曾停下来看看是否还在正确的方向上。人在极度紧张的工作环境下会进入一个误区，为了解决问题而拼命钻研，到最后变成了因为要解决问题而解决问题，不曾考虑到这个问题是不是自身的错误决策所造成的。

一直到 2012 年年底。看着不堪入目的财务报表，受了一年压抑与打击的胡依林才觉察到自己已经“走偏了”。

但胡依林确实是一个越挫越勇、不断改变的人。短暂的迷失并没有降低他的行动力，复盘调整后，他开始尝试着回归最开始的想法——用好玩的材料做好穿好看的鞋。短短三个月，团队补全了“小飞鞋”系列的新款，又开发出使用另一种科技材料的超轻鞋款。再通过前东家 Frog Design 牵线，胡依林开始与美国的优质团队合作，准备开拓海外市场。

一切看似向着好的方向再度前进。这时，意外再度降临了。

（五）

2013 年 4 月的一天，胡依林正在广东一家供应商那里测试工艺，突然接到表哥的电话，问他回老家住在什么地方。一头雾水的胡依林这才知道，他的父亲脑溢血复发住院，而母亲担心影响他的工作，瞒着没有告诉他。得知此事，胡依林连夜回到上海联系医院，谁知刚刚落地，又接到老家的电话：父亲情况危急，已进行开颅手术，恐怕凶多吉少。夜间已无火车班次与直航航班，万般无奈的胡依林请了两个兄弟夜间轮岗全程飞车，用了短短四个小时疾驰 700 公里从上海赶到安徽县城。

到医院后，父亲已经被推出了手术室，昏迷不醒。医生说手术效果不错，但脑中损伤过多，还需观察。看着父亲塌陷的额头，胡依林咬紧牙关让自己不要崩溃，因为此时要为母亲分担而非平添痛苦。母子二人几乎不眠不休地守在床边，看守输液、用温水擦拭嘴唇、导尿、换尿布、抠大便……然而，一向脾气温和的父亲因为术后谵妄状态而情绪失控，挣扎着要下地走路，甚至开始对胡依林和母亲暴力相向。随着营养的补充，一个当过 20 年兵的人在重病术后还是能轻易地把纱布挣断；胡依林能做的也只有挡在母亲面前，生生挨下父亲的攻击。

抛开工作留在安徽，胡依林对此毫无怨言——他明白，此刻他必须陪伴在母亲的身边，照顾父亲，承担为人子的责任，为无助的母亲提供依靠。

屋漏偏逢连夜雨。一天，胡依林突然接到投资人的电话：由于 2012 年一年项目全部处在亏损状态，且暂时看不到好的发展前景，对方决定停止后续投资。在医院外面抽完了半包烟，胡依林默默回到病床前，挤出笑脸，希望父亲的病情能够有所好转。

大半个月后，父亲的病情渐渐稳定，父母也催促他返回上海。临行前的下午，他来到病床前，跟父亲告别："儿子要回去工作了，好好养病，别太倔。要是想我了就告诉我，我立马回来。"

父亲抓着他的手，控制不住地哭了。一生硬挺的老兵泣不成声地说："儿子啊，不是爸爸倔，是爸爸不想成为废人，不想站不起来成为你和你妈的负担啊。"

这时，胡依林才明白父亲为什么一直不顾一切地坚持要站起来、要走路——就是想让他看到自己没事，让他不要担心。

回到上海，胡依林开始大刀阔斧地整理公司的账务，并关停了广东的工厂。而此时，公司附近恰好有一间门店空了出来，撞上了胡依林一直以来开设旗舰店的想法。地段不错，但租金超出了预算，胡依林咬咬牙，决定将公司的办公室与店面合并，再约上两个朋友一起将店面拿下，做成"旗舰店+咖啡厅"的概念店模式。

然而，这个决定却成了压垮胡依林的最后一根稻草。

刚从父亲重病的伤痛中缓过神来的胡依林，再度投入高强度的工作之中——店面装修、鞋品设计、资金管理，一项比一项沉重。他开始失眠，每日只能靠酒精和香烟勉强入睡。而此时，胡依林的爷爷又突然因病去世；刚料理完丧事匆忙返沪的胡依林又接到消息，一批广东的货品因老板的疏忽而全线报废，老板也不知所踪。在这非常时期，无论是资金还是产品都没有着落的情况下，这无疑是雪上加霜……

奔赴广东一无所获的胡依林回到家中，躺在床上，怎么也睡不着，只好一根接着一根地抽烟，一直抽到第二天早上。白天上班时心神不宁，也不知道在干什么。不想吃饭，不想喝水，甚至不想睡觉——连疲惫的感觉都消失了，仿佛所有的感官都陷入了一片空白。他喝的酒越来越多，能够入睡的时间却越来越短，体重从 175 斤跌到了 135 斤。

上海精神卫生中心的检测报告给了他一个回答：中重度抑郁症，无自杀倾向。需要使用精神药物维持睡眠和饮食。

（六）

拿着医生开的百忧解，胡依林回到家里，坐在椅子上发呆。

公司的事情不想管，店里的事情也不想管。对于感情，又能做什么呢？对任何事情都提不起兴趣。事业没了，就再找工作吧。家庭变故，不是自己能掌控的。他胡乱地想着，自信被彻底抛下，只留下自卑。如何找回真正的自我呢？

在这人生的至暗时刻，胡依林开始觉得所有的事情都是自己的错，是他的报应。他开始以酗酒来逃避思考。他把自己关在房间里，不刷牙、不洗澡，点各种垃圾食品外卖，不停地喝酒。

浑浑噩噩半个月过去了。有一天，胡依林在床上睁开眼，看到满房间的垃圾，闻到空气中弥漫着的浓重臭味。遮光窗帘一直拉着，不知白天黑夜。他突然觉得很恶心，浑身使不出一点力气，整个人僵直在床上，只有思维还在运行。

一种巨大的恐惧向他袭来。在这种状态下，过往人生如走马灯般从他眼前倏忽而过——父母、朋友、同事，所有人都在尝试帮他走出来，而他自己却在自暴自弃。如果他真的走了，爸妈怎么办？公司的同事怎么办？自己还年轻，还有机会，不想就这样下去……此时求生的欲望和忏悔再次把他点燃，身体失控的情况一缓解，他就爬起来冲去浴室。看着镜子里瘦成皮包骨头的自己，胡依林想：从当年一无所有来上海，走到今天，自己还有机会！

回到工作中的胡依林第一步要面对的就是资金困境——没有钱做新货。他关停了带来巨额租金压力的旗舰店，又把手头所有能变现的私人物品全都迅速处理掉，可还是缺钱。

怎么办？只有借钱。打胡依林从老家出来，就从来没有张口借过钱。一是自尊心使然，二是他知道一旦开了这个口，可能朋友都没得做。况且他要借的也不是小数目，身边的朋友不是在创业，就是有家庭和按揭贷款，谁的手头都不宽裕。

打开QQ，弹出一个胡依林过去经常冒泡的QQ群，里面是一群基本上没怎么见过面的GUI（人机交互界面）设计师朋友。虽然在线上认识多年，但从来没有过太深的接触，更别说金钱上的往来。自从开始做鞋后，胡依林也没怎么在群里露过面。鬼使神差地，他在群里发了句：“公司遇到了很大困难，现在没有流动资金了，谁能借我点钱救急吗？”

胡依林自己也很心虚。设计师们看似薪水很高，但花费也很大，各种数码设备都是动辄上万元的价格，而且大家都有家庭和按揭贷款。他做好了碰壁的准备。

结果，两天的时间里，胡依林在群里借到了40万元——无利息、无抵押，连借据都没要，有些朋友甚至从来没有见过他。一群人就这么你两万元我三万元地给他凑了一笔雪中送炭的钱。胡依林感动万分的同时，也终于从自卑中恢复了一点信心。

（七）

事在人为，老天不会亏待每一个真正努力的人。货品的准备工作顺利进行下去，美国的产品众筹如期登陆众筹网站Kickstarter。UTLAB作为一个名不见经传的小牌子，在限定2 013双上限的情况下创造了14万美元的众筹总额，因来自50多个国家、2 000多笔筹款以及出色的众筹速度霸占Kickstarter首页推荐数天，接踵而来的是来自全球顶级媒体的各种专访。

光环再度落在了胡依林的身上。而此时，胡依林突然发现这些对他来说已经不再意味着什么了——忍受过漫长的严寒，他更清楚什么是昙花一现的喧嚣，什么才是真正的生命力。

“抱着更低的期望和更低的姿态，才会给你带来意外之喜。”

即时的胜利反而让胡依林重返内心的平静，他做出了一个所有人都没有预料到的决定。经过和朋友以及美国团队的协商，他决定放弃UTLAB国内外的所有股份，离开这个行业。

时间来到2013年8月。

一点一点找回自己的价值，重建信心。他坚决地终止了自己亲手带起来的品牌。还清了所有的债务后，账户基本清零。停药，通过定期健身来调养身体，体重回升到150斤左右。

虽然两手空空一无所有，但胡依林第一次觉得自己如此富有。经历了可能别人一辈子都不会经历的跌宕起伏后，胡依林终于看见了真正的自我。

在回忆自述中，他写下这些“血淋淋的忠告”：

1. 有自知之明并且找到合适的合作伙伴，比有个好项目更靠谱。好的团队能把不好的产品做好，不好的团队会把一切搞砸。

2. 创业必须人推着事情走，而不是事情推着人走。

3. 要在产业投资和风险投资之间做好权衡，一失足成千古恨。

4. 不要随大流，找到自己独特的定位，人无我有，人有我强。

5. 不要过于打了鸡血般地向前冲，遇到问题的时候先停下来，想清楚这个问题是需要解决的，还是因为决策本身就是错的。

6. 家庭和感情都是需要经营的，每个人的舒适区完全不同，沟通比什么都重要。

7. 男人只会变老，不会长大。

8. 人在做天在看，你所做的一切最后有一天都会回报到你的身上。

第三部分 中年再次启程

（一）

从成品鞋战场退役的胡依林，回归了自己的设计师工作，开始重新经营生活。朋友借了他一辆杜卡迪摩托车，每到周末，他常常从上海骑到杭州山里，放松自己的神经。

从上海到杭州，走国道会途经很多县城。胡依林经常在穿越县城的时候遇到“洪水滔天”的电动车大潮，这让他意识到电动车在短短几年内得到了大量普及。

同时，他也看到，在过去这些年里，就产品而言，电动车并没有什么大的进化——无论是设计还是安全，都处于堪忧的水平。实际上，XZoomer项目结束后，胡依林一直没有停止过对电动车的研究。一方面出于对失败的不甘心，另一方面也确实是他自己一直在用电动车代步，认可电动车具有汽车所无法比拟的便利性。

胡依林并不认为电动车是个“老土”的事业——且不论从环保角度可以减少碳排放，单就其解决了数亿中国人的出行问题就应该得到喝彩。中国有着全球最强的生产加工能力、最强的机电基础工业以及最大的用户群体，然而，在胡依林看来，这个纯粹从本土发展起来的行业尽管成长迅猛，但长期受成本驱动而非需求驱动，现有厂商普遍缺乏合格的设计审美与规范的车体管理系统。面对巨大的基础需求，这个行业做得还远远不够。看到了这一点，胡依林再次萌生了“改变现状”的念头。

有了之前创业的教训，这一次他没有贸然跳入，而是首先进行了持久的调研，去验证自己的直觉。他亲自前往全国各地大大小小的城市、城乡接合部甚至小县城踩点。随着采集到的数据样本越来越多，他也越来越确信自己的判断——当前中国的电动车市场，多数品牌还在做低价低质的产品，这里有着极大的市场机会。此外，他也辗转与一些品牌老板搭线沟通，了解到这个行业确实缺少核心研发。很多从业者自己都完全不骑车，更别提爱车了。而胡依林认为，作为一个便捷的交通工具，电动车在全世界的任何地方都承担着作为城市交通毛细血管运转的重任，用户的需求绝不应仅仅停留在能用就好的层次。

胡依林开始在很多行业论坛“泡坛”，并结识了一群专业车友，他发现很多人和他一样有着做一台好车的愿望，却苦于做车的投入实在太大。按照正向的研发流程，最少需要数十人的团队、以百万元计的开发费用，以及供应链、生产、质检、销售等环节。想要在这个所有人都觉得很低端的行业里做出点什么，很难。

这是很多“大梦想家”在创业门外踌躇不前甚至选择放弃的原因。长久的调研和思辨，使他越来越清晰地看见“梦想”背后的不确定性，看见更多商业世界的风险与挑战。梦想诞生之初的激情在这一过程中渐渐消弭，取而代之的是“成熟的胆怯”。

或许梦想家和创业家的区别就在于此。胡依林觉得，只要有一线希望，他也要把不可能变为可能。他很快组建了一个小而专精的核心团队，团队成员的共同特征便是：发自内心地爱车。来自不同行业的丰富经验给予他们更多的想象空间验证可行的执行方案。在无数瓶红牛和可乐的帮助下，这群越做越兴奋的“车疯子”终于完成了电力机车研发规划和商业计划书。

这一切只是第一步。没有研发资金做硬启动，一切都是空谈。在寻找投资之前，团队内部开了一个很长的会。作为一个由设计师与工程师组成的团队，看似强大，但在寻找投资时却存在致命的欠缺——战略、财务、供应链、营销、售后……整个商业闭环的80%都是缺失的，怎么会有人给这种组合投资？

会议明确的第一点就是：团队需要一个CEO。

很多人恐怕会纳闷，作为项目创始人，胡依林不就应该是CEO吗？但经过之前数年商业实战的摸爬滚打，狷狂的胡依林收获了一笔宝贵的财富：自知之明。“能操多大的盘子自己清楚”，了解是一回事，游刃有余是另一回事。此时，实现梦想不再是胡依林一身蛮劲的单打独斗，而是通过清晰的自我认知与自我定位，在商业世界中迈开一步又一步。

（二）

仔细浏览胡依林团队公开的商业计划书，会发现其中市场分析的比例比产品研发还要高。作为一个技术导向鲜明、为产品呕心沥血的团队，为何会如此安排篇幅？

这里体现出胡依林对商业的理解。什么是好的产品？胡依林认为，好的产品是在一个足够大的受众市场上呈现出领先的解决方案。投资人没有那么神通广大，无法对每个领域都了如指掌，深入的分析才能体现团队自身对市场的理解。胡依林觉得，做产品出身的人常犯一种错误，认为只要产品足够厉害，市场资源自然会被吸引过来。然而，清晰表达出产品在多大的市场上解决了多少问题，才是项目成果的根本。他认为，起决定性作用的不是产品，而是自身对市场的了解与洞察，以及解决问题的能力。

在打磨商业计划书的过程中，一向直来直往的胡依林展现出了惊人的耐心。他强迫自己把整个文档分三天看二十遍，一是继续勘误，确保字斟句酌不出现低级错误；二是让自己更加熟悉逻辑和内容。不仅如此，他还要求自己抱着怀疑的态度去审视计划书中的每一句话，所谓“知己知彼，百战不殆”，不断尝试向自己挑刺，想到最坏的问题、最可能被攻击的点，并准备好如何去解决这些问题。

除了折腾自己，胡依林也不忘“折腾”自己的一众好友——横跨设计、投资、财务、服装、餐饮等各个行业的二十多个朋友，都被他找来浏览了若干遍计划书。对胡依林来说，一个最简单的道理就是：投资人就是消费者。如果无法打动消费者，凭什么打动投资人？

从对计划书的一轮轮迭代中可以看到，在商业丛林之中，胡依林已然摆脱了青少年时期的急促莽撞，转型成为一名耐心而老练的理想践行者。

（三）

计划书迭代的边际效用开始下降时，胡依林立刻出动，把通过朋友能接触到的投资人见了个遍。过去十多年积累的口碑再次开始发挥作用，这也让胡依林深信，只要全身心投入去做自己觉得正确的事，身边所有的人都会来帮忙。

经过一整轮路演，团队和产品计划得到了各路投资人的肯定，但问题依然十分严峻——首先，团队没有成型的产品原型，让人无法下定决心投资；其次，团队成员过于技术导向，商业闭环里的元素缺失得太多。

胡依林花了大量的精力和时间，但在资金方面却毫无进展。同时，胡依林的设计公司越做越好，电动车项目上的时间开始被压缩，毕竟团队总是要养的。除此之外，UTLAB 的美国团队捷报频传、形势大好，对方开始劝他重新回归 UTLAB 的战场。

挣扎和诱惑不断上演，执拗的胡依林决心一以贯之，坚持在电动车这条路上。但是，现实也让他再度面临选择：

第一，拉长整个项目的时间线，用设计公司养项目。随之而来的风险是计划书已经散播了出去——一直有投资人告诫胡依林，谁也不能保证是否有投机者绕过团队直接执行计划。

第二，稀释更多股份，减少投资总金额，砍掉整体计划中的部分功能，制成缩减版样车。这是摆在团队面前最简单的一条路，但又是胡依林最不想选的路。一个完整的产品，每个部分都经过无数次推敲，并不是完美主义作祟，而是牵一发而动全身。胡依林也非常清楚，如果要求是 100 分，结果做到 80 分就很不错了；如果要求是 50 分，最后可能只有 30 分，做出和市售产品没有任何区别的“四不像”，这是绝对的本末倒置。

团队内部讨论不休，但谁都不敢轻易做出决定。怎么办？

重新核算所有预算和项目可行性后，胡依林决定孤注一掷：不选上面任何一条路，而是把自己逼上绝路：关闭设计公司，停止所有设计外包项目，动用团队所有资源，用最原始的人工制造的土方法把样车做出来。

这一冒险的举动其实建立在团队所有人对项目未来的信心上，而非纯粹的豪赌。必须有人做出这个决定，并且承担这个决定可能会带来的一切后果。

只有这样，才能推着事情走，而不是被事情推着走。

正当胡依林把手上的项目全部停掉、准备孤注一掷的时候，转机到来了。

（四）

一天早晨，胡依林接到投资人黄明明的电话。黄明明是汽车之家的天使投资人，对胡依林的团队十分欣赏，一直为其积极寻找资源。对方的声音显得有些兴奋："下周一有没有时间来趟北京，有个重量级的业界大拿有可能愿意加入！暂时不能告诉你是谁，先来聊聊。"

胡依林的内心并不抱太大的希望。过去几周一直有朋友或投资人给他介绍 CEO 的人选，但很少有人愿意从炙手可热的互联网、金融、手游等行业转出来做这个看起来吃力不讨好的电动车行业。但他仍然立刻安排好了行程，不放弃一点希望。

到了北京，他直接去往鸟巢附近的一家咖啡厅。碰面时黄明明把胡依林拉到一边：你知道李一男吗？听到名字，胡依林惊住了。技术出身的李一男，25 岁出任华为中央研究部总裁和总工程师，27 岁成为华为最年轻的副总裁，是江湖上低调的传奇人物。

就座以后没什么多余客套的话，直接谈项目。李一男听完，一针见血地指出当前计划的方向太窄、格局不够。在方案迭代中，胡依林几度改变了市场策略，打算从小的利基市场做起，先做产品再做品牌，而对方的眼界显然不限于此，胡依林便赶紧拿出最初的项目计划。听毕完整计划，李一男提出了很多他个人的看法，与胡依林的思路不谋而合，这也让胡依林又惊又喜——他一直以为电动车是没什么大人物关注的行业，未曾料到李一男会对电动车行业有如此深入的了解。

聊了一小时后，李一男先行离开。胡依林没想太多，他觉得李一男这种级别的玩家，不大可能再次亲自下海操盘，能够愿意投资就是最好的结果。

回到酒店，胡依林还没打开电脑就接到李一男的电话，直接开始和他讨论细节的问题——从电池到车架，再到外观、风格、市场，并且约好隔天一起去江西见一家中型厂商的老板。之后数天，二人一直保持着高频的沟通。与团队商讨一轮商业细节后，李一男直接表示：整个团队搬到北京，由胡依林出任副总裁，统管研发和品牌。其他缺失的团队成员由他来搞定。先投资千万元级别的资金，把产品对标国际顶尖水平设计出来。

胡依林被“砸晕”了——这是什么情况，也太快了点吧？

原来，李一男和黄明明过去一年一直在考察电动车行业，接触过整条产业线上各个阶段的不同团队，但在遇到胡依林的团队前，始终觉得现有的项目不接地气。因而在对团队和市场进行了解后，干脆利落地迅速入局，亲自操盘出任 CEO。

接下来一个月的时间，李一男带着胡依林拜访了众多业界大咖，用二十多天的时间组建了实力强悍的联合创始人团队，并敲定品牌名称——牛电科技。为弥补团队在整车开发和量产上的薄弱环节，直接对接了业界顶级的本田（HONDA）技术研究所进行研发合作。胡依林也凭借着过去积累的人脉，动员罗永浩、李想等投资大拿帮忙转发招募广告，吸引了一批人才奔赴北京。

万事皆备，苦尽甘来。忍受过漫长寒冬的胡依林，在短短数十天的时间里迎来了春天。故事结束了吗？

胡依林在自述创业故事的结尾，写下了这样的话：团队越大，投资越大，压力越大。身边所有的人都在帮助我们，信誓旦旦夸下的海口如果不能做到，更是在砸自己的招牌。在这背后是一群热血的梦想家，为了心中共同的目标搏命努力的辛酸。经历过之前多年的起起伏伏，更明白现在的来之不易。恪守初心，逆境时保持自信，顺境时克制膨胀。对团队负责，对产品负责，对投资负责，对自己负责。

一切，才刚刚开始。

后记：中国品牌出海记

牛电科技（Niu Technologies）有限责任公司成立于 2014 年，于 2018 年在纳斯达克上市。牛电科技旗下品牌小牛电动专注于锂电两轮车领域，是全球最大的锂电两轮车制造商。小牛电动产品覆盖中国、欧洲、东南亚、美国等市场，并通过“小牛电动系列车型+小牛电动 App+汽车 4S 级服务标准”，提供智能城市出行解决方案。**“互联网+”的创业思维**和**极致的产品体验**是小牛电动最核心的竞争力，堪称“**电动两轮车里的特斯拉**”。

小牛电动自创办以来，保持了高速的增长，截至 2021 年第四季度，小牛电动全球累计销售超过 270 万台智能两轮电动车，在国内有 3 108 家品牌体验店及专卖店，覆盖239个城市；同时，进入海外50个国家，并为全球多家共享电动车运营商提供基于SaaS（软件运营服务）的两轮电动车智能共享业务解决方案。

时间来到2022年。胡依林的创业故事告一段落，而小牛电动的故事开始上演。

在城市这座“生物体”中，公共交通是大动脉，两轮交通则是让城市“活”起来的毛细血管。两轮电动车作为重要的短途交通工具，已渗透到个人出行、即时配送、共享出行等诸多场景。自20世纪90年代末国内禁摩政策推出，经过长达20年的“野蛮生长”，两轮电动车行业在2014年进入成熟阶段，同质化产品间的价格战此起彼伏，推动行业洗牌，业内登记注册企业数量锐减。激烈的竞争迫使电动车行业寻求差异化转型方向，涌现出了以小牛电动为代表的互联网电动车品牌。目前，传统两轮电动车头部企业有雅迪、爱玛、台铃、绿源、小刀、新日、小鸟等，互联网两轮电动车头部企业有小牛电动、九号等。如今，两轮电动车的全国保有量已超3亿辆。当前市场产品仍然以技术成熟、成本低廉的铅酸电池电动车为主，而新国标、电动车行业标准等政策的实施，推动存量替换，品质更高的锂电池渗透率逐渐提升。此外，用户群体的年轻化相应催生了电动车智能化的需求，物联网等相关技术的发展为此趋势提供了技术基础。作为一个本土生长、规模成熟的传统产业，如何在白热化的市场竞争中开发出具有竞争力的高价值智能化产品，成为建立核心竞争力的关键方向。

作为智能锂电两轮电动车的开创者，小牛电动的使命是“改变出行，让城市生活更美好”。“更美好”的努力体现在三个方面：一是通过美观的设计，让两轮电动车不再仅仅是初级的代步工具，而且成为具有审美、体现个性的出行伴侣；这不仅满足了年轻用户的心理需求，也提升了中高端消费者人群的购买意愿。二是在车身整体布局智能技术、提升安全性的同时打造“互联网化”的出行体验。例如，通过加载智能云互联GPS模块，解决电动车易丢失的痛点；智能电池管理系统（Battery Management System，BSM）搭配小牛电动管家App，实现实时的车辆诊断与充放电控制。三是定位于城市生活品牌，以小牛电动为纽带，建立持续沟通的用户社群，如小牛社区（NIU CLUB）等。如今，小牛电动用户平均年龄30岁，月均收入7 000元；集中在一、二线城市；75%的用户每天都会使用小牛电动车出行。

小牛电动不仅识别和服务了国内中青年消费者对两轮电动车的需求，也发现了海外市场在锂电两轮车上的空白。2000年年初中国执行禁摩政策，催生了本土的电动车制造；而欧洲等国则一直以油摩为主要的两轮交通工具，缺乏两轮交通车这一概念。纪源资本管理合伙人李宏玮在一档访谈节目中提及，重返中国进行风险投资的20年来，她一直期待能够识别、培育出一个走向世界的中国创业品牌。她表示在小牛电动这个项目背后，她看到了具有国际化梦想和国际化资质的团队。电动车一直不是一个令消费者自豪的产品，但小牛的出现让李宏玮觉得“时机也到了，中国应当有自己的品牌”。

而小牛电动作为新兴中国品牌出海，机遇与挑战并存。

出行产品最首要的标准便是安全，因此，小牛电动的第一款车便按照欧盟的安全标准进行设计。这也使其能够在国内发布后同年奔赴意大利，参与全球最大的两轮车展Eicma。小牛电动的智能锂电电动车不仅作为一种全新品类亮相欧洲，也冲击了海外对中国产品低质低价的印象。

除了形象定位，本土化也一直是出海的关键。对电动车而言，电子系统、底盘车架都是一个平台，需要基于差异化的市场需求进行参数的调整。而识别出本地化产品的痛点、发现海外市场环境中隐蔽而重要的调整元素，对小牛电动团队而言充满挑战和趣味。比如，不同于刻板印象，中国铺装路面的品质其实远胜于欧洲许多城区，例如意大利中心城区都是老旧的石板路，这大大提高了车胎耗损率。再如，意大利的罗马等属于海洋气候，当地空气中的盐碱度都会影响到电动车微小组件的老化速度，进而需要个性化的解决方案。

进军欧洲时，其实意大利和西班牙才是最大的市场，但小牛电动团队毅然选择以德国作为首发切入口。德国的制造工业实力强悍，德国消费者最为挑剔，而小牛电动作为一个追求极致的品牌，更需要这种“倒逼”的力量——如果在德国市场站住脚，那么在任何欧洲国家都经得起考验。的确，进入德国市场的两年，德国用户犀利的反馈对小牛海内外产品的迭代都起到了重要的推动作用。

现在看来，小牛电动在海外市场的增长和增速并不理想。虽然小牛电动在短短几年间在欧洲取得了30%左右的市占率，但欧洲两轮电动车的市场空间本身就较为狭小，纯电动的两轮车市场大约在10万台上下。此外，欧洲市场个性化的需求极其繁多，市场与市场之间割裂严重，对一家尚在成长期的企业而言，难以投入充足的资源响应琐碎的需求。

除此之外，制约小牛电动扩张的困境也类似新能源汽车行业与传统汽车的油电对比——在追求行驶速度的市场上，动力、续航技术的解决方案和成本之间有很强的取舍关系。

小牛电动作为新兴中国品牌出海，还有很长的路要走。未来究竟会怎样？让我们拭目以待。

本章思考题

1. 胡依林出生于1984年，初中都没有毕业却先后进入微软和Frog Design两家顶级国际企业工作。你认为哪些素质使得他能够进入这两家企业？

2. 胡依林在创业路上不断遇到重大困难，但却没有倒下。你认为帮助他起死回生的因素有哪些？

3. 胡依林的哪些个人特征使得他能够产生新的创意？

4. 胡依林的哪些创意并没有成功地转化为受欢迎的创新产品？创意没有转化为创新产品的原因是什么？

5. 结合胡依林走上电动车制造道路的历程，他如何识别和分析这个行业存在的机会？小牛电动车与主流的摩托车相比有哪些优势？你怎样看待小牛电动车的未来？

6. 胡依林的哪些经历有助于牛电科技业务的发展？又存在哪些不利于公司发展的因素？

7. 草根出身的胡依林通过个人努力成为国内一流的创意设计师。中国年轻一代创业者可以从他的创业经历中借鉴哪些经验？

8. 通过这个案例，你认为企业的创始人或者领导者在企业的发展中最重要的作用有哪些？

9. 从宏观视角来看，胡依林从县城的初中辍学者成为上市公司的创始人，对于中国的社会发展有哪些启示意义？

案例相关知识点

1. 与通过主流的学校教育的知识学习方式不同，个人通过不断的尝试和行动，所学到的知识和掌握的技能不仅更为牢固，而且更容易在遇到问题时加以应用。

2. 反思性学习是指个人通过对学习活动过程的反思来进行学习，包括对自己的活动过程不断地进行反省、概括和抽象。人在行动之余，停下来进行阶段性的总结，思考成功的经验和失败的教训，有助于厘清下一步的目标和方向。那些善于进行个人反思的人，对所承担的工作任务和外部环境有更加清晰的认知，从而能够根据自身条件发挥优势并克服不足。

3. 创造力是指个体或者群体提出新颖且实用的想法的能力。总的来说，创造力来源于人的知识专长、发自内心地喜欢所承担的任务以及辨识性思维能力等。

4. 将个人或团队的创造性想法变为具体的产品或服务就形成了创新。创新的成败取决于企业在管理活动中是否推崇创新性的想法、是否为创新活动提供足够的资源，以及是否认可或激励从事创造性活动的个体或团队。

5. 和谐型激情，是人们自主地对某个特定事（物）产生的强烈动机——人们发自内心，而不是迫于压力去热爱这个事（物），认为它非常重要以至于将其内化为自己身份的重要组成部分，并愿意为之倾注时间和精力。

6. 创新的自主动机包括重视创新本身，而不是因为外在的奖赏、压力或惩罚而去创新。具有自主创新动机的人愿意冒险而非墨守成规，对自己进行创新的能力充满信心。

7. 冲突是由行动人之间实际存在或感知到的差异引发紧张的过程。当双方具有不同的兴趣或偏好时，就产生了潜在的、隐性的冲突。但隐性的冲突是否转化为公开的冲突、将以何种形式影响到此后的互动，取决于冲突双方如何对该情境进行感知、评估、解释以及如何采取行动。

8. 心理韧性指的是个人能够从挫折中恢复原状，并从失败中学习经验从而变得比受挫之前更为强大。具有心理韧性的人能够从挑战中获得动力并相信自己可以克服压力和困难。

9. 坚毅代表了个体依靠强大动机达成长期目标的品质，是个人针对长期目标所持有的毅力和激情。

10. 洞察力是指个人观察事物、敏锐地抓住问题的要害、分析出问题背后的原因的能力。

11. 社会支持是指能够使个人免受压力事件给自己造成不良影响的人际和社会联系，往往表现为个体从社区、社会网络或者亲戚朋友那里获得的物质支持或精神帮助，从而减轻心理压力、缓解紧张状态、提高社会适应能力。

12. 真诚是中西方智慧都推崇的品质，古希腊箴言有“认识你自己”，中国古语有“人贵有自知之明”。真诚型领导通常具有三个特征：承认个人与组织的责任与错误；与下属坦诚相待、沟通信息透明；在领导角色中仍然保留清晰的自我。

重要术语

做中学	创新激情	创造力
自主动机	冲突	韧性
坚毅	反思性学习	洞察力
社会支持	真诚/真诚型领导	

推荐阅读资料

艾瑞咨询，2021，《2021年中国两轮电动车智能化白皮书》。

胡依林，2018，《疯狂之路：Life is a crazy ride，all in or nothing》，知乎专栏文章。

魏昕、张志学，2018，《团队的和谐型创新激情：前因、结果及边界条件》，《管理世界》，34（7）：100-113。

张志学、魏昕，2011，《组织中的冲突回避：弊端、缘由与解决方案》，《南京大学学报（哲学・人文科学・社会科学版）》，48（6）：121—129+157。

中信证券，2019，《小牛电动（NIU. O）：两轮车行业的小米》。

Amabile，T. M. 1983. The social psychology of creativity：A componential conceptualization. *Journal of Personality and Social Psychology*, 45 (2): 357-376.

Anzai, Y., and Simon, H. A. 1979. The theory of learning by doing. *Psychological Review*, 86 (2): 124-140.

Boyd, E. M., and Fales, A. W. 1983. Reflective learning: Key to learning from experience. *Journal of Humanistic Psychology*, 23 (2): 99-117.

Cameron, J., and Pierce, W. D. 1994. Reinforcement, reward, and intrinsic motivation: A meta-analysis. *Review of Educational Research*, 64 (3): 363-423.

Duckworth, A. L., Peterson, C., Matthews, M. D., and Kelly, D. R. 2007. Grit: perseverance and passion for long-term goals. *Journal of Personality and Social Psychology*, 92 (6): 1087-1101.

Gardner, W. L., Cogliser, C. C., Davis, K. M., and Dickens, M. P. 2011. Authentic leadership: A review of the literature and research agenda. *The Leadership Quarterly*, 22 (6): 1120-1145.

House, J. S., Umberson, D., and Landis, K. R. 1988. Structures and processes of social support. *Annual Review of Sociology*, 14 (1): 293-318.

Ong, A. D., Bergeman, C. S., Bisconti, T. L., and Wallace, K. A. 2006. Psychological resilience, positive emotions, and successful adaptation to stress in later life. *Journal of Personality and Social Psychology*, 91 (4): 730-749.